近世勧進の研究

京都の民間宗教者

村上紀夫
Norio Murakami

法藏館

近世勧進の研究——京都の民間宗教者◎目次

第Ⅲ部　勧進の変容と社会への浸透……255

近世勧進の研究

――京都の民間宗教者

序章

本書は近世京都における「民間宗教者」の勧化《かんげ》・勧進《かんじん》について歴史的に論じるものである。換言すれば、民間で宗教的行為を通じて不特定多数の人から米銭を取得する行為と、それを行う人について論じたものであるといえる。貞享三年（一六八六）に刊行された黒川道祐による山城国についての地誌、『雍州府志』巻八の「芝居」の項には、「勧進勧人使赴善之謂也、中世以来為仏神供給請米銭、是亦謂勧進、如今専為乞取諸物之義也」とある。すなわち、もともと「人に勧めて善に赴かしむ」行為をさした語が、「中世」には神仏のための米や銭を請う行為をさす語となり、それが「今」では「諸物を乞い取る」という意味になってしまったという認識を示している。「中世」「今」という語が実際に何時頃のことかは判然としないが、黒川道祐は「勧進」の語の意味合いが次第に変わっていったと考えていたようだ。しかし、近世にも神仏のための米銭を集める行為を勧進と言う場合もあり、実際には意味内容が変化してしまったわけではなく、多様な内容をもつ語であった。本書では、こうした多様性をもつ勧進について、具体的に見ていくとともに、なぜ「諸物を乞い取る」といった批判めいた表現がなされていくのかを考えていきたい。ここで取り扱う「勧進」とは、具体的には①寺社の再建や鐘の鋳造のための費用集めとして米や銭を受け取る勧化、②札などを配りその際に喜捨を受け取る配札《はいさつ》に加えて、③祝福芸などを行い祝儀をうける芸能などを念頭においている[1]。

民間で「宗教行為」を行う人とは、寺社の経済・経営に依存する清僧ではなく、勧進・配札や祈禱などを行い、活動・生活の場を主に民間におく宗教者を想定している。勧進聖《かんじんひじり》や陰陽師《おんみようじ》・里修験などを念頭においているが、既存の宗教に所属せず特定の名称をもたない雑多な宗教者の存在も排除するものではない。また、万歳や獅子舞などの祝福芸も芸能を通じて災いを祓い福をもたらす行為であることから広義の宗教行為と考え、芸能者も射程に入れている。事実、願人《がんにん》や盲僧、祭文語りなど前近代社会において宗教と芸能の境界が曖昧なものも少なくなく、また万歳や猿回しなどは芸能を行うとともに祈禱札を渡すなどの宗教者としての側面もあり、芸能者と宗教者を峻別して論じることはかえって実態に遠ざかるのではないかと考えるからである。そうすることで、「勧進」という行為を宗教の枠内にとどめることなく、前近代社会における多様な宗教や文化の担い手のありようを横断的に見通すことができるだろう。また、広く人々から喜捨を集めることで生活を営む存在についても視野に入れている。彼らが時に「勧進」と呼ばれていたことを想起すれば、「勧進」について論じることで、近世社会の底辺にあった人々も見渡すことができると考えている。

勧化・勧進という視点を導入することで近世に民間で活動する宗教者・芸能者と地域社会や寺社・権力との関係を動的に把握できるとともに、宗教行為と経済活動に着目することで社会経済史的な「経済」観とは異なる経済のありようも垣間見ることができると考えている。以下、こうした宗教と勧進という視点に沿って、便宜上民俗学の成果と歴史学の成果にわけて研究史を振り返ってみよう。

一　宗教者・勧進と民俗学

民間の宗教者の存在は、早く近世には知識人の関心をひいていた。まずは博物学的な関心で社会に存在する多様な生業の記述をする行為のなかで、特異な生業として注目された。「上貴き公卿より、庶人の賤しきにいたるまでの、其所作をくわしく家々に尋て、来由をたゞし、或は唐大和の書にあるを考へあつめ」て「人倫」を網羅的に紹介した『人倫訓蒙図彙《じんりんきんもうずい》』において、民間の宗教者・芸能者を「勧進糊《かんじんものもらい》」として一括した視点にそれはあらわれている。その後、記述にとどまらず大田南畝『一話一言』、喜田川守貞『守貞謾稿』、本居内遠『賤者考』などの考証随筆で文献を引用しながら歴史や出自などについて考察が加えられるようになる。

但し、こうした随筆を執筆する知識人にとって、宗教者や芸能者との接点は、その生業である。すなわち、生業の形態について論じ、名称の語源の考証などは行われるが、存在自体が自明であるためか、芸能者や宗教者自身の具体像についての関心は希薄であった。

本格的に宗教者・芸能者を研究対象とし、社会のなかの位置づけを明らかにしようとしたのは、まず民俗学であった[2]。柳田國男は「所謂特殊部落ノ種類」[3]「巫女考」[4]「毛坊主考」[5]「俗聖沿革史」[6]など、大正期に『郷土研究』を中心に相次いで発表した論考において、阿弥陀聖や鉢叩・巫女などを取り上げた。そのなかで、鉢叩きなどについて「此ノ輩ノ土着ハ思ウニ各町村最後ノ開発ヨリハ猶後ナリシナルベシ。東北ナドノ人口稀ナリシ地方ハ別トシテ、其ノ他ノ場合ニハ既ニ普通民ノ居住セル土地ニ後ヨリ来タリ、其ノ明示又ハ黙示ノ許容ノ下ニ土着セシモノナルベク、若シ公然荒野ノ開拓ニ従事セリトスレバ、到底斯ル不利益ノ条件ニ甘ンズベシトハ考エラレザルナリ」（「所謂特殊部落ノ種類」）とし、中世以前に漂泊を主とする「漂泊人種」が存在し、遅れて定住したことで被差別部落や宗教者への差別が生じたと考えていた。柳田は、当時流布していた「特殊部落ノ異人種ナルコト」を否定し、「要するに日本の巫女という階級は、社会組織のしからしむるところ、一時人為的にでき上った国民の一分派に過ぎない」（「巫女考」）と、その発生の要因を社会組織の側に見ていた。こうして宗教者を社会環境から見る視点が開かれたといえる。

宗教者としての遊行聖《ゆぎょうひじり》の個別事例研究は全く思いがけないところから始まる。柳田からやや遅れる一九二四年、民藝運動で知られる柳宗悦が、朝鮮陶磁の調査のために訪れた山梨県の小宮山清三宅で偶然木喰仏《もくじきぶつ》を目にし、「その口許に漂ふ微笑」に惹きつけられ「心を奪はれた」ことから、柳の「木喰上人」（行道《ぎょうどう》）の研究が始まった(7)。柳自身、各地を精力的に調査し、木喰仏だけでなく、主要な文献資料も見出し、行道の足跡を年譜にまとめている。柳は木喰行道の仏像を美術品と見なし、そうした作品を制作した作者として行道を見る作家論であり、その過程で出会った木食観正《かんしょう》は「木食」を称するものの、探し求めていた行道ではなかったため、それ以上の追求がなされなかったことなど宗教者の研究として見れば限界はある。しかし、それまで看過されていた木食聖の存在に光があてられ、個別研究が進められた結果、諸国をめぐり、民間で活動をしていた宗教者の具体的な姿が知られる契機となったことは重要である。

中山太郎は、巫女や盲人について通史的な叙述を行いその後の研究の基礎を築いた(8)。折口信夫は、古代の日本社会には「まれびと」が常世からムラを訪れ、土地の精霊を鎮めるという独自の視点から、遊行宗教者や芸能者がこうしたなかで生まれてきたと論じた(9)。

柳田・折口の影響下、文学の視点から角川源義(10)や筑土鈴寛(11)は中世文芸と唱導の関係に着目し、口承文芸の「管理者」として民間宗教者について論じた。後の福田晃の『神道集』や軍記物の研究などもこうした流れでなされ、甲賀の声聞師《しょうもじ》など民間の宗教者について言及された[12]。福田は主に中世文学を研究対象としたが、後に近世寺院で行われた唱導も在地の伝承と相互に干渉しながら近世高僧伝や怪談の成立と関わっていたことを堤邦彦が論じている[13]。

宗教学の堀一郎は『我が国民間信仰史の研究』という大著を公にし、多様な宗教者について論じた[14]。堀は日本宗教の基層に「遊幸神信仰」があるとし、第一巻で伝承から遊幸神は御霊のかたちをとることを指摘し、第二巻において御霊を鎮める宗教的機能を担った修験系・念仏系など多様な遊行宗教者について論じ、その歴史性にも言及した。

特筆すべき研究に五来重[15]による宗教民俗学の成果がある。五来重の宗教者研究[16]は『高野聖』など膨大であるが、主要なものは近年著作集にまとめられている[17]。五来は数度にわたり仏教民俗学（後年は宗教民俗学）の研究対象を挙げ増補を加えているが、最初は①仏教年中行事②葬送習俗③仏教講という生活部門に対するものと、④仏教呪術⑤仏教芸能⑥仏教伝承⑦仏教俗信を挙げており[18]、当初から仏教呪術や仏教芸能、仏教伝承を明らかにする上で修験道や空也僧・声聞師・盲僧・願人・勧進聖などの研究の必要性を指摘する。

五来の研究については、仏教を排除した柳田民俗学の批判としての意味合いで評価されることも多い[19]。しかし、林淳が五来の業績を整理した際に的確に指摘したように、本来は五来の経歴から実感された教学研究に終始する仏教界に対する強い批判が背景にあり[20]、五来の提唱していた「日本仏教民俗学」も当初は「日本仏教の起源と変遷をあきらかにするために、その資料として民俗資料をもちいる」ものであった[21]。

五来は再三にわたって庶民と乖離し教学研究に終始する仏教者のありようを強い調子で批判した。例えば、「仏教と民俗学[22]」では、近代以降大きく進展した仏典の原典批判によるインド哲学や原始仏教研究からの日本仏教解釈は、仏教を「生きた宗教として」ではなく「過去の文化」と扱っているため「非現実的」と批判する。では、五来が理想とした仏教のあり方とはいかなるものだったのか。例えば庶民が求める「名もない無数の聖や行基や空也」の「仏教の名に値しないほど原始宗教的であり、野蛮な遊行と苦行」の「行動の仏教」であるという(23)。五来は、『高野聖』において中世の高野聖は庶民のなかに身を投じ修行と勧進を行い、芸能や文学の成立にも重要な役割を果たしたと高く評価する一方で、織田信長の高野聖弾圧をひとつの画期とし、それ以降は「高野聖にありがちの世俗性が俗悪化につながって、中世末期には世間の指弾をうけるまでに堕落し」、「宿借聖や呉服聖といわれるような、商行為や隠密まではたらくようになると、もう完全に末期的症状であった」と見る(24)。

五来にとって庶民のなかにあって民衆救済に尽力する「聖」の姿は、庶民から離れた仏教者の対極にある存在として映っていたと思われ、だからこそ民衆の心から離れ「宿借聖」など揶揄される近世の状況を「堕落」と見た。一方で、理想的な近世の聖は円空であり、木喰行道であり、あるいは無名の巡礼であり、民衆の間で苦行をし救済に尽力する聖であった。こうしたまなざしの背景には、林淳がいうように当時の仏教界のありようとそれに対する強い危機感があり、宗教者の本質を離れた「現代」の仏教者を相対化するという強い問題意識があった(25)。だが、その結果として「聖」の姿を理想化し、近世の民間で活動する宗教者の大部分を占めたと思われる世俗化した存在の評価が厳しくなってしまい、彼等の存在を近世社会に積極的に位置付けることを難しくしてしまった。

五来は『高野聖』において高野山に集う高野聖の実態を明らかにし、民間宗教者研究の一里塚を築いたといえる。ここでは民間宗教者「ひじり」を古代の聖火の管理者「火知り《ひじ》」と関連づけ、原始的な宗教者と位置づける。そしてその本質として、隠遁性・苦行性・遊行性・呪術性・世俗性・勧進性・唱導性の七点を挙げている。高野聖や元興寺極楽坊の庶民資料分析においては成果を挙げたが、次第に「海の修験」「原始回帰」など、いわば本質論へ傾倒し、次第に中世から意識が古代へ移行し、聖の遊行を古代の「遊部」と関連づけるなど歴史性がやや希薄になった面もあった。五来の播いた種は佐々木孝正らによって継承される。佐々木は古代の半僧半俗の聖に着目して勧進について論じ(26)、さらに以降は宗教民俗学会を中心に、五来の仮説を実証し、豊富化する方向で、中世・近世を主とした対象に様々な事例研究を進めた(27)。

桜井徳太郎らによる講の研究も成立・運営に関与した宗教者について多くの重要な視点を提起した。桜井は講組織を論じるなかで、宗教的講のうち参拝講などの「外来信仰」が時に本社・本山の専門的伝道者によって地域社会に持ち込まれ、外来信仰が地域社会に入り込み在来信仰と接触するなかで多様な変容を遂げるとした(28)。宮田登はミロク信仰を伝統的なメシア観としてとらえ、メシア的存在として近世に信仰を集めた行者の事例として富士行者を取り上げ、多様な信仰を包摂しながら富士講が江戸で流行した事実を指摘する(29)。その後、山岳信仰について理解するには山麓と遠隔地の一次・二次の信仰圏にわける必要があることを提起するとともに、「ほぼ農民中心の単一構成」のムラと共同体的結合が稀薄で多様な住人からなるマチでは信仰のあり方が異なるとし、都市と農村の違いを超えて一般化することなく地域的特性を重視する必要性を示唆した(30)。

在地信仰と宗教者については、西海賢二が、講の成立に関わった宗教者として既成宗教者と民間宗教者のふたつがあると整理し、特に民間宗教者の木食観正について文献史料・民俗資料・金石文などを駆使してその活動を具体的に明らかにした。その後、西海は木食弾誓・澄禅・徳本などに次々と光をあて(31)、同時に民間宗教者に対する町や村の受容体制に着目した研究もおこなった(32)。

こうした宗教者研究とは別に、祖先祭祀についての関心から、葬制や村落寺院の成立について研究を進めるなかでも、宗教者の関係に光があてられた。竹田聴洲は、元禄期になされた浄土宗寺院についての全国調査である『蓮《れん》門《もん》精舎《しょうじゃ》旧詞《きゅうし》』の分析から、多くの寺院が中世末から近世初頭にかけて建立され、その成立には「非正規僧」が深く関わっていたことを明らかにした[33]。寺院成立が一時期に集中することを多数の事例から統計的に明らかにした竹田の研究は、その後の近世寺院研究に大きな影響を与えることになる。聖について浄土教成立との関わりで論じた伊藤唯真も中世末から近世初めにかけて浄土系の廻国遊行聖が在地寺院を開創し、近世教団成立後はそれらが浄土宗寺院となったことを指摘した[34]。

民間で活動していた聖が民俗社会に伝え広めた信仰や行事については、仏教大学民間念仏研究会が、一九六一年から四ヶ年にわたり、民間で広く行われる念仏行事の全国調査を実施し、その成果が一九六六年に『民間念仏信仰の研究』「資料編」としてまとめられた。現実の社会のなかで急速な勢いで姿を消していった芸能者・宗教者について、演者の視点から各地の実演者を探し出し、記録にとどめた小沢昭一の仕事も民俗学とはやや異なるが、看過することはできない業績で、祭文や願人、万歳について具体的に演者に近い視点で記録されている[35]。

一連の民俗学の諸研究が果たした役割はいずれも重要なものであり、民間信仰の伝播者として宗教者を明確に位置づけ、在地信仰と宗教者によってもたらされた外来の信仰が混淆し、複雑で重層的な信仰の生成を明らかにしたことは継承するべき視点である。その上で、近年では『大雑書』や家相書など、書物が民俗知の拡大に果たした役割に注目する研究も出されており[36]、単純に民間宗教者に帰すことなく、民間信仰の多様な浸透過程について目配りする必要もあるだろう。

二　中世史研究と勧進

1　寺院史

民俗学の一連の研究について見てきたが、本節では歴史学の分野について振り返ることにしたい。中世の勧進の位置づけについて歴史的に本格的な議論がされたのは、重源についての中ノ堂一信の研究が端緒であろう。中ノ堂は、分散的に行われていた勧進が、重源が東大寺の大勧進職に補任されたことで全面請負となったことを画期とし、これを「中世的勧進」の始まりとした[37]。以降、中ノ堂は勧進に関する研究を相次いで発表したが、その後しばらくは大きな進展を見せることはなかった。

こうしたなか、いくつかの新しい動きを見せるのが一九七〇年代のことであった。その原因として網野善彦の『蒙古襲来』によって、西大寺律宗についての注意が喚起されたこと[38]、そして黒田俊雄の「権門体制論」によって、寺院社会について関心が向けられたことが挙げられるであろう[39]。黒田俊雄は寺社勢力を中世社会を構成する権門のひとつとしてとらえるとともに、寺院が学侶・行人・聖という構造をもつことを指摘し、中世社会のなかに聖の存在が位置づけられた。

その後、神仏のために喜捨を集める行為である勧進について、中世史研究においては当該期の仏教・寺院を検討する上で重要な要素として様々に研究が深められた。寺院社会史の立場からは、東大寺の勧進について永村眞[40]、東寺について網野善彦[41]などの研究があった。細川涼一[42]は中世の律宗寺院に着目し、唐招提寺が僧衆と斎戒衆《さいかいしゅう》という重層的な身分構造をもち、斎戒衆が葬送に携わるとともに勧進の実務を担っていたことを明らかにした。律僧が中世前期に「勧進聖」を率いて盛んに勧進活動を行っていたことは知られていたが、中世の葬送の担い手に関心がむけられる契機になったことや「勧進聖」の実像が明確になったのは大きな成果であった。

松尾剛次は、中世仏教を検討するなかで、新仏教の担い手を「遁世僧」として把握し、その本質を救済、勧進ととらえ、中世を「勧進の時代」とし、中世社会のなかに勧進を積極的に位置づけた[43]。しかしながら、松尾の論理は律宗を旧仏教の改革派とした従来の把握から、中世的仏教に位置づけようとするために、定義をやや律宗よりにした、という側面もあるといえる。

これらの議論では、勧進聖をあくまでも寺院社会のなかで勧進を主たる業務とする集団として把握するため、基本的には個々の寺院との関係が重視されたが、網野善彦は中世の勧進聖を一般化する視点を提起する。網野は勧進聖が世俗的な縁を生じることのない状態、「無縁」の原理を身につけていたことで、有縁の人から喜捨を得ることができたといい、鎌倉後期以降に始まる国家機構に依存した棟別銭賦課の方式を門付勧進の体制化であり、「堕落」であると評価した[44]。網野は勧進が体制化するに伴い、「遍歴[45]」の勧進聖が軽視・蔑視されるようになり、自身も「物乞いに堕ちていく傾向がでてきた」とした。網野は南北朝期の社会変動を重視し、それ以降は天皇権威の低下とともに王権と結びついた職能民に対する社会の賤視が始まるとしているが、同様の傾向を勧進聖においても想定しているのである。近世以降の状況から、勧進聖への賤視を前提として議論することが多かったなかで、社会意識の歴史的変遷を見る必要性を提起した点は網野独自のものであった。

また、網野の「勧進の体制化」という提起をうけて、安田次郎は大和における一三世紀後半以降の勧進が体制化され、一国平均役が課せられることで、在地の作手が公役負担者として意識されるようになり作主職が職の大系に取り込まれるとともに、「公民」として位置づけられ国家に編成されたとする[46]。勧進が在地社会の構造に与えた影響についての指摘である。東島誠はこれらの研究と一線を画し、勧進を公共事業の請負という視点で論じ、社会的機能について論じている[47]。特に、従来の勧進研究が施入者にとって勧進がいかなる意義をもったのか論じていないとし、勧進行為を物乞行為と財の還元行為が複合したものであると見なし、公共負担を勧進が媒介していたと指摘した。さらに近世には勧進と公共負担が分離したことで、勧進が賤視されるようになったという[48]。これまで看過されていた、社会の側がなぜ勧進に応じたかについて論じた点は重要であるが、以降の研究にはあまり継承されていないように思われる。

そうした中世の勧進研究と別に、中近世移行期における寺院社会のありようを検討する素材として「聖」の動向に着目した研究がなされた。菊池武[49]、吉井敏幸[50]は寺社において伽藍再建のために勧進をする勧進聖の集団「本願」について、多数の事例を集め、戦国期に経済的混乱のなかで力をつけた本願が近世になって次第に没落するという傾向を指摘した。菊池は神仏習合寺社という視点から議論し、本願の没落には神国思想の普及があるとする。一方、吉井は一山寺院の動向として近世以降の幕府の政策によるという視点から本願の没落を説明し、議論に食い違うところはあるものの、本願の隆盛と排斥という大まかな流れの理解については大差ない。

これらの論議はいずれも複数寺社の断片的な事例に拠りながらなされたものであるが、下坂守は清水寺の再建を担った願阿弥の事例から、寺院に定着し寺院組織の中枢を担うようになった本願の存在を指摘し、「「本願」のたどった道は一律には決して論じられない」と、吉井の指摘は一般化できず、一層の事例収集が必要であるとした[51]。その後、各寺院における勧進活動についての個別研究も種々積み重ねられ、伏見稲荷社と愛染寺について菊池武[52]、大森恵子[53]、清凉寺については筆者[54]が論じた。太田直之は中世後期における勧進研究の立ち遅れを指摘するとともに、様々な寺社の本願に関する個別事例の研究を重ね、中世後期の勧進聖が修験者と親縁性をもつこと、念仏信仰が認められること、権威と積極的に結びつこうとする傾向のあることを指摘した[55]。また、下坂守は祇園社の勧進聖と絵画に描かれる祇園社境内と四条橋の「杓《しやく》ふり」についても論じている[56]。こうした寺院史の動向とは別に、熊野については比較的早くから五来重の指摘を継承発展するかたちで、勧進を担った修験者の動向を明らかにするための研究が進められていた。那智社の本願については豊島修[57]、山本殖生[58]、鈴木昭英、根井浄[59]らが論じ、後に基本資料を集成した『熊野本願史料集』も刊行された。熊野信仰の布教に関わっていた女性宗教者である熊野比丘尼についても鈴木・豊島・山本・根井によって主要な史資料が網羅的に集成された労作『熊野比丘尼を絵解く』がまとめられている[60]。このような本願に対する関心が次第に高まりを見せるなか、豊島修・木場明志編『寺社造営勧進　本願職の研究』が刊行された[61]。同書では様々な寺社の本願について論じた個別論文に加え、本願の存在が知られている諸寺社での本願についての概説や関連年表が掲載されており、寺社の本願に関する事例研究集積のひとつの到達点ということができる。

こうした一連の研究をうけて、河内将芳は、本願のありようは中世と近世の移行期の宗教動向を示すものであると明確に位置づけ、統一権力が宗教を再編する経緯を①本末制度の前提としての寺院間社会と②本願の動向を中心とした寺院内社会に着目して明らかにした[62]。ここでは既存の寺社勢力がいかに統一権力と対峙したか、あるいは権力が宗教を再編したか、という寺社勢力と権力の関係に重点がおかれ、民衆と宗教の関係についての視点はやや希薄であったが、寺檀制度の成立や幕府の寺院統制に関心がむけられていた中近世移行期の宗教動向研究に、本願の存在を位置づけたことの意味は大きい。

また一九九〇年代に隆盛を極めた絵画史料研究のなかで、参詣曼荼羅が俎上にのぼるようになると、そのなかで勧進聖が勧進のために参詣曼荼羅を絵解きしていたと推測され、参詣曼荼羅作成主体としての勧進聖や本願について言及されるようになる。そもそも参詣曼荼羅が、信仰を流布するために宗教者が絵解きをしていたものである可能性については難波田徹も早くから言及していたが[63]、絵画の分析を通して実際に民衆に対して行われた勧進を意識した研究の進展を見せるのは少し後のことである。一九八七年に大阪市立博物館で開催された特別展『社寺参詣曼荼羅――絵は誘う　霊場のにぎわい――』において参詣曼荼羅が一堂に会したことが多くの研究者に衝撃を与えた。その後、図録をもとに鮮明な大型図版を掲載した『社寺参詣曼荼羅』が刊行され、参詣曼荼羅に描かれた細部まで読解するような研究の条件が整えられた[64]。西山克[65]、下坂守[66]らが参詣曼荼羅の分析に取り組み、霊場と絵解き・勧進について論じた。また、大高康正は伝存する膨大な参詣曼荼羅を分析し、その作成主体として本願の活動に注目した[67]。

中世には芸能興行が勧進を目的として行われていたため、守屋毅は勧進と芸能について論じ、中世の芸能が勧進から興行として行われる過程を芸能の商品化と位置づけ、「近世化」と評価した[68]。守屋の指摘はその後の芸能興行研究に大きな影響を与え、芸能という「商品」を消費する存在たる観客に着目した観客論など新しい研究動向にもつながっていったが、商品化・市場形成といった商品経済の成立を指標とする社会経済史の枠組みを単純に持ち込んだものに過ぎず、例えばそれ以前から存在していた門付芸・大道芸の「金に換える芸、ないしは芸を金に換えるくらし[69]」を捨象していた。中世の勧進と芸能の結びつきについては、小笠原恭子も網野善彦の影響のもと勧進興行に着目し、行われた寺社の多くが境界的な場所にあり、鎮魂のためになされたものであるとした[70]。こうした芸能興行のもっていた宗教性への視点については、以後あまり継承されることなく、興行の機構や経済について論じられる傾向にある。

また、中世後期の寺院経済としては、勧進ばかりが注目されてきたが、参詣人による散銭に着目し、その権利や分配のありようを信仰経済という視点でとらえた阿諏訪青美[71]、参詣を参詣文化としてとらえようとする野地秀俊の研究もある[72]。今後は、勧進をそうした多様な寺院活動のなかに適切に位置づけることが必要になってくるだろう。

2 部落史

民間宗教者のなかには社会的に賤視をうけていた存在も少なくなかったこともあり、部落史研究のなかでも地域社会における多様な宗教者や芸能者について論じられた。嚆矢というべきは喜田貞吉が主宰した雑誌『社会と民族』である。同誌では被差別民や憑き物の特集を組み、喜田を中心に多くの論考が掲載された他、短文ながら毎号掲載される「通信」に各地の風俗習慣とともに芸能民や宗教者、被差別民について貴重な事例が相次いで報告された。

戦後はマルクス主義の影響により、伝統的な文化や芸能のもつ封建的な部分が批判の対象となると、こうした芸能の創造に関わっていた被差別民に光があてられるようになり、文化のもつ民衆性が強調されるようになる[73]。そうしたなか、林屋辰三郎が散所《さんじょ》を古代的賤民の流れに位置づけて中世の被差別民を論じるようになると、彼らの生業としての芸能や宗教も研究対象となる。林屋辰三郎が理事を務めていた部落問題研究所では、散所や芸能者に関心をはらい、対象を被差別部落に限定せず、芸能者などにも目配りした比較的広い視点で部落史をとらえ、『部落史に関する総合的研究』では多くの芸能や宗教に関する資料も採録した。しかし、脇田晴子・丹生谷哲一らによって、「散所」とは「本所」に対する語に過ぎず、必ずしも被差別民を指す語ではないとされ、散所の語が示す対象も時代によって異なり、中世の「散所非人」を古代に遡ることができなくなった。さらに、黒田俊雄によって中世被差別民の中核が散所ではなく「非人」とされるようになると、中世の身分制研究は「非人」に集中して行われるようになり、散所・声聞師に関する研究は停滞し、結果的に中世の芸能者や宗教者に対する関心も後退するようになった。

なお、近世の部落史研究では、部落問題の歴史的背景を明らかにし、差別の解消に資するという現実的な課題を出発点としていたため、被差別部落と関係がある「かわた」身分の研究が中心であった。それまで差別のため資料の公開が難しく、地誌や公儀の資料などに拠らざるをえなかった部落史研究が、泉州の被差別部落の史料『奥田家文書』が公刊されたことで、部落内の一次資料に基づいて研究できる条件が整うと、七〇年代の近世の部落史研究・身分制研究は質・量ともに飛躍的な充実を見せたが、「かわた」身分以外の被差別民については「雑種賤民」などともいわれ、長く軽視されていたのが実情であった。

そうしたなか、京都で編纂が進められた『京都の部落史』では、林屋の影響もあり宗教者や芸能者をも視野に入れた研究を続けていた。京都部落史研究所が宗教者や芸能を身分の視点でまとめた『中世の民衆と芸能』(74)『近世の民衆と芸能』(75)などは、個々の文章は短文であるが、多くの職能民・宗教者・芸能者が取り上げられ、歴史や生業について概要を簡潔にまとめたもので貴重な成果である。その後、『京都の部落史』は一九九五年に前近代の通史編を刊行し完結(76)。ここでは芸能者についても多くの紙数が割かれている。長らく低調であった散所研究も、『京都の部落史』編纂に関わった研究者を中心に『散所・声聞師・舞々の研究』がまとめられた(77)。

三　近世史の研究と勧進・勧化

1　宗教史

中世史と近世史では仏教・宗教研究の方向性は大きく相違し、両者の間には断絶がある。中世史研究者は基本的に中世後期を黒田俊雄のいう権門体制論・顕密仏教が解体する過程として、その具体的像を明らかにしようとしてきたが、近世史研究者は辻善之助による近世仏教を葬式仏教、仏教の堕落とする議論を乗り越えることを課題とし、①幕府による仏教政策、すなわち寺檀制度の成立過程の解明と②思想史の視点から大きく展開した仏教思想から、近世と仏教の関係を明らかにする方向で研究がなされた。

これまで幾度か仏教史の通史叙述が試みられた。そのなかで、近世における勧進と宗教者がどのように描かれてきたか振り返ってみたい。一九六七年刊の圭室諦成編『日本仏教史』[78]では、権力との関係・思想・教団を柱として叙述しており、勧進については、僅かに高野山について触れた部分で高野聖に言及するのみであった。その後、一九八七年に出版された圭室文雄『日本仏教史　近世』では、大山の御師について触れ、かかる御師や山伏が「民衆の現世利益を一手にひきうけ」ていたことを強調し、「民衆信仰の源泉」であると積極的に評価している[79]。しかし、これは圭室文雄が、「あとがき」で幕府の政策を背景に檀家制度が作りあげられたが、「真に仏教が民衆の欲求に応える宗教となりえなかった」としているように、御師などの高い評価は「幕藩権力の保護にあぐらをかいていた仏教教団」とする評価と対をなすものであったといえる。

近世の宗教者と勧進について、倉地克直は、幕府財政の窮乏を背景に公儀による寺社の修復にかわり、享保七年

（一七二二）から幕府の許可のもとで一定期間募金を行う「勧化制」が採用されるようになったことを明らかにし、勧化が強制されるようになった結果、民衆の不満を引き起こしていたことを指摘した[80]。幕藩制下の宗教統制の一環として公儀が認可する勧化に着目した鈴木良明[81]・高埜利彦[82]は公儀による統制からの視点で論じた。高埜は近世の勧化（勧進）には寺社奉行認可の御免勧化と寺社奉行の勧化状をもたない相対勧化の二種類があることを明らかにした。御免勧化が認可される寺社と公儀との関係、相対勧化の実態については鈴木の研究がある。こうして御免勧化と相対勧化について明らかにされたことで、統一権力が成立した近世社会には、中世とは様相の異なる勧進がなされていたことが知られるようになり、近世に行われた勧進は近世固有の問題としてとらえる必要があることが明らかになった。

また、高埜は修験者や陰陽師といった宗教者の本所支配について論じ、幕府による寺院統制とは異なるかたちの近世国家と宗教者の関係に光をあてた。この高埜の視点は後述するように身分的周縁論にも大きな影響を与えることになった。このような動向をうけ、近年刊行された『新アジア仏教史』では、林淳による「勧進の宗教者」についての専論が掲載され、近世は中世以来の「勧進の宗教者」が多彩に花開いた時代であり、宗教者が「身分集団に所属して、免許状を付与され」たことは中世には見られなかった近世の現象であると指摘された[83]。こうして、近世仏教史のなかに宗教者がようやく位置づけられたということができる。

2　宗教者・芸能者の個別研究

御免勧化・相対勧化についての諸研究は、認可主体が公儀、対象が寺院であり、基本的に寺社と公儀との関係を主たる研究対象とし、実際の勧進の担い手についての議論は副次的であった。一方で勧進の担い手となるような、民間で活動する宗教者の個別研究は、民俗学や部落史からの刺激もうけつつ、事例研究が積み上げられていた。いち早く着目されていたのは修験者、山伏である。先駆的な業績としては和歌森太郎の『修験道史研究』が挙げられる[84]。和歌森は同書で修験道の通史的叙述を行い、以降の研究の足がかりを作った。五来重らを中心に進められた『山岳宗教史研究叢書』の編纂は修験道研究を新たな段階に進めた[85]。それまでそれぞれの地域で積み上げられてきた研究が集成され、全体像を俯瞰できるようになったこと、その後の山岳信仰研究の中心を担う多くの若手研究者が参画し、ここでの論文執筆が各論者のその後の研究につながっていったことが大きかったといえる。

宮本袈裟雄[86]は里修験の展開と宗教活動、地域社会における民間信仰との関わりについて論じた。ここでは里修験化を推し進めた圧力として近世権力の政策や社会状況があったこと、里修験には村方修験と町方修験があり、百姓修験に代表される村方修験と比べ、町方修験は「店借り」が多数を占め、比較的漂泊性をとどめていたことを指摘した。同じ修験ながら、町方か村方かという環境が修験者の性格を規定していたことは重要な指摘であった。宮家準[87]は修験道の組織や儀礼について精力的に研究し、その後の研究の基礎となる大著を公にした。高野聖についても、村上弘子が高野山信仰について論じるなかで、近世の高野山聖方の動向について論じ、聖方が学侶・行人方の配下となって以降も独自の檀那場をもっていたことを明らかにした[88]。

高埜利彦は近世の修験道・陰陽道・神道の実態から、聖護院・土御門家・吉田家といった寺社や公家による宗教者の編成について明らかにし、天皇や公家を含んだ近世の国家権力について論じ、その後の近世朝廷研究や公家研究の道をひらいた[89]。

こうした動向や公家家職論の影響をうけ、次第に個別宗教者の事例が蓄積されるようになり、陰陽師[90]、万歳[91]、盲僧[92]、西宮願人[93]・淡島願人[94]、神事舞太夫[95]、巫女[96]、富士御師[97]などの組織や地域社会での実態が知られるようになってきた。伊勢大神楽についても北川央の一連の研究により現状とともに前近代の姿が次第に浮き彫りにされてきた[98]。萩原龍夫の研究[99]により、早くから吉田家との関係が指摘されていた神職についても、井上智勝[100]、西田かほる[101]らが近世的な編成のありようを明らかにし、説教師も盛田嘉徳[102]らにより関蟬丸神社・近松寺による編成と支配が知られるようになり、室木弥太郎・阪口弘之の『関蟬丸神社文書』編纂[103]を経て、近世における説教者支配の具体像が次第に解明されてきた[104]。三昧聖についても五来重や上別府茂[105]によって古代の行基聖との系譜がいわれていたが、吉井敏幸[106]によりむしろ中世の惣村と惣墓形成との関わりが指摘されるようになり、木下光生[107]の研究や『三昧聖の研究』[108]によって、東大寺大仏殿再建を契機に始まった東大寺龍松院による三昧聖支配や、一国内の組織の存在と独自の動きをとる大坂千日前の聖の動向などが知られるようになり、近世的存在としての三昧聖に光があてられるようになった。

3　地域社会

宗教者の活動の場である地域社会について次に見ていこう。寺院史研究の視点による本願の研究は、論者により論点は異なるが「近世的勧進」を寺院内における聖の位置づけによって規定するにとどまり、「勧進」とそれを受け入れる地域社会との関係についてはさほど注意を払っていなかった[109]。

むしろ地域の側からムラを訪れる宗教者を見る視点としては、真野俊和などが宗教者研究のなかで次々とムラを訪れる「聖」について触れる[110]。真野は、巡礼について『講座』を編纂し[111]、西国巡礼・四国遍路の研究がされるなかで、職業的巡礼の存在が浮かび上がってきた[112]。その後は熊野の世界遺産登録や四国遍路ブームも後押しし、巡礼の研究が進み、歴史学・民俗学・地理学など多様な研究者が集まり巡礼研究会が立ち上げられ、論集がまとめられた[113]。

とりわけ本稿との関係では、地域社会と三十三度行者について明らかになったのは重要である[114]。

近年では宗教と社会に着目した澤博勝の仕事も注目される他[115]、名所論を踏まえて旅行史・参詣史としての霊場論[116]や、由緒論[117]を含み込んだ議論も始まりつつある。こうした動向を牽引した論者が集まり、近世の宗教と社会・文化の様々な問題について論じた共同研究の成果として『近世の宗教と社会』全三巻が上梓され、近世史における宗教という視点のもつ豊かさが明確になった[118]。また、文学を中心に進められた略縁起研究[119]やお札に関する研究[120]もなされるようになり、狭義の史料以外にも近世の宗教について知る上で重要な資料が存在することにも注意が払われるようになった。

かかる研究とは別に地域の視点で、宗教者と地域社会との緊張関係について論じたのが藪田貫である[121]。藪田は郡中議定によって勧化や配札人・浪人・座頭などの「回在者」への対応が定められることを指摘し、領域支配を超えて広域に活動する存在として宗教者を位置づけるとともに、そうした「回在者」の存在が領主と村との間に存在する中間的な社会領域を生み出すきっかけのひとつであったとした。漂泊と定住、忌避と歓待といった単純なとらえ方がなされがちであった宗教者と地域社会との関係を、「回在者」の存在が地域に合理的な対応を要請し、そこから地域社会のありようを変容させていったという新しい動的な視点をもたらした。

四　勧進身分論・身分的周縁論と本書の視点

近世史の問題として自覚的に「勧進」に取り組んだ研究は、前掲の仏教史・寺院史の研究や遊行聖の個別研究などを除けば少なかったといえる。

しかし、峯岸賢太郎は近世における被差別民を「勧進の人」という共通項で括って論じている。[122] また二〇〇〇年に吉川弘文館から「第二次身分的周縁[123]」研究の成果が全六巻で刊行されると、寺院を中心とした研究とやや立場を異にする身分的周縁の視点からの勧進研究[124]が、次第に注目されるようになってきた。ここでは、「乞食＝勧進層」という「身分」が措定されるなど従来になかった視点で「勧進」をとらえようとしている。本節では、筆者の勧進に関する考え方を明確にするためにも、勧進身分論と身分的周縁研究における勧進について詳しく見ておくことにしたい。

峯岸の「勧進の人」・勧進身分論には門付の芸能者から乞食、さらに「穢多」「非人」まで含まれている。ここでは、「非人」のような「所有から疎外」された存在を、生活手段として「勧進場」を廻る勧進をする存在であるとして、「封建的編成の外部にある存在」と位置づける。「穢多」身分もまた「旦那場」廻りをすることから、『非人』と共通する性格を持っていた」としている。ここで峰岸は「所有論」を軸として、所有関係の「外部」にあるという経済的関係を、「勧進」という結果としてなされる行為で表現している。ここでいう「勧進」は、生活手段をもたない存在が行う行為であり、その宗教性についてはまったく関心が払われていない。すなわち、「勧進」を「ものもらい」「乞食」と同義で使用しており、なぜ所有から疎外された存在が行う行為が「勧進」という宗教性をもった語で表現されるのかについて明らかにすることができない。それゆえ、こうした「勧進」概念を矮小化して使用することは、寺社に所属して伽藍再建のために勧進を行っていた本願や木食聖のような存在の行為を積極的に評価する途を閉ざすものであり、近世における宗教者にとっての勧進という行為を検討することを課題とする本書では従うことはできない。

続いて身分的周縁論の「勧進」について見ていこう。「身分的周縁」研究を牽引する論者のひとりである吉田伸之は、江戸や京都といった都市社会の研究から、都市を構成する要素に着目した、都市の「分節構造」と社会権力・磁極という概念を持ち込むとともに、都市の裏店に住む住民まで射程に入れた把握を試み、宗教者や乞食も「全体史」のなかに位置づけようとした。

また、村や町といった地縁的な集団だけでなく、「社会集団」という概念を持ち込んだことは吉田や塚田らによる身分的周縁の重要な成果であるといえる。高埜利彦が明らかにした近世の本山、本所による宗教者の組織化や公家家職論などを踏まえ、民間宗教者たちが公家や有力寺社に帰属し、許状をうけていることを重要視することで、士農工商以外の身分集団の存在に光をあてられるだけでなく、公家や寺社といった支配する側まで視野に入れることができるようになった。その結果、これまでの宗教者研究や身分研究と違い、政治史や制度史につなげることが可能になり、個別事例研究が単なる事例紹介に終わらず、国家や支配構造といった「大きな歴史」に言及しうる回路を開いたことが広くうけいれられた理由であろう。

吉田は、近世社会を中世社会が創出した多数の「芽生えたばかりのプロレタリア的要素」、すなわち「ルン・プロの萌芽」を前提に出発したとする。[125]その「ルン・プロの萌芽」をa武家奉公人　b日用　c乞食・非人とし、a・bを一括して「日用」層とし、cを特殊な分化・展開形態とした。そして、近世中期以降、人宿などの商人資本による労働力の商品化と搾取の過程、都市の初期マニュファクチュア的経営、農村地帯の小ブルジョア的経営のもと、部分的に賃労働の萌芽が見られたとする。その後に展開する吉田の「身分的周縁」論はこの視点を一歩進めたものであろう。

吉田は「正統的な身分」を措定し、それとの対比から「身分的周縁」を①商人②日用③乞食＝勧進層④芸能者とした。[126]まず「土地や用具とは異なり自由に流通・交通する」貨幣や動産を所有している商人を「大地に拘束されることがはるかに希薄」で「大地との関係において人々を支配し、その人身を緊縛しようとする近世の権力にとって」は「かなりの程度異端的存在」とする。そして、日用層は労働力を所有するプロレタリアの萌芽ととらえ、乞食=勧進層という身分を措定し、「自身の労働力を有してはいるが、これを他者に販売し、対価を得ることができない状態に」あり、他者からの喜捨を乞うという社会の剰余に寄生することで生存が可能となる社会層であるとする。また、彼らを「生産条件の所有から疎外され」た存在であり、「他者からの施し、喜捨を得るための技術のみが彼らの所有対象とな」っている「身分的周縁の即自的な形態」であると位置づける。かかる「所有の極北」にいる彼らは「社会の剰余に寄生している」ために「『所有の核』が強固になり、排他的に集団化を遂げる」とする。[127]

これは、マルクスの『ドイツイデオロギー』において、中世に「都市に逃げ込んだ農奴たち」が都市で組織化された共同体に直面し、「組織化された都市的な競争者たちの利害によって彼らに割り当てられる地位に、〈甘んじ服さざるをえ」ず、彼らが就く労働が、修業を要しない「日雇い労働であった場合には、彼らは決して組織化されず、非組織的な下層民にとどまった」とし、「都市における日雇い労働の必要性が下層民を創り出した」とする議論[128]を援用したものだろう。

また、同じく身分的周縁論を牽引する塚田孝は、「特殊利害の担い手としての人間が、その特殊性=個別性において公的な世界に位置づけられているが、この個人と国家・社会全体の即時的関係づけを媒介するのが〝集団〟である」と位置づけ、こうした集団を「身分」と把握した上で、身分を前近代の「人間の存在様式」であるとする。[129]かかる塚田の発想の原点は、前近代社会を近代以降の市民社会と対置し、市民社会未成熟の段階においては集団を介して関係を結ぶとする考え方があり、マルクスの『ユダヤ人問題によせて』を念頭に置いたものであるという。[130]

いずれもマルクスを下敷きにしたものであるが、マルクスの「他のいかなる立場と比べても諸関係の責任を個人に負わせようとする発想からは遠い[131]」論議が、果たして最終的には個人の信仰の問題とならざるをえない宗教を理解することに有効なのかは甚だ疑問である。宗教も経済活動と無縁では存在しえないが、経済のみでもありえないものだ[132]。吉田は、日用などをプロレタリア的要素と位置づけて評価する一方で、宗教者や「乞食」をその分化、展開形態として副次的な位置づけにとどまっている。その勧進論からいえば、「乞食=勧進層」という身分は「身分的周縁の即自的な形態」であり「生産条件の所有から疎外され」、「社会の剰余に寄生している」という。こうした所有を軸とした見方では、当然ながら所有から「疎外」された結果、労働力販売をし、さもなくば「乞食」となることが基本となり、宗教的な勧進は敢えて進んでそうした状態になった特殊な存在ということになる。この場合、「乞食」は結果としての消極的な状態としか見ることができず、なぜ「所有から疎外された」存在が前近代社会に勧進でなら生きることができたのかという積極的な面を理解することは難しい[133]。それゆえ、吉田の視点では願人などの宗教者の集団を解釈する上では一定の有効性をもつように見えるが、徳本や木食観正のごとき個人が、なぜ社会的な支持をえたのかという宗教を支える基本的な部分について「喜捨を得るための技術」という唯一の「所有対象」の良否という極めて矮小化されたものでしか説明できないものになる。

　吉田らがいうように、「生産手段」を「所有」しない者が宗教者の姿で米銭を集め、糊口をしのぐための手段として行われることがあったことは確かである。しかし、寺社の本願のように、寺社のなかの施設に拠点をおき、寺社伽藍の修理や再建のために広く勧進を行ったり、寺社に所属しながら修行などのために一時的に托鉢をしながら諸国をめぐる場合もある。こうした勧進は、生産手段の有無とは関係なしに行われているものである。

　そうすれば、勧進が行われる契機は、「所有」のありようによらず、広く米や銭を集める必要がある場合に採用しうる手段であり、その目的が糊口をしのぐという極めて私的な用途に使われるか、あるいは寺社の再建や架橋といった公共性をもったものか、という相違に過ぎない。つまり、勧進は生産手段の所有や身分の問題ではなく、身分を問わず近世社会において広く採用していた行為、いわば「文化」の問題として見るべきであると考える。となれば、次なる課題は、勧進をする人々の「所有」のありようや目的を問わず、なぜ社会が「勧進」に応じたかである。つまり、そうした文化の存在を社会が許容したかが問われることになる。そこで、本書では宗教者と社会とが接触する現場で行われる「勧進」から、宗教者と社会（地域社会・寺院社会）との関係性を可能な限り具体的に明らかにし、そこから見えてくるものを通して近世の社会像を浮き彫りにしたい。

無論、本書では勧進の担い手の社会的な位置づけや属する集団に対する関心を放棄するものではないが、まずは社会において勧進の果たした役割や社会との緊張関係を読み解き、そのなかでいかなる存在が勧進を担っていたかを見ていきたい。

また、既に指摘があるようにこうした身分編成を中心とした視点では、「支配する側」の立場から見た歴史になる危険が往々にしてある。[134]社会集団論は、身分的周縁論によって浮かび上がった重要な概念であるが、果たして前近代の「集団」は実態なのか、あるいは権力・社会による「理念」なのかが問題である。集団が権力との関係を前提とするものである以上、編成する側の「こうあるべき」という「理念」と実態とが混同されている懸念がある。「理念」が実態としての身分たりうるには、集団の構成員が帰属意識をもち、内部はある程度均質で、そして一定の秩序をもつというような、身分といえるだけの実態を備えていないといけない。しかし、実際に膨大な「身分的周縁」の論集において明らかにされた事例の多くは集団内における競合と差別化の歴史をはらんだものであった。[135]とすれば、集団が身分として秩序だった組織をもつと考えるのは、支配者側の理念に過ぎず、実際の現場ではもっと在地の状況や宗教的な需要に合わせて緩やかなものであった可能性がある。

塚田は、説教師について近松寺による認可の有無を基準として「正敷筋目」と「偽」の存在を峻別する。[136]無論こうした「お墨付き」の有無が在地における説教師の位置づけを左右する重要な要素になることは少なくないだろうが、一方でいずれも社会の底辺では宗教のかたちで存在し、社会に受け入れられたことは忘れてはならない。むしろ、だからこそそういった存在を排除するために、権威に依存して正当と偽りの存在をつくりだす必要があったのではないだろうか。こうした公儀による認可の有無をもとにした二分論は、権威とつながり、他者を排除するために宗教者が選択し、外部から持ち込んだ論理であり、地域社会にあって宗教者が宗教者としてなぜ受け入れられたのかという問いには答えられない。権力がいかにその存在を公認しようとも、宗教はそれを信仰する人々、芸能はそれを享受する人々なくしては存在しえない。「身分的周縁論」はこうした当たり前の視点を欠落させる危険をはらんだものではないだろうか。

ここで筆者が想起するのは、高取正男の次の指摘である。

それぞれの世界宗教は、民衆の生活に発する広汎な運動に依拠するなかで、民俗信仰と結合し、祖先崇拝を核とする共同体内部の信仰につながることで、社会の基底部に定着した。民俗信仰との和解が円滑になされないとき、とくに近代以前の社会では、その宗教は根無し草におわった。また、その過程を逆にみるならば、政治的にも社会的にも被支配者であった民衆は、強力な宗教教団の組織を自らのものにすることで、彼らの所属する、現実の諸共同体の地歩を強化したのも事実である。けれども、ことの認識と評価をこの側面にとどめるならば、それは、表面は民衆の宗教運動史でも、実質は彼らの政治・社会運動史にすぎないし、宗教史としては、世界宗教の土俗化と頽廃の過程を追うにとどまる。宗教が政治に利用されている側面をみるだけだから、そうなるのは当然の帰結である。

これに対して、おなじ民衆の宗教運動をとりあげるにしても、さまざまな社会変動、自然の災害だけでなく、すぐれて歴史的な要因のもとに惹起された変動のなかで、自分にとってかけがえのない共同体の解体を眼前にみた人たちが、たとえ呪術信仰から離れること遠くない低次元のものであっても、魂の王国をもとめ、失われた過去の復活と楽園恢復の願いのもとに、参加した過程を追うならば、その運動は厳密な意味で政治的、社会的運動から離れ、真実に宗教の世界に飛翔する。(137)

聊か長い引用になったが、このような視点で見るならば、民間を主たる活動の場とした宗教者は、権威による認可の有無、教義上の正統・異端を問わず、地域社会の信仰と既存の宗教との橋渡しをした存在として積極的に評価することができると考える。

例えば、野地秀俊は中世の参詣について、寺社側は参詣ルールを設け、それ以外の甲乙人による参詣を「穢れ」として排除しようとしたが、宗教的需要に応えるため「下級宗教者」を受け入れた事実を明らかにしている。(138) 寺社参詣が流行し宗教的需要が多様化した近世社会において、こうした柔軟な受け入れ体制の必要性は中世以上に切実だった筈である。また、久野俊彦は真宗寺院における『親鸞聖人絵伝』の絵解き台本について分析するなかで、本山は『御伝鈔《ごでんしょう》』を「正統」とし、異伝を含むものを「偽造」とするが、在地社会では本山の意向を鵜呑みにせず、地域社会の需要に応じて柔軟に改変していることを明らかにしている。地域社会のなかで寺院が存在し、宗教的需要に応えていくためには、寺院は本山が「偽造」とするような伝承をこそ、積極的に活用し、さらに地域の条件に合わせて時には新たな「偽造」をすることが必要とされていたのである。(139)

ここで参考にしうるのが鈴木岩弓の「民間宗教者」に関する次のような指摘である。鈴木は、表面のブツブツした地蔵を例に、教典などの典拠に基づいて造形するのは信仰を創出する教団側の論理「メーカーの論理」だが、一方で受容する側は教典の内容以上に材質や形状から連想される霊力の方が意味をもち、「ユーザーの論理」によって「疣《いぼ》取り地蔵」として信仰されるとする。こうした現象から、現実の信仰習俗は「ユーザーの論理」と「メーカーの論理」のせめぎ合いのなかで生じたもので、両者を取り持つのが「宗教的職能者」の役割であるという。こうした視点に立てば、集団という国家との関係を重視する身分的周縁の視点は、「メーカーの論理」に立つものであり、「ユーザーの論理」や「メーカー」「ユーザー」両者がせめぎ合い、妥協をする宗教現象の現場には迫りえないということになる。(140)

身分的周縁論の個々の事例研究は極めて重要なものが多いが、理論化することに急で、一般化への指向が、事例のもつ色合いを単色のものにしてしまったのではないだろうか。とりわけ、吉田・塚田による宗教者の組織論は、集団を構成する宗教者がもつ柔軟性、換言すれば近世における宗教の重要な要素を欠落させた論議ではないかと思われる。

本書では、もう一度、彩り豊かな近世社会像を描くため、宗教を信仰する人々、芸能を享受する人々を重視したい。換言すれば、地域の視点から勧進という〝文化〟をめぐる「ユーザーの論理」と「メーカーの論理」の葛藤を中心に個別事例を通じて具体的に検討し、そこから見えてくる近世社会像を浮かび上がらせたい。

というのは権力の理念と地域社会の宗教的需要がまさにぶつかり合うところが、宗教を通じて衆庶から一紙半銭を集める勧進という行為だと考えるからである。また、だからこそ勧進は、支配・宗教者・地域社会が関係を取り結ぶ最前線であり、そこには様々な当該期の矛盾や権力・社会の指向が鮮やかに浮かび上がるものと考える。

五　本書の構成

これまで多くの先学により民間で活動する宗教者の姿が様々な立場から明らかにされてきた。極めて大雑把にいうならば民俗学が民間信仰の研究から信仰の伝播・媒介をした存在として宗教者の実態を明らかにしようとした一方、歴史研究は寺社や公権力との関わりを重視した研究が積み上げられたといえるだろうか。近年では歴史学と民俗学といった枠組みを超えて地域社会における宗教者の具体像も明らかにされるようになり、その懸隔も次第に小さくなってきた。しかしながら、歴史学と民俗学の蓄積をふまえ地域社会での宗教者の実像と公儀・寺社との関係を一体として把握することは充分になされておらず、依然として一面的な宗教者像にとどまっている面がある。そこで、宗教者を総合的に見ることを試みるにあたり、寺社と地域社会をつなぐ勧進という行為がなされる場に生起する諸事象を通じて、宗教者と地域・公儀・寺社の関係について迫ってみたい。中世と近世の仏教史研究の間に断絶があるといわれるが、民間の宗教者の動向を軸に、中世と近世の架橋を試みたい。そこでは、中世も視野におさめつつ、近世的勧進の特質を浮き彫りにし、勧進聖と寺院の関係だけに終始せず、寺社と聖、地域社会が当該期の社会状況のなかで時に衝突・摩擦を起こし、時には相互に妥協を図る多様な姿を具体的に明らかにしたい。そのため本書では、中世以来寺社が政治・経済から生活まで大きな影響力をもっていた京都を対象とした。

なお先行研究では、本書で検討する対象が聖・民間宗教者・非正規僧・乞食＝勧進身分・宗教的芸能身分など様々な語であらわされてきた。いずれも論者により明確な意図をもって選択された語彙であり、参考とすべき点も多い。筆者が本書で取り上げる存在は特定の寺社や本所と結びつくか否かを問わず、むしろそうした寺社や本所との関係性を見ていきたいと考えている。そこで、高野聖や三昧聖と混同される恐れのある「聖」という語は使用しない。また、様々な個性をもつ対象を既成宗教との関係だけを前提として正規・非正規に区別することは本書の目的とはそぐわないと考える。上述の通り「身分」として把握することにも躊躇がある。そこで、集団への所属の有無を問わず、主に民間において宗教をもって活動をする多様な存在を広く指し示す言葉として、汎用性をもつ「民間宗教者」という語を敢えて積極的に用いた(141)。

第Ⅰ部では寺社に属して勧化を行っていた本願《ほんがん》や、小規模の堂にいた宗教者について見る。第一章では、京都嵯峨野にある清凉寺《せいりようじ》の本願について、その成立から寺院に定着し、経済力を背景にもといた真言僧を圧倒し、寺院経営を掌握していく過程を明らかにした。一方で第二章では、洛西の神社、松尾社の本願について検討した。ここでは、本願が天文期に松尾社に入るが一貫して神社の支配下にあり、享保期に争論をするが社家の支配を脱することができず、化政期に経済的に破綻したことを契機に神社を追放されたことを指摘し、近世初頭の寺社と本願の関係が一様でなかったことを明らかにした。第三章では、洛北の小町寺と通称される寺院について、僧と三昧聖との相克と、その背景にある地域社会の状況について明らかにした。補論では南山城の寺田村に伝わる伝説を腑分けし、観音堂にいた巫女《みこ》の動向が反映している可能性を指摘した。

第Ⅰ部では、こうした一七世紀までに大小の寺社と関わりをもち、勧化を行った宗教者の多様な姿について論じたが、近世社会がこうした流動性を次第に喪失するといかなる形態をとったのか。第Ⅱ部では近世中期以降の民間で活躍した宗教者のありようを紹介する。第一章では、一八世紀前半に京都で勧進をし、道路改修など公共的な土木事業を行った木食僧、正禅《しようぜん》の出自と彼を受け入れた京都の社会について論じた。木食正禅は安祥院を再興（建立）するが、第二章では関西の富士垢離行者《ふじごりぎようじや》がそれぞれの地域に拠点としての垢離場をもって活動していたこと、聖護院に所属するが設立経緯は多様で一貫性はなかったことを指摘した。富士垢離の一部は清水寺などと契約して信者から飯米を集め配札をする「仏餉取《ぶっしょうとり》」も兼ねていた可能性を指摘したが、続く第三章では、各寺院における仏餉取の実像について検討し、近世社会のなかで体制と迎合したり試行錯誤する宗教者を紹介した。補論では四国遍路を続け、仁和寺の新八十八ヶ所建立に呼応して石塔建立や定期船就航に尽力した恵信について紹介し、彼は仁和寺で「四国遍路惣大先達」に任じられていたことを明らかにした。

第Ⅲ部は、上記のような宗教者からやや離れて芸能者などに光をあてる。第一・二章では近世桂女の勧化について実態を明らかにした。第三章では万歳について、中世との連続・非連続と本所との関係について論じ、補論では京都を離れて小説『破戒』のモデルともいわれる長野の大江磯吉の出自をめぐり、当初「猿牽《さるひき》」と身分的な把握をされていた父親が数年の所払いの後、帰郷するや「ささら」と名称が変わっている事実を指摘し、身分把握の流動性を明らかにした。

最後に終章として本書の議論をふまえ、中世末から近世にかけての宗教者と社会の動向について大まかな見取り図を示した。

註

（1） 本来であれば、佐々木孝正によって「中世における聖の遊行勧進の形態が残存したもの」（『仏教民俗史の研究』名著出版、一九八七年）とされる開帳なども視野にいれるべきではあるが、今回は充分に言及することはできなかった。開帳については、さしあたり比留間尚「江戸の開帳」（西山松之助編『江戸町人の研究』第二巻、吉川弘文館、一九七三年）、同『江戸の開帳』（吉川弘文館、一九八〇年）を参照。

（2） 柳田國男による民俗学的な最初期の著作にあたる『石神問答』において、既に声聞師について言及しており、

『遠野物語』刊行の翌年にあたる一九一一年（明治四十四）の四月から八月にかけて『人類学雑誌』に発表した「踊りの今昔」（『定本柳田國男集』第七巻）では、踊躍念仏などの民俗芸能の波及にあたって「所謂特殊部落の多く」が「大なる生活上の関係を有せし」とする仮定のもと、芸能者や宗教者に着目している。柳田は、極めて早い段階から被差別民や芸能者に関心を寄せていた。

（3）柳田國男「所謂特殊部落ノ種類」（初出一九一三年、『定本柳田國男集』第二七巻、筑摩書房、一九七〇年）

（4）柳田國男「巫女考」（初出一九一三〜一四年、『定本柳田國男集』第九巻、筑摩書房、一九六九年）

（5）柳田國男「毛坊主考」（初出一九一四〜一五年、『定本柳田國男集』第九巻、筑摩書房、一九六九年）

（6）柳田國男「俗聖沿革史」（初出一九二一年、『定本柳田國男集』第二七巻、筑摩書房、一九七〇年）、他に「俗山伏」（初出、一九一六年、『同上』第九巻）、「唱門師の話」（初出、一九一六年、『同上』第九巻）、「桂女由来記」（初出、一九二五年、『同上』第九巻）など。

（7）柳宗悦の木喰に関する論考は『柳宗悦全集』第九巻にまとめられている。柳による木喰仏「発見」の経緯については「木喰上人発見の縁起」（『民芸四十年』岩波文庫、一九八四年）参照。

（8）中山太郎『日本巫女史』（大岡山書店、一九三〇年）、同『日本盲人史』正・続（昭和書房、一九三四年・一九三六年）

（9）本稿に関わっては、折口信夫「ごろつきの話」（『折口信夫全集』第三巻「古代研究〈民俗学篇二〉」中公文庫、一九七五年）、同『日本芸能史六講』（講談社学術文庫、一九九一年）など。

（10）角川源義『語り物文芸の発生』（東京堂出版　一九七五年）

（11）筑土鈴寛『宗教芸文の研究』（中央公論社、一九四九年）、同『中世芸文の研究』（有精堂出版、一九六六年）、同『筑土鈴寛著作集』全五巻（せりか書房、一九七六〜七七年）

（12）福田晃『軍記物語と民間伝承』（岩崎美術社、一九七二年）、同『中世語り物文芸——その系譜と展開』（三弥井書店、一九八一年）、同『神道集説話の成立』（三弥井書店、一九八四年）

（13）堤邦彦『近世仏教説話の研究——唱導と文芸』（翰林書房、一九九六年）、同『近世説話と禅僧』（和泉書院、一九九九年）、同『江戸の怪異譚——地下水脈の系譜』（ぺりかん社、二〇〇四年）

(14) 堀一郎『我が国民間信仰史の研究』全二巻（東京創元社、一九五三年・一九五五年）
(15) 五来は堀一郎と同窓で、ともに柳田國男邸を訪れ指導をうけた（五来重『仏教と民俗』角川書店、一九七六年）。
(16) 五来重『増補　高野聖』（角川書店、後に『五来重著作集　第二巻　聖の系譜と庶民仏教』法藏館、二〇〇八年）
(17) 『五来重著作集』（法藏館、二〇〇七～〇九年）
(18) 五来重「日本仏教民俗学論攷」（一九六二年学位論文、『五来重著作集　第一巻　日本仏教民俗学の構築』法藏館、二〇〇七年）
(19) 山折哲雄「解説」（五来重『宗教民俗集成七　宗教民俗講義』角川書店、一九九五年）での「柳田国男の民俗学を仏教民俗学によって批判的にのりこえようとした」とする評価など。
(20) 林淳「五来重と仏教民俗学の構想」（『宗教民俗研究』第一八号、二〇〇八年）
(21) 前掲註(18)五来重「日本仏教民俗学論攷」一六五頁
(22) 五来重「仏教と民俗学」（『五来重著作集　第一巻　日本仏教民俗学の構築』法藏館、二〇〇七年、初出一九五二年）
(23) 五来重『仏教と民俗』（角川書店、一九七六年）
(24) 前掲註(16)五来重『増補　高野聖』二一〇頁
(25) 前掲註(20)林淳論文
(26) 佐々木孝正『仏教民俗史の研究』（名著出版、一九八七年）
(27) 宮島潤子『信濃の聖と木食行者――作仏聖の足跡』（角川書店、一九八三年）、同『謎の石仏』（角川書店、一九九三年）、豊島修『熊野信仰と修験道』（名著出版、一九九〇年）、同『熊野信仰史研究と庶民信仰史論』（清文堂出版、二〇〇五年）、大森惠子『念仏芸能と御霊信仰』（名著出版、一九九二年）、同『稲荷信仰と宗教民俗』（岩田書院、一九九四年）、同『踊り念仏の風流化と勧進聖』（岩田書院、二〇一一年）など。
(28) 桜井徳太郎『講集団成立過程の研究』（吉川弘文館、一九六二年）
(29) 宮田登『ミロク信仰の研究　日本における伝統的メシア観』（未來社、一九七〇年）
(30) 宮田登『山と里の信仰史』（吉川弘文館、一九九三年）

(31) 西海賢二『近世遊行聖の研究――木食観正を中心として』(三一書房、一九八四年)、同『漂泊の聖たち――箱根周辺の木食僧』(岩田書院、一九九五年)、同『近世のアウトローと周縁社会』(臨川書店、二〇〇六年)、同『江戸の漂泊聖たち』(吉川弘文館、二〇〇七年)、同『近世の遊行聖と木食観正』(吉川弘文館、二〇〇七年)、同『念仏行者と地域社会――民衆の中の徳本上人』(大河書房、二〇〇八年)、同「常陸木食上人考――木食観海によせて」(『日本民俗学』第二五八号、二〇〇九年五月)など。
(32) 西海賢二『近世のアウトローと周縁社会』(臨川書店、二〇〇六年)
(33) 竹田聴洲『民俗仏教と祖先信仰』(東京大学出版会、一九七一年、後に『竹田聴洲著作集』第一~三巻、国書刊行会、一九九三~九五年)
(34) 伊藤唯真『伊藤唯真著作集』第二巻「聖仏教史の研究　下」(法藏館、一九九五年)
(35) 小沢昭一『日本の放浪芸　オリジナル版』(岩波現代文庫、二〇〇六年)、同『私のための芸能野史』(筑摩書房・ちくま文庫)など。
(36) 小池淳一「民俗書誌論」(須藤健一編『フィールドワークを歩く』嵯峨野書院、一九九六年)、宮内貴久『家相の民俗学』(吉川弘文館、二〇〇六年)、笹原亮二編『口頭伝承と文字文化』(思文閣出版、二〇〇九年)など。
(37) 中ノ堂一信「中世的「勧進」の形成過程」(日本史研究会・史料研究部会編『中世の権力と民衆』創元社、一九七〇年)、同「中世的勧進の展開」(『芸能史研究』六二号、一九七八年七月)
(38) 網野善彦『蒙古襲来』(小学館、一九七四年)、後に『網野善彦著作集』第五巻(岩波書店、二〇〇八年)
(39) 黒田俊雄『寺社勢力――もう一つの中世社会』(岩波新書、一九八〇年)
(40) 永村眞『中世東大寺の組織と経営』(塙書房、一九八九年)
(41) 網野善彦『中世東寺と東寺領荘園』(東京大学出版会、一九七八年)、後に『網野善彦著作集』第二巻(岩波書店、二〇〇七年)
(42) 細川涼一『中世の律宗寺院と民衆』(吉川弘文館、一九八七年)
(43) 松尾剛次『勧進と破戒の中世史――中世仏教の実相』(吉川弘文館、一九九五年)、同『鎌倉新仏教の成立――入門儀礼と祖師神話』(吉川弘文館、一九八八年)

(44) 網野善彦『無縁・公界・楽』(平凡社、一九七八年)、後に増補版として『増補　無縁・公界・楽』(平凡社、一九八七年、後に平凡社ライブラリー、一九九六年、『網野善彦著作集』第一二巻、岩波書店、二〇〇七年)

(45) 網野は一三世紀までを「野生」「未開」「浮浪性を前提とした社会」としてとらえ、後半以降を原始の無縁が圧倒され、文明・秩序のなかに組み込まれる一方、一部において秩序を超越した原始の強烈な力が連綿と存在した時代ととらえている(『蒙古襲来』小学館)。つまり、この「遍歴」という概念は、網野が一三世紀以降に進む分業と「職」の秩序のなかで生まれた「土地に縛られた」農民の存在と対比するなかで、それ以前の「自由」を持ち伝える存在を強調する表現として選択されたものである。それゆえ、網野のいう「遍歴」は多分に理念的なものであり、その実態については殆ど明瞭にしていない。

(46) 安田次郎『中世の興福寺と大和』(山川出版社、二〇〇一年)

(47) 東島誠『公共圏の歴史的創造——江湖の思想へ』(東京大学出版会、二〇〇〇年)

(48) 東島誠「公共負担構造の転換——解体と再組織化」(前掲註(47)書)

(49) 菊池武「勧進と本願及び聖——特に伏見稲荷大社本願所について」(『印度学仏教学研究』二九巻二号、一九八一年三月)、同「木食(十穀・五穀)考　中世から近世への変遷」(『印度学仏教学研究』六八号、一九八六年三月)、同「多賀大社の本願と坊人　其の活動と変遷」(『印度学仏教学研究』六二号、一九八三年三月)、同「本願所の歴史」(『日本歴史』四六六号、一九八七年三月)、同「神仏習合——諸社における本願と社家の出入をめぐって」(『地方史研究』三七巻二号、一九八七年)

(50) 吉井敏幸「近世初期一山寺院の寺僧集団」(『日本史研究』二六六号、一九八四年十月)

(51) 下坂守「中世的「勧進」の変質過程——清水寺における「本願」出現の契機をめぐって」(『古文書研究』三四号、一九九一年五月、後に『描かれた日本の中世——絵図分析論』法藏館、二〇〇三年)

(52) 菊池武「勧進と本願及び聖——特に伏見稲荷大社本願所について」(『印度学仏教学研究』二九巻二号、一九八一年)

(53) 大森惠子「茶吉尼天と稲荷信仰——近世における稲荷社の勧進聖と茶吉尼天信仰を中心として」(『稲荷信仰と宗教民俗』岩田書院、一九九四年)

(54) 拙稿「中近世の一山寺院と本願――嵯峨釈迦堂清凉寺をめぐって」(『新しい歴史学のために』二四九号、二〇〇三年四月) 本書第Ⅰ部一章
(55) 太田直之『中世の社寺と信仰――勧進と勧進聖の時代』(弘文堂、二〇〇八年)
(56) 下坂守「中世京都・東山の風景」(松本郁代・出光佐千子編『風俗絵画の文化学』思文閣出版、二〇〇九年)
(57) 豊島修「熊野三山の庵主・本願寺院と願職比丘尼――新宮神倉本願妙心寺文書の一、二の検討をふまえて」(『大谷学報』八〇号、二〇〇〇年)、同『熊野信仰史研究と庶民信仰史論』(清文堂出版、二〇〇五年)
(58) 山本殖生「熊野本願聖の巡歴――中世末期の断片的足跡から」(巡礼研究会編『巡礼論集一 巡礼研究の可能性』、岩田書院、二〇〇〇年)
(59) 根井浄『補陀落渡海史』(法藏館、二〇〇一年)、同「熊野の本願所」(『国文学解釈と鑑賞』六八巻一〇号、二〇〇三年)
(60) 熊野本願文書研究会(鈴木昭英・豊島修・根井浄・山本殖生)編著『熊野本願所史料』(清文堂出版、二〇〇三年)
(61) 豊島修・木場明志編『寺社造営勧進 本願職の研究』(清文堂出版、二〇一〇年)
(62) 河内将芳「宗教勢力の運動方向」(歴史学研究会・日本史研究会編『日本史講座』第五巻「近世の形成」、東京大学出版会、二〇〇四年、後に『中世京都の都市と宗教』思文閣出版、二〇〇六年)
(63) 難波田徹「社寺参詣曼荼羅図について」(『芸能史研究』第二七号、一九六九年)。但し、難波田は参詣曼荼羅を「御師や先達」が民衆に信仰を広めるために持ち歩いた絵解きの本尊ととらえており、勧進聖による募縁活動との関わりについては触れていない。
(64) 大阪市立博物館編『社寺参詣曼荼羅』(平凡社、一九八七年)、概説と図版解説は福原敏男。
(65) 西山克『聖地の想像力――参詣曼荼羅を読む』(法藏館、一九九八年)
(66) 前掲註(51)下坂守書、同『日本の美術』三三一号「参詣曼荼羅」(至文堂、一九九三年)
(67) 大高康正「参詣曼荼羅試論」(青柳周一・高埜利彦・西田かほる編『近世の宗教と社会 一 地域のひろがりと宗教』吉川弘文館、二〇〇八年)、同「参詣曼荼羅作成主体考」(『日本宗教文化史研究』一二巻二号、二〇〇八年)

(68) 守屋毅『近世芸能興行史の研究』(弘文堂、一九八五年)
(69) 小沢昭一『日本の放浪芸オリジナル版』(岩波現代文庫、二〇〇六年)
(70) 小笠原恭子『都市と劇場——中近世の鎮魂・遊楽・権力』(平凡社、一九九二年)
(71) 阿諏訪青美『中世庶民信仰経済の研究』(校倉書房、二〇〇四年)
(72) 野地秀俊「中世後期における鞍馬寺参詣の諸相」(『京都市歴史資料館紀要』第一八号、二〇〇一年)、同「中世における寺社参詣と「穢」」(伊藤唯真編『日本仏教の形成と展開』法藏館、二〇〇二年)、同「中世の鞍馬寺参詣に見る宿坊の一形態——寺院と人びとをつなぐもの」(『鷹陵史学』第三五号、二〇〇九年九月)
(73) 林屋辰三郎の歴史学と芸能・文化については、拙稿「一九五〇年代と林屋史学」(『芸能史研究』第一八三号、二〇〇八年)
(74) 京都部落史研究所編『中世の民衆と芸能』(阿吽社、一九八六年)
(75) 京都部落史研究所編『近世の民衆と芸能』(阿吽社、一九八九年)
(76) 京都部落史研究所編『京都の部落史』第一巻「前近代」(阿吽社、一九九五年)
(77) 世界人権問題研究センター『散所・声聞師・舞々の研究』(思文閣出版、二〇〇四年)
(78) 圭室諦成編『日本仏教史』第三巻「近世・近代」(法藏館、一九六七年)
(79) 圭室文雄『日本仏教史　近世』(吉川弘文館、一九八七年)
(80) 倉地克直「「勧化制」をめぐって」(『論集　近世史研究』京都大学近世史研究会、一九七六年)
(81) 鈴木良明『近世仏教と勧化——募縁活動と地域社会の研究』(岩田書院、一九九六年)
(82) 高埜利彦『近世日本の国家権力と宗教』(東京大学出版会、一九八九年)
(83) 林淳「幕府寺社奉行と勧進の宗教者——山伏・虚無僧・陰陽師」(末木文美士編『新アジア仏教史一三　日本Ⅲ　民衆仏教の定着』佼成出版社、二〇一〇年)
(84) 和歌森太郎『修験道史研究』(河出書房、一九四三年、後に平凡社東洋文庫)
(85)『山岳宗教史研究叢書』全一八巻(名著出版)
(86) 宮本袈裟雄『里修験の研究』(吉川弘文館、一九八四年)

(87) 宮家準『修験道組織の研究』(春秋社、一九九九年)
(88) 村上弘子『高野山信仰の成立と展開』(雄山閣、二〇〇九年)
(89) 前掲註(82)高埜利彦書
(90) 遠藤克己『近世陰陽道史の研究』(未来工房、一九八五年)、同『近世陰陽道史の研究　新訂増補版』(新人物往来社、一九九四年)、林淳『近世陰陽道の研究』(吉川弘文館、二〇〇五年)、梅田千尋『近世陰陽道組織の研究』(吉川弘文館、二〇〇九年)、『陰陽道叢書』全四巻(名著出版、一九九一〜九三年)
(91) 尾張知多万歳保存会『近世出かせぎの郷――尾張知多万歳』(知多町教育委員会、一九六六年)、佐藤久治『秋田万歳』(秋田真宗研究会、一九七〇年)、西尾市史編さん室編『西尾市の三河万歳――文化庁選択民俗芸能』(西尾市教育委員会、一九七二年)、西尾市三河万歳後援会『西尾市の三河万歳』(西尾市三河万歳後援会、一九七二年)、岡田弘『尾張万歳たずねたずねて』前編・中編・後編(名古屋市教育委員会、一九七〇〜七二年)、西尾市史編纂委員会編『西尾市史』第五巻「現代」(西尾市、一九八〇年)、安城市歴史博物館『特別展　三河万歳　伝承された舞の形』(安城市歴史博物館、一九九八年)、西尾市資料館『西尾の三河万歳』(西尾市資料館、二〇〇一年)、安城市史編集委員会編『新編　安城市史』第九巻「資料編　民俗」(安城市、二〇〇三年)、秋篠音楽堂運営協議会・伝統芸能部会『秋篠文化』第三号「万歳」(二〇〇五年)、山村雅史「中世大和の千秋万歳考」(奈良県立同和問題関係史料センター編『研究紀要』第一二巻、二〇〇六年三月)、大阪人権博物館『万歳――まことにめでとうそうらいける』(大阪人権博物館、二〇〇七年)
(92) 加藤康昭『日本盲人社会史研究』(未來社、一九七四年)、広瀬浩二郎『障害者の宗教民俗学』(明石書店、一九九七年)、梅田千尋「近世京都惣検校職屋敷の構造」(『世界人権問題研究センター研究紀要』第一三号、二〇〇八年)、同「近世奈良の盲僧組織」(青柳周一・高埜利彦・西田かほる編『近世の宗教と社会　一　地域のひろがりと宗教』吉川弘文館、二〇〇八年)
(93) 佐藤晶子「西宮夷願人と神事舞太夫の家職争論をめぐって」(『神主と神人の社会史』思文閣出版、一九九八年)、吉井敏幸「散所村から人形操村へ」(『天理大学人権問題研究室紀要』九号、二〇〇六年三月)、中野洋平「「えびす」にまつわる人々」(日次紀事研究会編『年中行事論叢――『日次紀事』からの出発』岩田書院、二〇一〇年)

(94) 菅原千華「女たちの祈り――紀州加太の淡島信仰」(八木透編『フィールドから学ぶ民俗学――関西の地域と伝承』昭和堂、二〇〇〇年)、有安美加「『淡島願人』と修験――紀州加太淡嶋神社への信仰を巡って」(『山岳修験』第三八号、二〇〇六年十一月)、同「淡嶋信仰の原像と歴史的展開」(『日本民俗学』第二六〇号、二〇〇九年十一月)

(95) 林淳「相模国の舞太夫集団の展開」(『愛知学院大学文学部紀要』二八号、一九九八年)、同「相模国の舞太夫集団」(『地方史研究』第四八巻四号、一九九八年八月)、同「神事舞太夫の家職争論」(『人間文化』一八号、二〇〇三年)、同「梓神子と神事舞太夫」(『国立歴史民俗博物館研究報告』一四二号、二〇〇八年)、同「神事舞太夫と修験の争論」(『人間文化』二三号、二〇〇八年九月)、橋本鶴人「近世相州の神事舞太夫と神楽師集団の動向――愛甲村萩原家・祓講を中心に」(『民俗芸能研究』三六号、二〇〇四年三月)、中野洋平「信濃における神事舞太夫・梓神子集団の歴史的展開」(『芸能史研究』一七九号、二〇〇七年十月)など。

(96) 西田かほる「神子」(『シリーズ近世の身分的周縁』第一巻「民間に生きる宗教者」吉川弘文館、二〇〇〇年)、同「近世在地社会における芸能的宗教者」(『歴史評論』六二九号、二〇〇二年)、吉田栄治郎「近世大和の巫女村と口寄せの作法」(『東北学』第四巻、二〇〇一年四月)、前掲註(95)中野洋平論文、中山薫『岡山の巫女と修験道』(日本文教出版社、一九九七年)など。

(97) 高埜利彦監修・甲州史料調査会編『富士山御師の歴史的研究』(山川出版社、二〇〇九年)

(98) 北川央「伊勢大神楽の展開――檀那場の形成をめぐって」(『宗教民俗研究』第九号、一九九九年)、同「伊勢大神楽――その成立をめぐって」(横田冬彦編『シリーズ近世の身分的周縁』第二巻「芸能・文化の世界」吉川弘文館、二〇〇〇年)、同『神と旅する太夫さん――国指定重要無形民俗文化財「伊勢大神楽」』(岩田書院、二〇〇八年)、同「伊勢大神楽にみる「霊性」「聖性」の付与――信仰が地域をこえる理由」(『宗教民俗研究』第一九号、二〇〇九年)、同「関東における大神楽事情」(幡鎌一弘編『近世民衆宗教と旅』法藏館、二〇一〇年)

(99) 萩原龍夫『中世祭祀組織の研究』(吉川弘文館、一九六二年、増補版一九七五年)

(100) 井上智勝『近世の神社と朝廷権威』(吉川弘文館、二〇〇七年)、他に吉田家による神職の支配については、幡鎌一弘『吉田神道家「御広間雑記」の記載項目のデータベース化と神道記録の研究』(科学研究費補助金基盤研究(C)研究成果報告書、二〇〇六年)

(101) 西田かほる「近世的神社支配体制と社家の確立について」(『地方史研究』第四四巻五号、一九九四年十月)、同「近世後期における社家の活動と言説」(『史学雑誌』一〇六巻九号、一九九七年九月)、同「近世在地社会における芸能的宗教者」(『歴史評論』六二九号、二〇〇二年九月)、同「近世の身分集団」(『日本の時代史』第一五巻「元禄の社会と文化」吉川弘文館、二〇〇三年)

(102) 盛田嘉徳「説教者」(『中世賤民と雑芸能の研究』雄山閣出版、一九七四年)

(103) 室木弥太郎・阪口弘之編『関蟬丸神社文書』(和泉書院、一九八七年)

(104) 塚田孝「芸能者の社会的身分」(『近世身分制と周縁社会』東京大学出版会、一九九七年)、阪口弘之「蟬丸宮と説教日暮」(塚田孝・吉田伸之編『近世大坂の都市空間と社会構造』山川出版社、二〇〇一年)、斉藤利彦「近世後期堺における寺社内芝居の動向」(『芸能史研究』第一四五号、一九九九年)、同「近世後期大坂の宮地芝居と三井寺」(『ヒストリア』第一七五号、二〇〇一年)、同「関蟬丸宮と兵侍家」(『佛教大学アジア宗教文化情報研究所研究紀要』創刊号、二〇〇五年)、同「近世期説教者と組織編成」(『世界人権問題研究センター研究紀要』第一三号、二〇〇八年)など。

(105) 上別府茂「三昧聖と葬送」(『講座日本の民俗宗教』第二巻「仏教民俗学」弘文堂、一九八〇年)、同「摂州三昧聖の研究」(『尋源』三〇号、一九七八年)など。

(106) 吉井敏幸「中世――近世の三昧聖の組織と村落」(『部落問題研究』第一四五輯、一九九八年)

(107) 木下光生『近世三昧聖と葬送文化』(塙書房、二〇一〇年)

(108) 細川涼一編『三昧聖の研究』(碩文社、二〇〇一年)

(109) 吉田栄治郎は「「筋目」考」(『奈良県立同和問題関係史料センター研究紀要』第六巻、一九九九年)などで地域社会と差別の関係を論じている。

(110) 真野俊和『旅のなかの宗教――巡礼の民俗誌』(日本放送出版協会、一九八〇年)、同『聖なる旅』(東京堂出版、一九九一年)、同『日本遊行宗教論』(吉川弘文館、一九九一年)

(111) 真野俊和編『講座日本の巡礼』第一巻~第三巻(雄山閣出版、一九九六年)

(112) 近藤喜博『四国遍路』(桜楓社、一九七一年)、同『四国遍路研究』(三弥井書店、一九八二年)、新城常三『社寺

参詣の社会経済史的研究』（塙書房、一九六四年）、前田卓『巡礼の社会学』（ミネルヴァ書房、一九七一年）

(113) 巡礼研究会編『巡礼論集一　巡礼研究の可能性』（岩田書院、二〇〇〇年）、同編『巡礼論集二　六十六部廻国巡礼の諸相』（岩田書院、二〇〇〇年）

(114) 小嶋博巳編『西国巡礼三十三度行者の研究』（岩田書院、一九九三年）

(115) 澤博勝『近世の宗教組織と地域社会――教団信仰と民間信仰』（吉川弘文館、一九九九年）、同『近世宗教社会論』（吉川弘文館、二〇〇八年）

(116) 青柳周一『富嶽旅百景――観光地域史の試み』（角川書店、二〇〇二年）、原淳一郎『近世寺社参詣の研究』（思文閣出版、二〇〇七年）など。

(117) 吉田伸之・久留島浩編『近世の社会集団――由緒と言説』（山川出版社、一九九五年）、井上攻『由緒書と近世の村社会』（大河書房、二〇〇三年）など。職人の由緒書については、久野俊彦「〈由来〉〈由緒〉と偽文書」（久野俊彦・時枝務編『偽文書学入門』柏書房、二〇〇四年）、同「由来の物語から偽文書、職人巻物へ」（『歴史と民俗』第二四号、二〇〇八年）。なお近年の由緒論をめぐる研究動向については山本英二「日本中近世史における由緒論の総括と展望」（歴史学研究会編『由緒の比較史』青木書店、二〇一〇年）。

(118) 『近世の宗教と社会』全三巻（吉川弘文館、二〇〇八年）

(119) 堤邦彦・徳田和夫編『寺社縁起の文化学』（森話社、二〇〇五年）、石橋義秀・菊池政和編『近世略縁起論考』（和泉書院、二〇〇七年）

(120) ベルナール・フランク（仏蘭久淳子訳）『「お札」にみる日本仏教』（藤原書店、二〇〇六年）、長谷川賢二「阿波足利氏の守札」（『朱』第四九号、二〇〇六年三月）、千々和到編『日本の護符文化』（弘文堂、二〇一〇年）

(121) 藪田貫『近世大坂地域の史的研究』（清文堂出版、二〇〇五年）

(122) 峯岸賢太郎「被差別民と「旦那場」・「勧進場」」（『近世被差別民史の研究』校倉書房、一九九六年、初出は一九八六年）、同『近世身分論』（校倉書房、一九八九年）

(123) 塚田孝・吉田伸之・脇田修編『身分的周縁』（部落問題研究所出版部、一九九四年）を第一次とする。

(124) 吉田伸之『身分的周縁と社会＝文化構造』（部落問題研究所、二〇〇三年）、同『日本の歴史　第一七巻　成熟する江戸』（講談社、二〇〇二年）など。

(125) 吉田伸之「日本近世におけるプロレタリア的要素」（『近世都市社会の身分構造』東京大学出版会、一九九八年）

(126) 吉田伸之『日本の歴史　第一七巻　成熟する江戸』（講談社、二〇〇二年、一四二頁）

(127) 吉田伸之『日本の歴史　第一七巻　成熟する江戸』（講談社、二〇〇二年）、他に、同様の視点で論じるものに、同「所有と身分的周縁」（『シリーズ日本の身分的周縁』第六巻「寺社をささえる人びと」、吉川弘文館、二〇〇〇年、後に『身分的周縁と社会=文化構造』部落問題研究所、二〇〇三年）、同「日本近世におけるプロレタリア的要素」（『近世都市社会の身分構造』東京大学出版会、一九九八年）、同編『身分的周縁と近世社会』第六巻「寺社をささえる人びと」（吉川弘文館、二〇〇七年）など。

(128) マルクス・エンゲルス著・広松渉編訳・小林昌人補訳『ドイツイデオロギー　新編輯版』（岩波文庫、二〇〇二年）

(129) 塚田孝『近世日本身分制の研究』（社団法人兵庫部落問題研究所、一九八七年）

(130) 塚田孝『身分制社会と市民社会——近世日本の社会と法』（柏書房、一九九二年）

(131) 『資本論』第一版序。但し筆者も宗教者や信者が歴史的存在であり、「社会的には彼の方こそが諸関係によってつくられた被造物であ」ることを否定するものではない。

(132) 宗教と経済は無関係ではないが、網野善彦が『日本中世に何が起きたか——都市と宗教と「資本主義」』（日本エディタースクール出版部、一九九七年）において「無縁」の原理と資本主義を関連づけたように、宗教のなかから他に先駆けて新しい経済が生まれる可能性もあると考える。

(133) 社会が勧進と乞食を必ずしも同一視していないことは、野田泉光院が弟子とともに単なる托鉢と配札で比べた結果、配札の方が圧倒的に収入が多かったことが明確に示している（『日本九峰修行日記』文化十年十一月二十九日条〈『日本庶民生活史料集成』第二巻、三一書房、一九六九年〉。単なる托鉢のつもりでも受け取る側は宗教行為として受けとめているため、札の有無が大きな違いを生んだといえる。但し、托鉢する側でも配札を省略しようとするような意識の変化が生じてきていることにも注意が必要である。

(134) 畑中敏之「書評　塚田孝著『近世身分制と周縁社会』」（『歴史評論』五九三号、一九九九年九月）では、政治権

力の視点からの近世社会像・身分像であると批判している。また、木下光生「身分的周縁論への向き合い方」（寺木伸明・中尾健次編著『部落史研究からの発信』第一巻、解放出版社、二〇〇九年）も参照。

(135) 例えば万歳師は、土御門家から営業許可証を受け取り配下陰陽師として把握されるが、土御門家は他にも陰陽師や富士御師、町の易者、天文学者や算術の先生など多様な存在に対して許状を出していく。配下陰陽師としての共通点があるかといえば、土御門家に属するということくらいである。一方で、白川神祇伯家や蟬丸神社から営業許可証をもらっている万歳師も存在する。つまり、「支配」されて「陰陽師」身分として把握されているかに見える人は多様で、取りあえずどこかに属しておいた方が都合がいいから土御門を選んだだけということであり、訴訟などの時に頼ってくるようなご都合主義の方が多い。そのなかで、配下の「陰陽師」をきちんと掌握して、口寄せなどはさせずに土御門流の陰陽道の修法だけをやらせ、陰陽師身分としておきたいという志向性をもつのは土御門家の側である。

(136) 塚田孝「芸能者の社会的位置」（『近世身分制と周縁社会』東京大学出版会、一九九七年）

(137) 高取正男『仏教土着――その歴史と民俗』（日本放送出版協会、一九七三年）

(138) 前掲註(72)野地秀俊「中世における寺社参詣と「穢」」

(139) 久野俊彦『絵解きと縁起のフォークロア』（森話社、二〇〇九年）

(140) 鈴木岩弓「宗教的職能者と民俗信仰」（宮本袈裟雄・谷口貢編『日本の民俗信仰』八千代出版、二〇〇九年）。なお筆者は権力による編成という視点そのものを否定するわけではまったくない。但し、宗教の現場を見る上では副次的な問題であると考えている。

(141) 個々の論文においては、その対象の実態に基づいて随時史料上の文言に拠りながら適切な呼称を使用する。検討対象の厳密な把握を放棄しているわけではない。

第Ⅰ部　近世前期寺社の周辺——勧進と語り

第一章　中近世の一山寺院と本願——嵯峨釈迦堂清凉寺をめぐって

はじめに

寺院の内部構造が、学侶・行人・聖の三層に整理できることが黒田俊雄によって明らかにされて以降[1]、比較的大規模な顕密寺院の構造については様々な事実が明らかにされてきた[2]。中世から近世への移行期の寺院構造について、吉井敏幸が近世期の史料も活用しながら、一山寺院と称される中規模の寺院[3]も学侶《がくりょ》・行人《ぎょうにん》・聖《ひじり》の三つの階層があることを明らかにした。特に、聖については中世末期から近世にかけての混乱期には、聖集団の勢力が高まったが、諸宗寺院法度以降、幕府は学侶の頂点とした組織の再編成を指向し、聖集団は最下層に置かれ、勧進が制限されるに伴い消滅していくとした[4]。

ところで、この聖の具体的なありようについては、下坂守が戦国期に本願《ほんがん》として清水寺の復興に尽力した勧進聖の願阿弥と成就院について明らかにしている[5]。このなかで、近世には本願が後に本坊を名乗るようになっており、吉井論文とは異なる経緯をたどっている。それでは、果たして清水寺の事例は特殊事例なのであろうかという疑問が湧いてくるであろう。

そこで、真言僧の学侶と浄土宗の本願の史料が残り双方の主張・論理を追うことの出来る清凉寺を対象として、戦国期から近世にかけての寺僧集団について見ていき、さらに中世後期の寺院がいかに近世を迎えていくのかを検討したい。

なお、中世後期から近世にかけての清涼寺(6)については、塚本俊孝、中井真孝による優れた先行研究がある(7)。これらによって明らかにされたのは以下のようなことである。近世に清涼寺の寺務を取り仕切る本願は、戦国期に焼失した伽藍を復興するために清涼寺内の浄土系寺院である棲霞寺（栖霞寺と表記する場合もある）へ入った勧進僧の堯淳に端を発する。以後、本願は清涼寺内に定着し、弟子の堯海、堯仙らが代々清涼寺の復興に努めた。しかし、慶長元年（一五九六）の地震により破損した堂舎の再建をめぐり以前から清涼寺にいた真言系の子院と本願は対立をし始める。この時は幕府が真言僧三名の追放を命じて一時終息するが、寛永十四年（一六三七）に起きた火事で伽藍が類焼すると再び争論となる。今回は大覚寺が真言側に梃子入れをしたために訴訟は長期化し、最終的な決着は宝永三年（一七〇六）の寺社奉行の裁許を待つことになる。これにより、涅槃会など三度の法会の散銭は真言側、それ以外の散銭と境内の倒木は本願が支配することとなった。この裁許を契機として本願は寺院の運営の実権を掌握した。

事実関係についてはこれらの研究に付け加えることは多くない。しかしながら、以前から清涼寺に浄土系の僧がいたにもかかわらず、この時期になぜ、どのように清涼寺の寺務を真言僧から浄土系寺院の本願が行うようになっていったのか、その理由については明らかにされていない。この時期に成功したその理由にこそ、近世の本願と寺院の関係を明らかにする鍵があると考える。

そこで、本稿ではやや詳しく争論のなかで言われてきた論点を整理し、近世前期の本願の位置に注目して真言僧との確執について見ていき、その理由を明らかにしたい。

一　それまでの真言僧

以下本願と真言僧との関係を検討していくが、最初に中世後期の清凉寺と大覚寺の関係について確認しておこう。塚本俊孝は大覚寺の記録が寛永より古いものがないことなどから、「堯仙以来寛永の類焼までは、真言系の子院はあっても、大覚寺の勢力はたいして入ってなかった」とし、寛永以降に「宮門跡の権威のもと」で進出したと結論している(8)。大覚寺の影響力がいつから清凉寺に及ぶようになったかは、これからの議論に大きく関わるので確認しておく。

塚本俊孝は寛永以前の清凉寺に関する史料が大覚寺側に見えないとしているが、実は大覚寺の坊官、井関家の文書には清凉寺に関わる次のような文書が残されているのである。

大覚寺門跡雑務奉行職事、被仰付上者、可被存知之由候也、仍執達如件

文安三年
九月廿日　　真妙（花押）
　　　　　　永祥（花押）

井関法眼房(9)

嵯峨清凉寺目代職幷検断等事、被仰付之上者、任先例可被致沙汰之由候也、仍執達如件

文安三年
十月七日　　真妙（花押）

永祥（花押）

井関法眼房[10]

これによれば、既に文安三年（一四四六）には大覚寺雑務奉行職に任じられていた大覚寺坊官の井関法眼坊が「嵯峨清涼寺目代職幷検断」を「任先例」せて沙汰することが室町幕府奉行人奉書によって認められている。また、翌年にもほぼ同内容の奉書が出されている[11]。寛正五年（一四六四）にも井関深慶から「□（清）涼寺目代職等」を「任先規被仰付」るように願っており[12]、中世後期には清涼寺目代職を大覚寺坊官の井関家が補されていたことは疑いないであろう。

この目代については、後の史料であるが、『大覚寺譜』に、「当門候人補之、司愛宕山清涼寺幷境内事、古来称嵯峨目代[13]」とあり、大覚寺から補任され、愛宕山と清涼寺を司る役職であることが知られる。このように目代が補されている以上、清涼寺に「大覚寺の勢力はたいして入っていない」とはいえないであろう。

さて、この目代のもとで寺院を運営していたのが明王院、地蔵院、歓喜院、宝泉院、宝性院の五つからなる真言僧の子院であった。彼らは「学侶」と称し、「従往古一臈法式を勤[14]」とあることから臈次制によって寺務を執り行っていたと見られる。元禄三年（一六九〇）に書かれたものだが、学侶は日々の祈禱や諸役は「於釈迦宝前ニ、毎日輪番ニ仕、天下御長久之御祈禱仕、其外年中之寺役等相勤来申候[15]」、とあることから、輪番で執行し、「住持・方丈与中儀無御座候」という平等主義の組織であったことが窺える。そして、学侶の意志が清涼寺「一山」の意志として理解されていたようである。

この学侶のもとには、目代によって補任され、寺院のなかで諸雑務を行う承仕もいた[16]。この承仕については充分明らかではないが、「承仕之一和尚[17]」と称する存在があったことが知られ、古くは臈次制であった[18]が近世には当番

図１　「釈迦堂春景図屛風」
右下の板葺きの建物が棲霞寺。本堂前に柄杓を腰に差した勧進聖が描かれる。袈裟をかけた蓬髪の人物は本願の堯淳であろうか。

制で交代で年預を勤めた[19]。

また、この学侶の下位にあり「寺中」と称していた浄土系の塔頭があった[20]。後に、勧進によって寺院を復興するために堯淳が本願として棲霞寺に入り、これら寺中に列する。堯淳は木食・十穀聖ともいわれ、享禄二年（一五二九）頃より清凉寺五大堂の再興にあたる[21]。修造に伴う経費は勧進によっているが、その方法は主に万部経会という法会などにより、庶民を集めその散銭によった。堯淳は天文二十三年（一五五四）には遷化したようである[22]。そして同年には堯海が「先師堯淳」同様に勧進することを後奈良天皇の綸旨で認められ[23]、清凉寺に浄土僧が本願職を相伝するかたちが定着していく。

なお、景観年代を天文頃とする狩野松栄筆「釈迦堂春景図屛風」（図１）には、堯淳によって再建された直後と思われる清凉寺の様子が描かれている[24]。本作品には、棲霞寺のみが板葺きで描かれている。注目すべきは本堂前に柄杓を腰に差した勧進聖とともに袈裟をかけた蓬髪の僧が描かれていることである。同様に狩野永徳筆とされる「洛外名所遊楽図屏風」でも清涼寺境内に錫杖を手にした蓬髪の僧が描かれ、参詣者に祈禱をしている姿が描かれる(25)。こうした蓬髪姿で、剃髪した僧とは明らかに描き分けられている僧が十穀と呼ばれていた堯淳らを表現しているのではないだろうか。

　当初、勧進を行う聖集団であった本願だが、次第に寺院内に定着すると、「勧化等之役儀を司り、平生者香花灯明を備へ、堂内之掃除等申付候役儀ニ而御座候(26)」とあり、いわば「行人」的な存在となっていく(27)。それゆえ、学侶から見れば「本願与申者、寺中之役者ニ而諸堂之修復・普請等申付候役儀ニ而御座候、依之先規者、御寺務ニ而式日之御礼之節茂、学侶之末席ニ而御礼相勤申候御事(28)」とあるように、「寺中之役者」に過ぎず、式日には学侶の末席に位置すべき存在とされていた。以下、かかる学侶によって運営されていた清涼寺に入り寺院を復興していく近世の本願について見ていこう。

二　近世前期の本願

　学侶のもとで寺院の復興に尽力していた本願は堯仙から堯鑑、堯鎮と代を重ねていく(29)。慶長から寛永の類焼に伴う争論のなかで、清涼寺の本願となった堯鎮は、黒川道祐が「嵯峨行程」で「今ノ上人ハ五条為章ノ息也(30)」としているように、五条家から寺に入った貴種であった。明暦三年（一六五七）に堯鑑が寂して後、寛文二年（一六六二）の堯鎮の継目まで若干の空白があるが、これは彼が「若年ニ罷在候(31)」ためであった。しかし、若年ながらも堯鎮は本願の位置を継いでより後、真言僧との争論に巻きこまれていくことになる。最も熾烈な争論が行われたこの時期に、本願は次第に清涼寺の実権を掌握していく。ここでは、種々の争点をいくつかの視点から整理し、その様子を見ていくことにしたい。なお、ここで使用した争論史料は真言側、本願側ともに相当数の文書が残っており、それぞれ長文にわたっているため、論点に即して適宜整理しながら見ていくこととする。

1　寺号

まず、最も大きな問題とされるのは本願の呼称であった。先に見たように、本来なら本願は「一山役者ニ而諸方用事之節者為惣代罷出、諸堂伽藍之修理普請寺僧相談之上相勤」(32)とされているように、清涼寺一山の「役者」として、真言の寺僧と「相談」の上、諸々の役を勤める存在である。それゆえ、対外的に文書を作成する時も清涼寺の一機関としての範囲を超えることはありえない。事実、戦国期から近世初頭にかけての本願が作成する文書は「棲霞寺」（もしくは栖霞寺）という清涼寺内の本願固有の寺号か(33)、「本願上人」(34)と清涼寺の本願として署名している。寛永頃の堯鑑も「清涼寺本願」として署名している(35)。しかしながら、堯鎮になると文書に「清涼寺」と署名するようになってきたようである。すなわち、貞享五年（一六八八）の「清涼寺鉄砲改帳」の奥書のあとには、

一清涼寺堯鎮と書上ケ候処、本願と書付可申由下役人棚橋八兵衛殿、真野八郎兵衛、大塚藤兵衛被仰聞候ニ付、
御朱印之御表　御綸旨之趣達而切可申入候へ共、　御奉行御指図ニ候条、其通可然と御申候へ共不対思案色々
穿鑿申候処ニ
権現様御仕置条ニ有之候上者不及兎角本願と書付辰五月九日ニ上ケ候
寺僧之帳面者大覚寺殿ゟ御上ケ候候と被申候
右先々ハ此方ゟ物帳ニ而上ケ候と御断申候へ共不及僉儀大覚寺殿ゟ御上ケ被成候(36)

と付記があり、本願の堯鎮が「清涼寺」と署名したため問題になっていたことが窺える。ここでは、先例を調べた

表1　清凉寺本願歴代一覧

堯淳	享禄2年3月19日～天文23年遷化
堯海	天文23年8月15日～元亀2年10月15日
堯仙	慶長7年11月16日～元和7年
堯鑑	寛永4年12月14日～明暦3年6月11日遷化
不在	堯鎮若年のため
堯鎮	寛文2年継目～元禄11年7月（延宝4年5月17日上人号）
堯真	享保5年12月10日（上人号）
堯演	元文2年12月8日（上人号）
堯弁	寛延2年7月15日（上人号）
堯龍	宝暦3年2月16日（上人号）
堯雲	～明和9年12月（不如法により隠居）
典霊	安永4年6月12日（上人号）
不明	この間数代不明
堯立	不明
堯典	不明
堯寛	～明治元年9月～

※史料上確認できる上限～下限を示す

表2　真言僧との争論経過

慶長2年	地震にて諸堂破壊。修造のため四十八夜別時念仏を執行すると真言僧が支障ありとする。前田玄以の詮議により念仏は執行。材木の寄進をうける。
慶長14年	秀頼を施主として四十八夜別時念仏を執行。真言僧の支障申し入れにより、板倉勝重に訴える。
慶長14年7月	四十八夜別時念仏執行と散銭について「如前々」との裁許。
慶長16年	5ヶ院の真言僧「申掛」により出入、四十八夜別時念仏執行と散銭につき裁許。 池坊等真言僧が追放される。
寛永2年	家光上洛に伴い拝礼・拝領物をめぐり争論。
寛永14年	火事により伽藍類焼。釈迦像を大覚寺門跡が持ち帰り出入りとなる。
明暦3年	堯鑑の遷化にあたり、後継者が若年のため門跡が釈迦像の厨子に封印。
天和2年	制札を建てる場所をめぐり出入り。
元禄3年	真言僧が再度「無謂」奉行所の訴え出る。
元禄6年	焼失した本堂の再建がなる。
元禄12年	江戸護国寺にて釈迦像を開帳。門跡より真言宗の護国寺にて釈尊の開帳は迷惑との申し出がある。
宝永3年	寺社奉行による最終的な裁許。
安永元年	厨子、什物について大覚寺坊官井関家より。

※「慶長以来大覚寺御門跡幷真言僧出入ニ付公儀御裁判扣」（「清凉寺文書」C57）より作成

ところ「権現様御仕置状」に「本願」とあるので「不及兎角」ということになり、署名に「本願」と後筆で書き加え、日付を訂正の上再提出をしている(37)。

しかし、元禄二年（一六八九）に提出した「灸針不仕候旧説改手形帳(38)」では「嵯峨清涼寺堯鎮」と署名しており、宝永七年（一七一〇）以降は鉄砲改めにあたっては「嵯峨清涼寺堯鎮」と書いた証文を認め、「毎年十月両奉行所證文方江差出」すことになっていた(39)。このように本願は次第に既成事実を積み上げることで、対外的に本願が清涼寺を代表する存在であるかのように振る舞い始めるのである。

かかる呼称の問題は当然ながら寺院内部でも大きな問題となっている。本願が「清涼寺」の称を使用するにあたっては、「自分之寺号栖霞寺をも本願職をも押かくし、寺者方丈与申成シ、御公儀をも不恐、清涼寺と名乗(40)」とあるように、寺内では自身の寺を「方丈」と称し、「住持」としての振る舞いをするようになっていたことがわかる。実際、延宝九年（一六八一）には巡検使に対し、「方丈浄土宗　無本寺(41)」と届けている。

こうした、清涼寺内の一寺院であった棲霞寺が「方丈」と名乗り始めたことで、当然ながら真言僧は「釈迦堂を茂一向自分之支配浄土地之様ニ色々まきらハしく申成(42)」すと難色を示し、「清涼寺与書付置、日を追而事定り候得者、公事口論ニ茂難成(43)」いと訴えたが、先に記したように本願は以降も「清涼寺」を名乗るのである。

このような事態の背景にあったのは、本願の寺号が本来の清涼寺である棲霞寺であったことと、真言僧の主張にあるように、それまで特に決まった「住持」「方丈」をもたず、輪番による運営を行っていたという構造上の間隙を、巧みに衝いた結果であるといえよう。

2　朱印状

次に、清涼寺の寺領支配の正当性を示す朱印状について見ていこう。朱印は清涼寺一山全体に対して発給されるが、元禄八年（一六九五）の「清涼寺学侶中連署申状案」(44)に拠れば、朱印は以下のようになっていた。

一山江御朱印為下置候御朱印頂戴之時、一山之入用ニ而惣代ニ本願参上仕、罷帰候刻、釈迦堂江衆中不残致参会、御朱印頂戴仕、其上ニ而一山之宝蔵江納置、承仕三人輪番致させ候処ニ、炎上之時、本願方江預リ、中比ゟ一分之物之様ニ申なし、（中略）本願一人之　御朱印ニ可仕我儘之働、一円不聞義ニ存候

すなわち、朱印は本願が一山の惣代として受け取りに行き、朱印状は釈迦堂で披露の後、「宝蔵」へ納めて輪番で管理していたのである。しかし、清涼寺が火災にあった時に本願で朱印を預かって以来、朱印状を学侶に返却せず本願に与えられた朱印のように扱っているということである。これに対し、学侶は批判を加えるが本願は、古来より「権現様」の朱印状や「伊賀守様御仕置状」「御代々之御制札」ともに下付されており、朱印を手元に置くのもゆえなしとしないと反論した(45)。実際、朱印は本願に宛てられたものではないが、上述のように本願が清涼寺方丈を自称するに伴い、「御朱印ニ清涼寺と御座候故、本願一人之　御朱印ニ可仕」(46)と、朱印状を手元に置くことに成功した。こうして、本願は寺領支配権を掌握していったことになる。

3　経済

続いて清涼寺と本願に関わる経済について見ていこう。延宝九年（一六八一）七月の「庄屋ゟ差出村高覚等」に拠れば、清涼寺は全体で九十七石の寺領をもっており(47)、そのなかから本願は五石を「本願役領」として認められていたが、さらに修理料の三十九石を「本願預り」としていたのである(48)。

また、散銭についても、釈迦堂の散銭は念仏会の時を除き往古より学侶が「年中天下御祈禱之助成」としていたが、寛永の火災により「仮屋建立」のために本願に預けられ、成就の後も本願が散銭を自己のものとしていったとされる[49]。その他にも、阿弥陀堂の散銭や、後述するように洛中洛外に勧進に廻る仏餉取による収入、開帳の散銭が本願のもとに集められる。こうして本願は清凉寺伽藍の修造を名目として清凉寺の経済力の過半を掌握するのである。

この金銭的な問題が争論の主要因であったのだが、この時の本願の論理は、再建が遅れれば「釈尊之御威光もかるく罷成[50]」という本願としての立場を利用したものであった。この釈迦堂再建という名目の前には、真言側も妥協せざるをえなかったのであった。

4　本尊の開帳権

寺領や散銭以上に清凉寺の経済に重要な意味合いをもっていたのが本尊の開帳である。開帳の詳細については中村直勝らによる詳細な先行研究[51]があるのでそちらに譲るが、その開帳権も慶長の争論によって「別時念仏之散銭」とともに本願に「仰付」る旨の裁許が下っている（『本光国師日記』慶長十六年十月十四日条）。真言僧が追放されて後に明王院・歓喜院が本願へ送った書状に「如来御厨子之鑰子被召上、（中略）開帳之義ハ本願へ被仰付[52]」とあることから、本願が厨子の鍵を掌握し、本願が「何時茂開帳申時者、当番之承仕召出[53]」し開扉をするようになっていったようだ。いうまでもなく、三国伝来の生身の釈迦如来として著名な釈迦如来像であるから、開帳の権利を掌握することは莫大な経済力を掌握することと同義であった。

その他の宝物も恐らく同様であろうと思われ、本願の堯仙が『融通念仏縁起』も後陽成天皇に見せていることが、

「後陽成天皇女房奉書」に、

女ゐんの御所より申されそうろうさかしやうりやうし《（嵯峨清凉寺）》きようせん《（堯仙）》上人れいほう《（霊宝）》とも、御めにかけ候、しゆせうにおほしめし候、ことにゆつうねん《（融通念）》仏のゑんき、一しほ御しんかうにおほしめし候、けたい上くわんハちよく筆、下くわんハ大かく寺門跡の御筆にて御入候、このよし心えて申候へく候、かしく(54)

とあることからもそれが窺える。また、縁起の「上覧」にあたっても寺僧を一名伴うよう所司代の板倉重宗にいわれた本願は、「本願役儀」であるからと一人で江戸へ絵巻を持参しており(55)、縁起の管理から寺僧を排除していたことがわかる。他の方丈の什物に清凉寺釈迦の尊像図、法然が熊谷蓮生に与えた迎接曼陀羅、熊谷蓮生の遺戒などもあり、これらの宝物が本願によって管理されていたこと、そして参拝に訪れた人々に見せていたことが『近畿歴覧記』(56)によって知られる。

5　対権力関係　寺家伝奏

ここまで、清凉寺内部について見てきたが、次に対権力関係を見ていこう。『京都御役所向大概覚書』に拠れば、清凉寺の寺家伝奏は万里小路家であった(57)。しかし、「大覚寺訴状案」に拠れば、「万里小路殿を清凉寺伝奏と申候事、曾而無之事ニ候、定而近年本願より頼申候ものと存候」とし、「先規者、曾而万里小路殿伝奏にてハ無御座候」と断じている(58)。事実、かつて真言僧の影響力の強い中世から近世初めまでは大覚寺門跡を通じて種々の申し入れを行っていたようである。本願の上人号も初期は、

さかの十こく《（穀）》大かく寺殿より申されて。まへに上人かう申たる物。十万ふをとりたつるとて。御れいにまひる(59)。

とあり、また、

大かく寺とのよりさかの十こく上人かうの事御申入候[60]。

とあるように大覚寺門跡が仲介していた。しかし、かかる真言僧の後ろに控える大覚寺を通じて訴願などをすることからくる不利益を回避するために、本願は独自の「寺家伝奏」を仕立て上げ、大覚寺門跡の仲介なしに権力との関係を結ぶことを模索していったのであろう。以後も上人号の申請は、大覚寺を通じて行うことが慣例とされていたようで、「代々寺務御執奏」していたにもかかわらず、「当本願代（堯鎮）御寺務ニ背て居申候内、直ニ公家衆江申入上人号も申上」げたという[61]。かかる独自の伝奏の確立には、恐らく五条家の出身である堯鎮の存在が大きくものをいったのであろう。

こうして、名実ともに真言僧、大覚寺の桎梏を離れ、清涼寺を代表する存在として独立した本願は寺院運営を主体的に行う条件を整えることに成功したのである。

6　勧進

こうした、本願が寺院に深く食い込み、ついには寺務の掌握を遂げるまでには、勿論不断の権力者への働きかけがあったことは疑いないが、その背景となったのは本願の経済力であった。真言側は本願の奢侈を批判し、自分たちの困窮を盛んに訴えているが、いずれにせよかかる本願の経済を支えたのは開帳による散銭と勧進であった。開帳と散銭については先に述べたので、ここでは勧進について見ていこう。

清涼寺の本願は、近世初頭には自分たちで勧進活動を行っていたわけではない。「清涼寺文書」に拠れば、本願は「仏餉《ぶつしょう》」（仏餉取）と呼ばれる宗教者によって札を配り勧進活動を行うことを代行させていたのである[62]。仏餉[63]は、「釈迦之札をくはり、以諸勧進」し、「伽藍之致助成」していた。これに対し、寺僧は経済的な利益に目をつけたのか「新儀」に「代替」の仏餉をたてて「京中町ヲ三人つ、にてふれあるかせ」集金をしていたようである。この「棟梁」は、「五条松原葛籠屋町宗林」であった。このことから、仏餉が棟梁に組織された集団であったことなどが窺える。

なお、このような風俗は著名であったようで、『人倫訓蒙図彙《じんりんきんもうずい》』には「都の風俗とし、尋常念ずる所の本尊仏菩薩に、居ながら毎朝の飯米の初尾を捧る。それを竹筒に入置也。今は寺々の仏餉とり、筒を持てす、めにめぐる也。合点したる所には、庭の隅に釣をきて、毎日如在なく取にまはるなり。其様達者、一種の坊主、老若にかぎらず、編綴に菅笠、わらぢ、脚半して、杓こしにさし、さもいそがしく口のうちにて何やらいふかと思へば、筒引かたぶけて、何のえしやくもなしにとつていぬるなり」とある[64]。

いずれにせよ、いち早く本願が寺院のなかでかかる役割を果たすことができるようになっていった背景には、本願という立場でありながら、勧進を下請けに出し分業したことで、寺院内部での聖としての位置を脱し、本願のもつ悪印象を払拭することができたためではないかと思われる。

7　年中行事

年中行事については宝永の裁許で涅槃会などの法会の散銭は真言、それ以外の散銭は本願となったが、実際の法会の運営を誰が行っていたのかを確認しておく。

裁許以前に清凉寺で毎年行われていた行事の主要なものは、『日次紀事《ひなみきじ》』に拠れば、正月十五日の釈迦像開帳、二月十五日の涅槃会とそれに伴って行われる柱続松《はしらたいまつ》、三月九日～十五日の大念仏狂言、三月十九日の御身拭《おみぬぐい》、十二月二十日の釈迦《しゃか》煤払《すすはらい》[65]、他に誕生会と、五月十五日、九月十五日の釈迦像開帳[66]、愛宕社神事[67]などであった。

このうち、涅槃会、誕生会、大念仏は真言僧が行っていた。[68] また愛宕の神事は、大覚寺門跡との関係から中世から一貫して真言側が行っている。[69] これ以外の釈迦像開帳や御身拭、煤払は後に見る裁許状に「正月十五日・五月十五日・九月十五日之国家安全御祈禱、三月十九日釈迦身拭、十二月廿日煤払、右五ヶ度之法事」は「本願方ニ而大壇取退之法事[70]」を行うとあるので、これらの法会は本願が行っていたものであったことがわかる。ところで、真言側が本願に対し「ヶ様之新儀相企、法式違乱[71]」としてあることから、これらの本願が主導して行った種々の行事は勧進の手段として新規に創出したものか、従来のものを換骨奪胎したものであると考えられる。そうしてみると本願側の行事は、御身拭や釈迦煤払に見られるように、宗教的行事としての側面よりも、庶民と釈迦との結縁の機会を増やすという庶民勧化の側面が強かったようだ。

なお、大念仏狂言や柱続松はあくまでも門前の住人が自主的に行っていたもので[72]、本来は清凉寺の行事ではない。恐らく、これらは門前支配に連動して本願が組織していったのであろうと思われる。

三　宝永の裁許

これらの種々の問題を抱えながら清凉寺本願と真言僧は争論を続けるが、最終的に宝永三年（一七〇六）に寺社奉行の裁許によって終息を迎える。以下、やや長文であるが全文を引用しておこう。

条々

一嵯峨清凉寺者、大覚寺御門跡御寺務所候条、本願弥如先規御門跡江式日之礼可相勤事、

一涅盤（槃）会・大念仏会・誕生会、此三ヶ度之教議（散銭）者、先規之通御門跡之目代致支配、其外者本願方江可受納之、且

又枝木倒木之儀者、院内之事候間、本願可為支配事、
一大壇之儀者、元禄十六年十二月、大覚寺御門跡堂供養執行之節、被差置候、仮堂之時無之、其以前茂有無不分明候条、雖可被取退之、被遂供養候、大壇之儀候間、可為其通候、向後、正月十五日・五月十五日・九月十五日之国家安全御祈禱、三月十九日釈迦身拭、十二月廿日煤払、右五ヶ度之法事之節者不及断、本願方ニ而大壇取退之法事済候者、如元大壇可直置之候、若臨時之法事有之、大壇不取退而不叶節者、奉行所江相達可受差図事、

附、真言寺僧於釈迦堂登大壇法事執行、堅可為停止事、

右今度遂僉議、且亦松平紀伊守就在府相談定之訖、堅可守此旨、為後證双方江相渡之者也、

宝永三年八月十八日　　本弾正（黒印）[73]

（以下署名略）

さて、この裁許について中井真孝・水野恭一郎は「名を捨て実をえた」（『京都浄土宗寺院文書』「解題」）とするが妥当であろうか。これまで見てきたことをふまえ、逐条的に検討していこう。第一条では、大覚寺門跡支配であることが確認された。第二条では散銭について涅槃会、誕生会、大念仏会での散銭を目代が取り、残りを本願が取ることが確認された。また、境内の倒木は本願の支配となった。ここで、涅槃会などの際の散銭が目代支配となったが、参詣の最も見込まれる法会に関わるものが真言側に留保されたことは本願にとっては大きな損失であったといえよう。しかしながら、開帳など参詣客の多く訪れるであろう日はこれ以外にもある。先に見たように御身拭などは本願の独自の工夫で行われ始めたものであろう。これらについては本願の得分として認められたことになる。しかし、従来の寺院経営に代わり、散銭に依拠した経営を確立し、軌道に乗せてきた本願にとってみれば、この結果

は決して満足のいくものではなかったと思われる。

もうひとつ、争点になっていた法要にあたって釈迦堂に設置された「大壇」の撤去については、裁許では「可為其通」とし、真言側有利に結果となった。しかしながら、上記の本願が行う五度の法要にあたっては「本願方ニ而大壇取退之、法事済候者、如元大壇可直置之」とし、原状復帰を条件に随時撤去することが認められた。しかし、付帯条項として「真言寺僧於釈迦堂登大壇、法事執行堅可為停止事」と真言僧の登壇も禁じられることになった。これは、双方の主張の折衷といった結果といえよう。

宝永までの長期にわたる争論にあたり真言側は「唯今之通りにてハ万事本願に被奪、学侶者下僧体ニ罷成(74)」という危機感を感じていた。裁許によって一応の決着をみたが、その後は『山城名跡巡行志』に「当寺座主大覚寺御門主、寺務職清冷（ママ）寺方丈浄土宗無本寺子院五坊真言四坊浄土一坊共大覚寺末院(75)」と書かれるように、大覚寺門跡の支配下にあるといいながらも、実際の寺務は「方丈」が行うようになっていく。すなわち、真言僧の危機感は、杞憂に終わらなかったといえる。

四　本願の宗教活動

ところで、この本願が真言僧と対立したのは経済にとどまらない。むしろ、散銭を集めるために本願は様々な手法で庶民からの喜捨を集める工夫をしていったが、その活動こそが旧仏教の真言僧と宗教的な面で大きな摩擦を起こす原因であった。

慶長期に真言僧から出された批判によると、本願は本堂前にて葬礼を行ったとされているのである(76)。境内に「権現」（愛宕社）があるため、死人をいれないとする真言側は、彼らが境内を穢れさせたとして批判を展開する。しかも、彼らは寺内にて火葬を行ったとしているのである。周知の通り葬送儀礼を行うのは通常新仏教で、旧仏教は行わない。ここでの批判もそのような真言僧による戸惑いを反映したものであろうが、いずれにしても寺院境内の本堂前で火葬を行うというのは聊か理解し難くはある。しかしながら、恐らく本願は三国伝来の生身の釈迦如来の前で火葬することで釈迦との結縁を約束したのではないだろうか。火葬に関しては関連史料が見えないので詳細については不明であるが、同じ訴状に拠れば別時念仏にあたっては「開山之位牌を取退、其跡ニ野人之位牌を立置候事」[77]とも記載されている。すなわち、別時念仏を執行している際に、本堂内において庶民の位牌を並べ追善供養を行っていたのであろう。これも、釈迦との結縁をはかろうというものであったと見て大過ないであろう。実際、慶長十六年（一六一一）の別時念仏にあたっては「銀子銭之納帳」[78]に拠れば三月十六日までの「位牌料」として二貫四二〇文、さらに四月二十日までに三貫四〇〇文の利益が上がっており、相当の需要とそれに伴う収入があったのであろう。

なお、「清凉寺炎上之次第書上案」に拠れば「天竺霊鷲山震旦五台山等之聖迹之土一杯壇之下ニ納、其上に御厨子を移し奉り候」[79]とあり、その聖地化が一層進められる。[80]見聞集「千種日記《ちぐさにっき》」の霊験談などに見られるように、清凉寺の釈迦の霊験が語られ、その信仰は再生産されていく。[81]本願の経済力を支えたのは、こうして清凉寺を訪れ釈迦との結縁を求めた庶民の一紙半銭であった。

また、黒川道祐の「嵯峨行程」に、方丈前の阿弥陀三尊は空也上人参詣と伝え「至今其遺弟鉢敲為修行寒夜ニ来リ拝ス」[82]とあり、本願が鉢敲《はちたたき》等の民間宗教者ともつながりをもちながら、広範に信仰を広めていった可能性もあるであろう。

五　本願の変質

このように本願は漸次真言側から権利を奪取していくが、その本願も内部は次第に変化をしてきた。上述のように本願は尭鎮という貴種を迎えるが、幼少のため「継目」が数年間遅れた。恐らくは、幼少の尭鎮を補佐するためであろうと思われるが、元禄には尭鎮の発給する文書には「清涼寺役者」として本願の末寺である看松院などが連署したものが見られるようになっていく(83)。これらの末寺は元禄六年（一六九三）の「上嵯峨清涼寺尭鎮寺改帳(84)」に拠れば、多くは近世初頭の建立にかかるようである。これらの末寺に本願の弟子が入り、本願のもとで「役者」として補佐をしながら共同で寺院の運営を行っていったと見られる。

その後、争論をはじめとした実質的な清涼寺本願の運営を行ったのはこれら「役者」であった。そして、次第に本願の果たすべき役割も場合によっては役者が代行もしていたようで、本願は「以之外成ルおこり」で「役者与申者を搆、是等を出シ申(85)」す、と寺僧からの批判をうけている。事実、寛永の朱印状を江戸へ受け取りに行ったのも役僧の知三、清欣であった(86)。なお、後の史料であるが「上嵯峨村清涼寺明細帳」には「当未年年番看松庵(87)」と署名しているものがあり、これらの「役者」は年番で勤めていたと考えられる。こうして本願が内部組織を整えていくと、本願は「方丈」と称し、これらの役者を「寺中」と称するようになる(88)。以前は学侶の下の浄土系寺院を寺中と称していたが、ここで本願の位置づけが変わっていくに従い、「寺中」の意味合いも変化していくのである。

いずれにせよ、こうして事実上の寺務は役者と称する看松庵・三宝院などが交代で行うようになっていくと、本願内部も寺院運営のための機構を整えていくとともに、やや京から遠い嵯峨野という場で効率よく寺院の運営を行

表3　末寺一覧

	開　　基	明治初年の状況
清凉寺	永延１年	堯寛
三宝院	大原良忍	無住
看松庵	慶長４年　周玉	仰玄
蓮池院	元和４年　早崎兵庫	看松庵兼帯
多宝院	天正18年　了空清方西堂	無住
善導寺	永禄10年　清淳西堂	戒全
棲霞寺		本坊堯寛兼帯
仏性寺	寛永３年堯然(千本一条上西)	里坊　明治３年合併
地蔵院		道寛
明王院		道基
歓喜院		無住
宝性院		無住
宝泉院		無住
竹林寺		無住
薬師寺		天通
福正寺		薬師寺末庵室

※「上嵯峨村清凉寺明細帳」（「清凉寺文書」G28）、元禄６年「上嵯峨清凉寺堯鎮寺改帳」（「清凉寺文書」Ｊ２）より

うためか、千本通一条上ルという、より二条城や奉行所に近い場所に里坊も置かれ、権力の動きに対して迅速な対応がはかれるようになっていくのである(89)。

このように方丈のもとに実務を交代で担う複数の末寺が組織されるとともに、その主要な役目である勧進も早くから仏餉に下請けさせて、本願が直接行わなくなり、本願と勧進聖を乖離したものにしていく。このような本願の内部の機能分化が近世には次第に進んでいくのである。

六　その後の清凉寺

事実上の領主として清凉寺本願による門前支配は安定していき、大抵は清凉寺方丈が対応していくようになる。一方で学侶と称していた真言系の塔頭は次第に衰退していき、無住となった寺院も少なくない(90)。

最後に、明和八年（一七七二）に江戸増上寺で清凉寺と大覚寺坊官井関家とが釈迦像の厨子の鍵等について争論をした際(91)に、増上寺の下問に答えて清凉寺から提出した史料に拠りながら、その後の清凉寺内での浄土系寺院と真言系寺院の関係について見ておくことにしよう。

まず朱印について。朱印は「清凉寺ニ所持」で、その内訳については「御朱印高九拾七石之内、四拾八石三斗五升余山内真言寺僧方幷浄土宗西山流二ケ寺江地方ニ而支配分仕来候、四拾八石六斗四升余清凉寺江受納支配仕候、且又右之内五石程清凉寺支配下之寺中江配分仕来候」とあり、約半分は真言寺僧と他の浄土宗寺院が受け取り、残りは清凉寺が受け取り、そこから五石は「支配下之寺中」へ配分するようになっていたことが知られる。かつては本願役料の五石と修理料を支配していた本願が、この頃には寺領の約半分を支配していたことになる。なお、天保十一年（一八四〇）の「清凉寺御朱印高配分改帳(92)」でも四十石四斗三升七合が「方丈支配分」となり、方丈支配の塔頭分も含めると四十八石余を支配するようになっていた。

散銭については、宝永の裁許状の通り、涅槃会・誕生会・大念仏の際の散銭は目代支配、その他の散銭と境内倒木は清凉寺の支配が貫徹していたようである。但し、これらの法会には「御門主御参拝と申儀曾而無御座候」とあり、また「真言寺僧猶釈迦法要等勤方之義者、正月三ケ日、同四日、大般若経を相勤申候、二月八日ゟ同十五日迄毎日遺教経相勤申候、且三月十五日暮後、右涅槃会ニ付柱松明と申儀山内御座候、其節御門主目代格式ニ而松明之場所江被参候、勿論真言寺僧出会ニ而」とあり、真言寺僧の勤める法会は以上の主要なものにとどまる。

次に、対権力関係について見よう。触れは通常の「回章」は「真言寺僧江茂右之回章相廻」っているが、「宗門改」については「清凉寺ゟ寺僧江申遣宗門帳清凉寺役僧江請取之、右真言宗帳面江清凉寺役僧奥印仕候而清凉寺帳面と一所ニ御奉行所江役僧ゟ相納申候」とあり、清凉寺方丈から真言側に伝え、作成された真言宗の帳面を清凉寺方丈が受け取り、役僧が奥印を捺して清凉寺役僧から奉行所に一括して提出するようなかたちとなっていた。

以上のことからわかるように、清凉寺の運営からは真言側は殆ど排除され、ほぼ完全に方丈である本願が寺務を掌握していたようである。但し、名称については文久にも大覚寺坊官の野路井家に送った文書では「清凉寺本願」

と署名しており、建前上は大覚寺のもとでの存在で、大覚寺に対しては「清凉寺」という名称での署名は出来なかったのであろう(93)。

おわりに

以上、戦国期に寺院伽藍再建のために清凉寺に入った本願が、寺院内に定着するとともに次第に寺務を掌握していく過程を見てきた。

最後に、なぜこの時期にかかる展開が可能であったのかについて簡単に触れておきたい。中世の清凉寺は一山が学侶である真言系僧侶による輪番で運営される平等な機構であった。かかる寺院の構造の間隙を衝いて本願が「方丈」として寺院の最上位に位置するようになる。本願は近世の初頭に寺院復興を担う本願としての立場で経済力を確保しながら、勧進を仏餉に行わせることで聖としての位置を脱していく。貴種を本願に迎えて以降は、「方丈」と「本願」の立場を使い分け、確実にその地歩を固めていく。これを保証したのは、恐らくは釈迦信仰を媒介とした権力との独自の結びつきであろう。すなわち、勧進という行為は不断に権力者の保護、黙認を必要とする。かかる行為を継続するにあたっては権力との癒着を必然的に生み出していったのであろう。それとともに、幕藩体制下の清凉寺にとって有利に働いたのは幕府の寺院支配の方向であろう。寺院を支配するにあたっては一元的に把握する方が有効であり、権力としては中世的な「惣寺《そうじ》」から一元化、近世的な寺院のあり方を指向するようになる。この方向性が清凉寺の本願の動きと合致したのではないだろうか(94)。

また、このような本願の動きを支えたのは恐らく経済力であった。中世的な寺領経営に重点をおいた手法では金融経済の発展に対応しきれなかった。実際、戦国期の嵯峨野は金融都市であり、禅宗寺院の祠堂銭の運用によって嵯峨野の顕密寺院は衰退を余儀なくされていた(95)。かかる地域の状況のなかで、三国伝来の生身の釈迦像という信仰資源を最大限に活用し、京都のみならず近隣諸国からも参詣客を集めることに成功した本願の経営手腕には真言系の塔頭は及ぶべくもなかったのである。その後も、本願は次々と位牌を集めたり、札を配るなどの「新儀」を企て、時には寺院境内で火葬を行うなど奇抜な手法で釈迦との結縁を売り物にし発展を遂げていくのである。かかる動きは、近世中期以降の京都の観光都市化の動向に伴い(96)、加速していくことになる。

従来、清涼寺の釈迦信仰といえば西大寺律宗の影響を主張することが多かったが、実際に清涼寺式の釈迦像の造立は近世以降にもある(97)。むしろ、民衆への普及は、寺院の創建が相次ぐ近世初頭、本願と彼らのもとで勧進を行っていた仏餉などのごとき宗教者の活動によるものも少なくなかったのではないだろうか。

以上、清涼寺の本願の近世化を見てきたが、ここから明らかになった姿は先行研究でいわれているような本願の展開とは異なるものとなった。あるいは、かかる規模の寺院では従来いわれているほど、聖と行人の距離は遠いものではなく、中近世移行期という時期には、時宜を得ることで容易に行人へ転化し、さらには学侶の位置さえ奪うことが可能だったのではないだろうか。すなわち、中世的勧進の近世化の道は一本ではなく複数の選択肢があったと考えられる。

註

（1）黒田俊雄『寺社勢力』（岩波新書、一九八〇年）、同「中世寺社勢力論」（『黒田俊雄著作集』第三巻、法藏館、一九九五年）など。

（2）久野修義『日本中世の寺院と社会』（塙書房、一九九九年）、下坂守『中世寺院社会の研究』（思文閣出版、二〇〇一年）など。

（3）吉井敏幸「近世初期一山寺院の寺僧集団」（『日本史研究』第二六六号、一九八四年十月）、同「中世寺院における近世寺院化の一形態――大和国当麻寺の場合」（中世寺院史研究会編『中世寺院史の研究』下、法藏館、一九八八年）など。吉井は一山寺院について「権門寺院の下にあって直接支配されている比較的大きな地方寺院」と規定している。

（4）前掲註(3)吉井敏幸「近世初期一山寺院の寺僧集団」。なお、近世の一山寺院を取り上げた研究として荒木由起子「神仏習合寺社における一山組織の確立と神職――誉田八幡宮社人を通して」（藪田貫編『近世の畿内と西国』清文堂出版、二〇〇二年）がある。

（5）下坂守「中世的「勧進」の変質過程」（『古文書研究』三四号、一九九一年）、清水寺史編纂委員会編『清水寺史』第二巻（法藏館、一九九七年）。他に近年の中世後期から近世にかけての勧進・本願に関する研究として、小野澤眞「中世の港湾都市に広がる勧進聖――和泉・摂津に展開する四条道場系時宗を中心として」（地方史研究協議会編『巨大都市大阪と摂河泉』雄山閣出版、二〇〇〇年）、大森惠子「荼吉尼天と稲荷信仰――近世における稲荷社の勧進聖と荼吉尼天信仰を中心として」（『稲荷信仰と宗教民俗』岩田書院、一九九四年）、高埜利彦「近世国家と本末体制」（『近世日本の国家権力と宗教』東京大学出版会、一九八九年）、東島誠「公共負担構造の転換――解体と再組織化」（『公共圏の歴史的創造――江湖の思想へ』東京大学出版会、二〇〇〇年）、同「租税公共観の前提――勧進の脱呪術化」（『同前』）、太田直之『中世の社寺と信仰――勧進と勧進聖の時代』（弘文堂、二〇〇八年）、豊島修・木場明志編『寺社造営勧進　本願職の研究』（清文堂出版、二〇一〇年）等がある。

（6）京都市右京区に所在する寺院で現在は浄土宗。清凉寺に関する研究として、塚本善隆「嵯峨清凉寺史平安朝篇――棲霞、清凉二寺盛衰考」（『佛教文化研究』第五号、一九五五年）、河内将芳「宗教勢力の運動方向」（歴史学研究会・日本史研究会編『日本史講座』第五巻「近世の形成」東京大学出版会、二〇〇四年、後に『中世京都の都市と宗教』思文閣出版、二〇〇六年）、律宗との関係を論じた細川涼一「法金剛院導御の宗教活動」（『中世の律宗寺院と民衆』吉川弘文館、一九八七年）などがある。また、清凉寺式の釈迦像の普及をめぐっての研究としては上林直子「中世清凉寺釈迦如来像模刻の思想史的背景」（『歴史の広場』第四号、二〇〇一年）がある。

（7）塚本俊孝「嵯峨清凉寺に於ける浄土宗鎮西流の伝入とその展開――清凉寺史近世篇」（『佛教文化研究』第五号、一九五五年）、水野恭一郎・中井真孝編『京都浄土宗寺院文書』（同朋舎出版、一九八〇年）の「解題」。村山修一『日本都市生活の源流』（国書刊行会、一九八四年）。なお、文亀二年（一五〇二）四月にも「勧進沙門」による「嵯峨清凉寺塔婆造立勧進状」が作成され、塔婆（恐らく多宝塔であろう）の勧進が進められている（国立歴史民俗博物館架蔵「田中穣氏旧蔵典籍古文書」一八一―六）が、この「勧進沙門」と棲霞寺との関係については明らかに出来なかった。

（8）前掲註(7)塚本俊孝論文

（9）「井関家文書」五―1（大覚寺史資料編纂室編『大覚寺文書』上巻、一九八〇年、以下、同書所収の井関家文書については出典を省略し、文書名と史料番号のみを記す）

（10）「井関家文書」五―2

（11）「井関家文書」五―3

（12）「井関家文書」六―16

（13）『大覚寺譜』（大覚寺史資料編纂室編『大覚寺文書』上巻、一九八〇年）所収。

（14）清凉寺学侶中連署申状案（大覚寺史資料編纂室編『大覚寺文書』上巻所収「大覚寺文書」九二号）。以下、『大覚寺文書』所収の文書については出典を略記し、文書名と書名、史料番号のみ記す。

（15）清凉寺学侶中願書案（『大覚寺文書』九〇号）

（16）前掲註(13)『大覚寺譜』

（17）清凉寺・栖霞寺役者連署書状（水野恭一郎・中井真孝編『京都浄土宗寺院文書』所収「清凉寺文書」九五号）、栖霞寺堯仙・清凉寺雄寿連署請文案（同前所収「清凉寺文書」一〇二号）。以下、『京都浄土宗寺院文書』所収の清凉寺文書については書名と史料番号のみ記す。

（18）歓喜院智雅前宝泉院順恵連署返答書写（『大覚寺文書』八四号）に「六代以前之明王院有範ゟ我等師匠宝性院迄ハ一和尚役ニ而御座候へ共、三代以前之歓喜院之時、其身年罷寄諸事苦労之由ニ而、年預輪番ニ可仕と評議候」とある。

(19) 清涼寺堯仙契状写（『京都浄土宗寺院文書』九〇号）に「当番之承仕」とある。
(20) 前掲註(13)『大覚寺譜』に「学侶」として地蔵院、宝泉院、宝性院、明王院、歓喜院が書かれ「已上真言宗」とした後、「寺中」として薬師寺、文殊院が書かれ「已上浄土宗」とされる。最後に棲霞寺が「古昔別寺也、今者清涼寺本願」と記載されている。
(21) 後奈良天皇綸旨（『京都浄土宗寺院文書』一五号）
(22) 「九通返答書写」（「清涼寺文書」C23、京都市歴史資料館架蔵写真帳）に「堯淳上人与申ハ天文廿三年ニ遷化被致候」とある。以降は京都市歴史資料館写真帳に拠ったものは同館で付した分類番号のみ記す。なお、文書名は館で作成した目録に拠るが、内容によって訂正したものもある。
(23) 後奈良天皇綸旨（『京都浄土宗寺院文書』三七号）
(24) 京都国立博物館で開催された特別展『日本人と茶』（二〇〇二年）で公開され、現在は京都国立博物館の所蔵となっている。
(25) 個人蔵で二〇〇六年に発見されたもの。なお、同様の蓬髪姿の僧は上杉本洛中洛外図でも天文法華の乱で焼失し、再建間もない「革堂」の前に描かれる。このような画像が勧進僧の姿として記号化されている可能性がある。
(26) 大覚寺坊官願書（『大覚寺文書』一一五号）
(27) 清水寺では近世には本願と六坊との争論のなかで、六坊は「学侶」に、本願の成就院を「行人」として位置づけようとしていたことが下坂守の執筆による「一山と成就院」（前掲註(5)『清水寺史』第二巻第一章第三節）に指摘されている。
(28) 清涼寺学侶中願書案（『大覚寺文書』九〇号）
(29) 堯鑑、堯鎮については前掲註(7)の塚本俊孝論文、水野・中井「解題」を参照されたい。堯鑑については仙誉堯鑑上人遺像讃（『京都浄土宗寺院文書』一二一号）や『鎮流祖伝』巻第七の「嵯峨清涼寺仙誉上人伝」（『浄土宗全書』第一七巻）などにより、その履歴をやや詳しく知ることが出来る。
(30) 『近畿歴覧記』（『新修　京都叢書』第一二巻）
(31) 慶長以来大覚寺御門跡幷真言僧出入ニ付公儀御裁判扣（「清涼寺文書」C57）

(32) 大覚寺坊官願書（『大覚寺文書』一一五号）
(33) 栖霞寺堯仙・納所栄随連署契状案（『京都浄土宗寺院文書』七五号）
(34) 清凉寺別時念仏旧例覚（『京都浄土宗寺院文書』八四～八六号）
(35) 清凉寺本願堯鑑申状案（『京都浄土宗寺院文書』一一一号）、清凉寺本願堯鑑申状案（『京都浄土宗寺院文書』一一四号）
(36) 貞享五年「清凉寺鉄砲改帳」（「清凉寺文書」C11）
(37) 日付がミセケチになっていることから、「本願」と書き加えた上で再提出したものと思われる。
(38) 「清凉寺文書」C13
(39) 「清凉寺文書」C24
(40) 清凉寺学侶中願書案（『大覚寺文書』九〇号）
(41) 「清凉寺文書」A-2-3
(42) 大覚寺坊官願書（『大覚寺文書』一一五号）
(43) 清凉寺学侶中連署申状（『大覚寺文書』九一号）
(44) 清凉寺学侶中連署申状案（『大覚寺文書』九二号）
(45) 清凉寺本願堯鑑申状案（『京都浄土宗寺院文書』一一四号）
(46) 清凉寺学侶中連署申状案（『大覚寺文書』九二号）
(47) 「清凉寺文書」A-2-3
(48) 大覚寺訴状案（『大覚寺文書』八三号）
(49) 清凉寺学侶中願書案（『大覚寺文書』九〇号）
(50) 清凉寺炎上之次第書上案（『京都浄土宗寺院文書』一一五号）
(51) 塚本俊孝「嵯峨釈迦仏の江戸出開帳について」（『仏教文化研究』第六・七号、一九五八年）、中村直勝「寺社の出開帳――嵯峨釈迦堂の場合」（『中村直勝著作集』第一二巻、淡交社、一九七九年）など。
(52) 清凉寺堯仙契状写（『京都浄土宗寺院文書』九〇号）

(53) 清凉寺堯仙契状写（『京都浄土宗寺院文書』九〇号）
(54) 『京都浄土宗寺院文書』七七号
(55) 大覚寺訴状案（『大覚寺文書』八三号）
(56) 「嵯峨行程」に拠れば清凉寺を訪れた黒川道祐を本願の役者「智三」が庵に招き来由を説明した後、「当寺ノ縁起五巻」を見せている（『新修　京都叢書』第一二巻）。
(57) 『京都御役所向大概覚書』
(58) 『大覚寺文書』八三号
(59) 『お湯殿上の日記』天文二十一年十月十八日条
(60) 『お湯殿上の日記』永禄元年三月二十五日条
(61) 『大覚寺文書』九〇号
(62) 清凉寺本願堯鑑申状案（『京都浄土宗寺院文書』一一一号）
(63) 仏餉についての研究は殆どないが、清水寺の事例については下坂守の執筆にかかる「御影札配りと仏餉米」（『清水寺史』第二巻第四節）に詳細な記述がある。仏餉については、本書第Ⅱ部第三章に詳述した。
(64) 『人倫訓蒙図彙』巻七
(65) 『日次紀事』（『新修　京都叢書』第四巻）
(66) 『京羽二重』（『新修　京都叢書』第二巻）
(67) 前掲註(13)『大覚寺譜』
(68) 前掲註(13)『大覚寺譜』
(69) 大覚寺訴状案（『大覚寺文書』八三号）に愛宕山の神事について「毎年神事、清凉寺之内ニ而相勤、当門役人罷出、万事下知仕事ニ候」とある。
(70) 江戸幕府寺社奉行連署状（『大覚寺文書』九五号）
(71) 『大覚寺文書』一一五号
(72) 安永四年に十三ヶ村で勤方の定が決められ、番を組んで運営されるなど自主的な運営のあり方が「井上（与）家文書」(『史料　京都の歴史』第一四巻「右京区」)から知られる。
(73) 江戸幕府寺社奉行連署状(『大覚寺文書』九五号)、但し一部に誤読があるようなので『徳川実記』の記事、『月堂見聞集』所載の裁許状写により訂正部分を括弧で補った。
(74) 清涼寺学侶中願書案(『大覚寺文書』九〇号)
(75) 『新修　京都叢書』第二二巻
(76) 宝性院良雄連署申状案(『京都浄土宗寺院文書』八〇号)
(77) 同右
(78) 「清涼寺文書」G6
(79) 清涼寺炎上之次第書上案(『京都浄土宗寺院文書』一一五号)
(80) 「聖地」とそこで語られ繰り返し再生産される物語については、西山克『聖地の想像力』(法藏館、一九九八年)を参照。
(81) 『史料　京都見聞記』第一巻
(82) 『近畿歴覧記』(『新修　京都叢書』第一二巻)
(83) 「清涼寺文書」C13、J2など。
(84) 「清涼寺文書」J2
(85) 清涼寺学侶中願書案(『大覚寺文書』九〇号)
(86) 清涼寺役者知三清欣連署在江入用銀算用状(『大覚寺文書』八七号)
(87) 「清涼寺文書」G28
(88) 従増上寺清涼寺山内寺僧年中勤方弁御朱印配分之訳御尋に付申上候扣(「清涼寺文書」C37)に「五石程」を「支配下之寺中江配分仕候」とある。
(89) 里坊を仏性寺という。「上嵯峨清涼寺尭鎮寺改帳」(「清涼寺文書」J2)に拠れば寛永三年(一六二六)に開山という。『京都坊目誌』上京乾一七三頁の「泰堂片原町」の項に「維新前西側中央の地に清涼寺の里坊あり」と記載される。

(90)「清凉寺文書」G28に拠れば、五院のうち、歓喜院、宝性院、宝泉院の三所は明治初年には無住となっている。
(91)「清凉寺文書」C57
(92)「清凉寺文書」G23
(93)「野路井家文書」791（京都市歴史資料館架蔵写真帳に拠る）
(94)物寺については、前掲註(2)下坂守書などを参照。
(95)原田正俊「中世の嵯峨と天竜寺」（『講座　蓮如』第四巻、平凡社、一九九七年）
(96)鎌田道隆「近世京都の観光都市化論」（『近世京都の都市と民衆』思文閣出版、二〇〇〇年）
(97)前掲註(6)上林直子論文参照。

第二章　近世における松尾社の本願

はじめに

人々の一紙半銭を募り、寺社の修復を行う「本願」については、中世末から近世にかけての寺僧集団の動向を整理したなかで吉井敏幸が着目した。(1)吉井は、近世初期には聖は寺院の正式構成員ではなかったが、穀屋《こくや》・本願所《ほんがんしょ》を拠点に活動をし、中世末から近世の混乱期には経済力を背景に聖集団の力が大きくなるとした。しかし、寛文五年（一六六五）の諸宗寺院法度が出されて以降、幕府が学侶を頂点とした寺内組織を指向したため、聖の活動を制限する裁許をしばしば下し、聖集団が消滅していくとした。このように本願の動向を中世末から近世にかけての寺院組織の問題としてとらえた吉井に対し、菊池武は、本願が経済力を背景に社家の力を凌ぎ、社家と出入りを起こし、本願は追放をうけるが、その背景に「当時一般に神国思想・復古神道が次第に昂揚され、仏教批判への道を歩む」ことがあると説明した。(2)本願の経済的な伸張、そして衰退と排除という大きな流れについては菊池と吉井の間で相違はないが、菊池が本願の排除に「神国思想」などを想定しており、その時期を近世後期の出来事として認識している点で違いがあるといえよう。このような吉井・菊池の議論は、いずれも複数の寺社における本願の動向をすべて同列に扱い、時系列に並べて議論をしているため、どの事例を中心として見るかによって時期や傾向に誤差を生じているに過ぎず、両者とも個々の本願や寺社の固有性については意識していないといわざるをえない。

その後、下坂守による清水寺本願の成就院と願阿弥についての研究[3]が出され、本願が近世に寺務を掌握した事例が明らかにされるなど、個別寺院における本願の事例研究が次第に蓄積され[4]、吉井・菊池が指摘するように近世に消滅した本願ばかりではないことが知られるようになった。こうした事例をふまえ、近年では河内将芳が顕密僧と新仏教系の本願が競合しながら存在する姿を中近世移行期における寺院構造のひとつであるとした[5]。

しかしながら、これらの本願に関する一連の研究の出発点は黒田俊雄が提起した学侶・行人・聖からなる中世寺院の組織[6]についての議論であったせいか、寺院や熊野など修験色が強い神社の研究に比重が置かれ、菊池が提起した近世の神社における本願の問題、とりわけ神社における神仏習合の問題や本願と神国思想についての検証はなされていないままである。そこで、本稿では神社、とりわけ二十二社のひとつで中世から近世にかけての史料が比較的多く残されている松尾社について見ていくこととしたい。

松尾社の本願については、菊池論文[7]や太田直之の『中世の社寺と信仰』において言及され[8]、大谷めぐみが小文ながら簡潔にその概要を報告している[9]。菊池は、松尾社の本願は天文に始まり、慶長十四年（一六〇九）、寺地の寄進をうけたことで次第に体裁を整えるが、文政年中に無住となり、天保十二年（一八四一）に先住の借財の関係で社家の東家が預かり、以後「永久無住所」としたことを指摘する。事実関係については菊池の指摘する通りであるが、その分析も極めて簡略であり、なぜ松尾社で本願がそのような経緯をたどらねばならなかったのかについては一切明らかにされていない。そこで、本稿では本願一般の動向に回収することなく、松尾社と本願の関係に留意して検討していきたい。

一　松尾社の社家と本願

松尾社[10]は京都市西京区の神社で、平安京に遷都後は正一位の神階を授与されるとともに名神大社二十二社に列せられた。現在は洛西の氏神として、西京区・右京区のほぼ全域、下京・南・北区の一部をその氏子圏とするとともに、醸造の神として酒造関係者の信仰を集めている。廃仏毀釈によって境内の景観は大きく変わったが、近世までは境内に本願の他に神宮寺、多宝塔があり、平安期の一切経（松尾社一切経）を所蔵していた。

中世における松尾社の社内組織については、社家については社務・惣官などがあり、中世になって次第に組織化されていくことなどが先行研究[11]によって指摘されているが、近世についてはあまり言及されていない。そこで、まず本願について見ていく前に前提となる松尾社の組織全体について概観しておこう。

近世初めの松尾社には十人の秦姓《はた》（松尾・松室、東・南を名乗る）の社家が松尾社神主・禰宜・祝《はふり》を勤めるとともに、月読社禰宜・櫟谷社禰宜となった。このうち月読社禰宜が松尾公文職を兼務した。高埜利彦によると松尾社の神主職は白川神祇伯家の執奏により補任されていたことが知られる[12]。この松尾社家のもとで、山田・中川・北川を名乗る神方が、沙汰人・膳部・御炊・酒殿等として神社に奉仕した[13]。その他に神宮寺には広隆寺から入寺した供僧がいて「読経修法及臨時御祈禱等並於神宮寺勤」を行うが、この僧は昇殿が許されなかったという[14]。

無論、最初からこのように整然とした組織だったわけではないだろう。天文五年（一五三六）には松尾月読社の禰宜松室宮千代が神方の神役違乱を訴えており[15]、戦国期には松尾社の組織も混乱をしていたようで、経緯は明らかにしえないが中世末に一定の再編を経て上記のような社家と神方からなる姿になったものと考えられる。本願所は、このように松尾社内が混乱する天文頃に、社殿修復のために「会所留守人」として設置されたのである(16)。

これまで松尾社本願の活動は天文三年（一五三四）の神宮寺再建に始まるとされていたが(17)、遅くとも天文二年（一五三三）十一月に「松尾社拾穀」を名乗る人物がいて、松尾社末社の櫟谷神社の「造営」のために田地の寄進をうけていた。

櫟谷社田地壱段小者之事、字者号神田、雖為買得下地、先度以願所如申新寄進仕候、如何様にも沽却候て、櫟谷社御造宮専一候、万一為子々孫々違乱之妨在之者、大明神御罰可蒙者也、仍永代寄進状如件

天文弐年霜月吉日

北尾与八
重政（花押）

證人北尾次郎左衛門尉
能忠

松尾社
拾穀
参(18)

この「拾穀《じっこく》」が後に松尾社本願となる慶林であり、「神託感夢之子細」によって櫟谷神社の再建に取り組んでいたことが、次の作職売券からわかる。

売渡申　松尾櫟谷社神田作職事

合壱段小者在所者東ハ西ノリシケ、西ハ櫟谷、北者北小路、南ハ七条限、字号神田、但田地五段之内従西弐番メナリ、土貢十三合升仁壱石三斗定也、但一色之地也

右田地者西七条北尾与八重政　為櫟谷社造宮料新寄進之下地也、委細者寄進状見之訖、雖然有神託感夢之子細為社頭造営、直銭拾弐貫文仁限永代東寺廿一口方江売渡申所実正也、万一於此田地違乱煩申輩在之候者、任寄進状之旨、於　公方様及御沙汰可有御罪科、且又可被蒙

大明神御罰者也、仍為後代寄進衆幷在所衆加判形売渡申所之状、如件

天文二年十二月廿八日

売主松尾十穀
慶林（花押）

請人北尾与八
重政（花押）

同北尾次郎兵衛尉
能忠（花押）

神主梶原神五郎
延吉 印[19]

この松尾十穀を称する僧、慶林がどのような経緯で松尾社に入ってきたのかは明らかではなかったが、社殿を解体修理した際に「当社慶林十穀者九州周房之国之雖為住人有当社縁廿ヶ年計滞留、其後造栄思立」という墨書が内陣に書かれていたことが報告されており、おおよそのことを知ることができる。[20] すなわち、慶林は周防の出身で社殿再建の天文十一年（一五四二）から二十年前には既に松尾社に身を寄せていたのである。そこで、享禄二年（一五二九）の「伯家御教書」には次のようにあることに注意したい。

（端裏書）
「□神宮寺立　殿折紙案享禄□二四」

当社経所之儀、為別在所可取立之由候、被成其御意得由、本官所候也、仍執達如件

二月四日　信久判

松尾社一社中

経所別在所取立之由、十穀ヨリ社家へ案内之処ニ、各罷出談合在之、各可然処、正禰宜相宣申事、只々御本地ノ御座所事候へき所を可被替旨不可然存由事、然者長官へ注進可申候由、各被申、相光相達罷出、如此御折紙取来、一社へ被付也、然者則新屋敷ニ取立也、

享禄二丑二月四日

ここから、名前は明らかではないものの、享禄二年（一五二九）段階で既に「十穀」聖が神宮寺と関わっていたことが知られるのである。先に見た社殿の墨書から明らかなように、天文十一年（一五四二）の二十年前には慶林が松尾社にいたとすることから、享禄二年（一五二九）の「十穀」は慶林であると見て大過ない。そうすれば、慶林が松尾社に入るにあたっては神宮寺が、その足掛かりとなっていたと考えてよいであろう[21]。また、清水寺の願阿弥などのように寺社復興という明確な目的をもって入寺したというわけではなく、慶林の場合はむしろ入寺後相当の時間を経て活動を始めたことが窺える。

慶林は天文二年（一五三三）の櫟谷社再建後、楼門北を本願所として精力的に社殿復興の活動を続ける。天文十一年（一五四二）の「遷宮次第」に拠れば、従来は「公方」の出資により惣遷宮をしていたが、時節柄難しいので慶林が「京町中」の勧進をし、その奉加によって遷宮を遂げたことが知られる。また、以後は自前で修理することとし、作事のために慶林がいた場所を「本願所」とし、慶林を「本願」としたとされる。この時、「定為修理」としていることから、この時点で慶林が「本願」として、まがりなりにも松尾社に定着したことが窺える[22]。こうして、「本願」は松尾社に残り、慶林以降も継承されるようになる（表1）。

慶林の後、本願を継いだのが成海という人物であった。成海については『言継卿記』などにその活動が記されている。例えば次のような記載は具体的に本願所の様子を知ることができて貴重である。

松尾社十穀所に連歌有之、佳例云々、社務誘引之間令同道罷向、斎有之、予、葉室、社務、同宮内大輔、同蔵人、松室中務大輔、同左衛門佐、真珠院法印、同中将、真乗坊、玉蔵坊、山田神人衆以下相伴三十一人有之、連衆廿六人歟、発句十穀、成海也、申刻終了、次非時有之、中酒及数盃音曲有之、暮々帰葉室了、愛洲薬一包十穀に遣之(23)

表1　本願歴代一覧

名　前	本願在職年代
慶林	大永２年頃～
清海(盛海・成海)	～永禄11年～
(福成)	不明
堯海(号十穀)	天正16年以前～
堯圓周済	慶長17年閏２月20日～寛永10年６月15日
宮内卿宥海	寛永11年４月15日～寛文６年９月12日
宥雅	～延宝５年11月12日
宥忍	元禄３年正月19日～元禄14年３月17日
無住	元禄14年～宝永５年
順照	宝永５年９月～延享３、４年頃
某①	延享４年12月４日～
某②	寛延２年２月～
某③	宝暦７年９月６日～
某④	安永10年10月７日～
霊雅？	寛政元年11月５日～
龍海	文政元年11月17日～
恵俊(宥麟)	文政４年11月22日～文政８年12月
慶淳	文政８年12月～文政12年８月
永久無住	天保12年３月10日～

先に本願は「会所留守」として置かれたとしたが、実際に本願所（十穀所）には「会所」があり、そこで社務や成海をはじめ、言継などを集め、斎が出されるとともに連歌が行われている(24)。この時には「十穀所」と呼ばれていた本願の居所は、ある程度の規模と施設をもった常設の建物であったことが窺える。

その後、成海のあとに本願となったのは堯海という人物である。天正十六年（一五八八）には堯海は松尾社の社務らが置米の配分について取り決めた「条条」に社中の一員として署名をしており(25)、「留守人」に過ぎなかった本願は、松尾社の組織のなかに正式に位置づけられ、社中の意志決定に参画できる存在となっていたと見られる。さらに本願は慶長十四年（一六〇九）、寺地を社務から寄進されて「寺」を建てることが認められる。

松尾社頭之南屋敷之事、本願堯海へ寄進申上者、以来不可有異儀候、寺を可被相立候、為其一筆如此候、仍如件

慶長十四己酉年
十一月三日

松尾社務（黒印）
相房（花押）

堯海十穀
参[26]

この時、本願が松尾社のなかに正式に恒常的な施設をもつことを認められ、再建のための臨時的な立場から、社内組織の一翼を担う存在として名実ともに位置づけられたということができる。下坂の表現を借りれば、中世的勧進が近世の「本願」となった瞬間であるということもできるであろう[27]。後に社家が本願を補任するにあたって、この堯海が先規として一定の基準となっていくことからも[28]、松尾社において本願が正式に位置づけられた存在として堯海を最初とするという認識があったと思われる。このように、本願は天文期に設置されたにもかかわらず、慶林に始まる戦国期の本願と、堯海以降の本願ではその位置づけに違いがあったことが窺える。その「違い」の本質こそが、恐らく、寺院としての確立と本願の継承にあったと思われる[29]。これをもって、中世的勧進が近世的な展開をみたということができるかもしれない[30]。

しかしながら、寺を建立したといっても松尾社のもとで勧進を行い、社殿などの修復を行うという役割は基本的には変わらず、以後も本願として入寺するにあたっては、基本的には社家のもとで「本願職」補任をうける形態をとっていたようである。例えば慶長十七年（一六一二）に堯海の跡を継いで本願となった堯圓は次のような請状を

社家の東家に出している。

今度本願職被仰付忝奉存候、此上私によくりうをかまえ申間敷候、以来如何様之儀被仰付候共、御定次第に可
仕候、自然御定に違候者、其時本願職余仁に可被仰付候、為後日状如件
　　　　松尾本願堯圓
慶長十七壬子歳閏十月二十日　　周済（花押）
正三位様[31]

こうして、社務と「御定に違候者、其時本願職余仁に可被仰付候」と約して入寺した以上、本願が社家の意に反したことをした場合は、当然ながら「本願職」を解任される可能性がある。実際、寛永四年（一六二七）には「諸事不届慮外仕候」として、詫び証文を本願堯圓が社家・神方へ提出し、「其上御各様へたいし背御意候者、社内永罷出可申候」ことを誓うことになった[32]。この時は、楼門・拝殿などの修復を本願が怠ったことが咎められたようだが、その後は怠りなく境内の修復に努めたようだ。回廊・神庫・拝殿・楼門は江戸初期の建築といわれており、時期から見てこれらは堯圓の手による再建であろう。

このように社家が本願職を補任することで入寺が認められる状態であるから、寺院の建立を認められたといっても、その継承については依然として社家の承認なしに弟子譲りをしていくことはできなかったようだ。その後、入寺した本願も社家と次のような取り決めを交わしている。

　今度本願役我等に被仰付忝奉存候事、就者、
一社内之御修理先如堯海可仕事
一社内馬場のはきそうし、如先規無油断可仕事、幷山馬場の諸木柴少も伐採間敷事

右之旨相背候ハヽ、何時成共社内を御社務様之御意次第ニ傘一本にて永罷出可申候、為其後日之状如件

寛永拾壱年甲戌卯月十五日　　宮内卿
　　　　　　　　　　　　　　宥海

松尾御社務様
　　参[33]

その後も松尾社の本願は「社頭ノ辺之掃除ノ者[34]」とされるように、当初はその位置づけは極めて低いもので、松尾社のなかでは下位の存在と見られていた。また、元禄十四年（一七〇一）から宝永五年（一七〇八）までの八年間は本願不在で「役者」がいるばかりとなっており、継承についても極めて不安定なものであった。しかしながら、本願はいつまでもそのような位置であることを甘んじて受け入れていたわけではなく、元禄には宗門改め一件で、社家へ宗門帳を提出し、神方への提出を拒否するような社家と神方の間で独自の動きを見せるようになる[35]。

このようななかで、本願が独立した「寺院」として松尾社のなかで一定の位置をしめるためにとった手段が寺号の獲得、すなわち一個の寺院として対外的に認められることであった。慶長十四年（一六〇九）、社務の寄進によって「寺」を立てた本願は一七世紀半ば以降、「万石寺」を寺号として名乗るようになる。万石寺という寺院は中世には松尾社周辺に存在しており、その寺号を名乗ることで本願は新規の寺院ではなく中世以来の伝統をもつ存在であると見せようとする意図があったのであろう。しかし、万石寺という名称の寺院は確かに存在していたが、中世のそれは松尾社のやや南にあった万石大路という地名に基づいたものであり、松尾社の本願寺院とまったく別のところにあったのである[36]。後述するが、享保期に寺号が問題になった際に出された文書には、「寺号之儀、亀牛王之内ニ万石寺と書載有之候得共、本願所之寺号と申儀者不分明ニ思召候、永禄年中社家より田地寄進状之宛所ニ万石

寺林阿弥と書記有之候付、此段證拠ニ申立候得共、其節本願者慶林と申候得者似寄候事ニ而證拠ニ御取用難被成候間、可申立證拠義有之哉と再往被　仰聞候得共外ニ書付等義無之候」とあるように、いつからか本願が出していた牛王に「万石寺」と書いてあること、永禄年中の寄進状の宛所にある「万石寺林阿弥」が当時の本願「慶林」の名前と似ていることなど、その根拠は初めから不充分なものではあった。

とはいうものの、一七世紀末には本願で行われていた修正会と、そこで出されていた亀の牛王宝印とともに「万石寺」の名は巷間に広く知られるようになっていたようで、近世初めの地誌類には万石寺として少なからず記載されるようになる[37]。

二　順照一件

八年間の不在期間を経て、宝永五年（一七〇八）九月に伊勢国生まれで智積院の所化僧、順照が松尾社の本願として入寺した。その後、十五年を経た享保八年（一七二三）、松尾社の社家と神方は本願について次のような覚書を作成した。

口上覚書

一当社本願義社頭掃除幷門戸開閉等之役申付天文年中初而慶林と申僧差置候、尤社中会所之留主人ニ而御座候故、何方之末寺又ハ一派之寺院と申義曾而無御座候、

一先本願有忍元禄十四年三月相果候、宝永五年迄八ヶ年之間、先本願家来之者共留主仕罷在候

一当本願順照義宝永五年九月当社へ罷越候已来今年迄十六年ニ罷成、順照生国勢州之者ニ而智積院ニ所化仕罷在候

由申候、尤本願所へ罷越候節ハ社中へ相届何も相談之上ニ而許容仕候
右之通相違無御座候、已上

（享保八年）
卯十月廿六日

松尾社家
南三位
東兵部
松室式部
同神方
山田右近
岩□主殿(38)

ここでは、再び本願が「会所之留主人」に過ぎず、どこかの寺院の末寺などではないことが確認され、順照が入寺するにあたっては社中へ何度も相談をし、その結果として「許容」したものであるとしている。なぜ、この時期に改めてかかる覚書が社家と神方の間で作成されねばならなかったのだろうか。それは恐らく、八年の本願無住の期間を経て、順照が入寺したことで、それまでは慣習として本願と松尾社の間で行われていたことがなされなくなり、松尾社の社家と神方が危機感を覚え始めたからであろう。そこで、改めて社家と神方の間で本願の位置づけについて文書の形で確認をし、松尾社内の意思統一を図る必要に迫られたからではないだろうか。より具体的にいえば、社家・神方といった従来の松尾社構成員から見れば、この時点で本願がそれまでの「会所之留主人」の立場を逸脱していると考えられるような行為を繰り返していたことが理由だったのではないか。無論、順照にしてみれば弟子譲りで本願を継承したわけでもなく、それまでの前例や社家との不文律などを知るよしもない。順照は松尾社

内にある寺院の僧として当然と思うことを行っていただけであろう。

こうして、互いの意識の食い違いから、ことあるごとに水面下で繰り返されていたと思われる本願と社家との摩擦は、ついに翌年の享保九年（一七二四）に表面化する。松尾社家が同年の正月七日に「本願菊葵弓張無用段申渡」したことが燻っていた両者の関係に火をつけたようだ(39)。事件の端緒を記す『日次記』の記載は極めて簡略なので詳細はわからないが、恐らく松尾社の神紋である菊・葵（十六八重菊・二重葵）を描いた弓張り提灯を使用していた本願に対し、社家がその使用を禁じたと見られる。

その後、それに反発した本願との出入りにより、閏四月には本願が松尾社から追放されるが(40)、江戸・京都での訴訟を経て(41)、帰参が許された(42)。その帰参の際に本願と社家・神方との間で交わされた次の一札から(43)、訴訟で争われたことの論点が明らかになる。長文にわたるが全文を引用しておこう。

差上申一札之事

一松尾社舎利堂之儀、舎利講分を以本願順照修復可仕之処、右舎利講分拾九石三斗余、順照我儘ニ致支配堂大破致させ社家共申付違背仕亀牛王之内ニ有之万石寺之寺号を本願所之寺号ニ名乗候段、社家願出候付被遂御吟味候処、順照義彼是と難儀渋仕候段不届ニ付去辰四月追出被　仰付候、然共右舎利講分之義者前々より堂小破之節者本願致修復候得共、此度者及大破候故本願所之自力ニ難叶勧化仕度旨社中江申談候得共社家共差留候并先規より本願所之寺号万石寺と称来候処、此儀茂社家相障候間、右之趣猶又御吟味奉願之旨、順照及再訴候付、双方再往被遂御糺明候処、寺号之儀、亀牛王之内ニ万石寺と書載有之候得共、本願所之寺号と申儀者不分明ニ思召候、永禄年中社家より田地寄進状之宛所ニ万石寺林阿弥と書記有之候付、此段證拠ニ申立候得共其節本願者慶林と申候得者似寄候事ニ而證拠ニ御取用難被成候間、可申立證拠義有之哉と再往被　仰聞候得共外ニ書付等茂無之候得者、強而ハ難申立由順照得心仕候、社家共方を茂数回被遂御吟味候処、本願事元来社中之掃除坊主之由申上候得共、住持代之節近代ハ證文等茂取置不申其上順照義者智積院所化より致住持本願所兼帯之寺茂二ヶ所有之候得者、只今者掃除坊主とハ難申段被仰聞只今ニ至候而ハ社家共心得違之旨申上候、勿論勧化差留候儀者社家とも不調法之由申上候、併本願事宗旨證文等社中江差出候上ハ全社中之手を離れ候訳ニ者無之旨被仰聞、右逐一被遂御糺弾候趣双方得心仕候、依之被□畢竟双方不和合故、及異論不埒ニ思召候、乍然順照儀外ニ不届之品茂不相聞再訴仕候趣茂無余儀事ニ候間、順照義此度帰寺被　仰付之旨被　仰渡難有奉存候、尤向後万石寺と名乗候儀ハ證拠不分明ニ候得者致無用、右亀牛王之儀者数年本願所より出し来候得者前々之通本願所ゟ牛王配り可申候、幷舎利堂之儀茂社家本願申合修復仕自今双方相慎致和融重而異論ヶ間敷儀申出候ハ、急度可為越度旨被　仰渡之奉畏候、為後證双方一札差上申所仍如件

享保十乙巳年十月四日

松尾社本願
順照　印
弟子
俊識　印
同所神方
山田下野　印
長尾主馬　印
同所社家
東兵部病気ニ付名代
東　弾正　印

松室式部　印
南　治部　印

御奉行所

発端となっていたのは菊・葵の提灯使用であったが、最終的に焦点となったのは「万石寺」という寺号を使用していたことと、寺号を記した牛王を発行していたことであったことがわかる。右の史料に、「本願事元来社中之掃除坊主之由申上候得共、住持之節近代ハ證文等茂取置不申其上順照義者智積院所化より致住持本願所兼帯之寺茂二ヶ所有之候得者、只今者掃除坊主とハ難申段被仰聞」とあるように、このような争論の背景には、順照が新義真言宗の学問の中心であった智積院出身の学僧で、別の寺院も兼帯しているなど、最早その実態が社家がいうように「掃除坊主」と称することは難しい状態にあったという事情があった。最後は、「万石寺」の号は停止するが、亀の牛王発行は従来通りとし、舎利堂の修復は本願と社家が「申合修復」という、本願と社家両者の顔が立つようなかたちで落着した(44)。

しかしながら、順照帰参で落ち着くかに見えた本願と社家との関係は、その後も順調ではなかったようである。次に焦点になったのは献供と祈禱のあり方である。ことの発端は、奉行所から本願の献供についての下問であった(45)。ここで、社家は献供のあり方を改めることで、本願の活動を牽制しようとした(46)。第二幕の始まりである。ここで松尾社はそれまで出入りが自由であった本殿前の門を閉ざし、本願の祈禱は回廊土間に限ったのであった。これにより、これまで本殿大床に供物を置いて行ってきた本願の祈禱ができなくなった。社家が本願を排除しようとする動きと本願の主張の衝突である。こうして再び、本願と社家の間で訴訟が起きたが、ここで本願が主張したのは次のようなものであった。

乍恐以口上書御願申上候

一松尾社社僧本願所之義者代々真言宗ニ而、社頭楼門之内ニ居住仕神前ニおゐて宝祚高安御武運長久天下太平之御祈禱年中節日之修法等本願所一分ニ勤之難有奉存候、其外百余村之氏子又者諸国之酒屋中ゟ相願候祈禱之神酒等茂本社之大床へ備之候而修法仕来候事古来之格式と申なかに、就中本願所中興慶林天文中ゟ永禄年中ニ至り本社幷小社楼門等迄一式造立仕候大切之由緒も相定居候而本願所代々本望之儀奉存候、亀千王者本願所職分として諸方へ□□受させ申候事ニ御座候、此等之義先年社家と本願所出入ニ付、関東ニおゐて逐一申上候処、御公儀ニ委細被　聞召分被下、向後社家本願所和順仕候様ニ被　仰渡候上、一旦御追出之順照即日本願所へ帰参被仰付難有奉存候、其以後者社家共之致し方ニ少々不得其意事御座候得共、御公儀之御意を相尋候而何事も差扣和順第第一と相心得居申候処、当五月廿八日社家神方立会ニ而本願所役人河原平兵衛を呼出し申渡シ候趣ハ此度社内之作法相改候ニ付、今日ゟ清門をとさし置物躰是迄之通ニ出入自由仕候事不相成候間、本願所ゟ之神供者廻廊之外土間ゟ臺ニ而直し候而拝礼相勤可申候様との事、平兵衛承之罷帰拙僧へ為申聞候処驚入者不審ニ存候者社内作法を改候程之事ニ候者社中ゟ本願所へも一応之相談ニ及其沙汰不仕候ハてハ不相成義ニ御座候、此度社家共之致し方ニ而者第一先年従　御公儀被仰渡候和順と申筋相立不申候と存、早速社務東勘ケ由方へ罷越候処、留主ニ而御座候故、又翌日彼方へ罷越段々直対仕候、社務申候者是程之儀者互和順仕居申事ニ候間、其元ゟ了見有之筈ニ候、先神前之普請出来之様子も見合可被申候抔と申候間何分聞入不申躰ニ御座候故、其後又川原平兵衛を以申入候処、社務申候者此義者本願所へ奥談致し相済候□□傳奏ゟ内証之□□参居申抔と申きかせ一圓立合不申候ニ付、難捨置存外之社家へも平兵衛遣し本願所難義之訳段々申入相□候得共今日ニ至り其埒不仕候ニ付、神供等も滞り其外差閊候義御座候間、至極難義迷惑仕候ニ付、無是非右之趣言上仕奉願候、此段

被　聞召分御慈悲之上社家・神方共　被召出本願所ゟ神供備候義是迄之通清門ヲ通り本社之大床ニ而修法仕候様ニ被仰付被下候ハ、難有可奉存候、以上

延享元甲子年八月五日

本願所　順照　印

弟子　智順　印

役人　平兵衛印(47)

御奉行所

すなわち、本願に相談なく社内の作法を変更し、本願を事実上排除したこと、それによって、神前での「宝祚高安御武運長久天下太平之御祈禱」に差し支えるとともに、本願の「神供等も滞り其外差閊候」という事態になったことが問題視されたのである。

この訴えに対して下された裁許は次のようなものであった(48)。①奉幣使派遣に伴い自堕落になった社法を粛正するよう白川家から伝えられた通りに実施しているものであり、社家であっても自由に清門内へ入っているわけではないから、本願の主張は身勝手だ、という社家の主張を認めた上で、②妥協案として、本願から証文を取った上であくまでも「社家の了簡」として年に一回、清門内へ入ることを認める。③本願は社家とは「同格之者ニ而者無之」ので、社家と同様にすれば社法混乱するとして、本願のいう神前での「宝祚長久之御祈禱」についての主張は認めない。

ここでの裁許にあたっては、「奉幣使参向」という事態が前提となり、それゆえに「自堕落」になっている現状を改め、「往古之式法を守」るという社家の主張が正当化されている。このことは、裁許の背景にある争論が行わ

れた延享元年（一七四四）の甲子革令を契機に奉幣使派遣復活を目論む白川神祇伯家、さらには朝廷の思惑と無関係であったとは考えられないだろう。このように本願が訴訟で敗れたのは、菊池がいうような漠然とした「神国思想」の昂揚が理由だったのではなく、公武関係を背景とした極めて具体的な思惑があったのである。

この裁許をうけて、再び寺号問題も再燃したようで、延享二年（一七四五）十二月には寺号についての訴訟も起きている。[50]寺号問題の経緯はわからないが、二年後の延享四年（一七四七）十二月には別の本願某が入寺していることから、最終的には順照の敗北に終わり、退院を余儀なくされたと見ていいであろう。

この享保以降、数度にわたって繰り返された順照と社家との争論を経て、最終的に本願を追放することができるという前例を作りえた社家は、再び本願をその影響下に置くことができたと見てよい。しかしながら、それは結果論に過ぎない。社家としては順照を追放するなどの強硬な姿勢をとりつつも、一方で延享二年（一七四五）の裁許にあたっては慎重に落とし所を探りながら、白川家に対して本願の主張を一部認めるような折衷案を提案している。[51]社家にとっては、この時に裁許の結果を梃子に本願を排除することは不可能ではなかったであろう。にもかかわらず本願を完全に追放することができなかったのはなぜであろうか。それを次節以降で検討したい。

三　本願をめぐる経済

ここで本願と社家との関係について考える上で見過ごすことのできない、本願の経済的な背景について確認しておこう。松尾社の本願は他の寺社の本願のように広範な勧進をしていたのであろうか。

天文五年（一五三六）の勧進帳を見る限り、[52]勧進の対象はそれ程広範囲ではなく権門を除けば近隣が中心であった。後の史料ながら、社家の記録でも「天文廿年造営者、本願募リ氏子落成ス、此時始而社頭置本願坊」[53]としてあるように、古くから右京近隣を広く氏子圏としている松尾社は[54]、近郊を丹念に歩けばある程度の収入を得ることができたものと思われる。このような松尾社のあり方は、寺領収入以外には多くの恒常的な収入を見込めない寺院とは異なる点であるといえよう。社頭に本願の寺が建立されてから間もない近世初頭には、「修理料者五十余郷ノ氏子中ノ者、毎年正・五・九月奉納仕、其上修理ヲ仕候時者、又臨時ニ氏子中之者一人ニ付、如何程ツ、と申奉加仕候」[55]とあるように五十余ヶ村から年三回、定期的に修理料があがる他、実際に修理をする際には臨時の修理料が奉納されていた。

　こうしたなか、近世の初めには神方と社家との間で修理料を含む社領からの収入とその配分をめぐって訴訟がなされたが、元和八年（一六二二）に京都所司代の板倉重宗から「今度社領相改処余米百参拾石余加本神事料、合参百参拾九斛参斗者一社之社人中立合、本願所納置神事祭礼厳密可執行、但先社務権助為先例之沙汰、年中之行事下行等有書出、神事不可及増減思案、次社務領百斛余幷社務得分事、今社務不相定之間同前納置可達神用、其上残米有之者皆以可加修理」とする裁許が下され、決着を見ている[56]。ここで、板倉重宗は神領の年貢から諸経費を差し引いた余米三三九石余を社人立ち会いのもとで本願所へ預け置き、それによって神事を執り行うこと、また元和八年（一六二二）現在では社務が「不相定」のため社務得分も神用として本願所に納め一定の収入を管理し、修理料として使用することとした。本願は、社家と神方間の争論のなかで、双方の利害と中立的な立場にあったために漁夫の利を得るかたちで経済力を手にするようになっていったのである。あるいは、近世初頭には統一権力は寺社の修造・復興を条件として本願に経済的な裏づけを与える傾向があり、この場合も他の本願同様に公権力が本願に梃子入れしていたのかもしれない。その後、寛永四年（一六二七）に本願が「修理之儀も如先本願少も無油断可仕事」[57]

として、社家に詫び状を出すことになるが、それはこのように修理料を本願が管理していたにもかかわらず、本願が修理を怠ったことが背景にあったと思われる(58)。

こうしたなか、寛文五年（一六六五）には「神社小破之時ハ相応常々可修理事、附神社無懈怠掃除可申付」と規定する「諸社禰宜神主法度」が出される。従来、この法度は神社の神職が吉田家の支配を確定したという点が強調されているが(59)、松尾社などの本願にとってみれば寺社が「修理」を恒常的に行うことを公権力によって定められたこと、すなわち公権力の法度によって本願の存在意義が認められたことが大きな意味をもったのではないだろうか(60)。

こうして建物の修理、掃除をその役割とする本願の存在は神社を維持する上で必要なものとなったが、その経費は公儀から修理料として用途を明確にした寄進を本願がうけたわけでもなく、社家が管理する社領から捻出するようになったと思われる。

元禄には「修理料」について、

一松尾社領高千七拾七石五斗弐升余之内、御供料高三百三拾九石三斗余、此納現米百七拾石余有之由、内七拾九石九斗余年中恒例之神供幷神事料除之、余米九拾石余と此度之改出米三拾弐石余、外ニ人別之出来帳面有之、合百弐拾弐石余之分向後修復料ニ相定之条、社家神方之内年番役人を極、急度神蔵納置之、外之儀ニ堅不可用之由、勿論納方之訳帳面ニ記之可有勘定事

（中略）

一社屋破損有之節者一社中遂相談早速相伺之可加修補事

右之通書付元禄四年五月両奉行以奥書渡置之(61)

と定められ、修復に関する経費を元禄年中には社家と神方の「年番役人」が管理するようになる。そのため、境内

の修復を職務とする本願が自らの裁量で使うことの出来る費用は氏子から毎年あがる奉加銭に限られ、極めて僅かなものになっていた。前掲のように、享保の段階では「前々より堂小破之節者本願致修復候得共、此度者大破候故本願所之自力ニ難叶勧化仕度旨社中江申談候得共、社家共差留候」とあるように、「自力」で修復するのは小破した堂舎に限られ、大破した場合は社家の承認のもとで行われる勧化によらざるをえないような状態になっていたのである。この勧化も近世には公儀、寺社方の認可を必要としている。本願の順照と社家の争論が一時的に収束していた享保十二年（一七二七）、先年の裁許をうけて「舎利堂之儀茂社家本願申合修復」のために奉行所へ相対勧化の許可を願った際は松尾社の社家と神方・本願の三者が連署で願い出ている(62)。

この時の勧化については、その実態を明らかにすることができないが、その後に行われた勧化では実際に巡行をしたのは神方だったようである。例えば、天明七年（一七八七）の近江他四ヶ国の勧化では「城州松尾社惣代山田但見」と称する神方が巡行しているし(63)、寛政十一年（一七九九）九月の山城他四ヶ国勧化では同様に「山田因幡」「山田求馬」が「城州松尾社惣代」として巡行しているのである(64)。つまり、松尾社に関していえば、公儀との密接な関係をもたない本願は、氏子の範囲を超えた公儀の認可を必要とするような広範な勧化の主体にはなりえなかったのである。

それでは、前節で見たように一八世紀に社家の支配を覆そうと再三対立した背景には何があったのであろうか。それを窺うことができるのが一八世紀以降、松尾社境内に奉納された数々の石灯籠である。表2は現在の松尾社境内にある石灯籠の銘文を一覧にしたものである。多くは各地の酒屋講中によって奉納されているが(65)、これらの殆どが本願によって仲介されていることがわかる。ここから、各地の酒屋を松尾講として組織するにあたって本願が果たした役割の大きさが窺えよう(66)。先に見た延享元年の資料でも「氏子又者諸国之酒屋中ゟ相願候祈禱之神酒等茂本社

表2　松尾社境内石灯籠銘文

寄進年	西暦	願主	取次	所在
元禄十六癸未三月吉日	一七〇三	□氏	宿坊本願執焉	③
享保六□丑年九月吉日	一七二一	願主安居院千本酒屋中	執焉本願	④
宝暦二壬申年五月吉日	一七五二	下総国香取郡佐原村願主酒屋中	執焉本願	②
宝暦八戊寅年五月吉日	一七五八	野国我妻郡山田村町田三右衛門	執焉本願所	①
宝暦十年□	一七六〇	□酒房	執焉本願所	④
宝暦十四□	一七六四	河州□願主酒屋中	執焉本願所	③
明和三庚寅年	一七六六	越中冨□下講中	本願所	②
明和八辛卯年五月吉日	一七七一	下総国香取郡佐原村願主酒屋中	執焉本願	②
安永二癸巳歳初夏吉辰	一七七三	泉州堺酒屋醤油屋中	本願所	①
安永四乙未二月吉日	一七七五	江州日野出店酒屋中	本願所	④
天明五乙巳歳三月	一七八五	勢州酒屋中	執焉本願所	③
寛政二年庚戌四月	一七九〇	江州日野酒店講中・発起中井良	取次東神主殿	②
寛政二庚戌年八月吉日	一七九〇	献主□子孫長久山形屋伊兵衛	執焉本願所	③
享和三年亥正月吉日	一八〇三	願主河村氏	執焉本願所	③
文化三丙寅歳三月	一八〇六	江州日野清水町　願主　□伊右衛門／江州神埼郡五位田村願主山西與惣治	執焉本願所	③
文化戊□五年四月吉日	一八〇八	奥州盛岡三□願主松尾五兵衛義知京都取次松尾清左衛門将□	執焉本願所	③
文化十一甲戌歳	一八一四	江州日野下小房村願主外池宇兵衛野州馬頭出店近江屋重三郎	執焉本願所	②
文政七年□	一八二四	江州愛知郡上之平酒屋仲間中	附本願所	①
天保九戊戌年八月吉日	一八三八	—	東取次	①
天保拾弐歳□三月日	一八四一	牛箇瀬邑津田氏	—	③
安政四乙未年三月吉日	一八五七	甲斐国府中酒肆	執焉本願所	②
慶應二丙寅歳三月吉日	一八六六	下桂村糀屋佐七（他二名）	東館取次	④

所在欄の記号は①参道　②楼門前　③境内川側　④社殿前を示す

図1　本願の取次によって寄進された石灯籠

之大床へ備之候而修法仕来候事」とあり、本願が氏子とともに酒屋との関係を重視していたことがわかる。(67)恐らく、本願は新たに「酒造の神」という御利益を喧伝し(68)、亀の牛王宝印などを配り酒屋を組織する、御師のような役割を果たしたのではないだろうか(69)。

　こうして、右京を中心とした氏子圏から、さらに広く外へ信仰を広め、その裾野を広げようとした。そうすれば、松尾信仰の伝播に本願が果たした役割については留意する必要があろう。こうして本願は各地の酒屋を中心に松尾講を組織し、宿坊経営を通じて各種の寄進を媒介する窓口となって独自の経済力を蓄積する。また、灯籠の寄進はそれだけにとどまらず、その維持費として油料が併せて奉納される場合がある。例えば、本願が無住になって以降の事例ではあるが、天保九年（一八三八）に紀州の川上造酒中が「永代常夜灯」として灯籠を寄進した際、灯籠に加えて「永代油代年六分百八拾目、尤講中ゆへ慥成質物取置候而、年々講中之内持参仕候筈也」と灯明の油代寄進を定めている(70)。そうするなかで、石灯籠の奉納をうけるたびに本願は社家の影響下にない独自の経済力を蓄積していったのであろう。この本願の経済力の集中の仕方は、従来知られていたような清水寺などの他の本願とはやや時期や形態を異にするといえる。

　つまり、享保期の本願と社家の衝突の背景には、智積院出身の学僧であったという順照の出自もその要因のひとつではあろうが、同時に本願にとって経済的な自立の方向性が見えたことが重要な要因であったと思われる。かかる本願の「御師」的な活動による経済的な自立は、松尾社の社家による排除を難しくした。なぜなら、本願の排除は本願が組織した、主に酒屋によって構成された松尾講という莫大な経済力をもった信者組織を手放すことに他ならないからである。本願の排除は、かかる本願のもつ経済的な地盤を社家が吸収することに成功した天保期に初めて実現できたのである。

四　本願その後

その後、本願の動向には聊か不分明なところが多い。数代の本願入寺を経て、化政期には経済的に破綻し、本願は多くの借財を背負ったようだ。その背景に何があったのかは明らかではないが、この状況のなかで、社家の東家舎弟で大徳寺僧であった慶淳が入寺した。その経緯は**表3**を参照されたい。表向きは病気による先住の退院に伴う入寺であったが、実態は社家が本願の借財を肩代わりすることで本願を継承する、という本願そのものの買い上げであった(71)。社家の東家は弟をいったん法輪寺（松尾社神宮寺の本寺広隆寺の末寺）の弟子とし、真言宗の僧として入寺する手続きをとったが、その際に「後日程能折栖退院為致候時ニ、彼是申事抔有之候而者甚迷惑」と本音を吐露している(72)。こうして、東家からの弟子となって入寺し、その後慶淳退院の後は無住となり、本願の借財は社家の東家、南家が引きうけたが、天保十二年（一八四二）に南家の分も含め東家一家が引きうけることになる。それ以降は本願所を「永無住」とすることになった(73)。

以後、天保期からは**表2**のように石灯籠奉納の窓口になったのも社家の東家となったようだ。同時に東家は本願がもっていた酒屋との関係をも引き継いだようで、勧化にあたっても京都中の酒屋を集金の窓口にしている(74)。こう

表３　文政８年、本願譲り一件経過

月　日	事　項
10月８日	社家）16歳になる東相命の弟入寺を望む意向を内々に伝える 本願）伊勢高田に入寺を望む者がいるが法類と相談の上返答すると回答
10月10日	本願）浪花へ下向の上、法類と熟談。社家の弟が禅宗であることが問題に
10月14日	社家）社参の折に本願へ出向き返答を尋ねる。舎弟の本願入寺にあたり、本願弟子となることは「都合不宜」、供僧の弟子となることを提案 本願）譲料金として180両を希望することを伝える 社家）東家親族３家より50両宛、都合150両にての譲りを求める
10月16日	社家）金子調達のため他行
11月９日	本願）所労のため京都での保養を望む書状を出し、悪口をいう者がいるので「長引き候時者、故障も出来仕候」と年内の落着を望む
11月19日	社家）本願へ150両のうち「手附」として30両渡す
12月５日	社家）社家の弟を法輪寺恭敬弟子とする旨の一札を交わす
12月12日	社家）早朝、本願所にて残金の120両を渡す 本願）金子請取覚、病気を理由とする本願譲一札、借財不残払出の一札を渡すとともに、「表向」の社務所、奉行所宛本願所譲り一札を調印
12月13日	社家）奉行所へ本願継目の届けを出す
12月15日	雑色）沙汰人へ「本願ニ付公事出入無之哉」飛脚にて問い合わせ。沙汰人は「無之」旨返答
12月16日	社家）東相命と南家来立合で本願所道具一式を受け取る
12月17日	社家）前日、本願御召しの飛脚があり代僧（本願所院代）が出頭する
12月18日	社家）武辺へ「継目御礼」、両奉行所へ「金弐百匹進上」
12月22日	社家）神方老分沙汰人を呼び、「深子細有之」「密謀」により取計を伝える
12月28日	社家）節分会の際に社家中へ「本願一事」を披露
12月29日	社家）東家・南家立合で雑費の勘定をする

※『松尾大社文書』1123「本願一事密記」により作成

して、本願は一定の役割を終え、歴史の舞台から姿を消すのである(75)。

おわりに

これまで見たように松尾社の本願は、享保期にその位置づけをめぐって争論が行われはしたが、最後まで掃除や門の開閉、小規模な修復を役割とする社家・神方の下部組織としての位置を脱することはできなかった。他の寺社に目を転じれば、中世から近世の移行期には経済力を背景に一時は寺社の組織を圧倒しかねない勢いをもった本願も多かったことと考え合わせると、松尾社の本願は聊か見劣りがするといわざるをえない。

その背景には、中世末から近世の初めにかけて社領や氏子からの奉加銭を離れた本願独自の財源をもちえなかったという経済的な条件が大きかったと思われる。恐らく、松尾社にとって本願の設置は西京一円が戦乱によって荒廃し、社領からの年貢が思うように納められない天文期に、効率的に氏子の村々から基金を募ることで社殿を再建することを余儀なくされたがゆえの選択であった。しかしながら、それはとりもなおさず松尾社がその歴史的な条件により、広大な氏子圏をもち、丹念に近隣を廻ることで、それ以上の無理をせずとも最低限の収入を確保することはできたということを示している。それゆえ、本願の主要な役割は氏子域から継続的に一定額の奉加を集めることに限られ、清水寺願阿弥のように諸国を勧進することはなかったのである。本願が活動するにあたって、広範な活動を必要としないということは、清水寺のように奉行人奉書や綸旨のような文書を伴う権門の承認や協力を必要としない。そのため、本願の活動は社家の了承しうる範囲を出ることはなく、後に権力と接点をもつことができなかったのも要因であろう。

近世に到り松尾社は二十二社のひとつという社格の高い神社のため、一〇〇〇石もの極めて大きな社領が公儀から安堵され、経営が一定の安定を見てからは、本願が松尾社の中で占める重要性は一層大きく後退せざるをえなかった。神方と社家が対立しているなかでは、中立的な立場にある本願が、社領からあがる収入を修理料として預かり管理するということで、その後も存在意義はあったが、その権利も元禄期には剝奪される。こうして既存の経済基盤だけでは立ちゆかなくなり、本願自体が存続の危機を迎えた一八世紀に、本願が成長著しい酒屋に目をつけて松尾講として組織し、氏子を離れて広く信仰を集めた。漸く経済的自立の見通しが立つと、初めて全面的な社家との衝突が起きたのである。このような動向はすぐれて松尾社の本願という固有の条件に影響されているといえる。

これまで本願の動向について議論される際には寺社や権力との関係が重視される一方、その経済力については言及されるものの、それを支えた基盤が何であったかについてはあまり注意が払われてこなかったといってよい。しかしながら、本願の存在意義が募財によって寺社の修復をすることにある以上、ここで見たような奉加の主体とその変遷について目を向けずに議論することは正しく本願をとらえたことにはならない。今後、本願について見ていくにあたっては、予定調和的な見方を離れ、それを取り巻く諸条件を見据えながら、個々の本願の動向を見届けることが必要となろう。(76)

註

（1）吉井敏幸「近世初期一山寺院の寺僧集団」（『日本史研究』二六六号、一九八四年十月）

（2）菊池武「本願所の歴史」（『日本歴史』四六六号、一九八七年三月）、同「神仏習合——諸社における本願と社家の出入をめぐって」（『地方史研究』三七巻二号、一九八七年）

（3）下坂守「中世的「勧進」の変質過程——清水寺における「本願」出現の契機をめぐって」（『古文書研究』三四号、一九九一年五月、後に『描かれた日本の中世——絵図分析論』法藏館、二〇〇三年）、清水寺史編纂委員会編『清水寺史』第一巻「通史（上）」（法藏館、一九九五年）

（4）近年の中世後期から近世にかけての本願に関する研究として、大森惠子「荼吉尼天と稲荷信仰——近世における稲荷社の勧進聖と荼吉尼天信仰を中心として」（『稲荷信仰と宗教民俗』岩田書院、一九九四年）、豊島修『熊野信仰史研究と庶民信仰史論』（清文堂出版、二〇〇五年）、拙稿「中近世の一山寺院と本願——嵯峨釈迦堂清凉寺をめぐって」（『新しい歴史学のために』二四九号、二〇〇三年　本書第Ⅰ部第一章）、豊島修・木場明志編『寺社造営勧進　本願職の研究』（清文堂出版、二〇一〇年）。また、本願に関する史料集として熊野本願文書研究会編『熊野本願所史料』（清文堂出版、二〇〇三年）がある。

（5）河内将芳「宗教勢力の運動方向」（歴史学研究会・日本史研究会編『日本史講座』第五巻近世の形成、東京大学出版会、二〇〇四年、後に『中世京都の都市と宗教』思文閣出版、二〇〇六年）

（6）黒田俊雄『寺社勢力』（岩波新書、一九八〇年）、同『黒田俊雄著作集』第三巻「顕密仏教と寺社勢力」（法藏館、

一九九五年）
（7）前掲註（2）菊池武論文
（8）太田直之『中世の社寺と信仰——勧進と勧進聖の時代』（弘文堂、二〇〇八年）
（9）大谷めぐみ「山城　松尾大社（本願所）」（豊島修・木場明志編『寺社造営勧進　本願職の研究』清文堂出版、二〇一〇年）
（10）現在は松尾大社と称しているが、前近代の史料には「松尾大社」とは見えないので、史料上の文言を除き本稿では史料に多く見られる「松尾社」という呼称を使用する。
（11）松原誠司「中世松尾社の社内組織」（『歴史手帖』一五巻九号、一九八七年）、同「松尾社境内地の成立と性格」（『日本歴史』五一八号、一九九一年七月）、山中隆生「中世松尾社領に関する一考察——社家の系譜と伝領のあり方をめぐって」（『年報中世史研究』第六号、一九八一年）
（12）高埜利彦『近世日本の国家権力と宗教』（東京大学出版会、一九八九年）
（13）黒川道祐『近畿歴覧記（嵯峨行程）』（『新修　京都叢書』第一二巻、臨川書店）。また、これらの社家・神方について、井上頼寿『京都古習志』（臨川書店）では「右京区松尾神社には社家廿家があつた。外に神人の家があり何れも世襲であつた。神饌を調理する家、若王社の神事に馬の断声を仕る家、ぶと曲餅を作る家、勧請縄を鳥居に掛ける家等があり名残の家が少々残つて居る」（一四五頁）とする。その職能や天文十一年の「遷宮次第」（『松尾大社史料集　文書篇』一四五号、以下『松尾大社文書』と略記）に黄衣にて出仕していたとあることなどから、神方は他の神社でいう神人のような位置であったと思われる。
（14）「松尾略注全冊」（『松尾大社文書』一一〇六号）、『嘉良喜随筆』に「太秦、中古真言宗ニ成リテカラ、一老二老迄ガ、松尾ノ供僧ニ成リテ供僧料モアリ。夫故ニ八朔ノ昼ノ相撲ニ、太秦ヨリ桟敷ヲカクル也」とある。なお、広隆寺と松尾社神宮寺については橋川正『太秦広隆寺史』（京都太秦聖徳太子報徳会、一九二三年）で触れられている。
（15）松尾月読神社文書（『室町幕府文書集成　奉行人奉書篇』三三四九号）
（16）「本願所次第」（『松尾大社文書』九七一号）、「松尾略注全冊」（『松尾大社文書』一一〇六号）、「遷宮次第」（『松尾大社文書』一四五）他。
(17) 阪谷良之進「松尾社本殿の墨書につきて」（『史林』第一三巻三号、一九二八年）
(18) 北尾重政寄進状（東京大学史料編纂所影写本「田中教忠勘兵衛所蔵文書」）
(19) 慶林田地売券（国立歴史民俗博物館所蔵『田中穣氏旧蔵古文書』四二七―七）、なお慶林の花押が一致しないのが聊か不審だが、同日付で同内容の売券が「東寺百合文書」（や函九一号）にもある。同地は前掲註(18)の史料により、寄進されたものである。
(20) 前掲註(17)阪谷良之進論文
(21) 天文三年に神宮寺の再建を行っているのは初発の段階で慶林が神宮寺と密接な関係にあったからと考えられよう。
(22) 「遷宮次第」（『松尾大社文書』一四五号）
(23) 『言継卿記』永禄十一年正月廿五日条
(24) 「会所」については、芸能史研究会編『日本芸能史』第三巻「中世」（法政大学出版局、一九八三年）を参照。
(25) 「沙汰人等連署定」（『松尾大社文書』一五七）
(26) 「社務相房一筆状」（『松尾大社文書』九六六）
(27) 前掲註(3)下坂守論文
(28) 例えば、「宮内卿宥海請書」（『松尾大社文書』二一七号）に「社内之御修理先如堯海可仕事」とある。
(29) 後の史料ながら「重弘語記」（『松尾大社文書』一一五〇号）に「重代セハ後ハ六ヶ敷可成ソロ程ニ、社司ノ仰ヲ背ソロハ、傘一本ニテ早速寺ヲ立退、社司へ可渡旨、状ヲ仕ソロハヽ、弟子取事可赦免」としているように松尾社は本願の継承については積極的ではなかった可能性がある。
(30) 前掲註(3)下坂守論文
(31) 「本願堯圓房請書」（『松尾大社文書』二一五号）
(32) 「本願詫状」（『松尾大社文書』二一六号）
(33) 「宮内卿宥海請書」（『松尾大社文書』二一七号）
(34) 「重弘語記」（『松尾大社文書』一一五〇号）

（35）「山田昭延家文書」（『史料　京都の歴史』第一五巻「西京区」、平凡社）
（36）『山城名勝志』巻一〇には、「萬石」として「在西芳寺東南、松尾社家説云往昔此地有萬石寺、松尾神宮寺一也、寺絶而今為名」とある。松尾社も「萬石寺谷ニ有、但今ハ无寺」（『松尾大社文書』八七五号）としており、万石寺は廃寺であるという立場をとっていた。
（37）『雍州府志』巻五「寺院門　下」（『新修　京都叢書』第一〇巻）に「万石寺　松尾之神宮寺而真言宗也、正月出万石寺牛玉、村民貼門戸免災難云」とある他、『日次紀事』正月元日条（『新修　京都叢書』第四巻）、『京羽二重』巻三（『新修　京都叢書』第二巻）、『和漢三才図会』巻七二（東京美術）などに松尾社の本願として「万石寺」の名が記されている。
（38）京都市歴史資料館蔵「松尾神社文書」五（京都市歴史資料館架蔵写真帳）
（39）『松尾社日次記』享保九年正月七日条（『松尾大社史料集　記録篇』二）
（40）「山田昭延家文書」C1-18（京都市歴史資料館架蔵写真帳に拠る。以下、同家の文書については京都市歴史資料館架蔵の写真帳に付された整理番号を付記する）
（41）松尾社が京都町奉行所に訴えたが、直後に出奔した順照が江戸の寺社奉行に訴えている。享保七年には、京都町奉行所の行政管轄下にあった上方八ヶ国を大坂町奉行所と分割する「享保の国分け」が行われており（村田路人「幕府上方支配機構の再編」『日本の時代史』一六巻「享保の改革と社会変容」、吉川弘文館、二〇〇三年）、順照の行動は、京都町奉行所の寺社に関する裁判管轄が曖昧になっていたところにつけ込んでのものと思われる。
（42）『松尾社日次記』享保九年閏四月二日条、享保十年二月二日条、三月条、十月四日条（『松尾大社史料集　記録篇』二）
（43）「山田昭延家文書」C3-14
（44）享保十二年八月に舎利堂再建のため社家・神方・本願が連名で相対勧化を奉行所に願い出ている（「山田昭延家文書」C3-17）。
（45）『松尾社日次記』寛保三年五月七日条（『松尾大社史料集　記録篇』二）
（46）『同右』寛保四年四月二日条に「勧請社神供今年ヨリ本宮社ニ而献供之始リ」とある。

(47)「山田昭延家文書」C4–40
(48)「山田昭延家文書」C1–29
(49)前掲註(12)高埜利彦書
(50)『松尾社日次記』延享二年十二月条（『松尾大社史料集　記録篇』二）に「本願寺号之事公訴」とある。
(51)前掲の延享二年裁許状（「山田昭延家文書」C1–29）に拠れば、年に一回「社家了簡」として本願が清門内に入ることを認めたのは「神主・神方申出候」と社家・神方からの提案であったことが知られる。
(52)「松尾社奉加帳」（『松尾大社文書』一〇九〇号）
(53)「自家宝蔵記」巻一（『松尾大社文書』一一一九号）
(54)『京都御役所向大概覚書』に拠れば、松尾社は三十数ヶ村を氏子としていた。
(55)「松尾社年中行事等」（『松尾大社文書』一〇八四号）
(56)京都市歴史資料館所蔵「松尾神社文書」一七号
(57)「本願詫状」（『松尾大社文書』一二一六号）
(58)寛永十五年に松尾月読社の禰宜重理が神供料として九石七升八合を「本願坊」から受け取っており（東京大学史料編纂所影写本『松尾月読神社文書』）、寛永四年以降も依然として本願が経済力を掌握していたと見られる。
(59)前掲註(12)高埜利彦書
(60)京都では寛文二年五月一日に大地震があり、二条城の外郭が崩れ、丹波亀山城他諸城が倒壊している（『厳有院殿御実記』寛文二年五月朔日条）。この被害を目の当たりにした京都の寺社の内部では、「神主禰宜諸法度」を吉田家による神職統制を目的とした幕府の意図とは違う受け止め方をした可能性もあろう。
(61)『京都御役所向大概覚書』
(62)「山田昭延家文書」C3–17
(63)『御触書天明集成』二四二四
(64)『御触書天保集成』四三四〇
(65)当初、幕藩体制のもとでは年貢米の確保のために酒造株（鑑札）の制度がとられたため、酒造は都市部に制限され、農民による在方酒造業を禁止した。しかし、一八世紀前半（享保末年以降）に米価が下落すると、幕府は農村酒造業を積極的に奨励した。これ以降、農村で地主酒屋が酒造業を営むようになり、小作米を原料とする地主酒造業が広範に発達していったという（柚木学『近世灘酒経済史』ミネルヴァ書房、一九六五年）。松尾社本願が酒造業社からの寄進をうけるようになったのは、まさにこの農村部での酒造が積極的に始められた時期のことであった。

(66) 松尾講は酒造株仲間の下部組織となっていることが多く、堺酒造仲間では株仲間の年行司を松尾講、住吉講から各四名を出している（宮本又次『宮本又次著作集』第一巻「株仲間の研究」講談社、一九七七年）。このように、松尾講の講員となることは宗教的なものにとどまらず、実態としてはむしろ経済的な特権を伴った世俗的な意味合いをもったものと思われる。

(67) 「山田昭延家文書」C4–40

(68) 中世の松尾社は北野社のように本所として酒造業者と関わっていた痕跡はない。近世になって新たに始められた清酒に関わる神として、松尾社が喧伝され信仰されていったのではないだろうか。

(69) 伊勢でも風祭宮の穀屋聖が御師的な役割を果たしたことが西山克『道者と地下人』（吉川弘文館、一九八七年）によって指摘されている。

(70) 天保九年「川上造酒中京都松尾社への灯籠寄進目論見」（『かつらぎ町史』近世史料編、八〇二頁）

(71) 「金子受取状」（『松尾大社文書』一二六号）

(72) 「本願一事密記」文政八年十二月五日条（『松尾大社文書』一一二三号）

(73) 「東三位為取替状案」（『松尾大社文書』九七五号）

(74) 『嘉永二年～七年日次記』（『松尾大社史料集　記録篇』二）

(75) 本願の施設そのものはその後も残り、嘉永五年、六年には社家・神方の集会の場となっている（『嘉永二年～七年日次記』）。

(76) これまで本願は「勧進」によって寺社の再建をする、とされてきたが、実際には清水寺のように広く勧進することを主要な手段とした本願ばかりでなく、氏子中心の募財から松尾講へ対象を拡大した松尾社の本願や、三国伝来の釈迦を前面に打ち出し、様々な手法で参詣人を集め、その散銭に大きく依存した清凉寺本願など「勧進」の具体像は様々である。かかる相違点が生じた理由は、本願のいる寺社の個性と歴史的な背景に影響され、最も効率的な手段をそれぞれの本願が模索したためと思われる。

第三章　洛北小町寺と地域社会——惣墓・三昧聖・小町伝説

はじめに

ここまで一山寺院や名神大社二十二社に列せられた松尾社のような一定の規模をもつ寺社において勧進を行っていた存在について見てきたが、本章では大規模な組織や寺領をもたない在地の小規模な寺院で行われた「勧進」を取り上げる。

ここで検討するのは洛北の市原にあり、小町寺と通称される補陀落寺《ふだらくじ》とそこの五ヶ村が共同利用する惣墓である。惣墓や三昧聖《さんまいひじり》に関する研究が進み、個別事例もさかんに報告されてきた。京都や京都近郊についても様々な研究がされ、(1)京都の五三昧や山城については個別事例の研究によって、他の地域との比較も可能になってきた。

しかしながら、京都近郊には泉州や大和のような惣墓があまりなく、泉州で蓄積されてきたような村落結合と三昧聖との関係を窺うことのできるような研究はない。そこで、本稿では京都近郊の惣墓とそこの寺院を取り上げて、三昧聖と地域社会の関係を考察し、両者の間でいかに寺院が維持・管理されていたかについて見ていきたい。

補陀落寺については、既に細川涼一が、もともと同寺は墓守の寺であり、葬送に従事する被差別民である「おんぼう」（三昧聖）がいたところであることを指摘しているとともに、通小町などの語りは三昧聖によって死霊を成仏に導く芸能として語られたのではないかとした(2)。しかし、細川は三昧聖と小町伝説との関係を指摘するのみで、在地社会と当該寺院との緊張関係を捨象している。また、「おんぼう」が「清僧」とされる三昧聖ではない僧に補陀落寺を追われることを指摘はするが、なぜ、どのように追われたかについては明らかにしておらず、その後の小町伝承についても言及していない。

しかしながら、三昧聖や惣墓について考える上で、地域との関係を言及していないのは不充分であるといわざるをえない。そこで、本稿では在地と史料を見ることを通じて、三昧聖と地域社会について明らかにし、そのなかで小町伝承がいかなる意味合いをもっていたのかについて検討したい。

図１　「市原小町寺」

一　小町寺と三昧聖

現在の補陀落寺は京都市左京区市原に所在する天台宗の寺院で、山号を如意山という。寺院境内には小野小町の供養塔や深草少将の供養塔と伝えられる石造物があり、小町像、小町老衰像などが内陣に祀られている。この補陀落寺は謡曲の通小町の舞台ともされていることから、俗に「小町寺」と称されている（図１）。同寺は京都から鞍馬寺への参詣路にあり、市原村の入口にあたる篠坂に所在する(3)。また、市原村は上賀茂神社の支配に属し、長く鞍馬寺と領有関係をめぐって争論が繰り返されていたが、一方で交通を媒介として市原・鞍馬・野中・二瀬・貴布禰の五ヶ村が村落結合をもっていた地域であったことが知られている(4)。

この補陀落寺とは、もと静原にある北山の餌取法師が建立した寺と伝えられ(5)、深養父ゆかりの寺とされるが、後に退転し市原に再興されたとされている。しかし、浅香山井が元禄十一年（一六九八）の紀行文『都の手ふり』で「村の入口右の方に補陀落寺あり。むかし清原の深養父の建てられし寺にはあらずとぞ」と喝破していたように(6)、恐らくは早くに退転していた同名寺院とは無関係であったと考えていいだろう。

さて、それではこの補陀落寺について確かな史料から検討していくこととしよう。細川涼一は、この補陀落寺が惣墓の墓守の寺であるとしている。実際、この市原には五ヶ村の惣墓があり、『実隆公記』にも記載があることから、中世まで遡ることができる。いずれかの時点で整理がされているようだが、現在も本堂の南北に墓地が広がり、北側に比較的古い近世の墓石や中世のものと思われる石仏・一石五輪塔が並び、南側には比較的新しい墓石がある。

この現在の補陀落寺は、天和二年（一六八二）に黒川道祐が書いた『近畿歴覧記』の「東北歴覧之記」には、応永年中に僧栄範が三里ほど北にあった寺を移し、定朝作の阿弥陀像を安置したとある。しかし、史料上の初見とみられるのは寛正二年（一四六一）の「補陀落寺山」の売券である(7)。これにより中世後期には補陀落寺と称する寺院があったことが確認できる。篠坂の惣墓が中世から確認できるので、寛正期までには補陀落寺も成立していたと考えて大過ないであろう。

しかしながら、これは「補陀落寺山」に関するもので寺に直接関わるものではなく、確実に寺院としての補陀落寺について記述した史料の登場はもう少し下ることになる。寛永十八年（一六四一）に宗伝という人物によって作成された補陀落寺の什物を記した「寺之什文之覚」[8]が補陀落寺に関する最初の確実な史料である。それでは、この「寺之什文之覚」がなぜこの時期に作成されたか考えてみよう。この宗伝については、延宝五年（一六七七）の「補陀落寺住持につき鞍馬惣代口上書」[9]に「宗伝坊と申僧」が「四十年余主持」していたところ、「寺たいはに及候を鞍馬寺中江申被上竹はしら申被請候門前中者、宗伝坊勧進を被致御本尊寺共ニ宗伝坊願人にてこんりう被致候」とあり、この寺を再興した人物であることがわかる。また、宗伝の名前は出されないが後述する寛文十一年（一六七一）の訴状にも「五拾年以前鞍馬寺中門前不残奉加を以」て再興したとあり[10]、一五世紀に栄範が建立したという寺院は荒廃し、恐らく寛永頃に補陀落寺の再興が行われたのであろう。そうすれば、先の「寺之什文之覚」は補陀落寺の再興にあたって、寺の什物を書き記したものではないだろうか[11]。

なお、後の史料だが黒川道祐筆の地誌『雍州府志』巻四には「称市原之堂、誤為補陀落寺」[12]とあることからも窺えるように、再興以前は近郷五ヶ村が利用する惣墓の墓寺であるとともに市原村の境界に建立された「村の惣堂」[13]にあたるような施設であったのではないだろうか。

この「再興」の主体については、争論史料なので聊か注意は必要だが、少なくとも近世初頭に鞍馬門前を中心とした勧進によって行われたものであることは間違いない。そうすれば、近世の初頭には大破した「市原之堂」を宗伝が鞍馬門前で勧進を行ったことによって再興、それを契機に寺院としての景観を整えたと考えてよいだろう。

ところで、細川涼一は寛文十一年（一六七一）の訴状を詳細に分析することで、この補陀落寺を墓守の寺であったとした。三昧聖と補陀落寺との関係を考える上で極めて重要であるので、やや長文にわたるが細川が根拠とした史料を全文引用しておこう。

乍恐言上返答

相手市原村おんぼ
五郎左衛門

鞍馬
惣中

一市原村篠坂墓所は往古より市原・野中・二瀬・貴布禰・鞍□(馬)此五ヶ村之葬送之廟所ニ紛無御座御事

一同所阿弥陀堂者昔より鞍馬村之支配として上葺石垣等迄修理仕来候、四ヶ村より少々合力を得申事も候へ共、大分鞍馬より修理仕来候、此堂鞍馬村之支配ニ紛無御座段者四ヶ村之年寄中判形ニて慥成書付仕、荻野与兵衛殿迄進置申候御事

一阿弥陀堂住持すへ申義も先蹤より鞍馬村ゟ清僧をゑらひ宗旨を正し、其上慥成請人を取、判形を致させ鞍馬村よりすへ置申候、勿論四ヶ村ゟ住持すへ申たる例さへ無御座御事

一五郎左衛門と申者ハ五ヶ村之おんぼニて死人を葬、活命仕候ものニて御座候、則市原村之内ニ彼等一党別家を構、居住仕いやしきものニて御座候へハ、阿弥陀堂なと支配仕候わけ曾以無御座御事

一今度　毘沙門様御開帳ニ付、参詣衆をすゝめ堂修理のためと申奉加仕、色々偽を申由承候へ共、堂修理之義と御座候へハ、先々ためらい一日〳〵と延引仕候処、銭なと大分取込本より堂の用ニハ不仕、私欲ニ仕候由承候故、鞍馬中寄合を仕五月六日ニ人を遣シ、此方へ断も不申、其上無住之堂ニて勧進仕段子細之義也、乍去堂修理のためならハ双方立合、互ニ相談之上ニて勧進を仕修理可仕と申、五月六日之さんせんを吟味仕符を付、先おんほニ預ケ置番之者ハ鞍馬へ帰り申候、翌日も番を遣候へハ、はや昨日之さんせん妻子眷属の飯米ニ仕候

由ニて壱銭出し不申故、七日よりのさんせんハ番のものと鞍馬年寄と相符仕、堂の留守居坊主ニ預ケ置申候を
押入仕候と、僻事
御公儀様迄夥敷申上候様成徒者ニて御座候、先五郎左衛門方ニ三月三日より五月五日迄之内大分取込候さんせ
ん、急度出し候様ニ被仰付可被下候、
一五拾余年以前鞍馬寺寺中門前不残奉加を以阿弥陀堂再興を仕、則奉加帳を板札ニしるし仏前ニ打置申候処ニ、
此奉加帳をも五郎左衛門ぬすミ取、出し不申候、此等とも御吟味被成下度候
一堀川三位様庄屋より御年貢皆済取候由申上候、此堂無住之内一両年立後々證拠ニ可仕とたつ之御年貢立申事
も可有御座候、既ニ先住寺毎年御年貢上納申来候、于今先住寺存命仕候間ニ召寄御尋被成可被下候、此等ハ堂
を支配仕候證拠ニハ成申間敷と奉存候御事
一篠坂證文ハ行庵・行秀盗取候付　御公儀様へ申上籠者ニ仰付及迷惑候処ニ　青蓮院様坊官衆迄隣郷衆を以御詫
言申上候故、籠者御赦免被成候、右段々坊官衆能御存候間御尋被成可被下候
右之趣少も紛無御座候間、急度被仰付被下候ハヽ、忝可存候、以上
寛文十一年
亥ノ六月廿七日
鞍馬村惣代
常蔵
道覚
明圓
御奉行様(14)

なお、この史料には阿弥陀堂とあるが、この時期に鞍馬村等五ヶ村の墓地を管理していた寺としては補陀落寺以

外には考えにくく、細川がいうように阿弥陀如来を本尊とする補陀落寺のことについて記したものとみて間違いないであろう。

ここから、細川はこの市原の墓地を天台系寺院と関係があり、「おんぼう」（三昧聖）が管理していたとした。この他にも補陀落寺と三昧聖について、重要な情報を読みとることができる。まず、補陀落寺の進退は村寄合によって議定されていたことがわかる。つまり、基本的に補陀落寺は鞍馬村等五ヶ村によって運営がなされており、寺院は自立的な存在ではなかったらしいことが知られる。これは先に見たように寺院が鞍馬門前での勧進によって「再興」されたこととも無関係ではないだろう。また、「おんぼう」は俗名を名乗っており、俗体の可能性もあること、そして「市原村之内ニ彼等一党別家を構」とあるように補陀落寺とは別に市原村内に居住し、「妻子眷属」をもっていたことなどがわかる。

また、見過ごしてはならないのは「清僧」と「おんぼう」の関係であろう。補陀落寺の建立に重要な役割を果たした鞍馬村が独自に「清僧」を寺に置いているらしく、その一方で五郎左衛門という「五ヶ村之おんぼ」がこの寺に関わっていたらしいのである。細川は「おんぼう」については比較的詳細に論じているが、この「清僧」についてはあまり言及していない。そこで、ここで三昧聖ではない「清僧」とされた僧はどのような立場の存在であったかについて見ていこう。

この史料に先立つこと八年。寛文三年（一六六三）の請状を見ると次のようにある。

請状之事

一浄雲与申候道心市原村補陀落寺之留主もりに致被申候、此仁健成人にて御さ候間、我等請にたち申候、御はつとのきりしたん二而も無御さ候、又ハころひニてもらう人二而も無御さ候、若此仁付何様之あしき儀出来仕候

とも我等罷出相すまし可申候、御寺へも村中へも少も御なんかけ申間敷候、仍而後日請状如件

寛文三年
卯ノ二月廿六日

御所之内町請人
茂左衛門（印）
主
浄雲（花押）

補陀落寺
頼心様
参(15)

すなわち、浄雲という「道心」が御所内町茂左衛門を請人として「留主もり」となっていることがわかるのである。先の史料で「宗旨を正し、其上慥成請人を取、判形を致させ鞍馬村よりすへ置」いたという表現とも一致し、鞍馬村が「清僧」としていたのは、鞍馬村から補陀落寺の留守を預かる「留守居」であると考えていいだろう。すなわち、留守居は鞍馬村が寺に置いて管理をさせている者であり、一方の「おんぼう」は市原・野中・二瀬・貴布禰の四ヶ村（恐らく実際には市原）が墓地の管理をさせている三昧聖で、寺とは別のところに居住していたのであろう。

このように、五十年程前に再興された補陀落寺には、寺の管理をする「留守居」と、寺周辺に展開する墓所の管理をする「聖」の二通りの「僧」が関わっていたことが確認できるのである。

また、「留守居」の背後には、「鞍馬村よりすへ置申候」とあるように鞍馬村がおり、「おんぼう」の後ろには市原村が存在していたことも窺えるのである。とすれば、この争論は鞍馬村が寺の管理のために置いた留守居と市原村等が惣墓の管理のために抱えていた「おんぼう」との間で起こった散銭をめぐる摩擦が原因であるとともに、補陀落寺支配を目論む鞍馬村と寺を村内に抱える市原村の代理戦争であったとも考えられるであろう。この訴訟がいかなる結果となったのかは、残念ながら史料がないので明らかにすることができないが、補陀落寺の複雑な構造が

わかったところで、先へ進むことにしよう。

二　補陀落寺と留守居

その後の補陀落寺の「留守居」は、鞍馬村の支配のもとで「住持」として代々弟子に寺を継承していくようになる。それがわかるのが、例えば元禄四年（一六九一）の次のような文書である。

請状之事

一市原村篠坂補陀落寺祥雲と申候坊主、先住了空弟子譲りニ請取居申候、宗門者浄土宗旨ニ而御座候、就夫鳥目壱貫文持参仕候、於　御公儀様御法度之趣少も相違仕間敷候、其外不行義之儀仕候ハヽ、寺之儀者惣旦那中之支配ニ可被成候、仍而為後日之請状如件

元禄四年辛未四月廿九日　　住持　祥雲（印）

御蔵庄屋　又兵衛（印）

鞍馬大物年寄中様参(16)

表1　補陀落寺歴代一覧

名前	年代	備考
宗伝	～寛永18～	勧進にて復興
頼心	～寛文3.2.26	
浄雲	寛文3.2.26～	
了空	～元禄4.4.25	
祥雲	元禄4.4.25～元禄9.10.20	了空弟子、浄土宗
如念	元禄9.10.20～	祥雲弟子、浄土宗
是心	～元禄14.8.14	灯籠一件で出奔
是運	元禄14.8.16～元禄14.10.9	留守居
教音	元禄14.10.9～正徳2.6.26	鞍馬で剃髪
善寿	正徳2.6.26～	鞍馬で剃髪、天台宗
浄運	～元文4.3～	

※「大物仲間文書」をもとに作成

すなわち、補陀落寺において留守居は弟子に代々住持を譲り続けていくのである。ここで史料から確認できた補陀落寺の歴代住持の一覧を掲出しておこう（表1）。細川は天和二年（一六八二）の『東北歴覧之記』に「爾来称念派ノ僧守之、不断念仏ヲ執行シケリ」とあることから、[17]この頃には浄土系の僧が定着したと解釈している。しかし、「おんぼう」も決して姿を消したわけではなかったのである。先程の史料で「おんぼう」の五郎左衛門を訴えた鞍馬村の道覚と明圓は、さらに延宝五年（一六七七）に「市原村に罷有候おんほう助太夫と申者我寺と申かけ不及異儀に、りふじんに妻子ともに寺江ふミいり申候」と訴える。[18]また、同史料には「おんほう助太夫と市原村年寄相談仕助太夫と一味に罷成候而御公儀様江罷出候」とあり、ここでも「おんほう」と市原村が共同でことに当たっていることがわかる。

さて、「おんぼう」も鞍馬村からせめられるばかりではなく、時に寺との関係を主張し攻勢にも出る。先の史料で「おんぼう」とされた助太夫は次のような口上書を鞍馬寺に宛てて出しているのである。

乍恐口上

一青連院御門跡様御下鞍馬海道市原村道くん助大夫と申者ニ而御座候、同村ニきやうぜう山くたらく寺と申て空也上人之開紀にて天たい宗之寺御座候、然ニ我々当寺ヲ空也上人ゟゆつり請、則代々天たいニまぎれなく法義ヲおこなひ申候、然ハ我々鞍馬両度之御神事を相勤申候、夫ニ付寺内ニ住所仕候事難成候故、当寺ニ堂守ヲ置、我々ハ外ニ住所仕候所ニ南禅寺之御下ノ百性当寺ヲ惣堂之様ニ仕、則すへ置申候堂守ヲなひけ今更真言之開紀と申此寺を我方へ引取可申と様々我まゝを仕候、我々鞍馬寺之法会ヲ取おこなひ代々天たいニまきれ無之、殊ニ空也上人之證文ゑんきをゆつり請居申候、然上ハ右之者共被為召寄如何様共被為　仰付被下候ハヽ、有難忝可奉存候、以上

元禄九歳
子ノ二月廿一日
市原村くたらく寺
道くん（薫）（印）
助大夫（印）

鞍馬山
法印様(19)

こうして、「おんぼう」の助太夫らは鞍馬寺の法要に奉仕するため常は寺におらず、その間に南禅寺領の百姓が「惣堂」のようにあつかっていたことを訴える。また、彼らは「留守居」や「住持」について、「寺内ニ住所仕候事難成候故、当寺ニ堂守ヲ置、我々ハ外ニ住所仕候」とし、あくまでも自分たちが、鞍馬寺の神事奉仕のために常に寺にはいられないために置いた「堂守」に過ぎないとする。また、空也以来の由緒を述べ、天台系であることを主張しておいて、「堂守」は「真言」だといっているといい、外部から人を呼ぶことにより宗旨の混乱をきたす可能性を示唆し、論陣を張っている。

このことからは、寛文以後も細川がいうように留守居に一本化されているわけではなく、墓地との関わりもあり「おんぼう」は排除されることなく存在し、未だに留守居とは対立を続けていることが知られるのである。

「おんぼう」が排除されることなく存在し続けた背景には鞍馬村と市原村が補陀落寺の支配をめぐり対立をしており、市原村が「おんぼう」側についていたという現実問題があった。このように鞍馬・市原両村が補陀落寺の支配をめぐって対立した背景には、先の鞍馬村の訴状でも「堂修理」を名目とした散銭の使途が問題とされていたように、鞍馬参詣客が増加したことに伴い、補陀落寺に急速に集まり始めた散銭があったのであろう。実際、寛文の訴状の日付は寛文十一年（一六七一）六月二十七日であるが、同年の六月二十三日には鞍馬寺の開帳が行われ、大勢の参詣客が訪れている。[20] こうして、それまでは鞍馬寺領の周縁であった市原が、京からの参詣者が増えたことに伴い、「玄関口」に位相を変えたのである。

三　灯籠一件とその後

ここまで、補陀落寺の「住持」「留守居」と「おんぼう」の対立を見てきたが、元禄期に補陀落寺において画期ともいうべきひとつの騒動が起こる。僧が同寺の灯籠（図2）を無断で売却しようとしたのである。この事件の経過は聊か煩雑なので詳細は別表に譲ることにする（表2）。恐らく、鞍馬村によって据えられた補陀落寺の住持が、弟子譲りを繰り返すうちに次第に寺の什物を私物化するようになってきたことがこの事件の背景にあるのであろう。

図2　補陀落寺の石灯籠

ここで注目すべきは、灯籠をめぐる事件が次第に市原村と鞍馬の争論となり、誰が補陀落寺を支配するかが論点となっていることである。補陀落寺は水帳などを証拠に昔より市原村支配とし、鞍馬寺は住持は代々鞍馬より来ているとし、鞍馬寺支配を主張する。ここでは、過去の判例などから鞍馬寺支配を命じる裁許が下り、奉行所から補陀落寺は鞍馬寺支配とし、鞍馬寺のものと市原年寄が立会で什物を改め、昼夜番を命じられる。市原村は年貢地の寺地を鞍馬に支配されるのは不都合であると抵抗するが、「隣郷ニ出作入作無之哉」と一

表2　元禄14年灯籠一件

日　付	事　　項
6月14日	住持是心と先住如念が和泉屋五郎兵衛同道で補陀落寺の石灯籠を所望する。大名の所望であるが憚りがあって江戸の羅漢寺がもらいうけるという。
6月16日	石灯籠は古来より大切にしているもので、そのようなことは「不存寄義」であり驚いているとして、鞍馬年寄が奉行所へ訴え出る。訴訟に対し、その主張を認め、大名衆よりの所望があれば、年寄を召し寄せ相対の上で然るべき様にすると伝えられる。
7月7日	鞍馬村七組年寄が補陀落寺へ参り灯籠の寸尺を改め、灯籠の預り手形をとるべく補陀落寺を訪れると、是心は一両日中に手形を届けると返答。
7月12日	是心が手形を出すことはできないという。
7月25日	寺を預かりながら什物を預かっていないとは得心がいかないので、住持の居替えを年寄が奉行所に訴える。
8月11日	寺は水帳などを証拠に昔より市原村支配とし、鞍馬は住持は代々鞍馬より来ているとし、鞍馬支配を主張する。過去の判例などから鞍馬支配を命じる裁許が下る。住持のことは市原村庄屋が請人となって請状を鞍馬へ提出することになる。
8月12日	是心を呼び寄せ石灯籠預り証文と市原村庄屋請状を出すよう命じる。是心は裁許なので従うが、請状は市原へ帰り相談し14日までに調進すると返答。
8月14日	14日夜に是心は弟子の是運を残し寺を出る。
8月15日	是心出奔の旨を奉行所へ届ける。後住は鞍馬より送ることとし、それまで什物は留守居の是運に預ける。
8月16日	是運の立会で什物の改めをしようとすると、市原村から今後、寺のことには関わらない旨を公儀に届けるので、それまで待つよう申し出がある。
8月17日	夜、野中村・二ノ瀬村・貴布禰村・鞍馬村に18日出頭するよう差紙が届く。
8月18日	未明、市原川の洪水により野中村・二ノ瀬村・貴布禰村・鞍馬村出京せず。
8月19日	4ヶ村から出京。22日に5ヶ村とも罷出るよう下命。
8月22日	奉行所から補陀落寺は鞍馬寺支配とし、鞍馬寺のものと市原年寄が立会で什物を改め、昼夜番を命じられる。市原村は年貢地の寺地を鞍馬に支配されるのは不都合であるとするが、「隣郷ニ出作入作無之哉」と一蹴される。
8月23日	什物改めにあたり市原村側が何度も相違をいうので再び出訴。
8月25日	市原村庄屋加兵衛が不届きであるとして手錠を命じられる。
8月26日	再度什物改めを行った結果、縁起が見つからないので是運を問いただすと、是心が羅漢寺の依頼により差下したとの返答をうけ、驚き出訴する。奉行は是運に対し、9月10日までに縁起を取り戻し、鞍馬へ渡すよう厳命する。
9月11日	縁起が江戸から届き、市原から奉行へ届けられる。同日、鞍馬年寄が後住を鞍馬で剃髪した教音とするよう願い出る。
10月9日	教音に後住を仰せ付けられるとともに縁起を奉行所から受け取る。

※「補陀落寺出入覚書」（「大惣仲間文書」BIII-12）をもとに作成

蹴される。ここに見られるのは、市原村の寺院を他村に支配されることへの反発である。市原村は古来より上賀茂神社の支配に属し、鞍馬寺とは長期にわたる争論が繰り返されてきている。恐らく、墓地と交通を媒介とした村落結合も決して盤石ではなく、様々な矛盾を孕んでいたことが窺えるであろう。

在地の支配権と鞍馬寺の支配権の相克。しかし、最終的には寺院の一元支配という流れにそった裁許が下り、在地寺院の自立性は否定されるのである。

恐らく、こうした事件のせいで住持も弟子譲りではなくなったようだ。先の請け状でも「不行義之儀仕候ハ、寺之儀者惣旦那中之支配ニ可被成候」とあったが、ここで実際に惣中が管理するようになっていく。それを物語るのが次の寺請状である。

（端裏書）
「善寿寺請状」

寺請状之事

一市原村之端ニ有之補陀落寺之儀ハ往古ゟ鞍馬支配紛無御座候、右寺住寺之義ハ七組ゟ御寺中江御願ニ付拙僧江被仰付住寺相勤申候、則入寺為祝儀七組へ鳥目壱貫文致進入候、宗旨之儀者天台宗ニ而鞍馬寺御寺中之内ニ而剃髪仕候、此僧ニ付、如何様之六ヶ敷義出来仕候共、此加判之者共何方へも罷出、埒明村中江御難少も掛申間敷候事

一右寺ニ有来り候什物之儀、別紙ニ有之書付之通、無相違慥ニ預り申候、後日ニ寺指戻申候節ハ右之什物改相渡シ可申候事

一右寺之儀以後弟子譲りニ願申間敷候、其上如何様之儀出来候共七組年寄中へ相届差図ヲ請、何事も相勤可申

候、勿論不時ニ出来候義ハ猶以早速改可申候事
右之趣少も相違致申間敷候、若シ於相違ニ者如何様とも可被仰渡候、其時一言之儀申間敷候、為後日寺請状仍
如件

正徳弐年
辰ノ七月八日

補陀落寺
住寺　善　寿　(印)

請人大門町
徳　兵　衛　(印)

同
平右衛門　(印)

鞍馬村
七組年寄中
参(21)

一見して明らかなように、これまでの請状と異なり、ここでは「七組ゟ御寺中江御願ニ付拙僧江被仰付住寺相勤申候」とし、「其上如何様之儀出来候共七組年寄中へ相届差図ヲ請何事も相勤可申候」と「七組」の絶対的な位置が確認されているとともに、「右寺之儀以後弟子譲りニ願申間敷候」と、これまでのように弟子譲りをしないと明言しているのである。

なお、ここでいう「七組」とは、鞍馬寺門前村落の地下百姓で、大惣仲間、宿直仲間、僧達仲間、名衆仲間、脇仲間、大工衆仲間、大使仲間からなる。(22)こうして、鞍馬村の支配に組み込まれたといえるであろう。

それと、時を同じくして翌正徳三年（一七一三）に「おんぼう」も墓役を返上したことが次の史料から知られる。

手形之事

一五ヶ村之墓役指上申候、於此義後日違乱申間敷、為其手形如件

正徳三癸巳五月三日

西誓
源太郎
平左衛門
徳之助

鞍馬年寄中参

右本紙御寺中ニ有之也[23]

こうして鞍馬寺の置いた留守居と「おんぼう」が互いに牽制しあいながら存在していた補陀落寺の状況は崩れ、鞍馬村の支配下にある住持が一元的に寺を管理することとなる。

在地の惣墓に建立された小堂であった補陀落寺は、市原村を排除することに成功した鞍馬村の七組の支配をうけることになった。そして、鞍馬七組を通じて鞍馬寺が住持を送り込み支配するようになると、当然のように鞍馬寺は補陀落寺を末寺に取り込んでいく。鞍馬寺が補陀落寺を末寺として支配するにあたっては、一定の抵抗もあったようで享保十三年（一七二八）には争論となっているが、結局は次のように支配が認められる。

（享保十三年十二月）同月十日月性院・歓喜院参上、市原普陀洛寺本末之出入ニ付二条役所ニ而吟味之由言上、同十一日月性院参上落着之旨、尤本寺ニ而無之支配者格別之旨也ト云々[24]

こうして、「本寺」ではないとする留保はつくものの、鞍馬寺支配が認められ、補陀落寺は次第に名実ともに鞍馬寺の支配をうけるようになる。後の文化二年（一八〇五）の寺院改めでは鞍馬寺末となっている[25]ので、鞍馬寺の末寺として正式に支配をうけることになるのであろう。こうして、中世的な村の惣堂・墓寺であった補陀落寺は、大物仲間の支配下に入っていき、近世的な本末関係のなかに取り込まれていくのである。

四　補陀落寺と小町

以上、やや詳しく補陀落寺をめぐる諸状況を見てきた。最後に補陀落寺と小町伝説について見ておくことにしよう。細川涼一は小町伝説は「おんぼう」が語ってきたとしたが、それでは「おんぼう」が撤退した後はどうなっていったかが次に気になるところである。果たして「おんぼう」がいなくなってから後、小町の伝説は失われていたのであろうか。

実は、「おんぼう」がいなくなったからといって小町に関わる伝承が語られなくなるということはなく、むしろ後になるほど色々なものが増えている。住持の弟子譲りが否定された正徳二年（一七一二）には補陀落寺の什物がすべて書き上げられているが、[26]その後に書かれた寛政十二年（一八〇〇）の紀行文である『但州浴泉記』には、補陀落寺で小町が「常に手馴し硯石」や「深草の少将の冠」を開帳していたことが記されているし、[27]文化十三年（一八一六）の『旅日記』には「阿房宮の瓦の硯」「巻絹の文庫」などを見せていたことが書かれているのである。[28]

すなわち、「おんぼう」の語りか否かは措くとしても、「おんぼう」が補陀落寺との関わりを喪失して以降も小町に関する伝説は肥大していっていることは疑いない。また、元文四年（一七三九）には大破のため「京都寺町六条之道場境内」での開帳も願い出られているが、[29]このような宝物の出開帳の機会も補陀落寺（小町寺）の由緒を喧伝する上では重要な意味合いをもっていたことであろう。そもそも、土地の特殊性と語りを求める人々の存在、観光資源としての伝説の活用などが語りを成長させていったとみていいだろう。

万治三、四年（一六六〇、六一）頃の刊行と推定される浅井了意による仮名草子『東海道名所記』には、関寺の

図3　小野小町供養塔

図4　深草少将供養塔

小野小町について言及した箇所で「死せし所は、北山辺の市原野辺也とて、小町が石塔あり」と伝え、一七世紀半ば頃には小町のものと伝えられる石塔が存在していたようだ。(30) 正徳元年（一七一一）刊の『山州名跡志』には「其東の寺の庭に小野小町・四位少将が墓と称するあり。古老云、近世の新説也」とあることは容易に看過することができない記述である。この「古老」の記憶を信じるならば、補陀落寺と小町の関係は、正徳からあまり遠く遡らない時期に新たに語られたことであると考えられるであろう。そうすれば、細川がいうように通小町は市原の「おんぼう」の語りなどではなく、むしろ市原を舞台とした謡曲に引き付けられた「新説」であると考えてよいのではないだろうか。また、想像を逞しくすれば正徳期に「近世」とされた「新説」が語られ始めた時期は寛永の再興以降のことではないだろうか。

『東北歴覧之記』によれば、補陀落寺は南側に一間をしつらえ、深草少将・小野小町の絵などをかけて見せていたようだ。寛文六年（一六六六）刊行の狂歌集『古今夷曲集《こきんいきょくしゅう》』巻九には「市原野、小町が石塔をみてよめる」として信海が「色見えて移らふ物は石塔の人の名書きの墨にぞ有ける」とあり、この時期の補陀落寺では石塔に「人の名書」が添えられていたことが知られる。(31) 恐らく、既存の石塔に小町墓であることを知らせるような立て札が添えられ、参詣に訪れていた人々に知らせていたのだろう。また、『日次紀事《ひなみきじ》』では三月十八日に小町忌が行われていたことが知られる。このような法要や広報活動と鞍馬参詣の人々の増加が相俟って、次第に小町の寺として広く認知されるようになったのであろう。

おわりに

ここまで補陀落寺を通して、市原村と鞍馬村・鞍馬寺の相克について見てきた。簡単に要約すると、中世後期には市原にある五ヶ村共同の惣墓に墓守（「おんぼう」）の堂として建てられた「市原の堂」は近世初めに大破し、鞍馬門前の勧進によって再建され寺院の景観を整えたが、同時に鞍馬村が寺院の管理に留守居などを置くようになり、運営などに介入するようになる。しかし、しばらくは対立しながらも留守居（住持）と「おんぼう」は一定の自立性を認められて共存していた。その後、元禄の灯籠売却事件を契機に住持の自立性・「おんぼう」の存在を鞍馬村が否定し、一元的に支配するようになり、同時に鞍馬寺の末寺となった。

ここからは、細川がいうよりも複雑な在地社会の様相が浮かび上がってきた。また、小町伝説については、補陀落寺の管理主体の変化とは無関係に成長していったことが明らかにできた。ひとつの伝説は決してある時期に特定の集団によって語り出されたものではなくて、重層的な歴史性を帯びたものであるということが指摘できるであろう。

ところで、ここで補陀落寺が中世的な惣堂から近世的な村落寺院に変容していく過程を見てきたが、その背景として寺檀制度の整備に伴う寺院の性格の変容と地誌や版行地図の刊行など、都市住民の観光地としての展開がその要因として挙げられるであろう。(32)

最後に市原の墓地について言及しておきたい。宝暦四年（一七五四）成立の『山城名跡巡行志』第二巻に、この墓地を「市原・野中・二ノ瀬・鞍馬・木船ノ葬地也」としているが、現在（二〇一一年）も補陀落寺の周囲には広大な墓地が存在し、入り口には「平成七年七月」付の「墓地使用のみなさまへ」と書かれた看板がある。そこには、墓地の管理者について「地元の旧五ヶ村からなる「共同墓地管理運営委員会」が行っています」（傍点村上）とあった。様々な矛盾を内包し、摩擦を繰り返してきていながらも、中世的な村落結合は未だ存続し続けているのである。

註

（1）近年の三昧聖に関する研究としては代表的なものに細川涼一編『三昧聖の研究』（碩文社、二〇〇一年）がある。

（2）細川涼一「『通小町』と市原野小町寺の惣墓」（『中世の身分制と非人』日本エディタースクール出版部、一九九四年）、同「京都・小野小町伝説の道」（『中世寺院の風景』新曜社、一九九七年）、同「美人落魄——小野小町の流転」（『漂泊の日本中世』ちくま学芸文庫、二〇〇二年）

（3）市原村の位置づけや景観については、野地秀俊「中世後期における鞍馬寺参詣の諸相」（『京都市歴史資料館紀要』第一八号、二〇〇一年）、橋本素子「中世茶園について」（『年報中世史研究』第三一号、二〇〇六年）を参照。

（4）小谷利明「中世後期鞍馬街道五ヶ村の領有関係と地域結合」（『京都市史編さん通信』第一九四〜六号、一九八五年、後に同『畿内戦国期守護と地域社会』清文堂出版、二〇〇三年所収）

（5）『今昔物語』巻一五「北山の餌取の法師、往生せる語　第二十七」

（6）『史料　京都見聞記』第一巻
（7）「大惣仲間文書」BⅢ-1、京都市歴史資料館架蔵写真帳に拠る。以下、同文書引用の際は、京都市歴史資料館によって付された分類番号、所蔵のみを記す。
（8）「大惣仲間文書」BⅢ-3
（9）「大惣仲間文書」BⅢ-6
（10）「大惣仲間文書」BⅢ-5
（11）現在、寛永十九年十月十五日の銘がある六字名号を刻む板碑（図5）が寺の入口に建っているが、あるいは時期的に考えても再建と関係があるかもしれない。
（12）『新修　京都叢書』第一〇巻
（13）藤木久志「村の惣堂」（『村と領主の戦国世界』東京大学出版会、一九九七年）、山路興造「村堂論ノート――ケガレと救済の民俗をめぐって」（『京都民俗』第二三号、二〇〇七年三月）
（14）『史料　京都の歴史』第八巻「左京区」（平凡社、一九八五年、四九三～四頁）にも翻刻されているが、本稿では「大惣仲間文書」BⅢ-5に拠って省略箇所を補うなど、若干の補訂を行った。
（15）「大惣仲間文書」BⅢ-4
（16）「大惣仲間文書」BⅢ-7
（17）『新修京都叢書』第一二巻
（18）「大惣仲間文書」BⅢ-6
（19）「大惣仲間文書」BⅢ-8
（20）『華頂要略』巻七四「鞍馬寺雑記　第壱」（京都府立総合資料館架蔵写真帳に拠る）、なお同年三月三日にも鞍馬毘沙門の開帳と曼荼羅供が執行されている。

図5　六字名号板碑

(21)「大物仲間文書」BII-15
(22) 鞍馬七組については、橋川正『鞍馬寺史』(鞍馬山開扉事務局出版部、一九二六年)、井上頼寿『京都古習志』(臨川書店、初版一九四〇年)、小谷利明「鞍馬寺と門前住人」(『鷹陵史学』第一五号、一九八九年、後小谷前掲註(4)小谷利明書所収)を参照。
(23)「大物仲間文書」BIII-17、なお西誓らが「おんぼう」であったことは「大物仲間文書」BIII-19に「隠亡西清(誓)」とあることからわかる。
(24)『華頂要略』巻七五「鞍馬寺雑記　第弐」
(25)『華頂要略』巻七五「鞍馬寺雑記　第弐」文化二年十一月十七日条に「門前物堂並末寺」として「市原村補陀楽寺」とある。
(26)「大物仲間文書」BIII-13
(27)『史料　京都見聞記』巻二
(28)『史料　京都見聞記』巻三
(29)「大物仲間文書」BIII-20
(30) 冨士昭雄『叢書江戸文庫五〇　東海道名所記/東海道分間絵図』(国書刊行会、二〇〇二年)
(31)『新日本古典文学大系　七十一番職人歌合　新撰狂歌集　古今夷曲集』(岩波書店、一九九三年)
(32) 川嶋将生「京都案内記の成立――京見物と寺詣で」(『「洛中洛外」の社会史』思文閣出版、一九九九年)、鎌田道隆「近世京都の観光都市化論」(『近世京都の都市と民衆』思文閣出版、二〇〇〇年)

補論　夜叉観音と「市」

はじめに

ここまで一七世紀から一八世紀にかけての寺社と宗教者との様々な関係について見てきた。この時期の寺社と宗教者は、統一権力の成立と権力による寺院支配の影響で生じた大きな変化の波をうけ、時に衝突をし時に妥協をしながら相互の関係を再構築しようとしてきたことはこれまで見た通りである。そうして新たに築きあげられた関係は、当該寺社の規模や歴史的な背景、地域性もあり一様ではなかった。ここでは、京都を少し離れた南山城に舞台を移し、そこの氏神で起きたひとつの事件を掘りおこしてみたい。

一　「玉池の夜叉ばあさん」

まず次の城陽市に伝わる「玉池の夜叉ばあさん」という伝説を見ていただきたい。

夜叉ばあさんは、玉池の前のねえ、向こう側に住んではったらしい。今はお地蔵さん祀ってますやろ。七回嫁いで戻ってきて、あそこで尼さんのようになっておられて、最後は池に身をなげはった。寺田の墓に夜叉の墓ゆうてあります。そんでまたあのあたりを夜叉観音て言うてます。観音さんも祀ってあったんです。それであそこ通ったら離婚せんならんことになったらかなわんゆうて、遠い所までその話が聞こえているらしいですわ。

嫁入りの行列はそこを通れば近い人も、わざわざ村の中を遠回りして避けていたそうですねん。私かって嫁入りのときは、そこからほん二軒先ですけど、わざわざ学校前まで行って遠回りして行きました。

いまのお宮さんの道の木ですやろか、松の木に人の顔ができてきて、それを夜叉ばあさん言うてます。[1]

図1　夜叉観音跡地

これを「寺田庄司と呼ぶ代官」の娘とする伝承もある。寺田庄司という「代官」がいたとすれば近世ではなく中世の「寺田庄」という荘園と関わる伝承の可能性もなくはないが、いきなりそこまで遡ることはないにせよ、観音を祀る夜叉観音寺が一八八〇年（明治十三）に廃寺となっていることから、近世までは遡りうる可能性のある伝承である。
さて、物語の舞台は京都府城陽市の寺田。かつては山城国久世郡寺田村と称した。京都市と奈良市のほぼ中間に位置し、村の東側を奈良街道が通る交通の要衝である。
ここでは寺田の「夜叉観音」にいた「夜叉」という女性について語っている。奈良街道に面して建っていた夜叉観音は、近代に道の拡幅整備のため壊され、現在のその場所には地蔵を祀る小さな祠があるだけである。
一見すると特定の場所に対する禁忌とその由来を語る、さほど珍しくない伝説に見えるかもしれない。だが、少し慎重に伝説に耳を傾けると、聊か不審な点があることに気づくだろう。「池に身を投げた」夜叉と観音堂で「尼」となった夜叉とは話自体が矛盾している。不縁を悲観して身を投げたのであれば「七回嫁いで戻ってきて」すぐに投身をするはずである。しかし、「尼さんのようになっ」た「夜叉ばあさん」という表現からは離縁から相当の時間が経過していることを示唆している。その「ばあさん」が、最後になって池に身を投げるというのは、あまりにも不自然ではないだろうか。

結末から、仮に①「夜叉」という不縁の女性が池に身を投げる話と、②観音堂にいた「夜叉」と名乗る「尼」のおばあさんに関する話が融合してひとつの伝説が形成されたと仮定するならば、こうした混乱を説明することは可能であろう。ここはひとまず、上記のふたつに話の要素を分割して歴史的背景を検討してみよう。不縁の女性が運命を儚んで自死するという前者はやや一般的な話なので後回しとして、まず当該地域と密接に関わりのありそうな観音堂について語る後者を先に検討したい。

二　観音堂

伝説が語る観音堂は、先に若干触れたように現在は存在していない。近世に浄土宗知恩院が末寺に関する総合調査の結果を集計して編纂した『蓮門精舎旧詞』第四十一冊には、

○観音寺　寺田三縁寺末　同州寺田村　起立元亀三壬申年開山常念師遷化不知[2]

とあり、村内の三縁寺の末寺で元亀三年（一五七二）に常念という僧によって建立されたとする。その規模については寛保三年（一七四三）の「寺田村明細帳」に、

同断（無本寺）

同宗（浄土宗）　観音寺　古来ゟ除地 高年不知　寺 梁壱間半 桁壱間半　境内 長八間 横六間(3)

とあり、四十八坪程（一六〇平方メートル弱）の境内に四帖半程度の本堂がある小規模な祠である。この境内も観音寺の占有空間ではなく、村落の共有空間であったと思われ、

一同廿九日（宝永元年四月）、麦刈申度旨、庄や年寄へ、伊兵衛断申ニ付、からせ申候、夜叉観音ニてこなさせ申候、（下略）(4)

と麦の脱穀のためにも使用されている。

名称からすれば観音を本尊に祀っていたと見られるが、元禄六年（一六九三）には地蔵菩薩も寄進されている。

一夜叉観音寺へ、御たけ三尺五寸ノ新仏地蔵菩薩、座光共ニ六尺三寸、京五条通上ル油小路、近江屋喜兵衛と申仁、元禄六年酉ノ五月朔日ニ寄進、住持観龍代、六月廿四日開眼供養有、(5)

問題はその場所だが、いくつかの村絵図に観音堂が描かれている。正徳年中成立と見られる「寺田村川筋等絵図」(6)を見ると寺田村の東外、南北に通る奈良街道に接して宝形造りの堂が描かれている。その場所は寺田村から鎮守社の天神社（現・水度神社）へ向かう参道の登り口、鳥居の前である。付近にはかつて大門があったともいわれるので村の外縁部ということになるが、鳥居前となれば完全な「外」でもないということになる。

この観音堂は伝承のような「尼」寺ではなかったようだ。享保十五年（一七三〇）九月「寺方宗門人別改帳」には、

一浄土宗　無本寺観音寺　寛流　印(7)

とあり、寛流という僧がいたことがわかるが、寛流は『上田氏旧記』所載の元禄五年（一六九二）六月寺社改に関

図２　水度神社

する条に、

一浄土宗寺田村三縁寺下末寺夜叉山正面寺寛流(8)

と既にその名が見えている。先の地蔵の寄進をうけた時の記事に見える住持「観龍」も字は違うが同一人物だろう。

では、伝承の「夜叉ばあさん」とは誰なのだろう。それを解く手掛かりが『上田氏旧記』という村方日記に見える次の記事だ。

一(宝永元年)八月十六日、宮衆浅右衛門へ五六人寄合被申候、夜叉観音ノ市、手前払底ニ付、五月之御供、旦那衆へくばり不申、宮へ出仕も、五月より不致、中間之つとめも成不申候由、左京へ断被申候ニ付、寄合之所呼出し候而、兎角手前も不罷成候間、得つとめ不申候、望之仁候ハヽ、可被申付と申切候(9)

ここに見える「夜叉観音ノ市」が鍵となる。「市」とは地域によってはイチコ、板などともいわれる巫女のことだ。つまり、夜叉観音には僧の他に「夜叉観音ノ市」と呼ばれる巫女がいたこと、そして「宮」に出仕し「御供」を供えていたことが知られる。この場合の宮とは、夜叉観音が水度社鳥居前にあったことから見ても寺田村の鎮守社である水度社であったと見て大過はないだろう。夜叉観音ノ市は寺田村の宮に仕える巫女だったのだ。しかし、当時「手前払底」のため「つとめ不申」という状態で継続が困難な状況にあり、「望之仁」があればその人物に「申付」ることが寄り合いで決定したという。

とはいえ、それまでは水度社では「夜叉観音ノ市」が御供を供えるなど一定の役割を果たしていたことが窺える。

この寺田村にいた「市」については、『上田氏旧記』に、

一市ハ小南ノ小路ニ両家有、一家ハ今鳥居ノ本へ出ル、小南屋敷ハ宮屋敷也(10)

とあり、本来は寺田村内の小南という地域にいた二軒の「市」のうちの一軒が鳥居のもとに移住したものであると伝える。別の史料には「市殿御神楽」とあり、巫女は神楽を奉納することが主要な役割だったと思われる。現在も水度社に応永の年号のある湯釜が残されているが、湯立て神楽に使われたものであろう。湯立て神楽は通常、巫女によって神事に先立って行われ、境内や祭祀の場を清めることを役割とする。

実際、寛文九年（一六六九）「天神社修理入用帳」には「銀入用目録」として、

一銀四匁弐分　鳥目三百疋御祝　惣ノ市徳右衛門ニ入

一銀四匁弐分　鳥目三百疋御祝　若市五兵衛ニ入(11)

とある。男性の名前なのが聊か気にかかるが、惣ノ市と若市の二人の「市」がいたことは間違いない。とすれば、「観音さん」で「尼さん」のようになっていた女性が語り出された背景として、「夜叉観音ノ市」という巫女の姿を想定することはそれ程突拍子もないことではないだろう。

三　寺田と夜叉塚

さて、次に伝説から「夜叉観音ノ市」に関する要素を除外して残る、玉池に投身自殺を遂げた不縁の女性についてはどうだろう。

女性が投身自殺をした玉池とは、夜叉観音堂とは奈良街道を挟んだ向かい側、鎮守社への参道南側にある溜め池

である。現在は四角い池のようだが、前掲の寛保三年（一七四三）「寺田村明細帳」には、

　字鳥居脇

　壱ヶ所　長サ壱間 横拾七間　石堤 馬踏三間 高サ壱間四尺 根置六間壱尺(12)

とあり、さほど大きくない長方形の溜め池であったことがわかる。

　この溜め池がいつ頃できたかは明らかではないが、投身自殺を遂げた女性の伝説が必ずしも溜め池と結びついていたわけではなかったのではないかと思わせる史料がある。

　時代は一気に遡り、応仁の乱さなかの文明十七年（一四八五）。覇権を争う畠山義就と畠山政長が南山城で衝突を繰り返す。これが後の山城の国一揆につながるのだが、それはさておき『大乗院寺社雑事記』文明十七年十月十九日条に次のような記載がある。

　一京上道之次第、自南至北次第ハ

　木津　狛 高林・椿井・コマ　平生　綺 今城　井出 別所寺ノ城　高十六宮　菜嶋　北菜嶋丈六　新野池　夜叉ツカ

　クセノ宮　八幡伏外　赤坂　今神明　宇治　木幡　藤森　イナリ　法性寺　白川　王城

　琵琶庄ハ新野池ノ西、北ハトノ、寺田、御厨子ハトノ、西也、クセハクセノ宮ノ西也一昨日自高古市、誉田以下陣取菜嶋云々、敵陣ト其間遅々也云々、古市在丈《ナシマ》六堂、誉田ハ北ナシマ、平ハ山キワ云々、(13)

ここに「夜叉ツカ」とあることは見逃せない。『大乗院寺社雑事記』の当該項目には次頁のような略図が付記されており、大まかな位置関係を窺うことができる。奈良街道や前後にある地名から見て、「ヤシヤ」あるいは「夜叉ツカ」は現在の寺田付近と見てよさそうである。中世段階における伝承の内容は明らかではないが、「夜叉ツカ」

という記載から「夜叉」という人物の「塚」があったことは間違いなかろう。「寺田の墓に夜叉の墓ゆうてあります」と伝えているように、現在は寺田の惣墓に廃寺となった夜叉観音寺から移したという石塔の残欠を積み上げた「夜叉の墓」があるが、以前は「塚」と称する何らかの施設があったと見るべきである。また、地点表記として使用されていることから、現在のような石塔を積み上げたような小規模なものではなく、奈良街道からも容易に眼にすることの出来るくらいの規模をもったものであっただろう。

天明六年（一七八六）に書かれた『夜叉観音寺宝塔縁起』に、由来不明とするも夜叉観音寺の「寺中に夜叉塚」があったことを記しており、『大乗院寺社雑事記』が示す「夜叉塚」はこの塚のことをあらわしているといえるだろう。

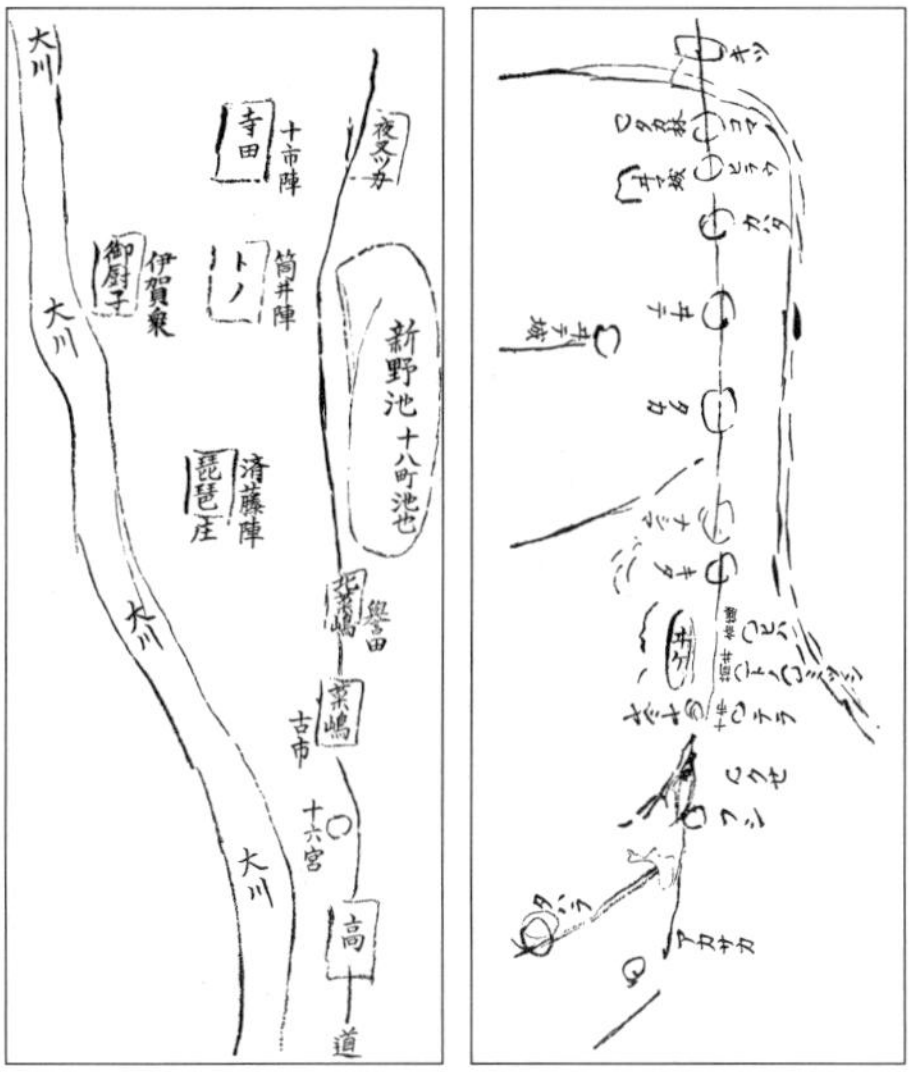

図3『大乗院寺社雑事記』挿図

塚が、「夜叉塚」という固有名詞で呼ばれている以上、その起源伝承として埋葬された対象について語る何らかの説話が存在していた可能性は充分あるであろう。「塚」に祀られていた「夜叉」が不縁を歎いて自殺したものか否かは明確ではないが、「塚」が存在する以上、物語の最後は「死」で締めくくられるものであったと考えるのが自然である。つまり、後の伝説で玉池に投身自殺をする女性は、現在では忘れられている、何らかの事情で命を落として塚に祀られた「夜叉」という人物の伝承が下敷きになっていると考えられそうである。

図4　夜叉の墓

四　説話成立の背景

ここまで、①一七世紀末から一八世紀初頭まで、水度神社に仕える「夜叉観音ノ市」という巫女が夜叉観音にいたこと、②中世には夜叉観音寺内の塚に祀られた「夜叉」に関する何らかの伝承があった可能性があることを明らかにした。最初に見た伝説はこうしたふたつの相接する施設に関わる「記憶」がもとになり、それらが一体となって成立したものと考えることができないだろうか。そうした仮定が許されるとして、これらがひとつの「伝説」となった背景を考えてみよう。それには、「夜叉観音ノ市」がいなくなり、巫女ではなく「尼」として語られるようになるまでの時間を想定しなければならない。尼となった「夜叉」が不縁をかこち投身自殺を遂げるというような相矛盾する話が一体化するには、一定の熟成期間が必要であると考えられるからである。

先に見たが、宝永元年（一七〇四）段階に夜叉観音ノ市は「手前払底」という状況にあった。実際、その存続が危ぶまれ「望之仁」がいれば「申付」ることが談じられた六日後の八月廿二日、

一鳥居ノ市役目上ケ申ニ付、水田若狭妻、伊勢田村神主娘、呼申候而、市諸役致させ申候、中〱役目神妙ニ致候[14]

とあり、返上された「鳥居ノ市役目」を、水度社の神職であった水田若狭の妻によって招請された伊勢田村の神主の娘によって「神妙」に行われたことが記されている。「鳥居ノ市」を「上ケ」た主体は略されているが、「鳥居」

とある以上、本来は鳥居前にいた夜叉観音ノ市が勤めるべき役儀だったのだろう。以後、史料上に「夜叉観音ノ市」は見えなくなるため、恐らくこれを境に「手前払底」となった「夜叉観音ノ市」は姿を消したのであろう。

約四十年後の寛保三年（一七四三）の「寺田村明細帳」には、

一神子　神楽神子壱人　右ハ社人相模内ゟ相勤申候[15]

とあり、近世中期には「相模」という「社人」の「内」から神楽を務めることになっている。先の史料に神職の水田若狭の妻が招請した巫女が役目を果たしていることから、近世中期以降は、「夜叉観音ノ市」に依存することはやめ、神職の家が巫女を差配するようになっていったことがわかる。

ところで、「夜叉観音ノ市」に代わって巫女を出した水田家について少し見ておきたい。水田家は水度神社の神職だが、当初から水田家が神職だったわけではない。そもそも、この神社の祭祀は栗椻座《くりやかざ》と称する数名の構成員からなる宮座によって運営されている。畿内村落の神社の多くは、中世には宮座によって運営されており、特定の神職を置かずにいたところが少なくなかった。寺田でも恐らく同様だっただろう。宮座について詳細に論じる余裕はないが、この事例では研究史上は株座といわれる村落内部の限られた人によって祭祀される形態である。祭祀は栗椻座が実権を掌握し、宮座のもとで個々の役割は村内の小集落（垣内）によって分掌されている[16]。寺田は中世以来の郷士身分の存在する地域で、こうした株座による祭祀形態は当然時代の流れのなかで変容を遂げているとはいえ、中世につながりうる要素をもっていると考えてよいだろう。文安五年（一四四八）の神社棟札には「時一老」として老衆（近江などでは乙名などと見える年齢階梯制に基づいて祭祀を執行し惣村を代表するもの）とともに僧の名も見えている[17]が、神職の名は見えていない。天正の水度神社遷宮にかかる「寺田庄法堅法度ノ書物」には、遷宮当日の席次について次のようにある。

一サチキへ一番ニかミさまたち惣か一度ニ、侍衆ハ新堂から二番目ニ、はんとう衆三番目ニ、百姓衆ハサチキ別也、
持庵衆ハ侍衆一所、国侍ハサチキ西ノ方[18]

ここでも「かミさま」すなわち神座について、侍衆・番頭衆が並び、寺庵は侍衆と同席しているが、神職の姿は見えていない。

こうしたことから、中世には村落上層部からなる宮座の構成員数名と、そのなかで出家した人物などが「寺庵」と称し村落の中心人物として祭祀に携わっていたと思われる。永禄六年（一五六三）八月二十六日には、宮守欠員により敬神のための掃地人に吉田家が裁許状を与え、宮守に代えたという[19]。水度社が吉田家と関係をもち始めるのはこの頃のようだが、依然として専業の宗教者が恒常的にいたわけではなかったことは確認しておきたい。専業の宗教者が定着していくのは近世以降、「諸社禰宜神主法度」成立までのことだろう。『上田氏旧記』には、

一同社人昔ハ不知、寛永ノ比、蒲生卜云人有、八十余ニシテ死ス、其子木工右衛門卜云、是モ親死去ノ後、蒲生卜云、此家代々蒲生也[20]

とあり、蒲生を名乗る人物が寛永頃に社人であったと伝えている。しかし、寛永十六年（一六三九）に「天神」神号奉納を吉田家に届けた際には、

山城国久世郡寺田庄為氏子、天神之社神号奉納申度由、就其神人両人遣之、誠以神妙之義也、弥可奉崇敬神威者也

寛永十六己卯年二月廿五日

神祇管領長上卜部朝臣（印）[21]

とあるように「氏子」が「神人両人」を遣わして申請するという形態になっており、「氏子」が主導権をもってい

る。その後、寛文五年（一六六五）に「諸社禰宜神主法度」が出され、諸社の神主が白張以外の装束着用や位階を得るには吉田家からの許状をうけることが必要になり、吉田家による神職支配が始まる。すると寺田の水度神社もすぐさま対応をしたようだ。

一今ノ右京ハ木工右衛門兄長左衛門ノ子也、祖父蒲生ト職ニ有シカ後官位シテ御殿ヲ領ス、其許状ニ曰

山城国久世郡寺田庄、天神之祠官、中嶋右京進菅原方行、恒例之神事参勤之時、可着風折烏帽子狩衣者神道裁許之状如件

寛文八年戊申年五月十一日

神祇管領長上侍従卜部兼連ト有(22)

とあり、寛永頃の「社人」であった木工右衛門の親族にあたる中島家が吉田家から神道裁許状をうけていたことがわかる。中島家は後に水田家とともに神職を務める家であるが、この段階では水田家が神主になってはいないことに注意を喚起したい。なお、翌年の遷宮の際には、

天神様上遷宮五月六日亥ノ刻ニ而、其翼日村中社参、御祝神楽御湯、神主中島右京進、禰宜上紲符生、惣市若市御侍衆庄官衆惣男女祝酒盛、（下略）(23)

とあることから、「神主」中島の他に「禰宜」がいたことがわかるが、これが水田氏であろうか。また、この段階で「惣市・若市」も存在していたようだ。水田家に神道裁許状が出たのは元禄八年（一六九五）のことだ。

覚

山城久世郡寺田庄天神之祠官水田若狭守菅原長賢、恒例之神事参勤之時、可着風折烏帽子狩衣者神道裁許之状如件

元禄八年乙亥年四月九日
神祇管領長上従三位左兵衛督
卜部兼連[24]

このように宮座中心で運営されていた水度社は、一七世紀後半から中島家・水田家が相次いで吉田家から神道裁許状をうけて神職となり、両者が祭祀の一端を担うようになった。実際、「社人」は後に姓をもつとはいえ、吉田家から認められたもので[25]、村落内の位置づけも侍衆の系譜を引くと思われる家などとは異なっていたと見てよい。むしろ吉田家と早くから結びついて、神職として一定の地位を確保したことによって、一七世紀になってから村落内の地位を相対的に向上させたものと見てよいであろう。そうした神職が、寛文期の「諸社禰宜神主法度」により公的に位置づけられ、宮座から祭祀権を吸収する。そうしたなかで、神職は吉田の権威を梃子に村から神社運営の主導権をとるための動きをするようになったと考えられる。吉田家から神道裁許状をうけた両者は当然ながら祭祀形態も吉田家の規範に則ったものに変わっていった。

図5　夜叉ばあさんの木

こうして一七世紀後半以降、外部からの力によって祭祀形態が変化していく。当然、それを支える祭祀構造も変容を遂げる。そうした時代の流れの波によって放り出されたのが「夜叉観音ノ市」であったといいうるかもしれない。祭祀の仕方を吉田流のものに改変するにあたり、巫女もそれまでの村落にいた宗教者から、自らの関係者に変える。その犠牲者が夜叉観音の市であった。姿を消した巫女の面影が、それまで伝えられていた夜叉塚の伝承と融合し、冒頭に見たような伝承を創り出していったとは考えられないだろうか。

なお伝説はとどまることなく成長を続ける。現在、参道脇の街路樹に、人の顔に見える瘤が生じ、いつしか人々から「夜叉ばあさんの木」と呼ばれるようになっている。伝承は生き、周辺の様々な事象を取り込みながら変化を続けるものであることを如実にあらわしているといえるだろう。

おわりに

この事例は一七世紀後半に生じた村落内の構造変化に伴って起きた祭祀構造の変化が、伝説に反映されたものであることを指摘した。村落共同体は、構造の変化を乗り越えるために「巫女」の排除と忘却を受け入れた。こうした地域社会の態度は、はからずも巫女への視線をあらわしているといえるだろう。

伝説という歴史史料としては聊か不安定なものをもとに、推測に推測を重ねた。本稿で論じたことを充分に論証することができたとはいい難いが、既に忘却され史料にも殆ど姿をとどめていない巫女の存在を朧気ながらも浮かび上がらせることができたのではないかと思う。

もし、ここで論じた仮説が認められるとすれば、中世から近世にかけて起きた神社組織の再編成の陰で排除された存在があったこと、そして地域社会はそれを受け入れつつも、そこで感じた違和感が、伝説というかたちで表現されたということもできるだろう。

註

（1）城陽市教育委員会『城陽の民話と暮らし』（城陽市教育委員会、一九九三年）
（2）城陽市史編さん委員会編『城陽市史』第四巻（城陽市役所、一九九六年）
（3）堀道和家文書「寺田村明細帳」（宮垣克己監修『史料が語る城陽近世史』第三集「寺田地域編」城陽市教育委員会、一九八八年、五三頁）
（4）『上田氏旧記』宝永元年四月二十九日条（奥田修三『元禄村方日記　南山城「上田氏旧記」を読む』文理閣、一九八八年）、以下、『上田氏旧記』からの引用は同書に拠る。
（5）『上田氏旧記』元禄六年四月
（6）堀道和家文書「寺田村川筋等絵図」（『城陽市史』第四巻附図）
（7）堀道和家文書（『城陽市史』第四巻、三三三頁）
（8）『上田氏旧記』元禄五年六月条
（9）『上田氏旧記』宝永元年八月十六日条
（10）『上田氏旧記』二五頁（巻頭の元禄五年以前事項まとめ書き部分）
（11）栗栖座文書「天神社修理入用帳」（宮垣克己監修『史料が語る城陽近世史』第三集「寺田地域編」城陽市教育委員会、一九八八年、一五三頁）
（12）堀道和家文書「寺田村明細帳」（宮垣克己監修『史料が語る城陽近世史』第三集「寺田地域編」城陽市教育委員会、一九八八年、五四頁）
（13）『大乗院寺社雑事記』文明十七年十月十九日条
（14）『上田氏旧記』宝永元年八月廿二日条
（15）堀道和家文書「寺田村明細帳」（宮垣克己監修『史料が語る城陽近世史』第三集「寺田地域編」城陽市教育委員会、一九八八年、五七頁）
（16）井上頼寿『京都古習志』（館友神職会、一九四〇年、復刻版・臨川書店、一九八八年）
（17）「水度神社棟札」（『城陽市史』第三巻、城陽市役所、一九九九年、七九七頁）

(18) 天正九年「寺田庄法堅法度ノ書物」(『城陽市史』第四巻、城陽市役所、一九九六年)
(19) 萩原龍夫『中世祭祀組織の研究』(吉川弘文館、一九六二年)第六章
(20) 『上田氏旧記』二五頁(巻頭の元禄五年以前事項をまとめ書き部分)
(21) 「中島真純家文書」(『城陽市史』第四巻、六八八頁)
(22) 『上田氏旧記』二五頁(巻頭の元禄五年以前事項まとめ書き部分)
(23) 栗榧座文書「天神社修理入用帳」(宮垣克己監修『史料が語る城陽近世史』第三集「寺田地域編」城陽市教育委員会、一九八八年、一五四頁)
(24) 栗榧座文書「卜部兼連神道裁許状」(宮垣克己監修『史料が語る城陽近世史』第三集「寺田地域編」城陽市教育委員会、一九八八年、一六九頁)
(25) 「中島真純家文書」(『城陽市史』第四巻、七〇一頁)

第Ⅱ部　宗教者のいる風景——近世中期社会と勧進

第一章　近世京都の宗教者と社会——木食正禅から見る

はじめに

第Ⅰ部では寺社を構成する組織に所属し、勧進などを通じてその維持や運営などに関わっていた宗教者について、寺社との関係を中心に見てきた。だが、近世社会において宗教者が活動していたのは寺社だけにとどまらない。第Ⅱ部では、寺社組織の内部に位置づけられた存在ではなく、時に寺社との関係をもちつつも、ある程度の自立性をもち、地域社会を主たる活動の場としていた宗教者について見ていくことにしたい。それゆえ、ここでは寺社との関係に加えて、社会と宗教者の関係に注目していくことになろう。

これまで中世の宗教者が勧進や施行を通じて社会的な救済活動を行っていたことに関しては、一定の研究の蓄積がある。(1)一方、近世についても近年では無能《むのう》や徳本《とくほん》などの民間で活動する聖や捨世派の浄土僧の存在についての研究が進められ、彼らが様々な慈善事業や社会活動に取り組んでいたことが知られるようになってきた。木食観正《もくじきかんしょう》や徳本についていては西海賢二が精力的に事例研究を積み上げている(2)ほか、無能についても長谷川匡俊の研究がある。(3)こうした諸研究により、近世の民間宗教者が果たした社会的役割については次第に明らかになってきた。(4)

しかしながら、従来の民間宗教者の研究は、多くは近世後期の関東を中心に活躍した宗教者に集中している。こうした宗教者については、宮田登が「世直し」と深い関係にあったことを指摘しているが、近世後期の関東はまさに「世直し」が期待される状況にあったとされている[5]。そこで、かかる既存の枠組みから聊かはずれた関西の近世中期の宗教者に光をあてることで従来の研究を相対化することを試みてみたい。

本稿で取り上げるのは、一八世紀前半に京都で活動した木食正禅《もくじきしょうぜん》である。木食正禅は俗名を村上茂八郎といい、京都東山にある安祥院などの開基で、宝暦十三年（一七六三）に没するまで、刑場に六字名号碑を建立したり、金銅の阿弥陀仏を真如堂に建立するなどの宗教的行為に加え、東海道の改修工事や架橋などの土木事業にも尽力したことが知られている。その事績については、柴田實が冊子としてまとめており、ほぼ明らかになっている[6]。その他、その信仰や思想の面については、木食正禅と修験道との関わりに着目して論じた五来重[7]や、思想史的な視点から取り上げた平野寿則の研究[8]がある。正禅の代表的な社会的活動として知られる東海道の改修についても安田真紀子が主に交通史の視点から史料に基づいて詳細に論じ、通説の誤謬などを指摘している[9]。また、彼が京都周辺の墓地、五三昧《ごさんまい》をめぐる修行をしていたこともあり、葬送と墓制との関係では勝田至[10]・土居浩[11]が言及し、彼が建立した石造物については殿南直也が触れている[12]。

これらの先行研究により、正禅が行った様々な土木工事や作善などの事実関係については、ほぼ明らかになっているといってよいだろう。救済という視点では、平野が正禅の思想からその特徴を論じている。平野の議論は正禅の内面にまで踏み込んだ大胆なものであるが、正禅が直面していた当該期の京都における実際の社会状況について具体的な言及はなく、聊か抽象的な議論に終始している。

ここでは正禅がなぜこうした「救済」を行うに到ったのかを考えるために、彼をまず歴史的存在として見ること、すなわち当該期の社会状況について明らかにすることを試みたい。その上で、宗教者としての彼の行為が当該期の社会とのいかなる緊張関係のなかで選択されたのかを位置づけることを課題としたい。なお、正禅の活動は次頁の年譜（表1）に挙げたように多岐にわたるが、本稿ではそのすべてを分析することはせず、この時期に出現した宗教者が、なぜかかる行動をとることを選択したかについて考える手掛かりとして、出発点となる前半生を中心に検討することにしたい。

一　茂八郎の時代

木食正禅[13]の出自や安祥院建立以前の前半生については、既に先行研究で様々な事実が明らかにされている[15]。しかしながら、安祥院文書や「木食養阿上人絵伝[14]」といった種々の史料を深く検討することなく採用しているため、混乱している部分も少なくない[16]。そこで、本稿ではまず正禅自身の手による一次史料の検討から始めたい。木食正禅が彼の出自や前半生について語った史料は次の四通である。

①享保五年（一七二〇）十一月三日　由緒書（以下、由緒書①と表記[17]）

②享保十年（一七二五）八月廿九日「請状一札」（以下、由緒書②と表記[18]）

③元文五年（一七四〇）七月「御尋ニ附言上」（以下、由緒書③と表記[19]）

④元文五年（一七四〇）十二月「由緒御尋被遊候ニ付乍恐書付指上候」（以下、由緒書④と表記[20]）

由緒書①は享保五年（一七二〇）、公儀から狸谷にかかる一件の際に「由緒書指上候様」に命じられて自身の生い立ちについて上申したものである。由緒書②は大藪村の安祥院住持となるにあたり、正禅の身元について大藪村に届けられた請状である。由緒書③は粟田口等に正禅が建立した名号碑などについての公儀からの下問に答えたも

表１　木食正禅略年譜

年	月.日	事　項
未詳		丹波国村上庄左衛門子として誕生、名を茂八郎（安祥院文書）
未詳(24歳)		泉涌寺雲龍院恵雄のもとで剃髪、名を朋厚坊正禅とする（安祥院文書）
宝永６年(1709)	２月	知恩院貫首圓理より円頓戒をうける（安祥院文書）
正徳元年(1711)		高野山奥の院にて木食恵昌のもとで木食修行（絵伝・安祥院文書）
正徳２年(1712)	春	近江国龍法師村致亮のもとで250日の加行（絵伝・安祥院文書）
正徳２年(1712)		七条大宮に梅香庵を建立（安祥院文書）
正徳５年(1715)	10月15日	安祥院扣鉦吊台に洛東一乗寺山木食正禅とある（銘文）
正徳５年(1715)		念仏修行を始める（享保13年まで）（安祥院文書）
享保２年(1717)	７月	寒行３年満行につき六字名号を建立（日岡六字名号碑）
享保３年(1718)	８月11日	一乗寺狸谷へ山居を公儀へ願い出る（安祥院文書）
享保３年(1718)	８月15日	清水寺成就院領に光明真言碑建立（安祥院蔵光明真言碑銘文）
享保３年(1718)	９月21日	公儀の認可を得て一乗寺狸谷への山居を始める（安祥院文書）
享保４年(1719)	８月15日	金銅丈六仏を建立（金銅仏像背銘）
享保５年(1720)	10月	熊野参詣し椿の杖などを得る（絵伝・椿杖銘）
享保７年(1722)	正月	観音像を彫る（個人蔵観音像背銘）
享保８年(1723)	８月25日	狸谷へ不動尊安置（安祥院文書）
享保９年(1724)	９月	清水寺が五条坂北側屋敷地を永預けとする（安祥院文書）
享保10年(1725)	９月	安祥院五条坂へ移転を願い出る（安祥院文書）
享保12年(1727)	４月	安祥院落成、法鏡寺宮が院号額染筆（安祥院文書）
享保13年(1728)	３月15日	25日まで化他行念仏五千日回向（安祥院文書）
享保14年(1729)	閏９月８日	上人号の勅許を願い出る（清水寺文書）
享保15年(1730)	８月15日	安祥院境内に地蔵尊建立。後の日限地蔵（安祥院文書）
享保16年(1731)		法常庵を安祥院境内に移転し塔頭とする。後の地蔵堂（安祥院文書）
享保17年(1732)	３月13日	安祥院境内に釣鐘建立（安祥院文書）
享保17年(1732)		享保の飢饉にあたって実施の寄付に応じる（『仁風一覧』）
享保19年(1734)	11月23日	日岡峠改修を公儀に願い出る（安祥院文書）
元文元年(1736)	正月	日岡峠改修を着工（安祥院文書）
元文３年(1738)	秋	日岡峠改修完成する（安祥院文書）
元文５年(1740)	５月15日	常念仏一万日回向を10日間執行（安祥院文書）
元文６年(1741)		上人号を梶井宮の推挙で許され、名を養阿と改める（安祥院文書）
延享３年(1746)		日岡至芳庵を梅香庵に改名を願い出る（安祥院文書）
延享４年(1747)		渋谷峠の改修（安祥院文書）
寛延２年(1749)		梅香庵に量救水整備（安祥院文書）
宝暦２年(1752)	１月29日	量救水修復（量救水竈銘文）
宝暦４年(1754)	□月吉辰	松明殿稲荷井戸整備し養阿水と名づける（養阿水手水鉢銘文）
宝暦６年(1756)	６月吉日	佃橋架橋（橋桁銘文）
宝暦13年(1763)	11月21日	入滅（安祥院文書）

の。④は上人号をうけるにあたり正禅の出自についての照会をうけて届けたもので③と重複する部分が多い。いずれの史料も必要にせまられて自身の半生を書き上げたものである。自らそれまでを「難行苦行」の連続であり記録を残していないと語るように、いくらかの記憶違いもあろう。また、自発的に書いたものというよりは、一定の目的をもって書かれた公文書の記述であるから、目的を達成するにあたって不都合な部分に触れないことや、文飾・虚偽の申告などの可能性は大いにあるだろう。実際、俄には信じ難い聊か芝居がかった部分もある。そこで、まずは正禅自身が語ることを可能な限り客観的な史料で検証していく作業から始めよう。

　丹波で生まれた正禅は、近世初頭に代官を務めたという村上孫左衛門の孫にあたり、「先祖浪人之子細、紅葉山御帳面ニ相留リ罷在候間、御吟味之上少茂相違仕候ハヽ、如何様共可被　仰付候」（由緒書④）としており、これらの事情は公儀の記録で確認しうる事実であると主張している。この家系は「一家之口論」により「不慮ニ相果」てたため断絶し、父の村上庄左衛門は江戸で再三にわたって運動をするが仕官に失敗し、親子ともども浪人となり、正禅は「是過去之宿執念と忽発心志不得止事」と、「廿四才之比」出家の道を選んだということになる。ここに書かれた登場人物を系図にまとめると次頁のようになろうか[21]。

　正禅が書いた口上書は実年代を殆ど伴わないもので確認が難しい部分もあるが、村上孫左衛門の名は、元和三年（一六一七）段階で摂津の「蔵入地」を預かっていた代官として実際に確認することができる[22]。正禅の今一人の叔父で「駿河守」に仕え、流罪になった「駿河守」に同行したとされる三右衛門も諱が不明なので確証はないが、丹波住人で小早川秀秋らに仕え、後に丹波国奉行となり、松平忠長に仕えた村上吉正が「三右衛門」を名乗っている[23]。孫左衛門・吉正の親族に庄左衛門という人物が実在していたか否かについては確認できなかったが、こうした実在する人物の名前が出ていることから、木食正禅が丹波出身で代官も務めた村上孫左衛門や村上吉正らの縁者であっ

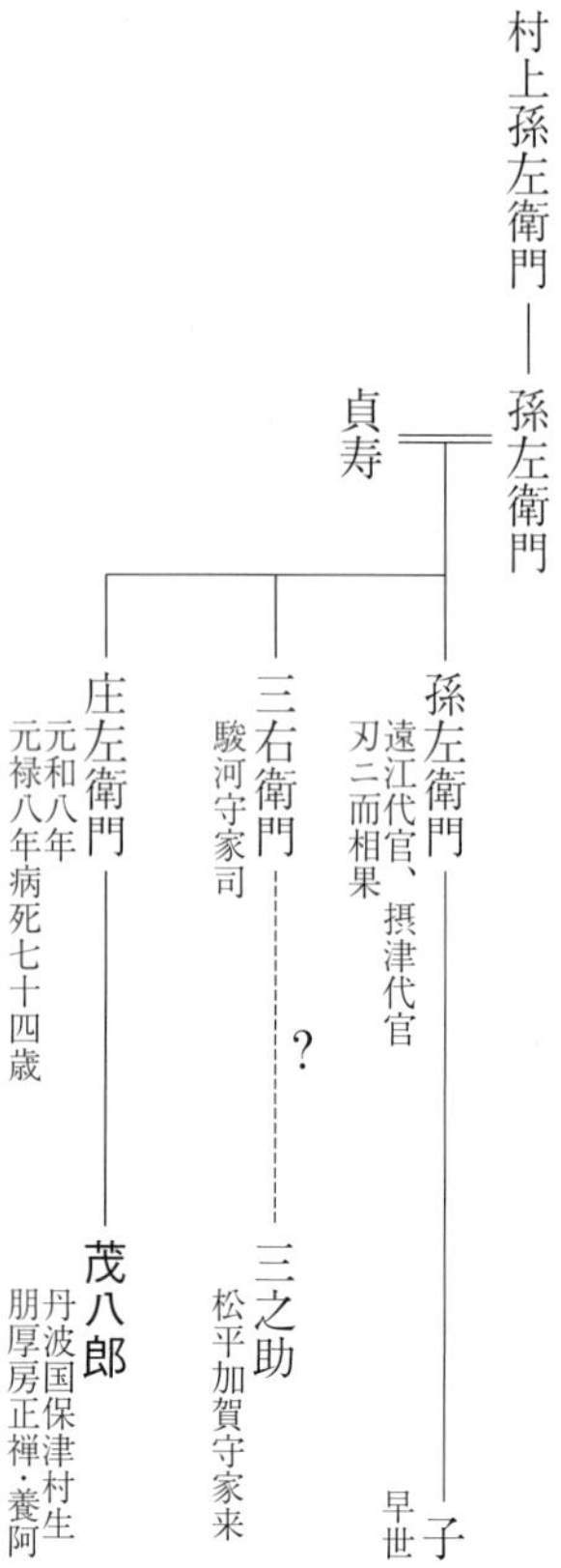

たことは事実であったと見てよいであろう。そうでなければ「紅葉山御帳面」まで引き合いに出し、「御吟味之上少茂相違仕候ハヽ、如何様共可被　仰付候」とするような上申書を書くことはありえまい。木食正禅が語る自らの生い立ちについては、幾ばくかの誇張が含まれているにしても、ある程度の部分が事実である蓋然性は高いのではないだろうか。

もう少し正禅自身の語る半生に耳を傾けることにしよう。正禅の由緒書①に拠れば、

板倉周防守（重宗）殿、小堀遠江守（政一）殿、五味備前守（豊直）殿被仰候ハ、孫左衛門跡目義ハ私親庄左衛門ニ無相違被為　仰付候様ニ可被仰上与之義ニ御座候ヘ共、其刻孫左衛門一子当才ノ御座候故、倅成人候刻被為成　仰付被下候者難有可奉存与御断申御代官差上ケ、右之実子成人相待候処、此倅相果其存子も無御座候

とある。すなわち、正禅の父、庄左衛門は孫左衛門跡目の継承を小堀政一、五味豊直、板倉重宗に願い出たところ了承を得たが、当歳の孫左衛門実子がいるためその成人を待つようにいわれたという。小堀政一らは寛永頃の上方支配を行っていた八人衆[24]のうちの三人であり、事実であれば寛永頃のことと考えられる[25]。同じ頃の成立と見られる「洛中図」からは、洛中に村上孫左衛門・吉正の屋敷があったことも確認できる[26]。庄左衛門が士官の運動をしていた頃、孫左衛門自身は既に死去しているとしても、孫左衛門や吉正の拠点となる屋敷が京都にあったことは看過で

きない。庄左衛門が要職にあった小堀政一らと接触しえたとすれば、背景には親族にあたる吉正周辺の人物の協力や孫左衛門が築いていた人脈があったと見てよいであろう。

しかし、庄左衛門は孫左衛門実子が早世したため、不慮の事故で落命した兄の孫左衛門の跡を継ぐこともならず浪人となる。一度は「鷹司関白様、西本願寺寂如様、実父庄左衛門御懇意被成下ニ付、御内々ニ而立林様（館林＝綱吉）江庄左衛門被召出候様ニと之御願被為成　仰入」（由緒書④）と、館林藩への仕官の道が開けるが、正禅によれば庄右衛門はあくまでも幕府の直臣にこだわって辞退したという。これが事実であれば、当時の館林藩主が後の将軍綱吉だから、不運といわざるをえない。鷹司関白と「懇意」であったならば、徳川綱吉の正室信子が鷹司家出身であるから、ありえないことでもない。さすがに館林藩への出仕を袖にしたことは悔やんでいたのか、その後ついに幕臣となることが叶わなかったのは、「少シ御にくしミも懸り候哉」（由緒書④）とこの時の一件が尾を引いているのではないかと気にもしていたようである。元禄八年（一六九五）に失意のなか七十四歳で没した父に代わり仕官をせんとするが、直臣にこだわる父の遺志もありついに仕官かなわず、「是過去之宿執念と忽発心志不得止」と考え、二十四歳に出家を決意する。

このような自ら「不幸」と語る青年時代を正禅が経験した背景には、近世初頭から家光期にかけて頻発する大名の改易によって生じる浪人の増加、綱吉期頃から始まる代官の粛正と整理統合による仕官先の減少など、一七世紀に生じた逆風を真正面からうけたかたちになっているといえる。当時、正禅のような浪人は決して少なくなかっただろう。

出家を決意した正禅は、泉涌寺雲龍院恵雄のもとで剃髪する。[27]「絵伝」では、これを正禅は能勢妙見の示現により泉涌寺での出家を決意したとするが、前述の元文五年（一七四〇）の由緒書③では次のようにある。

京都御所司松平紀伊守殿ニ御由緒御座候故、家司関口善之丞、内藤八兵衛各御世話ニ相成候得共兎角不幸也、是偏出家開発の種と奉存候故、私廿四歳ニ而泉涌寺別院雲龍院恵雄比丘、関口善之丞方ゟ相頼候故、早速出家相成暫小戒ヲ相授リ相勤候得共、猶又深キ願望御座候故、高野山江相登り奥院五十二世木食恵昌師門弟ニ罷成候而木食ノ行儀授リ木食ノ沙門と罷成候、

すなわち、実際のところは京都所司代であった篠山藩主松平信庸との縁があり、家司の関口善之丞、内藤八兵衛の仲介で泉涌寺雲龍院に行ったことになっているのである。松平信庸は京都所司代時代に元禄の修陵にも関わっており、朝廷はもとより歴代天皇の陵が集まる泉涌寺との関係は浅からぬものがあったと思われる。また、篠山藩は飛び地領を丹波亀山にももっており、かつて丹波国奉行であった村上吉正や保津の郷士である村上氏と何らかの関係をもっていた可能性はある。聊か唐突に見える正禅の泉涌寺入寺も松平信庸と接点があったとすれば無理なく納得できることである。さらに、前述した正禅の言を信じるならば、父の庄左衛門は「鷹司関白様、西本願寺寂如様」と懇意でさえあった(28)。幕府からも優遇され、諸事を内覧する関白(29)の職に就いていた鷹司家と僅かでも接点をもっていたとしたら、非常に有利な後ろ盾であったであろう。

こうして見ていくならば、正禅自身はともかく父や叔父を介した武家・公家社会の人脈は相当なものであったことがわかる。由緒書①に拠れば、さほど実績のない正禅の活動当初より「真言三密加持力ヲ以　法皇様敬法門院様奉始宮々様方御袖守大黒天差上御祈念申上、別而知恩院悦宮様大聖寺宮様毎月参上仕御加持申上候」と霊元上皇（中宮は鷹司房子）やその典侍である敬法門院松木宗子、知恩院や大聖寺門跡といった人物とも関係をもっていたことも不思議ではなくなってくる。後に正禅が後西院の位牌を安祥院で預かっているが、その背景にはこのような鷹司家とのつながりや、古来より朝廷とも深い関係がある泉涌寺の存在があったと見ていい。また、新熊野や新善光

寺を境内にもつ泉涌寺である。正禅が後に熊野や善光寺参詣を思い立ったと思われるのもゆえないことではない。このように、よくよく背景を見れば青年時代の人間関係や近親の人脈が正禅の諸活動に無視できない極めて大きな影響を与えていることがわかる。また、当初から武家をはじめ本願寺や朝廷などとつながりをもっていたことが、後に京都で活動する彼の社会的な信用を高めることにはなったであろう。

二　安祥院建立まで

図1　七条大宮の正禅旧宅跡

泉涌寺で剃髪後、「小戒ヲ相守暫摘菜汲水致勤」めるが、正禅はすぐに京都で活動を始めたわけではなく「其後高野山へ登」った。高野山奥の院で木食恵昌[30]より木食戒をうけた正禅は近江龍法師村で真言僧の通過儀礼といえる四度加行を果たし、高野山の庫蔵院で灌頂をうけ「大阿闍梨」となると、「深願心」のため高野山を下りて正徳二年（一七一二）に京都に居を定めた。木食正禅が修行していた高野山の木食所周辺には「避穀の道心者の棲息しければ。此の所にて真言念なり授りて大師の名代なりと思ひ辺地寒村に流言」する者が少なくなかった[31]ようで、「木食ノ沙門」（由緒書①）となった木食正禅もこうした「真言念」（真言念仏か）を授かった道心者のひとりだったのであろう。ただ、彼が活動拠点に定めたのは、「辺地寒村」ではなく京都であった。

その拠点は「実父下屋敷大宮七条上ル二丁目小庵つくろひ」（由緒書③）とあり、父村上庄左衛門の下屋敷であったとするが、浪人に過ぎない庄左衛門にそうした屋敷があったとは思えない。むしろ、「西本願寺寂如様実父庄左衛門御懇意」であったこと、正禅が西本願寺寂如娘照姫の供養に関与しているなど本願寺との深い関係を見ると、寂如との縁により本願寺の寺内に住むことが認められたに過ぎないと思われる。その後、享保三年（一七一八）頃[32]から北白川の狸谷も行場として「山居」するが、この段階では間口六尺奥行二間程度の洞窟であり、雨除けの庇設置を願い出るや幕府から下山を命じられているところから、常設の施設をもった寺院ではなく山ごもりのための行場に過ぎない状態であった。[33]

　享保十二年（一七二七）に東山に安祥院を建立し、その住持となるまでの正禅は、寺院をもたない民間で活動する一宗教者、道心者であった。[34]そのため、いかに武家や朝廷周辺に人脈をもっていようとも、この時点の木食正禅は、京都の町の人から見れば、時折一乗寺の山から下りて来て念仏勧進をする行者、『人倫訓蒙図彙《じんりんきんもうずい》』でいう「念仏申」などの一人として見られていたに過ぎない。にもかかわらず、こうした道心者が後に寺院を建立するまでに社会に受け入れられるのである。その背景を知るための手掛かりとして、まず当時の木食正禅が行っていた宗教行為について検討することにしよう。

　高野山を離れ七条大宮に拠点をおいて始めた正禅の活動は、狸谷の洞窟での「行法」とともに「かねを相かけ念仏修行仕、且又例年寒夜三十日六墓五三昧を相廻」るものであった。[35]正禅自身「当院一寺造立仕候迄ハ難行苦行之内ニ而、今日迄相延可申所存夢々無御座候故、一切日並ニ万端ノ留メ不申」と述べているように、明確にし難いところもある。念仏については、「正徳五年ゟ当年（享保十二年）迄十四年已来昼夜たゝき鉦を打かけ念仏修行」をしたといっているように、正徳五年（一七一五）から昼夜休まず継続してきたという。[36]四宗兼学の泉涌寺で剃髪し高野山で修行した正禅は、公式文書において「真言宗」と記しているが、享保五年（一七二〇）に熊野権現から木食正禅が授かったとされる椿の杖には、「洛陽念佛行者木食正禅（花押）」とあり、[37] 当時の彼の自己規定としても「念仏行者」であったことがわかる。寒行三年目にあたる享保元年（一七一六）に禅僧大淵義通より与えられたという讃でも「念佛修行木食正禅道人」とあり、[38] 社会の正禅像も「念仏行者」であった。

実際、彼は後年建立した安祥院を浄土宗から自身の宗旨である四宗兼学に変更を願うが、その際に泉涌寺から念仏修行停止を条件として出されたため宗旨の変更を断念している。このように彼にとって譲れない一線であり、その宗教活動の核にあったのはまず念仏であった。享保十三年（一七二八）三月に念仏五千日、元文五年（一七四〇）五月には一万日の法要をしているが、五千日を約十四年とすれば、ほぼ起点は念仏を始めたという正徳五年（一七一五）頃になる。[39] とすれば、念仏修行は当初より休むことなく継続していたと見ることができよう。

一方で、「兼而心願之義」があって始めた（由緒書①）という歳末の夜間に南無地蔵・大谷・西土手・粟田口・西所河原・元三昧の六墓と千本・蓮台寺・七条・金光寺・狐塚の六墓五三昧を廻る寒行については、「享保二年、寒行初発より三年相成」（由緒書③）ったことを機に六墓五三昧の十一ヶ所に石塔建立を思い立ったとしており、実際に建立された石塔にも享保二年（一七一七）七月と建立の日が刻まれている。そこから逆算すれば寒行は念仏修行に先立つ正徳四年（一七一四）の暮れに開始したことになる。「相続寒夜修行仕七年ニ相当り候其節」に「丈六之金仏」鋳造を願い出たと述べており、享保五年（一七二〇）の金銅仏の建立から七年を遡れば、やはり正徳四年（一七一四）頃の開始となる。

以上のことから、正禅は正徳四年（一七一四）の末に初めて六墓五三昧を廻る寒行をし、明くる年から叩き鉦による念仏修行を始めたことになる。なお、歳末の五三昧廻りは正禅が創案したものではない。既に文禄年間成立の

図2　粟田口の六字名号碑

『義残後覚《ぎざんこうかく》』には「田舎には念仏の行」と称して「夜念仏に三昧をまはる事あり」とあり、[40]近世初頭成立の『奇異雑談《きいぞうたん》集《しゅう》』巻四には四条の西阿弥陀仏という時宗僧が応仁の乱による死者を弔うために夜な夜な五三昧を廻っていたことが記される。[41]貞享二年（一六八五）の序文をもつ京都の年中行事をまとめた『日次紀事《ひなみきじ》』には、「斯徒謂鉢敲、言斯徒至冬則夜々巡市中又到洛外五三昧場、（中略）所謂船岡山・中山・鳥戸山・最勝河原・珍皇寺是也」[42]とあり、当時の京都では既に歳末に鉢叩きが五三昧廻りを行っていたことがわかる。このことから、正禅は鉢叩きらが京都で行っていた寒念仏を自らの修行の一環として取り入れたものと思われる。そして、初めての三十日間にわたる寒行を終えて後に始めたのが、叩き鉦による念仏修行であった。

　こうした念仏修行と寒行を三年間にわたり続けた正禅は、六墓五三昧に「廻向一鉢之施入」により名号碑の建立を思い立つ。石塔建立の際は、京都町奉行の許可を得た上で、当該地の代官、庄屋に加え、西土手刑場では「北ノ方ニ小屋御座候、頭分之者」（由緒書③）といった「非人小屋」の頭とも調整の上で、享保二年（一七一七）に実現している。さらに丈六の金銅仏造立に取り組む。金銅仏の背銘に「寒夜三十日念佛修行例年墓回り成就廻向佛弁書寫大乗妙典血經一部御内腹納之」とあることから、名号碑同様に寒行の成就と血書による法華経書写がひとつの契機であったと思われる。「絵伝」に拠ると、紙で仏頭をつくり洛中を廻って資金を集めたという。こうした念仏の行や五三昧をめぐる寒行を続けるなかで、次第に信者を集めていたようで、この頃には弟子もいたようだ。享保四年（一七一九）の金銅仏の背面には「享保四巳亥歳八月十五日　弟子　蓮入　朋真　願真」とあり、弟子として蓮入・朋真・願真の名が刻まれている。従来の武家や本願寺との人脈も生きていたようで、「絵伝」には女院御所、門跡、公家などからも鏡等の寄進をうけていたという。こうした「上々様方御寄附之御鏡」によって鋳造した本尊を「御仕置之場所ニ建置候ハ如何敷思召」と京都町奉行が難色を示し、「利益在之候霊場」に安置することになり、結果として真如堂境内へ安置することになった。名号碑や金銅仏の建立を、貴賤から広く資金を勧進によって集めて実現したことで、徐々に京都の民衆の間でその存在が注目されるようになったと思われる。安祥院境内に造立された地蔵菩薩像には念仏講・地蔵講中一一五名の名前が刻まれており、また後年の史料であるが、安祥院運営にあたっては京都親縁講・近親講といった講中が世話人として関わっていたことが知られ(43)、正禅の活動を通じて集まった信者によって組織された講が彼の様々な活動の下支えをしていたことが窺える。

図3　真如堂金銅仏

では、武家や公家などの後押しもあったにせよ、なぜ正禅のこうした修行が京都の民衆の間で広く受け入れられたのであろうか。それを読み解くために、彼の活動していた享保期の京都がいかなる状況であったかについて確認しよう。

三　正禅のいた京都

正禅は自らの行動について「重罪之霊魂ヲ相吊」うために行うといっている（由緒書③）。それはどのような霊魂なのか。彼がめぐっていた場所に刑場が含まれる以上、その「重罪之霊魂」とは、まずは正式な供養が認められず「取り棄て」られた刑死者が念頭にあったと思われる。さらに、正禅が廻っていた五三昧のうち、南無地蔵・中山は「洛中洛外無縁之者、非人等行倒候得者、高野川原、賀茂川筋埋置、不埒」のため、「無縁之倒もの等」を「取片付」るための場所として元禄十二年（一六九九）に公儀によって制定されたものであった(44)。つまり、正禅が供養していた死者は無縁墓地に「取片付」られた死者でもあった。

西木浩一は江戸において、檀那寺をもたない状態で滞留していた日用層を埋葬した、墓標や副葬品をもたない「投込《なげこみ》」といわれる極めて簡素な埋葬をされた墓地の存在を指摘している(45)。京都で無縁墓が設定されたのも、とりもなおさずこうした檀那寺や埋葬されるべき墓をもたない単身の流入民の存在を無視できない状況にあったからであろう。一七世紀末の京都近郊村落では、しばしばイエの断絶や夜逃げがあったことが知られ(46)、こうして生じた浮浪民の多くは、京都や大坂といった都市に流入していったと考えられる。つまり、無縁の死者の存在とは京都という都市が抱える問題であった。

さらにいえば、無縁墓地に埋葬されたのは都市近郊に出自をもつ流入民に限られなかったと思われる。享保期に成立した三井高房の『町人考見録』には一七世紀に没落した多くの町人の姿を伝えているが、吉田伸之は冷泉町の住民構成の分析を通じて、享保頃は中世以来のイエが解体し「小町人」が消滅するとともに「超大店」による独占が始まる時期であったとした(47)。吉田は、排除された「小町人」の行き先として借家や裏店を想定しているのだが、一七世紀末から一八世紀初めにかけて大きな資本をもたない経営規模の脆弱なイエの多くが解体していったとすれば、都市構造の変化のなかで没落し、イエを維持できずに排斥された存在もまた無縁墓地に埋葬されたのであろう。

なお、一方でこの時期はイエの意識が次第に浸透する時期であった(48)。竹田聴洲は九割の寺院が一六世紀から一七世紀までの二〇〇年間に集中的に建立され、その動機の多くが死者の追善のためであったことを指摘し、その動向の背景には「本百姓体制の成立ないしそれへの胎動」があったとする[49]。また、市川秀之は、畿内で先祖代々の語が墓石に刻まれる時期が村落の上層部ではなく中層から一八世紀前半に出現することを指摘し、その背景に社会変動のなかで新たに台頭してきた層や旧来の地位を保ちきれなくなった没落層が、その社会的地位を対外的に発信するための「伝統表現」として「先祖代々之墓」が採用されたのではないかとしている[50]。かかるイエ意識の浸透に加え、寺檀制度により、イエと寺との関係を基本とした「葬式仏教」と呼ばれるあり方が近世に形成されたと尾藤正英はいう[51]。尾藤はこれを「国民的宗教」の形成とし、「低い身分に属する民衆が、個人として死後には仏式の供養を受け、その霊魂の浄土への往生が保証される」という積極的な面もあったと指摘している。しかしながら、この「国民的宗教」は、あくまでもイエと寺との関係を前提としている以上、イエを離れて都市部に流入した単身者や、イエを維持することができず町から排斥された人々には、この保証がないことを示している。そして「ひとたび無縁仏となれば、永遠に無縁仏」なのである[52]。とすれば、一七世紀までの寺院（と境内墓地）の成立は、永続を期待されるイエによる墓地運営と供養の継続を象徴する存在であり、一方でそこから洩れた存在の行き先としての都市における無縁墓地の設定は、いわば物事の両側面としてあったといえる。

つまり、享保期は京都の住民にとってイエの意識が浸透する一方で、町の住民はその先祖から引き継いだイエを維持できず、祖先もろともに自らを供養する者が存在しない「無縁」に転落する危機感を切実に感じずにはいられない不安定な時期であったといえる。かかる社会状況のなかで、単身の流入者が増加の一途をたどる都市において、近親者をもたずに「無縁」として処理される死者の存在は、とりわけ都市の影の部分として意識されることになったであろう[53]。

柳田國男は、近代とは土地を離れて「親々の墓所に還りえない霊魂」が生じ、「いかにその記念を次の代と結ぶかに、苦慮しなければならなくなった時代」であると表現しているが、[54]こうした状況は一足先に一九世紀の京都においていたということができる。

土居浩は、京都の五三昧とは、同時代の文脈においては「眼前に進行する境内墓地化以前の葬所であり、劣位に位置づけられた死体（心中者・行倒れなど）の処理を担わされた空間を提示する語」であるとしている。[55]つまり、最初に京都の五三昧で木食正禅が行ったのは、次第に整いつつあった「国民的宗教」に欠落した部分、イエという枠組みから離れ「無縁」となって死んだ人々のための宗教的な受け皿としての役割であった。木食正禅がこうしたことを能くしえたのは、なにより彼自身がイエの解体を経験したことにあるのであろう。既に見てきたように正禅は武家出身ながら家名の断絶を経験し、武家としての再仕官の道を絶たれた浪人を出自にもつ存在であった。自らの体験が都市構造の変容を実感し、供養を必要としている存在に目を向けることになったのではないだろうか。

そして正禅がこうした都市における「無縁」の問題に目を向ける契機となったのは、拠点であった七条大宮という場にもあったと思われる。というのは、当地にほど近い「京七条大宮西へ入町煙亡町」には京都五三昧のひとつである狐塚において、定番で葬送にあたる「煙亡三人」が居住していたのである。[56]そのうえ、「七條通大宮西入一町間、及び大宮通西裏一圓」は花畑町といい、「七条通りを除きたる北方大部の地は本願寺准如以来歴代法主の遷化に際し、此地に於て茶毘火葬なりを行」っていたという。[57]こうした葬送を常に意識せざるをえないところに住みながら、日常的な生活のなかで、「焼料心やすきにより、下京醒井通辺の者さびものは、みなこれへ行」[58]とされるような比較的下層民が利用する火葬場で葬送に携わる三昧聖と接することが、正禅に都市に生きる「無縁」の存在を気づかせたと考えてもよいのではないだろうか。

まず、単に五三昧を廻るだけならば鉢叩きなどの宗教者も同じことをしていたが、それだけでは自身の「行」に過ぎない。しかし、正禅は自らの体験を通じて当該期の京都における人々がもつ深刻な霊魂の問題と認識した上で、そうした霊魂を救済するという積極的な目的をもって寒行や念仏修行を行い、死者供養のために名号碑を建立することに乗り出したこと、これが人々の信仰を集める経緯となったと思われる。

おわりに

柳田國男は「死んで自分の血を分けた者から祭られねば、死後の幸福は得られないという考え方が、いつの昔からともなくわれわれの親たちに抱かれて」おり、「これは一つの無言の約束であって、多くの場合祭ってくれるのは子孫であったから、子孫が祭ってくれることを必然と考え、それを望みえない霊魂が淋しかったのであろう(59)」というが、イエ意識の浸透時期から見ると、こうした「考え方」が広まった時代こそ、正禅が活躍していた時代ということになろう。そして同時に、その時期に没落した人々が流入した先が京都であった。また京都において経営規模の小さい町人のイエが次々と解体を遂げていったとすれば、当時の京都の人々はかつてない危機意識を抱かずにはいられなかっただろう。そうしたなかで、七条大宮という町を拠点とし、裏店で生活する人々を身近に感じていた「木食沙門」正禅は、無縁の霊魂を供養する念仏修行を続け、供養塔を建立する。だからこそ、実際に裏店などに住む「無縁」予備軍といえる人々に加え、多くの都市住民が正禅の勧化に応じようとしたのではないか。

高取正男は、喜捨をする人々の意識について、飢饉などの災害が訪れたときに生じる、せまい共同体のなかで生じた弱者の脱落を見殺しにしなければ生き残ることのできない状況は、生き延びた者に「ある種の原罪感覚」を植えつけ、「加害者意識」から「贖罪のための喜捨」をせずにはいられないからであるという。[60] 京都の住民も、こうした意識から正禅の勧進にも応じることになったのではないだろうか。

その後の安祥院建立について、正禅は「一切群類為結縁霊之、御公儀之蒙御赦免、東山五条坂ニ一寺建立仕候」[61] といっており、群霊結縁と霊魂の永続的な供養のためには常設の寺院を建立するに勝るものはないと考えたものであろう。[62] その後、安祥院建立が一段落した木食正禅は、「先年一宇建立之蒙御赦免、安祥院大方成就仕難有奉存候、然者」と今度は東海道の改修を願い出る。「三条山科領日岡峠車道近年殊之外相損じ」ており、荷車を牽く牛が難儀するのを見かね、その改修が「拙僧年来之志願」であったという。

正禅の活動を見たとき、生涯にわたって様々な救済活動を続けたということは事実であるが、寺院という一定永続が保障された宗教施設の設立が実現して以降は、宗教行為から道路補修や架橋など社会資本の整備に重点が置かれるようになっている。無論、寺院建立自体がそうした大規模な事業を可能ならしめる経済的基盤の整備につながったという面はあろうが、それまでの「無縁」の救済とは方向を大きく異にしていた点で、安祥院建立をもってひとつの画期とする見解は首肯できるものである。

しかしながら、京都が必要としていた物流の促進という都市機能を整備したという点では、それまでの宗教的救済と同様、いずれも京都という都市が抱える現実的な問題に対応するという方向性は一致していると思われる。木食正禅の行動は宗教的な次元での救済を出発点とし、後には社会化したとも見えるが、結局のところ京都という都市が現実にもつ様々な問題を前にした、宗教者としての実践という面では一貫していたともいえる。

木食正禅の活躍と同じ頃、江戸では身禄《みろく》を祖とする富士講が起き、京都でも石田梅岩による心学の講義が始まり、イエの存続のために必要な道徳を説くが、これも享保期の社会状況にそれぞれの立場で対応しようとしたものということもできるであろう。従来の思想史研究では、権力と民衆運動の関係や近代とのつながりを重視するあまり、富士講などの世直しにつながる思想や、石門心学のような思想が評価される一方で、正禅のような既存の宗教の枠組みから大きく逸脱することなく、徹底した行、宗教的実践によって表現された宗教者による活動についてはあまり評価されてこなかった。しかし、こうした宗教者が、何を自己の課題とし、克服しようとして活動したのか、「救済」しようとした対象はいかなるものであったのか、という視点で見たとき、当該期の社会の陰翳が鮮やかに浮かび上がるのではないだろうか。

註

（1）辻善之助『慈善救済史料』（金港堂書籍、一九三二年）、池見澄隆『増補改訂版　中世の精神世界――死と救済』（人文書院、一九九七年）、西大寺律宗の救済活動について、松尾剛次『勧進と破戒の中世史――中世仏教の実相』（吉川弘文館、一九九五年）、勧進聖願阿弥の活動について、下坂守『描かれた日本の中世――絵図分析論』（法藏館、二〇〇三年）など。

（2）西海賢二『近世遊行聖の研究』（三一書房、一九八四年）、同『漂泊の聖たち――箱根周辺の木食僧』（岩田書院、一九九五年）、同『江戸の漂泊聖たち』（吉川弘文館、二〇〇七年）、同『近世の遊行聖と木食観正』（吉川弘文館、二〇〇七年）、同『念仏行者と地域社会――民衆の中の徳本上人』（大河書房、二〇〇八年）、同「常陸木食上人考――木食観海によせて」（『日本民俗学』第二五八号、二〇〇九年五月）

（3）長谷川匡俊『近世の念仏聖無能と民衆』（吉川弘文館、二〇〇三年）

（4）かかる民間で活動した宗教者の行動に種々の伝承が付加され近世の高僧伝になっていく様子についても、文学の祐天について明らかにした高田衛『江戸の悪霊祓い師』（筑摩書房、一九九一年、後に『新編　江戸の悪霊祓い師』ちくま学芸文庫、一九九四年）や、呑龍などについて触れた堤邦彦の研究（『江戸の高僧伝説』三弥井書店、二〇〇八年）がある。

（5）宮田登『ミロク信仰の研究』（未來社、一九七〇年）

（6）柴田實『安祥院と木食養阿上人』（日限安祥院、一九五五年）、後に同『日本庶民信仰史　仏教編　柴田實著作集二』（法藏館、一九八四年）に収録。

（7）五来重『五来重著作集　第五巻　修験道の修行と宗教民俗』（法藏館、二〇〇八年）

（8）平野寿則「木食正禅養阿の信仰と救済――『木食正禅養阿上人絵詞伝』を通して」（『宗教民俗研究』一九九六年）、同「近世木食遊行「聖」の宗教と実践――正禅養阿の道路改修事業をめぐって」（豊島修・木場明志編『寺社造営勧進　本願職の研究』清文堂出版、二〇一〇年）

（9）安田真紀子「東海道日岡峠における木食正禅の道路改修事業」（『奈良史学』八号、一九九〇年）

（10）勝田至『日本中世の墓と葬送』（吉川弘文館、二〇〇六年）

（11）土居浩「『京師五三昧』再考」（『桃山歴史・地理』三四号、一九九九年）

（12）殿南直也「木食正禅養阿上人の作善と名号碑」（『日本の石仏』一一八号、二〇〇六年）、その他、保津町誌編纂委員会編『ふるさと保津』（保津町自治会、二〇〇一年）に保津出身の人物として概略が記載されている。

（13）木食正禅は元文六年に梶井門跡の推挙により法橋上人の号を許され、その際に名も養阿と改めたが、本稿では史料上の文言を除き正禅に統一する。なお、しばしば木食養阿正禅、あるいは木食正禅養阿と表記されるが、正禅自身は養阿改名の直後に「正禅事養阿」とすることはあっても、養阿と正禅を同時に名乗ることはない。

（14）「木食養阿上人絵伝」は安祥院に伝来する木食正禅の事績を記した二巻からなる絵巻。外題を欠き表題は柴田實による仮称。詞書全文が前掲註（6）柴田實書に翻刻掲載されている。以下、「絵伝」と略記する。

（15）木食正禅に関する基本的な史料としては、①安祥院文書、②金石文、③地誌や随筆などの関連史料、④「木食養阿上人絵伝」がある。正禅の事績については④の絵伝に依拠して論じられることも少なくない。絵伝の成立年代について、柴田實は「詞書、絵ともにその筆者を詳らかにせず、制作の年代亦不明」とするが、平野寿則は前掲註（8）「木食正禅養阿の信仰と救済」にて年記下限が享保五年（一七二〇）であり、以後の安祥院建立や日岡峠・渋谷峠の改修、入寂などの記載を欠いていることから、享保十二年（一七二七）の安祥院建立前後ではないかとする。

また、殿南直也の前掲註(12)論文では、安祥院結界石に「東山安祥院木食正禅養阿開基　施主狩野如川・中村可円」と狩野派の絵師の名が見えることから、狩野周信（一六六〇～一七二八）画、中村可円詞書ではないかとする。このように先行研究のうちで「絵伝」成立に触れているものは、概ね正禅の生存中に作成されたものであるという認識で一致している。しかし、正禅は狩野周信が没した享保十三年（一七二八）には「養阿」を名乗っておらず、殿南が根拠とした結界石の建立は上人号の勅許とそれに伴う「養阿」改名の元文六年（一七四一）以降まで下がる可能性があり、これを根拠に狩野周信（如川）が絵伝に関わっていたと推測するには聊か無理がある。むしろ、「絵伝」の文中で「上人」の語が使用されていることから、少なくとも上人号勅許の元文六年（一七四一）以降の成立であろう。また、木食正禅の出生地を「絵伝」では京都と表記する（次註参照）など、明確な事実誤認も見える。このことから、木食正禅は「絵伝」作成に関与していなかったと見なければならない。「絵伝」に語られる正禅の事績は必ずしも時系列によったものではなく、年代に混乱を見せていることから、むしろ成立は彼が入滅して以降に正禅周辺の人物が種々の記録や挿話を集めて編集された可能性がある。以上のことから、「絵伝」を同時代資料として扱うことは難しいと思われる。

(16)　例えば、正禅の出自について、前掲註(6)柴田實書などは丹波の保津とするが、『国史大事典』第一四巻（吉川弘文館、一九九三年）「養阿」（坂本正仁執筆）では「京都の生まれ」とし、『ふるさと保津』でも「京の下屋敷（七条大宮上る二丁目）に生まれる」としている。これらは恐らく「絵伝」の「平安の洛下に誕生れ給ひ」とする記載によると思われるが、正禅自身が「私生国者丹波保津村」としており、誤りであろう。

(17)　「安祥院文書」一（京都市歴史資料館架蔵写真帳に拠る）。安祥院文書は同寺に関する上申文書などを写した留書が六点伝来する。以下、安祥院文書については京都市歴史資料館の史料受入番号と留帳に写された該当文書の年月日と原題を付記する。

(18)　「安祥院文書」一

(19)　「安祥院文書」一、当文書は『史料　京都の歴史』第一一巻「山科区」（平凡社、一九八八年、一一九頁）に翻刻掲載されている。

(20)　「安祥院文書」二

(21)　三之助については不詳。三人の他に血縁がないので三右衛門の子とした。なお『寛永諸家系図伝』第三（続群書類従完成会、一九八〇年）では村上吉正（三右衛門）の子は三之助ではなく「三正」となっている。

(22)　西宮市吉井貞俊氏所蔵文書「摂津一国高御改帳幷領主村名附」に「御蔵入村上孫左衛門預り」として見えている（『兵庫県史』史料編近世二）。天正十九年（一五九一）の記載があるが、地名から元和三年（一六一七）のものであることを八木哲浩「摂津一国高御改帳の年代考証」（『地域史研究』三巻三号、一九七四年）が指摘している。

(23)　村上三右衛門は「諸事触下覚」（「中井家文書」一三七）に山口駿河守とともに丹波の国奉行として見えている（高橋正彦編『大工頭中井家文書』慶應通信）。尼崎城築城にも関わっている（『徳川実記』元和三年十月十四日条、『寛永諸家系図伝』）他、元和元年（一六一五）に「勝尾寺文書」（『箕面市史』史料三）では山論の裁許をしていることが見える。寛永年中には富士参詣導者についての制札を発給している（「公文冨士氏文書」二七号、浅間神社編『浅間文書纂』名著刊行会、一九七三年）。但し、孫左衛門と吉正の関係については明確ではない。なお、国奉行については高木昭作『日本近世国家史の研究』（岩波書店、一九九〇年）を参照。

(24)　上方八人衆については、朝尾直弘『近世封建社会の基礎構造』（御茶の水書房、一九七八年、後に『朝尾直弘著作集』第一巻「近世封建社会の基礎構造」、岩波書店、二〇〇三年）参照。

(25)　但し、朝尾直弘が紹介する寛永二十年（一六四三）の上級の武士を対象とした浪人改では見えていない（朝尾直弘「近世京都の牢人」『京都市歴史資料館紀要』一〇号、一九九二年、後に『朝尾直弘著作集』第七巻「身分制社会論」岩波書店、二〇〇四年）

(26)　「寛永京都図」（『慶長昭和京都絵図集成』）、藤井譲治「一七世紀京都の都市構造と武士の位置」（金田章裕編『平安京—京都—都市図と都市構造』京都大学学術出版会、二〇〇七年）

(27)　享保十年九月十四日　恵雄「一札之事」（「安祥院文書」一）

(28)　朝廷・公家社会の開放性については、松澤克行「元禄文化と公家サロン」（高埜利彦『日本の時代史』第一五巻「元禄の社会と文化」吉川弘文館、二〇〇三年）

(29)　山口和夫「近世の家職」（『岩波講座日本通史』第一四巻「近世4」岩波書店、一九九五年）、同「朝廷と公家社会」（『日本史講座』第六巻「近世社会論」東京大学出版会、二〇〇五年）

(30)　木食恵昌は、紀州藩が編纂して天保十年（一八三九）に完成した地誌『紀伊続風土記』「高野山之部学侶」の「木食所」の項に「元禄の頃木食恵昌といふものあり」と見え、十二天の絵像や仏像を寄付し、同所に入住したことを記している。
(31)　『紀伊続風土記』高野山之部学侶
(32)　安祥院にある叩鉦の銘から正徳五年（一七一五）には既に狸谷に山居していた形跡がある（前掲註(6)柴田實書）。
(33)　北白川一乗寺で修行していた際に彫られたと思われる「父母菩提　一乗寺山　木食正禅作（花押）」と彫られた地蔵菩薩像が近年オークションに出品された（『古裂会　AUCTION　CATALOGUE　Ⅰ　第五二回入札オークション』二〇〇九年十二月）。この時点では「一乗寺山」と行場の地名を記すのみで、正禅の自己認識は山中で修行をする行者というものであったと思われる。なお、像高一三センチメートルの小品ながら、正禅の像仏活動についてはあまり知られていないなか、貴重な作例である。今後はこうした造仏活動についても注目する必要がある。
(34)　道心者とは、成人してから剃髪した人のこと。近世の道心者については、塚田孝「身分的周縁論——勧進の併存を手がかりとして」（歴史学研究会・日本史研究会編『日本史講座』第六巻「近世社会論」東京大学出版会、二〇〇五年）、同「都市の周縁に生きる」（『身分的周縁と近世社会』第四巻「都市の周縁に生きる」吉川弘文館、二〇〇六年）、同「勧進宗教者の併存と競合」（『近世大坂の非人と身分的周縁』部落問題研究所、二〇〇七年）。但し、塚田は都市下層社会の構成要素としてとらえるにとどまっており、こうした視角では彼らがなぜ敢えて宗教者という姿をとったのか、経済的な理由以上の積極的な意味を明らかにできていないと思われる。
(35)　享保十四年十二月五日　安祥院住持木食正禅「乍恐奉願上口上書」（「安祥院文書」一）
(36)　享保十三年十一月二十一日　安祥院住持木食正禅「乍恐口上書ヲ以奉願上候」（「安祥院文書」二）。現在、安祥院に残る叩き鉦の台座に正徳五年十月十五日の日付があるが、念仏修行開始の年に新調したものであろうか。なお、これらの安祥院什物は安祥院加藤泰雅氏のご厚意により実見することが出来たものである。
(37)　安祥院所蔵
(38)　「禅僧上人を讃ふる語」（「木食養阿上人絵伝」所引）

(39) 実際には五千日回向開始の享保十三年三月十五日から一万日回向開始の元文五年五月十五日までの間が五千日に満たないので、概算で行ったものと思われる。
(40) 高田衛編『江戸怪談集　上』(岩波文庫、一九八九年)
(41)『同右』。ここでは、「毎夜かくの如く、やうやく三年に到る。雨雪の夜は行かず」とあり、歳末に限らず継続していたこと、荒天の日には行わなかったことなど、正禅による寒行とはやや異なる部分もある。
(42)『日次紀事』十一月十三日条(『新修　京都叢書』第四巻)
(43) 年未詳「年頭出礼暑寒見舞之事」(安祥院文書三)
(44)『京都御役所向大概覚書』「六十四」洛外五ヶ所無縁墓地之事
(45) 西木浩一「都史紀要三七　江戸の葬送墓制」(東京都、一九九九年)、同「江戸の社会と『葬』をめぐる意識」(『関東近世史研究』第六〇号、二〇〇六年七月)
(46) 元禄期の南山城における村方の日記『上田氏旧記』(奥田修三『元禄村方日記』文理閣、一九八八年)や同じ頃の河内の日記『河内屋可正旧記』(野村豊・由井喜太郎編『近世庶民史料』一九五五年)には多数の「潰れ」の記載が見えている。
(47) 吉田伸之「近世前期の町と町人」(『近世都市社会の身分構造』東京大学出版会、一九九八年)、同『日本の歴史一七　成熟する都市』(講談社、二〇〇二年)、杉森哲也「商家同族団と町」(『近世京都の都市と社会』東京大学出版会、二〇〇八年)
(48) 大藤修「小経営・家・共同体」(『日本史講座』第六巻「近世社会論」東京大学出版会、二〇〇五年)
(49) 竹田聴洲『民俗仏教と祖先信仰』(東京大学出版会、一九七一年、後に『竹田聴洲著作集』第一巻〜第三巻、国書刊行会、一九九三〜九五年)
(50) 市川秀之「先祖代々之墓の成立」(『日本民俗学』二三〇号、二〇〇二年五月)
(51) 尾藤正英『江戸時代とはなにか』(岩波書店、一九九二年、後に岩波現代文庫、二〇〇六年)
(52) オームス・ヘルマン『祖先崇拝のシンボリズム』(弘文堂、一九八七年)。なお、オームスは同書において、「無縁仏供養の必然感は、死者を皆残ることなく処置すべきだという感覚」とし、「社会・政治管理が徹底すればするほど、死後の世界の秩序づけもまた徹底的に行われる」と指摘する（九四頁）。一八世紀前半に登場した正禅の行動が、まず刑死者の供養から始まっていることを想起すれば、その行動の背景に権力による死者の政治的管理の浸透があったということも出来る。正禅と権力との相互関係については今後の課題としたい。

(53) こうした「無縁」化への危機意識を反映してか、当時の大坂では、かえって葬送の華美化が問題になり、何度も禁令が出されていること、そのなかで都市下層民でさえ金銭をつぎ込み葬送の華美化を指向していたことが指摘されている（木下光生「葬送文化と家――畿内近国民衆を事例に」藪田貫・奥村弘編『近世地域史フォーラム２　地域史の視点』吉川弘文館、二〇〇六年）。

(54) 柳田國男『明治大正史世相編』（『定本柳田國男集』第二四巻、筑摩書房、一九七〇年）

(55) 前掲註(11)土居浩論文

(56) 寛保三年六月「禁裏様新御料山城国葛野郡唐橋村差出明細帳」（「竹内新之丞家文書」『史料　京都の歴史』第一三巻「南区」、平凡社、一九九二年）

(57) 『京都坊目誌』下京第廿九学区之部「花畑町」

(58) 『遠碧軒記』（『日本随筆大成』一期第一〇巻、吉川弘文館、一九七五年）

(59) 前掲註(54)柳田國男書

(60) 高取正男「常民の暮しと旅」（『高取正男著作集四　生活学のすすめ』法藏館、一九八二年）

(61) 「清水寺文書」（『清水寺史』第三巻「史料」法藏館、二〇〇〇年、一九六頁）

(62) 正禅が創始したといわれる真如堂・永観堂・清水寺阿弥陀堂・安祥院・安養寺・誓願寺をめぐる「洛陽六阿弥陀巡拝」が現在も続いている。正禅が始めたとする確かな史料は管見の限り見出しえないが、現在地に再建された真如堂が落成を見たのが享保二年（一七一七）であり、清水寺阿弥陀堂も寛永期に火災に遭ってから途絶していた常念仏が享保六年（一七二一）に再興している（『清水寺史』第三巻）。また、安養寺の本尊も一六八〇年代後半から一八世紀初頭にかけて慈泉洞空によって喧伝され、女人往生の利益がある「さかれんげ阿弥陀如来」として急速に信仰を集めるようになっていった（大江篤「さかれんげ阿弥陀如来」『園田学園女子大学論文集』第三一号Ⅰ、一九九六年十二月）。こうしたことから考えれば、当時衆目を集めていた霊験あらたかな阿弥陀堂をつなぐ新たな巡礼が、安祥院の建立にあわせ、話題性のある他の寺院とともに安祥院の存在を広く世間に知らしめる手段として正禅によって創始された可能性は高いものと思われる。なお、六阿弥陀巡拝会発行のパンフレット「洛陽六阿弥陀巡拝」に拠れば、「有縁無縁の精霊の追善回向を行ずれば、わが身の往生安楽がかなえられる」と無縁の回向とともに自身の往生安楽が功徳として語られる。また、前掲註(7)五来重書に拠れば、六阿弥陀めぐりは「老人が、他人に「あとしり」を取ってもらわずに安楽往生できるという、一種の安楽死信仰に支えられた」阿弥陀信仰でもあったという。

第二章　洛中洛外の富士垢離と富士講

はじめに

ここまで勧進聖や三昧聖、木食僧などの宗教者について見てきた。近世史では、このような民間の宗教者について着目する研究が活況を呈している。そうした研究を通して、都市や村落において多様な宗教者が活動し、地域社会と様々な関係を取り結んでいたことが指摘されてきた[1]。かかる研究動向は、公家や寺社と結びついた宗教者の存在についての研究と都市史研究、身分制研究を「自覚的に発展」させるべく提唱された、という「身分的周縁」研究の影響に他ならない[2]。その結果、今まであまり注目されてこなかった宗教者集団に光があてられるとともに、個別の宗教者研究を近世社会全体に位置づけうる回路をもつに到り、多くの事例研究が積み上げられた。その結果、近世に民間で活躍した宗教者像は極めて具体的で豊かなものになった。

修験道についても、「身分的周縁」研究を牽引してきた塚田孝が大坂の「宗教的勧進者」の集団に関する分析を通じて、一七世紀には山伏の集団が最も大きく、一九世紀に比重を下げていき、近世後期には神道者が増える事実を指摘し、その背景に「集団の展開状況」の差異があったことを挙げている。塚田孝は、近世の諸身分は身分集団として存在すると考えているため、対象を集団としてとらえ、その〈集団〉の組織と、他の身分集団との競合や共存のありように注目し、「重層と複合」という概念を使いながら明らかにしようとしている。[3] 近世の諸身分を身分集団として見て、集団のありように着目したものである。[4] また、「身分的周縁」の視点から髪結《かみゆい》・鳶《とび》について分析した吉田伸之は、「固有の身分が成立する条件」として、職分・役とともに共同組織の固有性・固定制・排他性を挙げており、やはり集団を重視する。[5]

しかし、近年になり身分的周縁の議論に対する疑義も出され、集団に所属しなくても一身分として存立しうる余地があり、集団所属はひとつの選択肢に過ぎないのではないかという集団の位置づけについての批判がされている。[6]

そこで、本稿では早くから寺社による宗教者支配の具体例として論じられている聖護院に着目し、聖護院が支配をしていた関西の富士垢離《ふじごり》の実態と集団のありよう、聖護院の動向を見ていきたい。

なお、関西の富士講については、村山修験との関係や関東の身禄による近世の富士講とは異なる独自の形態をとっていたことなどが紹介されている。[7] 関東の富士講については、食行身禄らを祖とする富士講が救済思想など民俗信仰と関わりながら関東で大きな影響をもつ組織になっていったこと、近代の教派神道に一部がつながっていったこともあり、民俗学[8]や近世思想史[9]などの分野で研究がなされ、既に分厚い研究史がある。だが、関西の富士垢離は若干の事例報告はあるが、近世におけるその実態や組織についてはさほど明らかにはされていない。なお、先行研究では京都以外にも大坂、大和、近江で富士垢離の存在が指摘されているが、本稿では聖護院と比較的近い京都近郊の事例を出発点にその詳細を明らかにしたい。

一　洛中洛外の富士垢離

近世京都周辺の「富士垢離」とは、富士の村山口を中心に中世に勢力をもった村山修験の影響をうけて近世初頭から流行した信仰である。関東で盛んに行われた代参講としての側面が強い富士講とは異なり、関西の富士垢離は五月二十五日から六月二日までの間、行者が毎日河辺に出て水垢離をとって富士を遥拝することを主とするもので、富士登山をさほど重視しないことを特徴としている。『日次紀事《ひなみきじ》』五月二十五日条によると、「自今日至六月二日、富士行人毎日出河辺修富士垢離而遥拝富士権現、是則同富士参詣、云其間男女憑行人或祈病或索福、行人授其所求之紙符於願主人、又有所願人自雑行人修垢離、酋長称先達、其所会謂富士小屋、近世属聖護院門主」とあり、「先達」に統率される「行人」が、「所願人」を交え、河辺で富士を遥拝しながら垢離をとる修行をしていたことがわかる。ここでは、先達に引率され垢離を修し、祈禱や配札をする宗教者としての「行人」と、彼らに混じって一緒に行をする一般の「所願人」がいたことをまず確認しておきたい。そして彼らは「富士小屋」と称する施設をもち、「聖護院門主」に属していたことなどを読み取ることができる。

　近世京都における富士垢離については、よく知られた資料であるが、まず『京都御役所向大概覚書』巻一「山伏富士垢離之事」に次のような記載がある。(10)

聖護院御門跡
一冨士垢離　七拾九軒
　内　洛中五拾六軒
　　　洛外弐拾三軒
一垢離場　壱ケ所
壬生領夷森に清水有之、地主江相対仕垢離執行之者共拾ケ年以前戌年以来垢離場ニいたし候由ここから、洛中洛外に聖護院の支配をうける都合七十九軒の「富士垢離」があり、壬生領内には夷森《えびすのもり》という清水が出る場所があり、そこを「垢離場」としていたことなどがわかる。七十九軒と軒数を単位で把握されている「富士垢離」が、『日次紀事』に先達がいると記載されている「富士小屋」であろう。[11]ここでは洛中洛外に七十九軒存在していた「富士垢離」と「壱ヶ所」だけ存在する壬生の「垢離場」の関係が明確ではないが、前掲の『日次紀事』では「垢離」は河辺でとっていたとあり、また本資料成立に先立つ元禄期に御土居堀外縁に富士垢離場があったことが確認できることから、[12]すべての行者が壬生の垢離場だけに集まって水垢離をするというわけではなかったのだろう。「垢離場」があったとされる夷森は、中世には公家の山科家領「今西宮」で、近世には西宮夷を祀る恵比須社があったため（『雍州府志』巻三）、近辺を夷森といっていた。[13]近世後期の絵図には、この夷森に隣接して「行者堀」と書かれた堀が描かれていることから、この周辺の清水が湧く場所に「行者」の集う「垢離場」があったことは推測できる。絵図に描かれていることからすると、他にも存在していた単なる行場とは異なる何らかの特別な背景をもった場所が壬生の「垢離場」であったということであろう。

ところで、洛中洛外に存在したという七十九軒の「富士垢離」であるが、寛文年間には三本木方小屋・水引小屋・大津小屋・てんにやく小屋・志んちう小屋などが存在していたことが既に指摘されている。[14]この他にも表1の通り、所在不明も含め一七世紀末までに十六の富士小屋が確認できる。[15]こうした呼称をもつ「富士小屋」が他にも多数あったのであろう。[16]また、時代は大きく下がるが安政四年（一八五七）に村山浅間社と頂上大日堂の修復勧化に応じた京都の「行家」として、金本行家、銀行家、岩井行家、大黒行家、森住行家があり、山城国紀伊郡上向島には日之丸行家の名が挙がっている。[17]後述のように「富士小屋」は聖護院から某行屋（行家）の名を与えられていることから、これらの「行家」も洛中洛外の「富士小屋」であろう。[18]このように、多くの「富士垢離」（富士小

表1　洛中洛外富士小屋

名　称	所　在	名　前	年　代	典拠
三本木山方小屋	—	伊藤利右衛門	寛文13年	①
水引小屋	—	次郎兵衛		①
大津小屋	—	長円		①
てんにやく小屋	宮河町六丁目	平左衛門		①
志んちうこヤ	京	庄兵衛・かく明院	寛文５・延宝３年	②
河内小屋	京二条池次丁	―	貞享２年	②
大仏行家	京三条大橋	殊勝院	元禄４年	②
新三本木明しこや	—	光明院	元禄４年	②
若水こや	今出川	此泉坊	元禄４年	②
—	北野ニテ	覚仙坊		③
花屋小や	京	清兵衛殿小屋内		③
柏屋小や	京	先立茂兵衛殿　同行九人		③
瀧本小屋	山城京下ちやうしや町通り	きみやういん		③
するか小屋	京川原町松原上ル町	与惣兵衛殿・先立（ママ）・同　長兵衛殿		③
白金小屋	京	長右衛門殿・次郎兵へ殿・善兵へ殿・善左衛門殿・清兵へ殿・甚五郎殿〆拾壱人		③
金沢小や	京	そふむほういん小や内金蔵院・願行院　〆弐人		③

典拠）
①「富士山室小屋建立古帳面写」（「旧大鏡坊富士氏文書」K64『村山浅間神社調査報告書』）
②「道者帳写」（「旧大鏡坊富士氏文書」K174『村山浅間神社調査報告書』）
③「道者帳」（「四和尚宮崎氏記録」4　浅間神社編『浅間文書纂』）

図1　枇杷庄庚申堂

屋・行屋）が存在していたことは間違いないが、京都近郊で行われた「富士垢離」の詳細についてはまったく知られていない。そこで、まず手始めに洛外南山城にあった富士垢離の行屋に注目して見ていくことにしよう。

二　南山城の富士垢離

本節で取り上げるのは山城国久世郡寺田村の二ヶ所と枇杷庄村の富士垢離場である。このうち成立の経緯が比較的明確になっているのが枇杷庄《びわのしょう》である。

1　枇杷庄川側行屋

枇杷庄（現・京都府城陽市）にある「富士垢離行家《ふじごりぎょうや》」は、「衆病悉除修行」のために富士山大権現の本地である「大日弁不動・愛染二明王」を祀ったもので、現在は庚申堂《こうしんどう》と呼ばれている[19]。安永十年（一七八一）の「記録」[20]に拠れば元禄二年（一六八九）に八幡郷美園大宝院という修験から枇杷庄の次郎右衛門に伝えられたことが始まりで、「為衆病悉除修行し、富士山大権現御本地天道金胎両朋（躰カ）之大日弁不動・愛染二明王奉念」という。この設立当初は、あくまでも大宝院から次郎右衛門への個人的な伝授にとどまり、聖護院などは介入していない。しかし、富士垢離の行屋として経営を続けていくために、五年後の元禄七年（一六九四）に聖護院に申請することになったようだ。この時、次郎右衛門は、聖護院門跡から「川側行家（屋）」という「御免許[21]」とともに、院参や行屋修法時の「桃地《ももじ》結袈裟《ゆいげさ》」使用を許されるとともに山田という名字を与えられ「左近」に「補叙」された。

その後、本尊の金剛界大日如来や青面金剛、什物などが寄進や「村々勧化」によって集まり、次第に宗教施設としての姿を整えていった。大破したことがあったが、「修覆為造立時之同行志願ニ申、他之助力ヲ乞、修理再興」が行われ、宝暦二年（一七五二）には無事に遷座が行われている。こうした仏像の寄進や行屋の堂宇再興勧化に対し、村の住人が応じたことの背景には、行屋が設立した次郎右衛門の手を離れ、地域社会において既に一定の位置づけを認められていたことを示しているといえよう。

2　寺田塚本大日堂

続いて枇杷庄に隣接する寺田村（現・城陽市）に同じ頃成立した行屋の事例を見よう。ここには、塚本大日堂と乾城《いぬいじょう》の二ヶ所に富士垢離の行場があった。塚本大日堂[22]は寛文九年（一六六九）の「山城国久世郡寺田村領内絵図[23]」に既に見えているが、この大日堂について、元禄期の寺田村の村方日記『上田氏旧記』元禄六年（一六九三）条[24]に、

一塚本大日堂、御公儀より、寺社御吟味つよく候故、先年より公儀へ書上ケ不申候間、当分たゝませ申筈ニ申渡候、就夫、冨士垢離中間より、京聖護院殿へ、御断申上、冨士古屋ノ木札一枚被下候、元禄六年癸申ノ二月

聖護院宮　山城行屋
冨士垢離　御免除

此ノ如クノ木札也

とあり、元禄五年（一六九二）に行われた寺社改め[25]の際に、大日堂の届け出を失念していたため「当分たゝませ申

筈」だった施設を存続させるための方便として、「冨士垢離中間《ふじごりなかま》」が聖護院に「御断」し、「冨士古屋ノ木札」を受け取ってきたものであることがわかる。(26) すなわち、ここでは最初から富士垢離の行場として出発したわけではなく、むしろ撤去解体の危機に瀕した大日堂宇存続のため、緊急避難的に認可を受けやすい形態として、「冨士垢離中間」の斡旋により富士垢離の行場とすることが選択されたと見られる。

3　寺田乾城森嶋行屋

寺田村にはもうひとつ、乾城という場所に富士垢離場があった。この垢離場の成立については、同じく『上田氏旧記』の元禄九年条（一六九六）に次のようにある。

一元禄九年丙子年正月廿八日、乾城富士垢離ノ衆中、田原ノ岩上院取次ニテ、聖護院殿御免許ノ札頂戴ス、連衆《乾城》仁左衛門、長四郎、文三郎、伝三郎、甚三郎、小南文右衛門、

一二月五日、茶屋庄二郎屋敷ニ、垢離古屋ヲ立ル、壱間半ニ弐間(27)

すなわち、乾城仁左衛門らが田原の岩上院の仲介により聖護院に申請をし、「免許ノ札」を得た後、茶屋庄二郎屋敷内に「垢離古屋」を建立したことがわかる。その後、この「垢離古屋」については、元禄十四年（一七〇一）六月に富士山参詣をした乾城の源三郎が、同年八月に聖護院より「森嶋行屋」の「御免札」を受け取っている。

以上のことから、南山城では元禄期に富士垢離の行屋が相次いで成立し、聖護院の「免許」を得て「某行屋」と記した木札をうけていたこと、これらはいずれも、当初から聖護院が主導して設置されたものではなく、当該地域の行者が自ら建立したものであったことが確認できる。また、こうした地域における富士垢離を行う集団の母体として、寺田村のふたつの事例では、「連衆」「中《（仲）》間」などと呼ばれる富士垢離を行う集団の存在に注意しておきたい。(28)

なお、元禄頃に富士垢離が急速に浸透し、さらにその周辺に下支えする「連衆」が成立したのか、上記の資料からは成立過程については明らかに出来ないが、例えば枇杷庄川側行屋では、「行者像も享保年中ニ行者講中ゟ村々勧化ニ而建立也」とあるように、役行者像を「行者講中」が勧化によって建立していることが注目される。あるいは、富士垢離という新たな信仰が地域社会に受容されるにあたり、既に存在していた行者講や大峰講のような山岳信仰の講が受け皿となっていたのではないかと思われる(29)。

三　聖護院による支配

南山城においては、元禄期に富士垢離の小屋が次々と成立してきた様子を先に紹介したが、これは浅井了意による元禄五年（一六九二）刊の仮名草子『犬張子』巻一に「近き比より、京も田舎も富士垢離といふ事のはやりて」と「近き比」の流行としていることから見ると、南山城だけにとどまらず、一七世紀末の流行は一般的な傾向であったものと思われる。元禄頃に流行をうけて行場が急増したものであれば、申請をうけて免許を与え、某小屋の名称を許すだけにとどまり、聖護院が全体像を把握していたわけではなかったであろう。むしろ、近隣の修験者などから伝えられ、私的に遂行され始めた富士垢離に対して、聖護院が免許を発行したのは一七世紀末の『日次紀事』が「近世属聖護院門主」（傍点村上）とするように、さほど古くからのことではないのだろう。

繰り返しになるが、富士垢離は当該地域の宗教者によって自主的に建立される宗教施設（富士小屋）がまずあり、その後に当該施設の設立者などに聖護院が認可を与えて、某行屋の名称が認められるものであった。それゆえ、そこで行われていた垢離の作法は枇杷庄の事例のように近隣の修験者から伝受されていたもので、聖護院が直接関与していたわけではなく、当初は実態としてどれ程共通するものがあったかは疑問であろう。だからこそ塚本大日堂のような寺院改めの抜け道として利用することも可能だったのである。

こうした脱法的な存在として利用されうる行屋の存在に気づいたのか、あるいは急増する富士垢離の存在を看過できなくなったのか、公儀は一八世紀に入り修験者とともに富士垢離に対して何らかの統制を試みたようだ。宝永三年（一七〇六）十一月廿日に北野社宮仕のもとに公儀より届いた「触状」には、内容については不明ながら「富士垢離之事」についてのことが記されていたという[30]。この年の三月には聖護院勝仙院が富士山村山修験の辻之坊・大鏡坊・池西坊と証文を取り交わし、駿河国を勝仙院の霞とし、富士山村山社領は勝仙院霞から除外し村山修験三坊が先達職をもつとするなど、富士垢離の成立に深い関わりをもっていた富士村山修験に対する聖護院による支配が進んでいる時期のため[31]、こうした動きをうけた通達や照会である可能性もある。いずれにしても「触」というかたちで公儀がはじめて富士垢離に言及したことは注目してよい。

その約十年後の正徳五年（一七一五）には、

口上

本山　山伏
当山　山伏
富士垢離行家

右町内ニ有之候ハヽ、誰下たれと名付致シ、明後三日迄之内有無之儀、私宅へ御返事可有之候、以上

未六月朔日　　町代

と、本山派・当山派修験に加え、富士垢離行家（屋）についての報告が町代触で命じられている[32]。先に引いた、修験者とともに洛中洛外の富士垢離軒数について記す『京都御役所向大概覚書』巻一「山伏富士垢離之事」の記述と

は、調査項目も一致しており、「正徳五年改」としていることから、この時の調査に基づいたものである可能性が高い。とすれば、注目したいのが先に触れた『京都御役所向大概覚書』の「壬生領夷森に清水有之、地主江相対仕垢離執行之者共拾ケ年以前戌年以来垢離場ニいたし候由」という夷森の垢離場設定に関する注記である。調査時点の正徳五年（一七一五）から「拾ケ年以前」の「戌年」とは、まさに北野社に「富士垢離之事」に関する触が到来した宝永三年（一七〇六）にあたるのである。

先に述べたように宝永三年（一七〇六）には聖護院勝仙院が駿河国を勝仙院の霞としている(33)。こうした聖護院と富士村山修験との間で起こった出来事が、村山修験の影響下で成立し聖護院の支配をうける富士垢離に対して何らかの動揺をもたらした可能性はあろう。それまで河辺や個人の宅地内に私的に設営されていた富士垢離の行屋と異なり、「地主江相対」の上で公的に認知されるような垢離場の整備が「垢離執行之者共」の間で急がれたということであろうか。

なお、正徳五年（一七一五）の町触では、本山山伏・当山山伏・富士垢離行家のすべてについて、「誰下たれと名付致シ」ての返答を求めていることからもわかるように、公儀は「富士垢離行家」も「先達」個人として人身把握することができると考えていたようである。しかし、『京都御役所向大概覚書』の「山伏冨士垢離之事」では、本山・当山の山伏については人数で表記しているが、富士垢離については軒数で表記している。これは、公儀の予想と異なり富士垢離はあくまでも「行屋」としての札を発行された宗教施設（富士小屋）を媒介として、「先達」を中心にそこに集う「行人」「連衆」「中間」や「所願人」などの広範な人々からなる施設を一体としたものであり、町内の修験者とともに富士垢離の調査を命じられた町の側としては、個人として計上することに馴染まなかったため軒数での返答となったと思われる。

では、宗教施設たる富士垢離の行屋に関わる関係者はいかに把握されていたのか。枇杷庄でも富士垢離の免許をうけた折に、建立に関わった次郎右衛門が「桃地結袈裟」を許されているが、寺田村乾城の行屋でも『上田氏旧記』元禄十四年（一七〇一）八月条に次のように記している。

一同年八月、乾城源三郎、聖護院より御免札并補任被下候、其文ニ曰
桃地結袈裟御免許之事　　　森嶋行屋
被聞召訖不可有子細旨
検校宮依御気色　聖護院宮　富士垢離御免許
三山奉行若王子御房所被　　　民部
仰出也　仍執達如件
元禄十四年八月十五日　朱印　法橋定応　花押
　　　　　　　　　　　　　法橋秀全　花押
右奉書一枚ニ被遊被下候、民部
　免許ノ裏ニ　　　法印祐勝印
　元禄十四年辛巳年八月十五日　法印有慶印
如此源三郎へ民部と申名を被下候、又御免札ニ森嶋と名字を被下候、(34)

聖護院は施設としての行場を公認し、「御免札」を発給する際に、同時にそこに従事する源三郎に対して修験者が使う「桃地結袈裟」の着用と「森嶋」の名字、「民部」の名乗りを認める補任状を出している。つまり、聖護院は施設を「行屋」として承認するにあたり、同時に当該施設に関与する人物を、聖護院配下の修験者として把握し

ようとしていた可能性がある。

但し、先に見たように乾城の富士垢離行屋が元禄九年（一六九六）に聖護院から免許を受け取った際の主体は「乾城富士垢離ノ衆中」であり、「連衆」として乾城仁左衛門ら六名の名前が見えているにもかかわらず、ここで聖護院から許状を受け取ったのは源三郎ただ一人である。これは、行屋に集う「連衆」などのうちで、名字や官途名を名乗ることが聖護院に認められたのは、恐らくその集団の代表者（『日次紀事』にいう「酋長」）であった「先達」のみであったのだろう。つまり、この段階で聖護院は富士垢離を施設としての行屋と、そこに属する「先達」の二重で把握していたとともに、その周囲の「行人」や外縁に広がる「所願人」といった、富士垢離行屋の周辺に集う人々は捨象されていったことに留意しておきたい。

四　安永以降の聖護院と富士垢離

一八世紀前半の段階では聖護院の関与は行屋の承認と補任状発給という初期段階での登録確認にとどまり、積極的に介入していくことはなかったように見える。というのは、枇杷庄では安永十年（一七八一）までは聖護院への参院などは行っていなかったからである。[35] 枇杷庄では、

> 右行家者年長ク　御殿式礼等中絶相成候処、森御殿難相済御沙汰、粗相聞へ候故、安永十辛丑年、則聖護院御役人組頭定泉院与申仁取次ヲ以、先達継目相続之儀相頼奉申上候処、早速御聞済被　成下、願之通被為　仰付冥加至極有かたく奉存候、則古来之通、年頭式礼相勤可申候、依之組頭定泉院へ一札差上置候、右者徳重郎代也

としており、聖護院との関係は長く絶えていたが、聖護院が「難相済御沙汰」と難色を示したため安永十年（一七八一）の「先達継目相続」を契機に聖護院と再度関係を回復したという。

この窓口が「富士行組頭」の定泉院となっており、聖護院のうちでも定泉院が「組頭」として統括することになっていたようである。定泉院だけが富士垢離の組頭だったわけではなく、他にも長泉院・理正院・宝弘院が組頭と称していたことは井野邊茂雄らが指摘しており[36]、組頭は複数存在していたと考えられる[37]。聖護院のもとに複数の組頭がおり、組頭が多くの富士垢離行屋を個々に統括する形態をとっていたのであろう。

問題は組頭と富士垢離行屋先達との関係であるが、枇杷庄においてはその後も一貫して定泉院が様々なかたちで聖護院と行屋先達を媒介する存在となっており、行屋先達と組頭との関係は固定的であったと思われる。寛政十三年（一八〇一）に木津川筋の洪水で「年頭冥加銀難相勤」い状況になった時、やむなく「御免許」は聖護院へ一時的に返上することになったが、「組頭へハ年頭銀弐匁斗包ヲ以、勝手ニ相勤申」すことにしている。聖護院との関係はあくまでも免許と礼銀だけのいわば儀礼的な関係であり、状況に応じて一時的な免許返上もなされるが、定泉院との関係はそうした状況のなかでも維持することが必要とされている。つまり、聖護院による支配は、聖護院による「免許」発給といういわば〈公的〉な支配と、組頭定泉院との「勝手ニ相勤申」す〈私的〉な関係が重層的に存在して成り立っているものであったといえようか。

こうして定泉院を通じた聖護院の支配をうけるようになった枇杷庄の富士垢離行屋の先達は、聖護院に対する一定の恒常的負担を余儀なくされた。安永十年（一七八一）、「先達継目相続」に際して枇杷庄の「川側行屋」から聖護院に対して提出した一札は次のようなものであった。

差上候一札写之事

一冨士行御法式之通、心妙ニ講中ニ至迄相守勤可申事
一御公儀様御法度幷其所之定法堅相守可申事
一御免許札常々とも大切ニ仕、紛失無之様ニ可相心得候事
一毎年正月十五日巳之刻森　御殿御礼参殿可仕事
一同年々御礼物十三日迄組頭迄持参上納可仕事
一禅上幷山上道中筋ニ而書付等致候とも御免許之外紛敷書付致申間鋪事
一大川相勤候節、御祈禱札講中信心之方へ配候共表書ニ、御祈禱札与書付下ニ川側行屋与書其外札守等一切出シ申間敷候
一行家ニ付相替候品候ハヽ、早速相届ケ可申候、且又所替致候ハヽ、是又御届ケ可申候、尤我等死去致候ハヽ、御免許札持参仕、講中之内継目相続相願可申候
右ハ今般行家御免許其院殿御取次を以御頼申上候処、御聞済被成下、首尾能被為　仰付難有奉存候、然ル上ハ随分常々とも諸事心妙ニ相慎可申候、仍証文如件

安永十丑年二月二日

城州久世郡枇杷庄村
受人百性　安次郎印
同願主　徳十郎印

森御殿
冨士行組頭
定泉院殿

ここでは、正月十五日には聖護院へ参上すること、それに先立ち十三日には届け物をすることなど経済的負担に加え、届け出た徳十郎が死去した際は免許札を聖護院に持参し、「講中之内継目相続相願」うこと、祈禱札を講中の信者に出す際には「御祈禱札」の文字と「川側行屋」とだけ書いたものに限り、他の守り札を発給しないことなど行屋運営のありようまで具体的に明記されている。こうした規定は、それまでの行場を認可するだけの形態から一歩踏み込んだ統制となっている。

また、ここで注意を喚起しておきたいのは作法を守ることを申し付けられているのが、聖護院から許状をうけている先達だけではなく、「講中ニ至迄」と間接的にその周辺にいる「講中」まで射程に入れ、広く統制の対象としようと試みているのである。これはそもそも富士垢離が先達個人ではなく、行屋という宗教施設の存在を出発点としていることによるためであり、宗教施設を拠点として在地社会への統制を試みるという事例は富士垢離のひとつの特徴であるといえよう。同時に聖護院との関係が強化されるに伴い、経済的負担にしてもそれまでとは大きく異なり、以降は毎年の冥加銀のみならず、表2のように先達交替に伴う継目御礼、聖護院や定泉院への祝儀や寄付など臨時の支出を再三にわたって求められている。こうした聖護院に対する度重なる負担は、次第に富士垢離行屋の先達だけでは対応しきれる範囲を超えていき、結果的に先達は講中への依存を強めていったと思われる。そのため、

　同年（安永十年）行屋相続為取立与頼母子講企候処、早速被申も相調、銀四百目余り調達いたし、右之以利足ヲ、例年御殿
　年頭銀相勤可申候、右之人数ハ板札ニ印奉納ニ可致者也

とあるように、安永十年（一七八一）の先達相続にあたり頼母子講《たのもしこう》で銀四〇〇目を調達し、以後はこれを基金として運用することで聖護院への年頭銀にあてようとしている。

こうした行屋運営がなされるようになった背景には、願主徳十郎が「尤我等死去候ハ、御免許札持参仕講中之内

表２　川側行屋負担金年表

年月日	事　　項
安永10年２月	行屋持中三色花房結袈裟着用御免により冥加銀１両、花綱結袈裟代31匁３分、箱代３匁２分
	吉野天の河弁財天京都出開帳白銀２匁差上
天明２年３月晦日	若宮様入家につき祝義青銅100文
3月18日	若宮得道につき行屋持より祝義として青銅100疋差上、
天明８年２月	京都大火に定泉院類焼のため当座見舞として白銀３匁５分
寛政元年正月	年頭之儀も前年大変につき３ヶ年半減
	定泉院普請見舞として村々より２朱１片差遣
寛政５年７月	組頭定泉院死去につき悔み、香奠３ヶ村より２朱１片差遣
寛政６年２月	聖護院宮院家開帳により冨野村他４ヶ村より金子200疋寄付
寛政11年３月	役行者千百年忌で聖護院宮蓑尾山へ謝参、南鐐１片銭100文
寛政13年６月晦日	木津川筋一統大洪水のため年頭冥加銀難渋申立て、免許を暫く返上、但し組頭へ年頭銀２匁斗包
寅之春	再度免許頂戴により南鐐１片差上
文化３年７月25日	聖護院宮様御入峯により祝儀金子100疋、定泉院護摩料100疋
	同年袈裟壱掛ケ代33匁
文化９年３月16日	定泉院大般若経勧化により金子200疋同年寄付
—	大峯行者芳野開帳のため定泉院へ南鐐１片寄付
文化11年	定泉院黄色衣着用により金子200疋寄付
文化15年３月	三室戸寺入佛開帳により４ヶ村行家持より幟１本竹馬壱掛代金１両寄付
文化14年正月	先達継目相続冥加金金子200疋
天保２年３月	若宮入家により祝儀白銀１両
4月	若宮得道により酒料として青銅150銅
天保６年正月15日	先達継目相続冥加金200疋、他に祝儀定泉院南鐐１片
天保10年７月25日	聖護院宮入峯につき祝儀200疋（先規金100疋を別段200疋）、定泉院へ継護摩料金100疋差上
	長池町逗留中、挨拶として菓子料金１朱差上
嘉永５年７月	木津川筋大洪水により年頭冥加銀減額を願い５ヶ年間半減
安政３年３月	三室堂開帳により３ヶ村行家持より竹馬１掛ケ代金200疋寄付
	組頭定泉院様へ継護摩料として南鐐１片差上
万延元年正月15日	先達継目相続冥加金として金200疋差上

継目相続相願可申候」と願っているように、行屋の継承が「講中」内で予定され、行屋は先達の個人の手を離れ、講中によって運営される公共性の高い施設へと性格を変えていったことがあるだろう。実際、再三にわたる臨時の支出にまがりなりにも対応できたのは、こうした講中が支えていたからに他ならない。その後は、共同で出資し大峰登山にあたるなど枇杷庄の行屋は村内の大峰講などの拠点となっていく。枇杷庄で富士垢離行屋が現在も庚申堂として存続しているが、村の施設となっていくことで維持されたのだろう(38)。

その後も先達が変わるたびに聖護院へ「継目相続」を届けているが、天保十年（一八三九）には、「同行中」が銀一〇〇匁を持ち寄り、「京株」に預けて運用した利銀で毎年二人が大峰山へ登山することを取り決めているが、その際の署名は「同行名前次第不同」として連名しており、次第に「同行」の間には大きな格差はない、比較的平等な代参講となっていたと思われる。これは、広範な裾野をもつ「富士垢離」の行屋を、先達個人として把握しようとする聖護院の思惑とは異なり、実際には「先達」自身が講中の代表者の域にとどまり、さほどの自立性をもたない状態であったことを示しているといえよう(39)。

なお、これ以降は聖護院に対して寺田村・枇杷庄の他、水主・富野など複数の近隣村落にあった富士行屋が一緒になって行動することが多くなっている。例えば定泉院が死去した際や、

寛政六寅年二月、聖護院宮院家　栗一坊

播州美嚢郡大谷山村大谿寺伽那院

右者三月三日ゟ開帳ニ付、御殿組頭最ゟ寄附之儀一統行屋へ段々相願被申候ニ付、冨野村・寺田村・大住村・当村四ヶ村ゟ金子弐百疋寄附いたし、則冨野村ゟ惣代被相勤、尤小使与して四ヶ村ゟ銭弐百文相渡シ申候

但し水主村太郎右衛門上京被致候処、何分勧物四ヶ村ニ金弐歩ニ而ハ甚不承知ニ付、又跡ゟ金弐歩寄附致、是ハ

当年頭金半減ニ相成之所、其金も差次ニいたし、都合一村ゟ金百疋宛差遣シ申候

とあるように聖護院関連の寺社の開帳があった場合などは共同で金銭を出し合い、いずれかのものが「物代」として金銭の上納をしている。こうした横のつながりをもつ背景には、行者たちが聖護院での参院の際に同席するなどして次第に交流をもっていたこともあるだろうが、むしろ近隣であるがゆえの宗教行為を離れた日常的交流もあったと見た方がいいであろう。枇杷庄に富士垢離を伝えた修験の居住地であった八幡も含め、寺田村・枇杷庄・水主・富野はいずれも木津川沿いであり、これらの村落は日常的に互いに関係があったと見るのが自然であり、修験者が相互に近隣の施設と交流をもっていたのはむしろ当然というべきであろう。そうすると、先に述べたように当初はそれぞれが個別に成立していた宗教施設が、個々に聖護院の支配をうけて活動を続けていくなかで相互に意識されて、次第に横のつながりをもっていったことになる。

興味深いのは、寛政十三年（一八〇一）六月晦日の木津川洪水の時のことだ。「両側通堤切、田地亡所ニ付難渋」のため、「大住村・寺田村・当村三ヶ村」から聖護院に対して「七ヶ年か五か年之所、年頭冥加銀御赦免被下候様」にと願い出ている。これは三ヶ村にある行屋の地理的な近さもあり、自然災害などの際には同時に被害を蒙るため、個別で聖護院と交渉するよりも共通した利害関係をもつ近隣の行屋が連携する方が有利であると見ての行動であろう。その後もこうした近隣の富士垢離が共同しての行動は何度も見られるようになる。

五　富士垢離と壬生山伏

ところで、壬生「垢離場」を宗教活動の拠点とした富士信仰に関わる聖護院支配の山伏の姿を思いがけないとこ

ろで見ることができる。

清水寺本願が行った勧進について詳細に明らかにした下坂によれば、近世に本願成就院のもとで勧進を行い、御《み》影札《えいふだ》を配っていた「仏餉《ぶっしょう》」が一八世紀以降の資料には「壬生山伏」と呼ばれていたというのである。(40)「壬生山伏」そのものについては、下坂は特に言及していないが、その名称から洛西の壬生と何らかの関係があると見て大過ないであろう。さらに、この壬生の「仏餉」と寺院の関係は清水寺との関係にとどまらず、大坂の四天王寺とも関係をもっていたことが確認できるのである。(41) つまり、壬生の山伏と清水寺との関係は一元的なものではなく、複数の寺院と関係を結ぶことも可能な緩やかな請負関係であったといえるだろう。

いずれにしても、壬生を拠点とする山伏として真っ先に想起されるのは、ここまで述べてきた壬生に垢離場をもつ富士垢離であろう。無論、洛中洛外に七十九軒も存在していた「富士垢離」が、すべて「仏餉」として清水寺などの寺院のもとで御影札配りをしていた「壬生山伏」であるとは考え難い。清水寺の「仏餉」として御影札を配る「壬生山伏」は、七人が輪番で「頭」を勤めているなど、(42) ここまで見てきた行屋を中心に先達、連衆が集う富士垢離の形態とは異なっている印象をうける。実際、元禄期の『人倫訓蒙図彙』では「仏餉取」と呼ばれた宗教者について、「都の風俗」であり、仏菩薩に毎朝捧げられた飯米を「合点したる所」の庭先に置かれた竹筒から毎日集めて廻る「一種の坊主」であるとされており、挿絵でも坊主頭で黒衣に脚絆の姿で描かれ、修験者の装束で描かれているわけでもない。

これは、元禄頃まで京都で清水寺本願のもと、「飯米《はんまい》」を集めていた「一種の坊主」が、一八世紀段階に聖護院の支配もうけるようになり、壬生を垢離場とする修験者、富士垢離のなかに含まれるようになっていったのではないだろうか。先に寺田塚本大日堂の事例で見たように、富士垢離の行屋はその曖昧さゆえに寺院統制の抜け穴として利用されている面があった。一八世紀初頭において京都という都市で勧進をする民間宗教者[43]の選択肢として、元禄頃に急増した富士垢離として聖護院とつながる道もあったのではないだろうか。

なお、「仏餉」が壬生山伏であり富士垢離であるとすれば、なぜ清水寺や四天王寺のような聖護院以外の複数寺院と契約する者がいたのか。これは、『日次紀事』に「其所求之紙符」を授けていた行者が、聖護院から祈禱札について「御祈禱札与書付下ニ川側行屋与書其外札守等ハ一切出シ申間敷候」と厳格に規定されるなか、都市において多様な利益を求める人々の需要に応えられなかったために、同時に（恐らく聖護院に無断で）他の寺社の「仏餉」となることで祈禱札以外の御影札をもつことにより、配札の選択肢を広げる必要があったのではないだろうか[44]。

おわりに

ここまで南山城を中心に京都周辺の富士垢離について見てきた。洛中洛外に設立された富士垢離の施設に対して、一七世紀後半頃から聖護院が某「行屋」という名称を公認し、関係者に結袈裟などの許状を発給することを行っていたことが明らかになった。そのなかには、寺田村の塚本大日堂のごとく富士垢離とは関係のない宗教施設が、存続のために「富士古屋ノ木札」を受け取り、聖護院に組織化されていった事例もあった。公儀から「富士垢離」についての町触が発せられたことも、それまで聖護院が関知していなかった様々な行場や「先達」にも聖護院の存在を強く意識させることになり、聖護院による支配を推進する契機になったであろう。

また、こうした動向のなかで聖護院の支配をうけていった富士垢離のなかには、清水寺などの寺院と結び、勧進・配札を請け負う「仏餉」と呼ばれる存在も含まれていた可能性がある。これは、比較的新しく流行した富士垢離という宗教者のなかに、様々な民間の宗教者が吸収されていき、それをも聖護院配下の修験者として再編していこうとした結果、在地の行者の他に都市部での勧進を行っていた宗教者も取り込まれていったと思われる(45)。

聖護院から許状をうけた富士垢離は「冨士行御法式之通、心妙ニ講中ニ至迄相守勤可申事」というように活動内容について定められた方式に従うこととされ、祈禱札の表記法などについて細かい統制をうけていた。こうして聖護院から「免許ノ札」を得るとともに作法などが統一されることで、地域で様々な経緯で成立した行場や庵が「富士垢離」として次第に統合された。こうして聖護院は、そこを拠点として活動する宗教者の代表者を聖護院配下の修験者（先達）として掌握し、先達を通じて「行屋」に集う「講中」の統制もはかっていった。かかるありようは、近年明らかになってきた宗教者や職人に対する公家や寺社による本所支配と共通する点があるといえるだろう。しかし、一方で注意を喚起しておきたいのは、聖護院が施設を「行屋」として承認することを同時に行ったことである。これは、富士垢離が行屋という宗教施設を中心とした先達や連衆といった広がりをもっていたため、個人を単位とした編成のあり方と相容れない部分があったことを示唆している。

山城枇杷庄では聖護院によって修験者として把握された「先達」は、聖護院への年頭銀や相続に伴う礼金を、講中の出資金の運用や頼母子によって負担するなど、講中に経済的に依存するようになる。これは先達を通じて「講中」という地域の集団を統制しようとした聖護院の思惑をはずれ、聖護院への経済的負担が結果的に宗教者としての「先達」の自立を阻み、「講中」の代表者に過ぎない存在となっていったことを示すといえるであろう。無論、依然として講中は先達を通じて聖護院に対する経済的負担は継続しているが、富士垢離の側としては、地域社会における日常的な活動のなかで構築された横のつながりを背景に、利害が一致すれば共同して聖護院に対して要望をしていった。そして、木津川洪水を理由とする年頭銀の減額は寛政十三年（一八〇一）には「大住村・寺田村・当村三ヶ村」が難渋を訴えたが認められなかったものの、嘉永五年（一八五二）には、「村方一統難渋」を理由に、年頭冥加銀の「五ヶ年之間半減」が認められている。かかる聖護院側の対応の変化は、「先達」が地域への依存を強め、年頭冥加銀拠出には地域の経済状況を聖護院も無視できないような状況が進行していたことをあらわしていると見ることもできるのではないだろうか。こうして、富士垢離の行屋が「先達」による行場としての宗教施設から離れ、地域社会における「講中」が共有する祈願の場としての宗教施設になっていったと思われる。結果として、富士垢離の行屋を中心とした信仰の裾野の広がりが、「先達」を介した聖護院の富士垢離支配を経済的な範囲にとどめたといえる。

これまでの宗教者を、身分という視点で集団を中心として見る議論が有効性をもつには、宗教者が他と明確に区別された構成員からなる固定性を有する集団を形成することが前提となっている。しかし、富士垢離に関していえば聖護院はさほどの求心力をもたず、むしろ聖護院が掌握しているのは、行屋を拠点として活動する「先達」という人々の一部分に過ぎない(46)。

本所が集団として編成しようとする動向が、結果的に本所側の意図を離れて地域社会にまったく異なる動きをもたらしたあり方や、裾野の広い信仰を集める宗教施設に対して属人主義的編成が限界性をもっていた事実は、〈集団〉の固定性や国家との結びつきを重視する議論の不充分さをあらわしているといえないだろうか。本所による〈集団〉への編成という動きも地域社会に影響を与える諸要因のひとつに過ぎず、個々の宗教者・宗教施設の存在や動向を規定するのはむしろ地域社会と宗教者や宗教施設との関係であるといえる。

註

（1）高埜利彦編『シリーズ近世の身分的周縁』第一巻「民間に生きる宗教者」（吉川弘文館、二〇〇〇年）など。

（2）塚田孝・吉田伸之・脇田修編『身分的周縁』（部落問題研究所、一九九四年）、『シリーズ近世の身分的周縁』全六巻（吉川弘文館、二〇〇〇年）、『身分的周縁と近世社会』全九巻（吉川弘文館、二〇〇六〜〇八年）など。

（3）塚田孝『近世日本身分制の研究』（社団法人兵庫部落問題研究所、一九八七年）、同『近世大坂の非人と身分的周縁』（部落問題研究所、二〇〇七年）、同「身分的周縁論――勧進の併存を手がかりとして」（『日本史講座』第六巻「近世社会論」東京大学出版会、二〇〇五年）、吉田伸之『身分的周縁と社会＝文化構造』部落問題研究所、二〇〇三年）、同『日本の歴史　第一七巻　成熟する江戸』（講談社、二〇〇二年）、同編『身分的周縁と近世社会』第六巻「寺社をささえる人びと」（吉川弘文館、二〇〇七年）など。

（4）前掲註（3）塚田孝『近世日本身分制の研究』に拠る、身分とは前近代の「人間の存在様式」で、「特殊利害の担い手としての人間が、その特殊性＝個別性において公的な世界に位置づけられているが、この個人と国家・社会全体の即時的関係づけを媒介するのが〝集団〟である」といった、集団（組織）、国家（支配）と不可分な視点が典型である。

（5）吉田伸之「巨大都市における身分と職分」（『近世都市社会の身分構造』東京大学出版会、一九九八年）

（6）木下光生「身分的周縁論への向き合い方」（寺木伸明・中尾健次編著『部落史研究からの発信』第一巻、解放出版社、二〇〇九年）

（7）井野邊茂雄『富士の研究叢書三　富士の信仰』（古今書院、一九二八年）、遠藤秀男「富士信仰の成立と村山修験」（鈴木昭英編『山岳宗教史研究叢書九　富士・御嶽と中部霊山』名著出版、一九七八年）、岩科小一郎『富士講の歴史　江戸庶民の山岳信仰』（名著出版、一九八三年）、佐藤栄一「地域社会における山岳信仰の諸相――西国の富士信仰受容の形態を通じて」（『民俗宗教』第二集、東京堂出版、一九八九年）、山形隆司「近世大和における富士信仰と富士講」（財団法人元興寺文化財研究所・元興寺文化財研究所民俗文化財保存会『元興寺文化財研究所創立四〇周年記念論文集』クバプロ、二〇〇七年）、同「近世における畿内からの富士参詣とその信仰――大和国を中心に」（幡鎌一弘編『近世民衆宗教と旅』法藏館、二〇一〇年）、富士宮市教育委員会『村山浅間神社調査報告

書』（富士宮市教育委員会、二〇〇五年）、竹谷靱負『富士塚考』（岩田書院、二〇〇九年）
（8）宮田登『ミロク信仰の研究』（未來社、一九七〇年）、同『宮田登　日本を語る〈2〉すくいの神とお富士さん』（吉川弘文館、二〇〇六年）
（9）安丸良夫『日本の近代化と民衆思想』（青木書店、一九七四年、後に平凡社ライブラリー、一九九九年）など。
（10）岩生成一編『京都御役所向大概覚書』（清文堂出版、一九八八年）
（11）『日次紀事』、『京都御役所向大概覚書』から、水辺で垢離をとる行為と、それを修する施設をともに「富士垢離」と称していたことが窺える。以下、混乱を回避するために史料上の表記を除き、行為を「富士垢離」、施設を「富士小屋」あるいは「富士垢離行屋」とする。なお、「行屋」は「行家」とも書くが「行家」は行を修する宗教者を指す語として使用されているようにも見えるため、富士垢離を行う宗教者は「富士垢離行者」と表記する。
（12）中村武生『御土居堀ものがたり』（京都新聞出版センター、二〇〇五年）。但し、元禄期に富士垢離場があったとされる新千本通五条付近を発掘した際に遺構は検出されなかったとのことであり、垢離場は極めて簡易な施設であった可能性がある。
（13）家塚智子「山科家領今西宮をめぐる諸問題」（『芸能史研究会』一五八号、二〇〇二年七月）
（14）前掲註(7)『村山浅間神社調査報告書』九四頁
（15）北野覚仙坊は小屋名記載は伴わないが、北野の高橋に富士垢離場があったとされる（前掲註(12)中村武生書）ことから富士小屋と推測した。
（16）関西の富士垢離は富士登山を必ずしも伴わないため、浅間神社や富士山と接点をもつとは限らない。そのため「道者帳」等に所載される小屋は、あくまでも一部に過ぎないと思われる。
（17）前掲註(7)井野邊茂雄書所引
（18）他に文政六年（一八二三）に金峯山寺に奉納された扁額に「富士垢離御免許／富士本行家三十三度」とある（『金峯山寺史料集成』銘文奥書二六五）。
（19）枇杷庄庚申堂については、城陽市歴史民俗資料館編『城陽市民俗調査報告書』第1集（城陽市歴史民俗資料館、一九九五年）で触れられ、同『城陽市民俗調査報告書』第3集（城陽市歴史民俗資料館、二〇〇五年）では、四畳程の広さで「富士講の聖護院派の人が以前住んでいたことがあるという」との伝承が報告されている。
(20)「枇杷庄自治会文書」九（城陽市歴史民俗資料館架蔵マイクロフィルム）。以下、枇杷庄に関する記述は本資料に拠る。
(21)「枇杷庄庚申堂文書」（城陽市歴史民俗資料館架蔵マイクロフィルム）では、明治四十三年（一九一〇）まで「川側行屋」の称が使われていた。
(22)塚本集落の東側に、かつて「ダイニチサン」と呼ばれていたという一画があるが、現在は民家が建っており、大日堂は現存しない（二〇〇九年四月六日聞き取り）。城陽市歴史民俗資料館『城陽市民俗調査報告書』第2集（城陽市歴史民俗資料館、二〇〇〇年）に拠れば、塚本に木津川の堤防が切れたときに流れてきた大日如来を祀った二十坪ほどのお堂が「昭和初期」まではあったが、戦後電気を塚本に引いたときにその土地を売却したと伝えられているという。
(23)城陽市堀家文書、同絵図は森栗茂一「交流空間としての奈良街道」（網野善彦・石井進編『中世の風景を読む第五巻　信仰と自由に生きる』新人物往来社、一九九五年）に「大日堂」を含む部分の写真が掲載されている。
(24)奥田修三編『元禄村方日記――南山城「上田氏旧記」を読む』（文理閣、一九八八年）、以下同書は『元禄村方日記』と略記する。
(25)『元禄村方日記』元禄五年六月条
(26)前掲註(7)の『村山浅間神社調査報告書』に、聖護院富士垢離組頭が鑑札を発行していたことが指摘されており、ここでの「木札」も鑑札のことであろう。
(27)『元禄村方日記』元禄九年正月廿八日条
(28)四和尚宮崎氏記録「道者帳」（浅間神社編『浅間文書纂』名著刊行会、一九七二年）所載の「先立」として掲載される人物と、名前が載らず、〆何名と記される人物が、先達と行人をあらわしていると思われる。
(29)井野邊は前掲註(7)書において、村山浅間神社所蔵弥陀三尊画像の箱書きにある「京都行者講」などを富士講ではないかとしている（二〇五頁）。富士講か否かは明らかではないが、京都の「行者講」が富士信仰と深い関わりがあったことは間違いないだろう。

(30)『宮仕記録』(『北野天満宮史料』宮仕記録　続三)

(31)高埜利彦「修験本山派の在地組織」(同『近世日本の国家権力と宗教』東京大学出版会、一九八九年)

(32)『京都町触集成』補二四五、『月堂見聞集』巻八、正徳五年五月廿九日条にも「本山山伏、当山山伏、富士垢離山伏」の有無を翌朔日までに町代まで届けるように命じる町触が引かれている。

(33)前掲註(31)高埜利彦論文

(34)『元禄村方日記』元禄十四年八月条

(35)こうした聖護院の方針転換の背景には、聖護院による富士垢離支配が一定程度浸透し、許状発行による収入が頭打ちになり、市場の拡大をめざす方針から、既存の組織から恒常的に冥加金をとることで安定した収益を拡大する方向へ、聖護院が方針転換したことによるのではないかと思われる。

(36)前掲註(7)井野邊茂雄書、前掲註(7)『村山浅間神社調査報告書』

(37)元禄六年(一六九三)の南都では、大和を含む五ヶ国を管轄する観行院・岸上院が「組頭」となっていたことが山形隆司の前掲註(7)「近世大和における富士信仰と富士講」によって指摘されている。

(38)庚申堂は、現在も「ムラの誇りとされ信仰を集めて」おり、地元の伝承では「水害からムラを守るため裏鬼門の方向に当たる現在地に祀られた」といわれているという(『城陽市民俗調査報告書』第一集)。

(39)なお、筆者は「先達」と「講中」や地域社会が対立するものと考えているわけではない。「先達」も当該村落の百姓であり、そうした意味では地域社会の構成員である。聖護院が特定の人物だけを「先達」として把握したことによって生じた諸矛盾が、再び地域社会の論理によって解消される過程ととらえている。

(40)下坂守「御影札配りと仏餉米」(清水寺史編纂委員会編『清水寺史』第二巻「通史(下)」第二章第四節、法藏館、一九九七年)、同「杓をふる聖たち――中世における勧進僧の活躍」(『二〇〇七年講演録　講座・人権ゆかりの地をたずねて』世界人権問題研究センター、二〇〇九年)

(41)長吏文書研究会編『悲田院長吏文書』(部落解放・人権研究所、二〇〇八年)

(42)前掲註(40)下坂守「御影札配りと仏餉米」

(43)なお、仏餉は清水寺の他にも、北野社(『北野目代日記』)・愛宕社(『月堂見聞集』)・清凉寺(『大覚寺文書』「清涼寺文書」）・回向院（『祠曹雑識』）などに見えているが、これらの仏餉と「壬生山伏」との関係は明らかではない。諸寺社における仏餉については、次章に詳述した。

（44）宮本袈裟雄『里修験の研究』（吉川弘文館、一九八四年）では、里修験を百姓修験に代表される村方修験と、町に「店借り」をする町方修験に分けられると指摘している。こうした分類に依拠すれば、より経済基盤の脆弱な町方修験は村方以上に配札などに依存する部分が多くなり、多様な札をもつ方が有利であったであろう。

（45）「近江国多賀社本願の成立と展開」（豊島修・木場明志編『寺社造営勧進　本願職の研究』清文堂出版、二〇一〇年）等において指摘された、「同宿」と称する本願のもとに組織された「勧進請負人」の形成も、こうした修験者の再編過程と本願の組織化が相互に影響しあって形成されてきたのではないだろうか。

（46）塚田孝も前掲註(3)の「身分的周縁論」において、町神職と陰陽師・山伏間の相互流動性を指摘するとともに、道心者については集団化していない存在も想定した上で、都市下層の構成部分であると位置づけている。集団の流動性や集団化によらない存在も想定されている現状にあって、なおも集団を前提とする議論をすることは、宗教者の多様な実態から乖離した、権力の側の理念である平準化した整然たる集団を形成した存在として宗教者を見てしまう危険性を伴っているのではないだろうか。

第三章　近世寺社と「勧進」に関する覚書――仏餉取を中心に

はじめに

前章では京都の壬生を垢離場として活動する富士垢離の行者のなかに清水寺の「仏餉《ぶつしょう》」までも含まれていたことを指摘し、様々な宗教者が富士垢離のなかに吸収されたと推定した。そこで、ここでは「仏餉」の側に焦点を当ててみたい。清水寺の「仏餉」が近世に本願のもとで実際に勧進を行っていたことは指摘されているが、ここでは他の寺社における「仏餉」の事例も紹介し、近世社会の寺社と勧進について検討したい。

一　仏餉取《ぶつしょうとり》

仏餉とは、『日葡辞書』に拠れば仏前に供える米飯、仏飯を指す語であったが、近世にはこの「仏餉」が転じて米のみならず檀家や信者から寺社に対して寄進される金銭をも指す言葉となっていく。近世の地域寺院においては、仏餉を入れる「仏餉袋」などを檀家に廻して米や銭を徴収するようになっていたようで、『東海道中膝栗毛』にも「旦那寺の仏餉袋を和らかにつめたれば、外に百銅地腹をきつて、往来の切手をもらひ」という表現が見られるよ

図1　「おふつしやう」（『人倫訓蒙図彙』）

うになる。こうした在地社会の小規模寺院の場合は、檀家だけを対象とした徴収にとどまるが、四天王寺のような寺院では公儀の認可をうけて役僧が仏餉袋を町々に廻し、広く寄付を募る場合もあった(1)。しかし、このような公儀触を伴って権力を介して米や銭を「仏餉」として徴収する方法は、すべての寺社がとりえた手法ではないし、四天王寺などでも常時そうした方法をとっていたわけではない。そこで、檀信徒から日常的に寺院に寄進される「仏餉」を効率的に徴収するための存在が「仏餉取」あるいは単に「お仏餉」・「仏餉」とも呼ばれた人々であった(2)（以下仏餉取）。仏餉取といってもあまり知られた存在ではないといっていいだろう。まずは、元禄期に書かれた『人倫訓蒙図彙』の次のような説明を見ることから始めよう。

都の風俗とし、尋常念ずる所の本尊仏菩薩に、居ながら毎朝の飯米の初尾を捧る。それを竹筒に入置也。今は寺々の仏餉とり、筒を持てすゝめにめぐる也。合点したる所には、庭の隅に釣をきて、毎日如在なく取にまはるなり。其様達者、一種の坊主、老若にかぎらず、編綴に菅笠、わらぢ、脚半して、杓こしにさし、さもいそがしく口のうちにて何やらいふかと思へば、筒引かたぶけて、何のえしやくもなしにとつていぬるなり(3)

すなわち、仏餉取とは京都を中心に行われた「都の風俗」で、仏菩薩に毎朝捧げられた飯米を庭先の竹筒から毎日集めて廻る「一種の坊主」であった。その姿は編綴《へんとつ》という一種の法衣に菅笠《すげがさ》、腰に杓《しゃく》を差すというものであり、付された図（図1）に拠れば剃髪をしていたようである。また、もとは個人が信仰する本尊に「居ながら」初穂を捧げるという自己完結した行為であったものが、「今」は仏餉取が「す、めにめぐ」っており、「合点したる所」からは飯米を回収するようになっていたことなどを読み取ることができる。[4]

仏餉取はどのような「仏菩薩」と関わっていたのであろうか。一般的な仏・菩薩なのか、それとも著名な寺社の本尊なのかが気にかかるところである。そこで、以下では仏餉取と寺社の関係を具体的に見ていくことにしよう。

1　清水寺

仏餉取については、これまで専論といえるものはなく、寺社との関係についても殆ど知られていなかった。ただ、僅かに『清水寺史』において清水寺と仏餉取の関係が具体的に明らかにされている。[5] ここでは、仏餉取について明らかにするための手掛かりを得るため、同書の成果に拠りながらまず清水寺と仏餉取について見ていくことにする。

『清水寺史』に拠れば、戦国期に戦災で伽藍を失った清水寺は勧進聖の願阿弥の尽力によって再建された。願阿弥は「本願」として清水寺に定着し、以降も伽藍の修造などに携わるようになる。その後、清水寺の寺務は寺内で台頭した本願が、経済力を背景として掌握していく。織豊期から近世初頭にかけての清水寺の歴史は、こうしたなかで再三繰り返された本願と寺家の対立の歴史でもあった。[6] 対立のなか、願阿弥を「七条坊主」と表現するなど、本願はもと勧進聖であったという出自が寺家から批判される。そのためか、近世になると清水寺の本願は日常の勧進を仏餉取に委託するようになっていたという。

清水寺における仏餉取の初見は永禄二年（一五五九）のことである。本願成就院による勧進銭の運上が滞ったことに「忿噴」した清水寺の執行と目代に対し、成就院観行が「自今以後於令油断ハ、勧進所被破却、仏餉坊主等可被召放候」と赦免を乞うている。[7] つまり永禄期までには、本願成就院が「仏餉坊主」を抱えて勧進を行っていたことになる。

一七世紀末の清水寺の仏餉取については、元禄四年（一六九一）に公儀から下問があった際に、仏餉宗覚が返答した史料に次のようにある。

覚

一今度従　御公儀様仏餉之事御尋被　仰出候通、奉得其意候、私方へ納メ申所例年弐拾石之内外ニ而候、即其高ニ応シ、拾石之内外ハ例年納所仕候、相残ル拾石程者、私幷弟子共弐人之扶持方分ニ被下候、右之通少も相違無御座候、以上

辛元録四年

未ノ二月十二日　　宗覚（印）

清水寺
成就院様
御納所中[8]

ここから、仏餉取の宗覚には二人の弟子がいたこと、年間約二十石の仏餉米を集め、その半分を清水寺に納入し、残りを仏餉取が取得していたことが知られる。[9] 多大な収入があった事実とともに、仏餉が単独の存在ではなく「弟子」を抱えていたことに注意しておきたい。元禄四年（一六九一）の段階では宗覚の弟子は僅か二名であったが、三年後の元禄七年（一六九四）に雑色から「仏餉取何人つゝ出候哉」と問われた際、宗覚は「下仏餉」と称する存在を十三名も抱えている旨を返答している。[10]

この返答書では、下仏餉について「一福寿東ハ粟田口　西ハ寺町　北ハ二条通　南ハ大仏切」などと、それぞれの受け持つ範囲について、東西南北を明確に限られた〝旦那場〟とも呼べるような領域として記載している。煩瑣になるので詳細は表にまとめた（表1）。図は分割された空間を若干の推測も交えて地図上に表記したものである（図2）[11]。ここから、宗覚配下の下仏餉の旦那場が京都の町を殆ど隈なく覆い、極めて組織的で効率的な仏餉米回収を可能としていたことがわかる。大津や伏見といったやや離れた地域、あるいは寺院が集中する寺町などを除けば、区画された空間の面積は概ね等しく、特定の下仏餉が利益を独占することのないように配慮されたものであることも窺え

表1　清水寺仏餉旦那場四至

	東	西	北	南
福寿	粟田口	寺町	二条通	大仏切
一覚	川原町	東洞院	吉田口	二条切
林月	今出川	ほり川	本在家	吉田切
本覚	車屋町	ほり川	下立売	二条切
学龍	寺町	烏丸切	二条通	四条通切
清順	寺町	烏丸切	四条切	六条通切
行泉	烏丸	ほり川	二条	たこ薬師
円入	からす丸	ほり川	たこ薬師	七条切
開蔵	ほり川	小野切	千本切	長者町
宗清	ほり川	かい川切	長者町	二条通切
南蔵	ほり川	壬生切	二条切	東寺切
行円	大津中壱人			
順行	伏見中壱人			

出典）宗覚下京中刻付之覚書（「清水寺文書」）

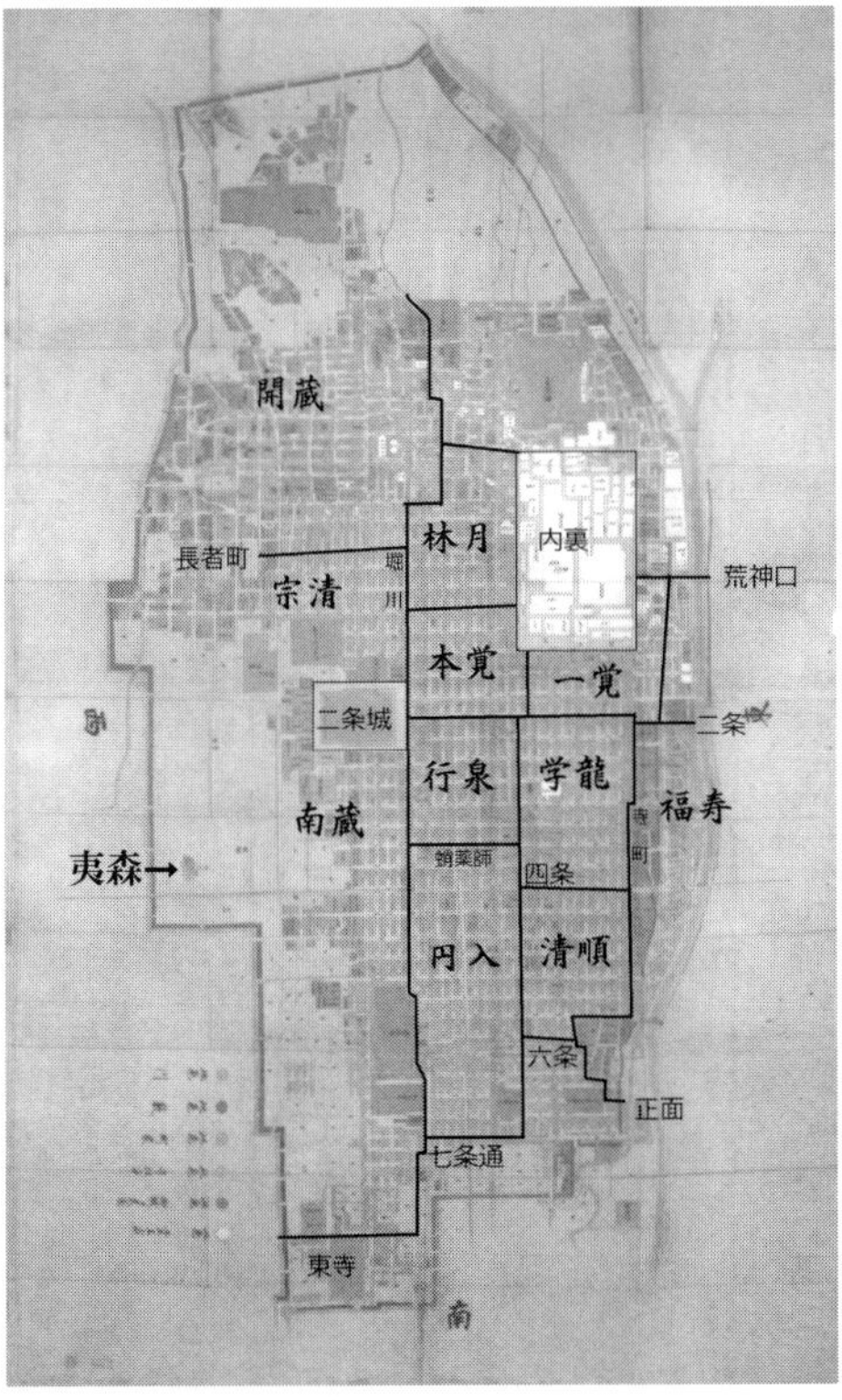

図2　清水寺仏餉旦那場
（正徳3年「洛中図」上に旦那場を加筆）

る。しかし、機械的に空間を均等分割したものでもなく、二条・四条などの通りを境界とする場合や、通りではなく東洞院・車屋町という相接する両側町を単位として区分している場合など、区画の仕方は一定ではない。むしろこうした一律でない分割の仕方が、慣習のなかから自然発生的に形成された空間分割であることを示唆しているといえよう。

ところで、これはあくまでも清水寺に所属する仏餉取の内に限った活動範囲の区分であり、他の宗教者を排除するものではないと思われる。同じ空間を他の寺社に所属する仏餉取も共有し、場合によっては独自の空間分割をすることも充分ありうるのである。つまり、この場合は同一寺院に関係する下仏餉の間で取りこぼしをなくし、かつ既に別の仏餉取が飯米を回収したところへ再度別の下仏餉が赴いたことで摩擦を生じるなどの問題を回避するために、合理的に活動でき、なおかつ下仏餉間の収入が概ね平等になるように時間をかけて調整された結果の産物であろう。

その後の仏餉取に関する詳しい経緯については、『清水寺史』の記述に譲りたいが、本稿の関心に沿って仏餉取と清水寺との関係を中心に見ていこう。仏餉頭の雲龍没後、親族の間で仏餉支配について出入りがあったようで、享保五年（一七二〇）に後家のはつが仏餉頭を取り上げられており、上御霊にいた覚龍と悴の正覚が仏餉頭を当分預かることになった(12)。その後も仏餉の支配は安定しなかったようで、一八世紀以降は七人の「壬生山伏」による輪番制となるが、天明大火以降中絶する。そのため、天保二年（一八三一）に再興が願い出られた。その際に清水寺から本寺の興福寺に出された届書は次のようなものである。

御届申候口上書

清水寺諸伽藍之儀、寛永六巳年炎焼後、大猷院様御造営被成下候処、追々星霜相移及大破、修復難及自力候ニ付、今般春秋彼岸之節、洛中洛外等有信之輩江本尊観世音之御影札相配、聊宛ニ而も志之寄附相受、修覆助成ニ仕度奉存候、尤前々者壬生山伏と申、当院より洛中洛外・伏見・大津迄仏餉米受廻り候儀在之候処、天明年中当地大火後中絶罷在候ニ付、右等之振合を以、前書之趣、今度御奉行所江願出申度候間、此段御届申上候、御聞済被成下候ハヽ、難有奉存候、以上

清水寺
成就院

天保二卯年二月

御本寺
一乗院宮様
御家司中(13)

ここから、それまで洛中洛外・伏見・大津の「仏餉米受廻り」をしていたのは「壬生山伏」であったこと、「春秋彼岸之節」に「洛中洛外等有信之輩江本尊観世音之御影札相配」と主に御影札（図3）を配り、それに対して「志之寄附」を受け取っていたことがわかる。つまり、『人倫訓蒙図彙』にある「毎日如在なく」「筒引かたぶけて、何のえしやくもなしにとつていぬるなり」というような状態ではなく、天保期には「春秋彼岸之節」に「有信之輩」と相対で配札をすることに重点をおくようになっていたことになる。

「有信之輩」に御影札を渡し、「仏餉米」を清水寺への「志」として受け取っていたためか、御影札のことを「仏餉札」ともいっていた。この御影札の枚数は、当然「志」の多寡と密接に関わってくる。享保五年（一七二〇）には、雲龍後家のはつから仏餉頭を引き継いだ覚龍が「観音様御影板木」などを清水寺役人から受け取っていたが(14)、延享二年（一七四五）には「普門院、仏餉札千五拾対相渡す(15)」と見えるように、仏餉取に渡される御影札の数は清水寺の成就院によって厳密に管理されるようになっていた。これは、御影札を通じて、清水寺に納められる「志」

図3　清水寺御影札

を統制管理するためであろう。とすれば、一八世紀半ばには、仏餉取は次第に自立性を喪失し、清水寺側の影響力が強くなっていったということになるだろう。

なお、『清水寺史』では言及されていないが、関東でもほぼ同じ頃に書かれた武蔵村山市の神職であり陰陽師でもあった指田藤詮の日記[16]に「京清水観音仏餉ノ板ヲ彫[17]」と記されている。実はこの前後から、江戸において清水寺の本尊が開帳されており[18]、指田藤詮の行為は清水観音の出開帳を当て込んだ配札にそなえたものであることが推察される。

清水寺と指田藤詮の関係は明らかにできないが、このような京都清水寺を遠く離れた地域の宗教者が、開帳などの時に「仏餉」と呼ばれる清水寺の御影札を配っていたことは容易に看過できないところだろう。

2　清涼寺

清涼寺は「嵯峨釈迦堂」とも呼ばれ、三国伝来とされる釈迦如来像と大念仏狂言で広く知られる寺院であるが、ここにも仏餉取がいた。

この寺院一山は真言僧からなる五大堂と浄土系の塔頭で構成されている。真言僧は学侶として中世には寺院の中心的存在であったが、伽藍再建のために入寺した本願が清水寺同様に経済力を背景に寺務を掌握、次第に真言系の寺僧を圧倒したため、近世初頭から宝永の裁許まで、再三にわたり衝突を繰り返しては、訴訟合戦を行っている(19)。次に見るのはそうした争論の渦中にあって出された寛永十五年（一六三八）の訴状である。

　　乍次而言上

（一条略）

一洛中釈迦之仏餉と申事、従先規、本願之役に仕、則釈迦之御札をくはり、以諸勧進、伽藍之致助成ニ候処ニ、三月十九日御身拭過ヨリ、寺僧仏餉之者共、新儀に数多出シ、殊更代替之仏餉と申候而、京中町ヲ三人つゝ、にてふれあるかせ申候条、此方ヨリ相尋申候へハ、仏餉棟梁仕候者ハ、五条松原通上ル町葛籠屋町宗林と申者ニて御座候間、則其町之年寄茂右衛門・太兵衛と申仁に引合、慥ニ届置申候、何茂いか様之企、新儀申候事、外聞実儀迷惑仕候間、被聞召分、被仰付被下候、誠恐誠惶

　　寛永十五年
　　　四月廿二日　　　　　嵯峨
　　　　　　　　　　　　清凉寺本願
　　　　　　　　　　　　　尭鑑（花押）

御奉行様(20)

本願側の主張によれば、本来であれば仏餉取を組織した勧進は本願が行っていたものであるという。本願の下に組織された「仏餉」は「釈迦之御札をくはり、以諸勧進」し、「伽藍之致助成」をしていた。しかし、当時対立関係にあった真言僧が経済的な利益に目をつけて「新儀」に「代替」の仏餉取をたてていたことが、本願の経済的権益の侵害であるとして本願から訴えられている。真言僧らによる「仏餉」が本当に「新儀」だったのか否かは本願

側の史料にしか記載が見られない以上、判断を留保せざるをえないが、いずれにせよ寛永頃には本願と真言僧の双方が抱える「仏餉」が京の町を競うようにして配札し勧進をしていたようだ。また、「新儀」とされる仏餉取は、単独ではなく「棟梁」のもとで「京中町ヲ三人つゝにてふれあるかせ」るもので、「棟梁」は、「五条松原葛籠屋町」に居住していた「宗林」であった。すなわち、清水寺と同様に仏餉取は「棟梁」に組織された集団であったのだ。仮に「新儀」であったとしても民間の宗教者を新たに複数抱え、仏餉取に仕立てたというよりも、小規模ながらも「棟梁」が弟子を抱えた既存の組織が存在していてそれを真言僧が利用したものと推測できるだろう。

3　北野社

ここまで寺院について見てきたが、次に北野社について見よう。北野社では、寛文三年（一六六三）に行われた宮仕による寄合の席上、次のようなことが問題になっている。

一正月十二日晩、寄合、南ハ御門ノ外東向観音寺より北野天神御本地と箱ニ書付、仏餉ヲ出す故、可令停止ノ内談有之者也[21]

北野社境内にあった観音堂、東向観音寺から「仏餉」が出ていることが北野社の宮仕の間で問題視されている。二日後には、東向観音寺が行っている不正として、

当社末社之内観音寺古来ヨリ無之町勧進ヲ仕、宮司中江例年参つけ候初尾をもうハひ取、或ハ夢想開祈禱連歌をも彼寺にて仕、剰北野天神御本地堂と書付たる箱をもたせ町中江勧進僧ヲ被出候事、かつハ天神の御ため不可然儀ニて御座候間、右之趣停止仕候様ニ被仰付可被下旨訟申者也

とあり、「北野天神御本地堂」と書いた箱をもった「勧進僧」が「初尾をもうハひ取」ることが訴えられているこ

とから、御影札を配る「勧進」が行われていたことがわかる。この「仏餉」とは、御影札のことか、あるいは御影札を配り勧進をする人かの判断が難しいが、とにかくそのいずれか（もしくは両方）が「仏餉」と呼ばれていたことは間違いない。

　この件について、二ヶ月後の三月四日、北野社目代から「観音寺天神本地堂と書付たる箱ヲ持せありく事をとめたきと被申事歟、又仏餉をとめ度との申分歟」と本音を問われると、宮仕は「仏餉ヲ停止仕度由申上者也」と返答し、「本地堂」を名乗ることはともかく、「例年参つけ候初尾をもうハひ取」るような、宮仕の経済的利益を侵害する御影札発行を停止させたいと本音を吐露している。こうして東向観音寺の「仏餉」問題は収束に向かった。

　しかし、宝永三年（一七〇六）に仏餉をめぐる新たな問題が惹起する。[22] 事件は九月二十四日、北野の宮仕のもとへ水火之天神住持が「十一面観音之御影但シ此御くし十三面台」の「天神廿五ヶ所之札」をもって訪れたことに端を発する。彼は「天神廿五ヶ所之札」を「仏餉」が持参したという。ここでは、「仏餉」は明確に御影札を配る宗教者を指す語として使われている。不審に思った住持が「仏餉」に委細を聞くと、彼は「竹門様より御意ヲうけ、松梅院指図ニ而如此くはり候」と北野社を支配する曼殊院門跡の意をうけ祠官松梅院の指図であると返答する。しかし、「仏餉」がかつて「京御払」となっていたことを知っていた住持は、重ねて「只今御許候哉」と問うと、「仏餉」が「御許ハ無之候得共不苦様子ニ而如此」と許可を得ているわけではないが黙認されていると答えたため、住持は彼が配っている札をもって北野社へ真偽の程を確かめに訪れたようである。

　仏餉は西京神子町居住の宗雲。人をやって様子を聞きに行かせたところ現在は他所にいるという。その後、呼び寄せて北野松梅院が詮議したところ、宗雲は「いつ方ノさしつにても無之、いつ方から出候方無之候、私自分ニ拵申候由申候、家主幷町せんき極リ申候迄ハ預ケ申由也、六年此方仏餉とてありき申由申旨也」と北野社に無断で配札をしていたことを認めた。そのため宗雲は「家主より追出シ、板行之板此方へ引取打潰由也、尤其者ニ一札をさせらる」ことになった。

聊か経緯に不審があるが[23]、このように寺社と無関係に活動する小規模の仏餉取も存在していたこと、そしてこうした事実が明るみにでた場合は寺社から版木没収などの厳格な処分が行われていたことがわかる。

ここまで紹介してきたのは比較的資料が残り、いくらかは仏餉取の実像を窺いうる事例であったが、他にも仏餉取の存在だけは確認できる寺社がある。それらを挙げておこう。

4　愛宕山

京都では火伏せで知られた愛宕山にも仏餉取がいたようだ。『月堂見聞集』巻一六の享保九年（一七二四）二月十三日条に、

播磨灘にて小倉船破損す、長崎飛脚荷物白糸三十五丸死人三十七人、内長崎飛脚市助、愛宕山教学院仏餉坊一人、仏餉米百石程、右死骸あがり、女一人死骸見え不申候由[24]

とあり、愛宕山教学院の仏餉坊と仏餉米が遭難事故に巻き込まれたことがわかる。「仏餉坊」とは「仏餉取」として九州などで仏餉米を集めていた愛宕山教学坊の坊人であろうか[25]。

5　長谷寺・七観音院

長谷寺・七観音院の仏餉取については、清水寺の史料に「南蔵ハ長谷寺ノ仏餉願加リ申候、伝最ハ七観音院へ勤候[26]」とあり、清水寺の仏餉取をやめた二人がこれらの寺院に行ったようだ。「長谷寺ノ仏餉願加リ申」とある以

上、南蔵は既存の「仏餉」の集団に加入したと見るのが妥当ではないだろうか。

6　回向院

「都の風俗」であった仏餉取も後には関東でも見られるようになったようだ。明暦三年（一六五七）、明暦の大火の死者を供養するために建立された回向院は、宝暦五年（一七五五）に寺社奉行に出した伺書に拠れば、ここは「無縁」の死者ばかりを葬っているため経済的にも不安定で、「従前々御府内常仏餉ニ日々道心者差出右之助成ヲ以常念仏相勤来候」という。当初は明暦の大火の「焼亡溺死之者子孫多分御座候儀故、仏餉施入茂有之助成」になっていたが、年月が経過するとともに施入も減少の一途をたどり、ついには「常仏餉ニ差出候同心者幷常念仏相勤候道心者等之手当ニモ不足仕、常念仏相続難相成体罷成歎敷奉存候」という状態になったと訴えている。[27]本資料は明暦の大火の百年忌法要を実施するために托鉢をするにあたり、町奉行所の通達を求めて出されたものであり、聊か誇張して書かれている部分がある可能性はあるが、「道心者」に渡される「常仏餉」が回向院の経営に重要な役割を果たしていたことがわかる。回向院では七月八日に仏餉を施入した檀主のために「現当両益」を祈願して法要が行われていることからも、仏餉への依存がわかるだろう。[28]この道心者こそ、京都でいう仏餉取にあたると見てよいであろう。なお、回向院の「仏餉」はよほど江戸で目についた存在だったようで、猫の目鬘をつけ「にゃんまみ陀仏」と唱えながら歩く回向院仏餉を真似た「両国猫う院仏餉」なる門付芸もあったようだし、[29]様々な近世の小咄に回向院仏餉は登場しているという。[30]山中共古の『砂払』によると、天明頃の洒落本『奴通』には「恵江陰物昌」なる跋文を寄せているが、これは「回向院仏餉」からつけた戯名という。[31]

　以上、近世の史料で確認できる寺社の仏餉取について見てきた。ここで挙げた寺社のうちで清水寺・清涼寺・長谷寺などは本願がいたことが確認でき、愛宕社も修験による勧進が進められていたことは知られており、検出できた事例の絶対数は少ないが、本願などの勧進組織が存在している寺社の占める割合は高い。しかし、北野社や回向院などには本願などの組織は存在しておらず、本願の存在は必要条件ではないようである。

二　寺社と仏餉

　前節では、仏餉取について寺社ごとに具体的に見てきた。僅かな事例のため一般化することは聊か躊躇されるが、仏餉取の少なくとも一部は「棟梁」が下仏餉などと呼ばれる「弟子」を抱えた一定の秩序だった組織をもっていたことが明らかになった。清水寺の事例では、元禄期には下仏餉が効率よく配札し仏餉米を回収することを可能にするため、明確な領域をもつ旦那場をもち分担して活動していた。彼らは、葛籠屋町・西の京といった町に居住し、清水寺では後家や悴が仏餉の棟梁を継承していることから明らかなように、寺院に所属する正式な僧侶ではなく、家族を形成する半僧半俗の宗教者であった。

　元禄頃に成立した『人倫訓蒙図彙』では、仏餉取は門先に出されている仏餉米を回収するだけの存在として描かれていた。清水寺では承応二年（一六五三）に「本願方ゟ町々江仏餉米取りニ道喜と申道心申付遣」とあり、一七世紀半ばの時点では町で仏餉を取り集めるだけの「道心」だったのだろう。

　しかし、清涼寺の場合は寛永期、既に「釈迦之御札をくはり、以諸勧進、伽藍之致助成ニ候処」に「寺僧仏餉之者共、新儀に数多出シ、殊更代替之仏餉と申候而、京中町ヲ二人つゝにてふれあるかせ申候」とあるように、触れ歩いて札を配るような積極的な配札を行っていたようである。その後、北野社や清水寺でもむしろ御影札を配ることが彼らの主要な役割となっているように見える。遅くとも一八世紀の仏餉取とは飯米を集めることではなく、仏餉札、あるいは単に仏餉とも呼ばれる御影札を配ることが、仏餉取の主な活動内容に変わってきたようである。(32)とすれば、『人倫訓蒙図彙』の仏餉取が無言で飯米だけを回収する姿は、まさに御影札配りを主たる活動とし始める直前の最後の様子を記録にとどめたものだったといえる。

住民の流動性が高い京都などの都市においては、単に「合点したる所」だけを「何のえしやくもなしにとつていぬる」だけの希薄な関係では、世代交代や転居などで人の入れ替わりが進むとともに、次第に回収することのできる初穂が減少することは不可避となる。それゆえ、積極的に「春秋彼岸」などに相対で配札することを通じて「本尊仏菩薩」を念ずる人々と関係を結び、時には新たな「信者」を開拓する必要があった。そのためにはよく知られた寺院は有利であったと思われる。

では、仏餉取と寺社との関係はいかなるものだったのか。ここでも史料の比較的残っている清水寺の事例によって見てみよう。享保五年（一七二〇）には清水寺が仏餉頭雲龍後家から仏餉頭を「取上」げ、覚龍に預け、「観音様御影版木・内府之版木預」られたとあり、成就院が「仏餉頭」を任意に取り上げたり預けたりすることができたこと、その際には「版木」の貸与が寺院から行われていたことが知られる。しかし、成就院による仏餉支配は一方的なものではなく、「年来講中相談」にて勧化巡行が計画されていた際に「仏餉ニ指支」のため実施を見合わせるなど清水寺成就院側の配慮が窺える。(33)

寛延元年（一七四八）には、下仏餉の多くが死去し、ついに二、三人となったため「御影札配り仏餉進め候儀も此節相止」めたいと仏餉側へ成就院から申し入れがなされているが、その際も「仏餉数も出来候ハ丶、其節ハ又取立候様ニも可致候」と再開への含みをもたせた発言をしている。こうしたことから、寺院の都合により一方的に仏餉取を「相止」ることはできなかったと見ることができる。寺院は、御影札の下付や版木の管理などを通じて統制するが、寺院組織に包摂されたものではなく、関係は比較的緩やかなものであったと思われる。本所支配のごとく強固な関係性ではなく、むしろ仏餉取の頭と寺院の相互契約による単純な請負関係に近いといえるだろう。それゆえ、恒常的な関係ではなく臨時に寺院と契約を結ぶ仏餉取もいたようで、『指田日記』に見たように関東など遠方で開帳が行われる際は、開帳の時期に限って短期間だけ現地の宗教者と関係を結び、御影札の配布と飯米の取り集めを委託するような仏餉取も存在していたかもしれない。

また、摩擦を起こしているが、清凉寺のように本願と寺家がともに仏餉取を抱えて対抗していたり、北野社のように一社とは別に東向観音寺が単独で仏餉札を配布する勧進僧を出すなど、寺社を構成する一機関が独自に仏餉取を抱えることもあった。

いずれにせよ仏餉取は、寺社が経済基盤のひとつとして依存していた勧進を、寺社の委託を受けて代行する存在に過ぎない[34]。仏餉取を抱えていた寺社の多くは本来は勧進を主に行う機構である本願があり、本願が仏餉取を支配していたが、回向院など当初からその寺院の性質から寄進に頼らざるをえない寺院においては、寺院が直に仏餉を回収する道心者を抱えることもあったのである。なお、回向院仏餉の出自については明らかではないが、江戸で住吉踊りなどの芸能や庚申の代待などの宗教行為を行っていた願人坊主《がんにんぼうず》が「まかしょ」と称して家々に絵を撒き袋を配り、翌日に袋を回収して米を集めていた[35]。こうした形態は上方における仏餉取と共通する部分がある。回向院の仏餉取のなかに願人などが流入していく場合もあったのではないだろうか。

ところで清水寺の仏餉取について、後には「壬生山伏」が札を配っており、札も「仏餉」と呼ばれるようになったことは下坂が指摘している。この「壬生山伏」については先行研究では言及していないが、その拠点と思われる「壬生」という地名と「山伏」という名称から、前章で見た壬生の夷森にあった垢離場を拠点としていた富士垢離との関係を想定することができるだろう。富士垢離の行人は「先達」に率いられ、五月末から富士の山開き頃まで、水辺で水垢離を取り、病気治療や招福除災の祈禱などの依頼に応え、祈禱札などの「紙符」を出していたという。既に見たように、仏餉取が町に住み、棟梁に率いられた宗教者による組織であったとすれば、壬生山伏の名でも資料に登場する清水寺の仏餉取は、宝永段階ではこうした富士垢離の行者でもあった蓋然性が高い。いや、むしろ「先達」に統率された富士垢離行者の集団が、春秋彼岸などの際に清水寺と結び人々の前に現れたときに限って、その姿が「仏餉取」とされたのであろう。

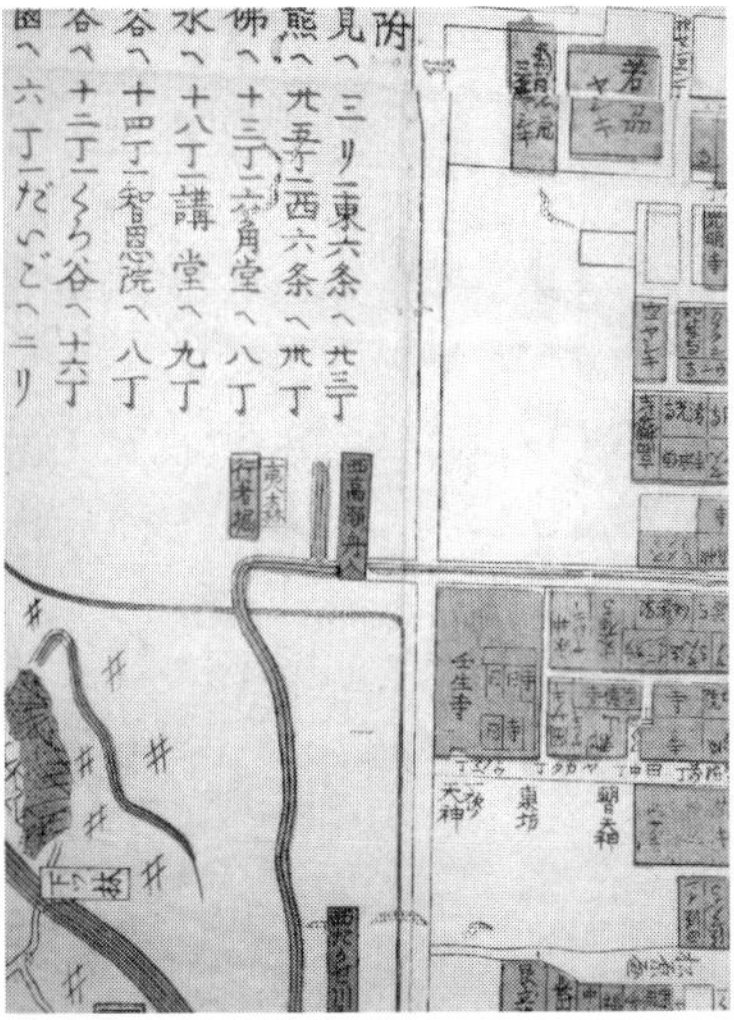

図4　夷森・行者堀

そうして見たとき、南蔵院という清水寺の仏餉取の居住地が「葭屋町」であったことも気にかかる。葭屋町には安倍晴明を祀るという晴明社があり、そこは愛宕の僧の居宅であった[36]。また、清涼寺は愛宕社の別当寺的存在で境内に愛宕社を祠るなど、両者の関係は深い。愛宕といえば、修験の支配する山岳霊場だ。北野社で問題となった東向観音寺には神変大菩薩を祀る行者堂もあり、修験者の活動拠点であった可能性もある。これらのことから、未だ推測の域は出ないが、仏餉取と修験との親和性を看取することができそうである。北野社や愛宕社など清水寺以外の寺社に所属して飯米を集め配札をする「仏餉」もまた、町に住む修験者でもあった可能性は充分あるといえよう。

おわりに

ここまで寺社と仏餉取の関係について検討し、これらの仏餉取が山伏でもあった可能性を指摘した。寺社と仏餉取との関係はさほど厳格なものではなかった。清水寺で仏餉取をしていた「壬生山伏」は、清水寺だけと関係を結んでいたわけではなく、四天王寺にも「仏餉袋」を届けている[37]。壬生山伏は清水寺専属の仏餉取というわけではなく、他の寺院に所属することも不可能ではなかったようだ。複数の寺院に属することも可能であり、所属を止めたあとで別の寺院に所属することも特に問題にならない。比較的ゆるやかな関係であり、仏餉の版木の管理や使用の許認可、配布する御影札の管理を通じて統制するに過ぎない。寺社は安定した米銭の納入さえ確保できれば、とりわけて仏餉取の維持に腐心するわけでもない。

また、仏餉取も寺社に全面的に依存していたわけではない。春秋の彼岸などに寺社から委託をうけて札を配り、米銭を集める際には某寺社の「仏餉」として人々の間に現れるが、他の場面では恐らくは仏餉取としてではなく、富士垢離など修験者としての活動も行っていただろう。彼らが清水寺などの委託をうけて御影札を配り、飯米を寺院への仏餉とすることを名目として受け取るようになると、その際には「清水寺の仏餉取」などとして広く受けとめられるようになる。しかし、一方で彼らは修験者である。例えば富士の山開きなどの際に聖護院の支配をうける富士垢離の行者として人々の間に現れたときは、また別の札を配っていたであろう。

かかるあり方は、近世的な本所支配とは異なる形態であるといえよう。では、こうしたかたちで仏餉取を抱えることは寺社にとっていかなる意味があったのか。ここで、仏餉取を抱える寺社の多くに本来は勧進によって金銭を集め伽藍の修理を行う本願がいたことに注目したい。近世の清水寺や清凉寺では、本願が寺務を掌握していくと自らが勧進を行うことはしなくなる。これは、『人倫訓蒙図彙』に「いま時の勧進は己が身すぎ一種にして、人をたぶらかし、偽をいひて施をとる。是全盗にひとしき也」[38]とあるごとく、勧進という行為を低く見る意識が社会や寺院内部にあるなかで、本願の地位が相対的に上昇した結果、寺院内で自らの位置を固めるために取った戦略であるといえる。とはいえ、本願の地位向上の背景に勧進による経済力がある以上、勧進そのものを放棄することはできない。そうしたときに、まず勧進の実務が町の道心者に委託され、さらには一定の組織をもち一層効率的な活動をすることができる修験者などに任されるようになったのではないだろうか[39]。

換言すれば、仏餉取とは民間で活動する宗教者のいくつもある顔のひとつに過ぎないということもできるだろう。ただ、某寺の仏餉取であるということは、春秋の彼岸などに彼らが配る御影札が寺社の正式な認可をうけた間違いのないものであるとする信頼性を与え、「効力」を客観的に保証することで一定の意味があったということになろう[40]。真偽の明らかでない宗教者が次々と町や村を訪れ、多様な祈禱札や御影札が配られるなか、札の真性が保証されているということは宗教者にとっても受け取る側にとっても望ましいことであったに違いない。

近世の民間宗教者や芸能者は、社会の状況や必要に応じて比較的柔軟に対応するし、そうしたことではじめて近世社会を生き抜くことができる[41]。柔軟さを排除し排他的に集団化を遂げたとすれば、彼らは近世社会を生き抜くことなど覚束なかったのではないだろうか。そうした意味で、結果として宗教者がある寺社に属することがあったとしても、吉田伸之がいうような「単位社会構造」の「磁極」といえるような強い求心力があったか否かは疑問とせざるをえない[42]。宗教者による組織の分析をすることの重要性は否定するものではないが、同時に理念にとらわれることなく、組織を構成している宗教者そのものについて、実態に即した分析が必要なのではないだろうか(43)。

註

（1）『京都町触集成』別巻二—補五二二号
（2）「仏餉」の語は宗教者、飯米の他に後述するように仏餉取が配る御影札のことを意味する場合もある。そこで、本章では混乱を避けるために、史料上の文言を除き、宗教者を「仏餉取」とし、仏供として寄進される飯米を単に「仏餉」とする。
（3）『人倫訓蒙図彙』（平凡社東洋文庫、一九九〇年）
（4）寛政六年（一七九四）写の俗謡「鳥づくし」の詞章に「服部の寺にハ仏餉取」とある（『千早赤阪村誌　資料編』千早赤阪村役場発行、一九七六年）ことから、少なくとも仏餉取が畿内においては一般的な存在であったことは間違いなかろう。
（5）清水寺史編纂委員会編『清水寺史』第二巻「通史（下）」（法藏館、一九九七年）の第二章第四節「御影札配りと仏餉米」（下坂守執筆分）
（6）清水寺史編纂委員会編『清水寺史』第二巻「通史（下）」（法藏館、一九九七年）
（7）宝暦十四年「寺格記録幷願書」（清水寺史編纂委員会編『清水寺史』第三巻「史料」法藏館、二〇〇〇年）
（8）「清水寺文書」（『清水寺史』第三巻「史料」、一七〇頁）
（9）公儀から「仏餉之事」について成就院に下問があり、成就院からの照会に対して宗覚が返答していることに留意したい。こうしたやりとりが行われていることから、宗覚に飯米の回収を委託していた成就院は「拾石之内外」の米さえ納入されればよく、宗覚の総収入や分配比率、その組織について明確に把握していなかった可能性がある。とすれば、「弐拾石之内外」という総量さえも疑問の余地がある。元禄七年（一六九四）の上申書では下仏餉の人数が大幅に増加しているが、僅か三年でこうした体制を整えたとは考えにくく、元禄四年（一六九一）の上申書では総収入や弟子人数について宗覚が実態を報告していない可能性もある。

(10) 宗覚下京中刻付之覚書「清水寺文書」(『清水寺史』第三巻「史料」、一七二〜三頁)
(11) 開蔵の西界である小野を明確に出来なかったほか、林月の北界にあたる本在家が不明のため、元新在家町を北界とした。また、林月の東限「今出川」は東西通りの今出川では東界とならないので河川の今出川と思われるが、御所内まで領域に含むか不明。福寿の東限の粟田口や南蔵の西限壬生などは地点表記ではなく漠然とした範囲をあらわす可能性があるので明示していない。大津一円の行円、伏見一円の順行も記載していない。
(12)「清水寺文書」(『清水寺史』第三巻「史料」、一八九〜九〇頁)
(13)「清水寺文書」(『清水寺史』第三巻「史料」、二六一頁)
(14)「清水寺文書」(『清水寺史』第三巻「史料」、一八九〜九〇頁)
(15)『成就院日記』延享二年九月六日条(「清水寺文書」『清水寺史』第三巻「史料」)
(16)『指田日記』(武蔵村山市教育委員会編『武蔵村山市文化財集十一　指田日記』一九九四年)については同書「解題」を参照した。また、陰陽師としての指田藤詮については、林淳「『指田日記』と村の陰陽師」(『近世陰陽道の研究』吉川弘文館、二〇〇五年)参照。
(17)『指田日記』天保六年七月十七日条。なお、同二十三日から山口で清水寺の観音が開帳され、指田藤詮も二十九日に参詣しており、これが開帳と関係あるものであることが窺われる。また、「仏餉ノ板ヲ彫」とあることから、この段階では「仏餉」とは神仏に奉納される米銭ではなく、神仏(ここでは清水寺の観音)の御影札そのものを指す語として使われていたことがわかる。仏餉取の配る御影札を「仏餉札」というようになり、次第に「仏餉」というようになっていたのであろう。
(18) 清水寺史編纂委員会編『清水寺史』第二巻「通史(下)」(法藏館、一九九七年)
(19) 拙稿「中近世の一山寺院と本願――嵯峨釈迦堂清凉寺をめぐって」(『新しい歴史学のために』第二四九号、二〇〇三年四月)、本書第Ⅰ部第一章
(20)『清凉寺文書』一一一号(水野恭一郎・中井真孝編『京都浄土宗寺院文書』同朋舎出版、一九八〇年)
(21)「寛文三年寄合日記」寛文三年正月十二日条(『北野天満宮史料　宮仕記録』)
(22)「記録」宝永三年九月廿四日条(『北野天満宮史料　宮仕記録』続三)、煩瑣になるので以下は経緯を略記するに

とどめる。

(23) 当初は宮仕能慶の関与が疑われ、「内証」にて吟味の上、事情聴取までされていた。九月二十六日の事情聴取では「左様之仕方曾無之旨」と主張する能慶に対し「猶御吟味可被成」との方針が出されていたが、十月朔日には一転して「札之出処衆中ゟニてハ無之条相極」とされ、仏餉宗雲の単独犯として落着している。こうした不自然な経緯には、聊か不審があり、背景に宮仕たちの思惑が交錯していた疑いもぬぐえない。

(24)『月堂見聞集』巻一六（『続日本随筆大成』別巻、吉川弘文館）

(25) 愛宕社の構造については、アンヌ・マリ　ブッシィ「愛宕山の山岳信仰」（五来重編『山岳宗教史研究叢書十一 近畿霊山と修験道』名著出版、一九七八年）、前田一郎「愛宕山坊人・愛宕法師・愛宕山家来」（八木透編『京都愛宕山と火伏せの祈り』昭和堂、二〇〇六年）参照。

(26)「清水寺文書」（『清水寺史』第三巻「史料」）

(27)『祠曹雑識』巻五三（『内閣文庫所蔵史籍叢刊』第九巻、汲古書院、一九八一年）

(28)『東都歳時記』巻之三「秋之部」

(29) 宮尾與男編著『図説大道芸事典』（柏書房、二〇〇八年）

(30) 比留間尚『江戸の開帳』（吉川弘文館、一九八〇年）

(31) 山中共古著・中野三敏校訂『砂払（下）』（岩波文庫、一九八七年）

(32) 当初の道心者が組織化されたのか、あるいは個別の道心者ではなく、組織をもっていた修験道組織に委託したのかは明らかに出来なかった。

(33)「清水寺文書」（『清水寺史』資料編）

(34) そのため、信徒によって組織された講中による勧化巡行の実施など、別の有効な集金手段が整うと仏餉取の必要性は低下し、下仏餉の人数が減少するなどして効率が落ちると、維持するための努力がなされることなく「相止」めとされることになる。

(35)『種が島』（武藤禎夫校注『化政期落語本集　近世笑話集（下）』岩波文庫、一九八八年）。この小咄にはこうした願人を煩わしがって門先に「まかせ無用」「御行無用」と書いた張り紙を出す家もあったことがわかり興味深い。

なお、願人については、橋川正『鞍馬寺史』（鞍馬山開扉事務局出版部、一九二六年）、吉田伸之『身分的周縁と社会＝文化構造』（部落問題研究所、二〇〇三年）などを参照。

(36) 梅田千尋「江戸時代の晴明霊社祭」（晴明神社編『安倍晴明公』講談社、二〇〇二年）

(37) 長吏文書研究会編『悲田院長吏文書』（部落解放・人権研究所、二〇〇八年）二一五頁（史料番号五二八）

(38) 『人倫訓蒙図彙』巻七「勧進糊部」

(39) 場合によっては、活動を通じて道心者自体が次第に組織化されていった可能性もあろう。というのは、修験者といいながらも、彼らが富士垢離という京都では比較的新しい信仰に携わっていることから、まず組織化が先行し、富士信仰を媒介に聖護院が修験者と認定することで安定した集団となったのかもしれない。

(40) 「効力」の「信頼性」とは聊か抽象的だが、私たちが現在寺社で目にする御影札などが、大量に印刷された量産品に過ぎないにもかかわらず、「御利益」が期待されて授与を求める人々も跡を絶たない。一方、同じ御影札をコピーしたものには「御利益」を感じないのはなぜか、という問題とも関わっていよう。御影札の「御利益」を保証するのは図像そのものではなく、描かれた本尊と札をつなぐ「何か」なのである。恐らく時代や地域によって異なるこの「何か」を常に保持するために宗教者は柔軟に様々な権威とつながりをもとうとするのではないだろうか。筆者自身、宗教のもつこうした側面を見落として、かつて拙稿「近世における桂女と配札・勧化」（『芸能史研究』第一七〇号、二〇〇五年）において、桂女による勧化を「呪力の商品化」と評価したが、これは宗教の経済的側面だけにとらわれた一面的すぎる評価であったと思っている。この場を借りて撤回したい。

(41) 宗教者や芸能者は、受け入れる地域社会の要望に柔軟に対応するために必然的に様々な「顔」をもっている。それは時に本所の論理や彼らが依拠する教義よりも優先される。例えば伊勢大神楽などでは各曲の意味づけや村落行事との関係について受け入れる村の風習に任せ、太夫から強要することはなく、それゆえにこそ広く受け入れられたという（北川央「伊勢大神楽の回檀と地域社会」園田学園女子大学編『漂泊の芸能者』岩田書院、二〇〇六年）。極言すれば、本所によって公認された位置づけとて、権力に相対するときの「顔」のひとつに過ぎないのではないだろうか。

(42) 吉田伸之『巨大城下町江戸の分節構造』（山川出版社、二〇〇〇年）

（43）　地域社会で「ぼんぼく」と呼ばれた宗教者について、地域社会と支配の両面から見た中野洋平「信濃における神事舞太夫・梓神子集団の歴史的展開」（『芸能史研究』一七九号、二〇〇七年十月）などはそうした視点での研究といえる。

補論　御室八十八ヶ所と恵信

はじめに

御室八十八ヶ所は京都市の仁和寺境内成就山にあり、文政十年（一八二七）仁和寺の済仁法親王が発願、寺侍の久富遠江守に四国八十八ヶ所の砂を持ち帰らせ、山内に八十八の堂を建立し、これらの堂宇をめぐることで四国遍路と同じ功徳を得ることができるようにした施設である。

御室に模した四国八十八ヶ所とは、改めていうまでもないが弘法大師が開いたとされる四国の八十八ヶ所の札所寺院をめぐるものである。古くは『今昔物語』に四国辺地とあるが、現在のような形態になったのは近世初期であるといわれている。四国八十八ヶ所をめぐる四国遍路について、歴史研究がなされたのは新城常三『社寺参詣の社会経済史的研究』という大著が出されてからであった[1]。社会学の前田卓は遍路札の統計処理を行い、数的な動向が分析された[2]。これらの研究はあくまでも総体としての「遍路」を見るというもので個別の事例分析よりも傾向の分析に力点がおかれている。その後、宗教民俗学などの視点で修験との関係や衛門三郎伝説の検討などが進められたが聊か低調であった[3]。しかし、遍路ブームの後押しもあり、膨大な入門書や体験記が刊行され広く関心を集めるようになると、近年は次第に歴史学のみならず社会学や民俗学からの研究もなされるようになってきた。巡礼史研究会などによって三十三度行者、六十六部回国聖の研究が進むなどの刺激をうけ、板本として刊行された遍路記の分析や地域に残る巡礼記などの資料発掘、あるいは現代の社会現象としての遍路研究など多様な視点で研究が行われた。(4) しかしながら、四国八十八ヶ所は三十三所観音霊場のごとく地域の宗教的紐帯となる一定規模の寺院から構成された霊場と異なり、中小規模の堂宇も含んだいわば四国全体をひとつの霊場とするもののため、資料もさほど多くないせいか、西国三十三所ほど実態が明らかにはなっていない。

ところで、四国遍路とは宗教的な動機によって始められる行為、すなわち宗教行為に他ならない。信仰というものは史料として目に見えるかたちではあらわれず、文献研究ではどうしても信仰という部分が脱落し、遍路の副産物である経済効果や社会的機能などが強調され、ややもすると機能主義的解釈に陥りがちである。近年の参詣研究が「旅行史」として論じられているのも同様の課題を抱えているといえる。そうしたなかで、四国霊場を他の地域に移した地方霊場が巡礼研究の課題として論じられるようになったのは田中智彦(5)の指摘に始まる。地方霊場の成立には、地域社会が宗教を受け入れ、地域に生まれた新たな霊場としての信仰を始めることが必要であり、そうした過程は新たな宗教と接触した地域の対応を示しているからである。地方霊場については、前掲の諸論考でも言及されているが、近世史研究のなかでも原淳一郎(6)が参詣史の視点から、岩本馨(7)が地域社会と霊場について触れるが未だ研究は緒についたばかりである。(8) こうした地方霊場の研究は近世の地域社会と宗教の接点を見る上で重要になると思われる。

そこで、本稿では、①筆者が寓目した史料から具体的に京都の事例を紹介し、②京都の宗教者の信仰とそれを受容した社会について検討することで、遍路研究に光をあてることを試みたい。

一　史料の紹介――恵信勧進帳

まず、一冊の史料を紹介することから始めたい。これは御室八十八ヶ所境内への宝篋印塔建立・加太浦の巡礼船を発願した恵信という人物が作成したものである。筆者蔵の全十七丁からなる板本。文政十二年（一八二九）、四国遍路を四十年以上続けてきた恵信行者による御室八十八ヶ所の宝篋印塔建立にかかる勧進帳と加太浦から四国への無銭渡船に関する勧進帳が一冊にまとめられたものだ。各勧進帳冒頭には勧進の内容と関わる簡略な図が掲載されている。題簽には「御室御所　四国偏礼無銭渡／宝篋印塔四十九院鳥居御建立／御山内　御供養一件帳」と三行にわたる表題がある。「御室御所御山内　宝篋印塔四十九院鳥居御建立四国偏礼無銭渡御供養一件帳」と読むべきであろうか（本稿では「供養一件帳」と略す）。本文の後ろには白紙が数丁綴じられているが、実際に信徒らが寄進額を書き込む勧進帳として使用されることを想定したためと思われる。版元などを書いた奥付はなく私家版と考えていいだろう。

内容の詳細は後掲の史料翻刻を参照されたいが、ひとつめの宝篋印塔建立についての勧進帳では、冒頭に建立を計画している宝篋印塔建立の図が掲載される。本文は、a四国遍路をすることの功徳、b恵信の半生、c御室八十八ヶ所建立の経緯、d宝篋印塔建立の功徳、e署名からなる。ここでの署名者は恵信と世話人銘々中である。

ふたつめの勧進帳は京都の絵師である森川保之による加太浦辺鳥瞰図を冒頭におき、本文はa銭なく渡海を諦める者が多い加太浦と遍礼の現況、b恵信による船新造の発願、c加太浦辻堂に大師像を安置し過去帳を作成すること、d過去帳の由来、e恵信の過去帳、f施主の名はあわせて建立を予定している宝篋印塔の台石に刻銘すること、

g署名となる。ここでの署名は前者と異なり恵信のみとなっている。

同書に拠れば、筆者の恵信は俗名を矢柄与右衛門といい、安永五年（一七七六）に生まれた。四国遍路を繰り返し、夢告をうけて大坂で得度。阿波では文政六年（一八二三）春、前年十二月に焼失した阿波国第十二番札所焼山寺麓の衛門三郎旧跡の庵室・通夜堂・高祖大師・衛門三郎木像を再建したという。同年三月には、三十五番札所清瀧寺麓の百姓直八宿にて古郷の氏神から「汝剃髪致し順拝いたさバ必ず善因と成りて後世可得善果」との夢告をうけ、八月十二日に浪華長堀の菩提家で剃髪し、恵信と名乗った。その際に髪を衛門三郎の木像に植えた。『国書総目録』を見ると同年に恵信は「四国徧禮略縁起《しこくへんれいりゃくえんぎ》」を刊行していることがわかる。以後も四国遍路を続けるとともに、京都・高野山諸国を順拝し所々の寺社堂塔を再建、仏像造立、遍路道の整備などを行ったという。そして文政十年（一八二七）、仁和寺で御室八十八ヶ所が再興されたことを聞きつけ協力する。日々の仕事のかたわら旅に出た遍路ではなく、多くの時間を旅の空に過ごした職業的遍路であったようだ。こうした職業的遍路については中務茂兵衛などが知られている[9]。恵信は得度する前から遍路をしていたので、それ以前は俗人である。本史料はそうした恵信が、文政十二年（一八二九）五月に作成した勧進帳をふたつあわせた板本である。

御室八十八ヶ所は本史料成立に先立つ文政十年（一八二七）に建立されたものである。天保六年（一八三五）に御室の「西国《（ママ）》八十八ヶ所の画《うつし》」を訪れた富本繁太夫は「近比出来し」とし、参道に設置された「梵字を一字宛彫し曼荼羅石」は「皆諸々奇進にて出来」と伝えている[10]。天保十一年（一八四〇）には、仁和寺にも近い法金剛院村中が、御室八十八ヶ所内の「万霊堂地築付」の「手伝」として、金百疋を寄進している[11]。御室八十八ヶ所建立直後は、こうした寄進が相次いだのであろう。

恵信の動きも、当然そんな動向に触発されたものと考えてよいだろう。恵信に対し仁和寺は「四国遍路日本惣大先達」の号を授与した。先達とは四国遍路の案内や参拝作法の指導をする人物を指すため、「惣大先達」とは「先達」を掌握し統括することを期したものであろうか。「惣大先達」補任が現実に「先達」掌握を可能にしたか否かは議論があろうが、それまで存在しなかった四国遍路の「惣大先達」を仁和寺が補任したことは、「惣大先達」を介して「先達」を管理するような四国遍路統括への足がかりを築こうとする意図があったと見ることはできるだろう。なお、惣大先達「開発」とあることから初代と見られるが、後に同様の称が見えないことから長続きはせず不成功に終わったと見るのが妥当である。

恵信は八十八ヶ所霊場に宝篋印塔を建立することを発願して寄進を募ったが、宝篋印塔は結願所である第八十八番札所の背後に現存する。六地蔵を前に五輪塔型の垣、四十九院で囲まれる。「一丈六尺」とある通り、大型のものである。正面に梵字を刻み、右側に「御室御所御山内／文政十二年己丑九月吉日／御建立」、左側に「成就山／寶篋印塔」と刻む。この記載から恵信が勧進を開始して僅か四ヶ月で建立が実現されたことがわかる。塔の背後には、「供養一件帳」に記すように塔下に開口があり、石で蓋をしている。恐らく、ここから過去帳を納入することができるようになっているのであろう。その下には「恵信」の字が刻まれていた。井垣越しのため判読は困難であったが台石には俗人の名前が多数刻まれているようであった。この塔について、『都名所図会』初刻後印本には「成就山八十八ヶ所」等について、新たに版木を加えて情報を増補している。ここには「宝篋印塔の石窟へ信心の道俗法名を納めんことを願えば、過去帳に御しるしありて春秋の彼岸中日と七月二十四日、爰にて御供養あり」としており、実際に恵信の期待通り一定の機能をしていたことは疑いない(12)。

後半で恵信は紀州加太浦の巡礼船も発願している。加太から乗船し四国に渡って遍路に出る人は多い。文政十一年（一八二八）には、加太と阿波の撫養を渡す十二艘の渡海船があり、紀州藩から、「船賃貪リ」を指摘されて以

図１　恵信建立の宝篋印塔

図２　同裏面

図３　同「恵信」銘

降は、「難渋之四国遍路」に対しては、渡海船の減免措置がとられた(13)。阿波藩は治安対策のため安政元年（一八五四）に渡航を禁止するが、文久元年（一八六一）に出された渡船停止後の再開願では、「参詣人幷諸国商人、非人ニ至迄、莫大之助ニ相成」とあり、参詣人に加え「非人」も船を利用して阿波へ渡っていたことが知られる(14)。こうした背景には、遍路のもうひとつの側面、すなわち送り出す側としては境域外へ経営破綻者を排除する「棄民」としての面もあったといえる。遍路に出ることで「乞食」も生存を期待することができたのだ。しかし、恵信としては、むしろ「非人」に到るまで多くの人々に広く遍路を行う機会を提供することを意図していたと思われる。

二　仁和寺と宝篋印塔

塔について、先述の初刻後印本『都名所図会』には、法名納入は「御門番所又ハ五ヶ所の茶所へ託すれハ直に納るよし」とある。すなわち、宝篋印塔建立は恵信が行うが、恵信は建立した宝篋印塔を仁和寺に「寄進」し、塔建立以降の運用は仁和寺に任せていたことがわかる。大坂では願人が市中に寺院の茶所を設け、仏像を祀り勧化のための窓口としていた事例は指摘されていたが(15)、仁和寺境内の茶所も単なる飲食休憩のための施設ではなく、供養の窓口となっていたことが明らかになった。あるいは、『日葡辞書』で「死者の名前をしるした小さな板［位牌］の前に供えて、その人に捧げる茶（Cha）と湯」を「茶湯《チヤタウ》」と称したことが見えるが、寺院境内の茶所も供養のための茶湯を捧げる施設としての機能も担っていたのかもしれない。

　こうした地方の移し霊場成立にあたっては、他所では民間宗教者の関与が想定されているが、ここでは仁和寺が主導していたことは疑いない。勧進帳では、春秋の彼岸中日と七月二十四日（地蔵盆）の供養が仁和寺によって継続的に行われることが宝篋印塔のひとつの付加価値となっているが、『都名所図会』には彼岸と地蔵盆に加え、十月十三日に六十番札所の堂前にて曼荼羅供も行われていたと記す。『都名所図会』に拠れば、これらは「御仮屋をまうけられ、厳重の御法会」であったという。

仁和寺主導によって建立された霊場の経営にあたり、集まってきた宗教者が勧進などで霊場の整備や拡充に一定の役割を果たしたとすれば、仁和寺側も何らかの対応をする必要がある。恵信に付与された「惣大先達」号も、彼の霊場荘厳に果たした功績を評価した仁和寺の行為として見ることができる。

こうして仁和寺が主導して建立した御室八十八ヶ所に恵信のような宗教者が吸引され、さらにそこに信徒が糾合されることで、霊場が一層多面的に展開していったことがわかる。これを整理すると、まず①仁和寺による霊場建立があり、②それをうけた恵信のような趣旨に賛同した宗教者による八十八ヶ所運営支援があり、③恵信を「惣大先達」とした遍路の「先達」組織化が期待され、仁和寺による遍路支配が試みられる。恐らく仁和寺は八十八ヶ所建立を契機に集まった恵信のような宗教者を媒介として「先達」を把握し、次第に増加してきた四国遍路、特に職業的遍路を一元的に管理して経済的利益を期待していたのではないだろうか。これは仁和寺と寛永寺が六十六部回国聖に法度を発給していたこと(16)を想起すれば、同様のことを遍路に対して行おうとしていたと見てよいであろう。

同時に京都近郊では、④潜在的遍路・信者が近隣の霊場である御室に吸引される。これは、健康上の理由や経済的な事情により四国に行けない（行かない）が遍路に関心を寄せる畿内近郊の人々にとって四国霊場の代替として機能することになる。また、遍路に出る（出たいと思わせる）契機として多いのが親族の供養だが、仁和寺という「聖地」での門跡によって継続される供養は特にそうした動機をもつ人々には単なる模擬巡礼にとどまらない魅力をもち、巡拝を終えた人々のうちで結縁を望むものも少なくなかったであろう。こうして御室八十八ヶ所に集まってきた宗教的欲求を充足するための施設として宝篋印塔が建立された。これは流動的・不安定な都市住民の「記憶の範囲内にある『先祖』」(17)の追憶装置と永代供養施設として期待されたと思われる。永代供養が期待できる宗教施設を必要とした人々、換言すれば京都という都市において、檀那寺や後に供養する子孫をもたない単身者や日用などの住民の死生観念と深く関わっているだろう。文政十二年（一八二九）といえば、西日本でコレラが流行し大きな被害が出た文政五年（一八二二）の記憶も未だ色あせていない頃である。そして、副次的な意義として⑤行楽地として観光客の参集が挙げられよう。「順拝の山路遠望絶景、種々に転じ目を歓ばしめ、実に勝地」としての評価が『都名所図会』にあることからも窺える。

信仰は①から⑤にかけて弱くなるが裾野は⑤まで広がっている。そして②③は不振に終わるが④⑤が成功をおさめる。実際に「心願」があったり、真剣な供養をする必要がある場合は四国へ渡り遍路をするが、仁和寺には身近な「先祖」供養と行楽のために京阪一円から人が集まるようになり、都市における風光明媚な宗教施設として成功したということだろうか。触媒としては、恵信のような御利益を宣伝し勧進を集める宗教者とともに、彼らが作成し配布した勧進帳というメディアの存在が重要な役割を果したのだろう。

三　恵信の周辺

結果的に仁和寺による恵信を頂点とする遍路「先達」の組織化は失敗に終わったといえる。では、恵信がこうした仁和寺と接近する動きを見せた背景はいかなるものであったか。まずは恵信の宗教的な動機としては巡礼船の就航と宝篋印塔の建立が御室八十八ヶ所成立に触発されてのものである。そこで立願したことを滞りなく成し遂げるために、仁和寺のごとき権威の裏づけがあった方が都合がよかったということもあるだろう。結果的に恵信が意図した仁和寺における宝篋印塔建立は無事に成し遂げられた。

同時に指摘しておきたいのが遍路の増加と多様化である。前田卓・新城常三が指摘するように遍路の数は化政期に頂点を迎える。この背景には出版物による情報整備がある。真念『四国遍路指南』貞享四年（一六八七）、『四国偏礼功徳記』元禄二年（一六八九）、寂本筆『四国遍礼霊場記』元禄二年（一六八九）以降の相次ぐ案内書刊行により、札所・御詠歌・行程・宿泊所情報などが掲載され敷居を下げた。さらに遍路の増加を加速したのが交通インフラの整備である。真念による道標建立がなされ、その道標も「年月をへて文字落れバ、辺路の大徳幷其わたりの村翁再治所奉仰也」とあるごとく地域による遍路道の維持管理が期待された。実際、以降道標の建立は進む。善根宿・辺路屋といった宿泊施設の整備、休憩施設としての茶所も整う(18)。また、病人の村送り・行き倒れ遍路の取り扱いなどが定められ、万一の場合も最低限の保証は得られる。そして接待慣行である。

その結果、共同体内部で経済的破綻者が出た際、相互扶助機構による生命維持の閾値を超えた時、共同体全体は限界を超える前に経済的破綻者を外部へ排出し切り捨てる必要が生じる。そうした経済的破綻者の受け皿が遍路ということになる。また、経済的破綻者以外にも「癩者」など、共同体にとって望ましくないと見なされる存在を排除するための受け皿としても遍路はある。いわば、共同体を維持するための安全弁として遍路という機構はあるともいえるのだ。高取正男がいうようにこうした共同体自身を安定させるために弱者を排除せざるをえない機構が、遍路や物乞いに対する喜捨を人々にさせる動機となる(19)。

これにより、結果として『世事見聞録《せじけんぶんろく》』『守貞謾稿《もりさだまんこう》』『賤者考《せんじゃこう》』にあるような「乞食遍路」が増加する。こうしたなかで恵信らの宗教者は、一般の遍路や乞食遍路増加により、「僧」として差別化するため権威づけを必要とした。

また、民衆は上述のような膨大な手引き書の刊行により、宗教権威や書物知による参拝作法の平準化を求めるようになる。四国遍路は基本的に素人による巡礼であるが、巡礼にあたっては一定の経験のある人物を先達として案内や参拝作法の指導をうけるなどしていた。あるいは、こうした社会的に認知された先達を公的に把握することで四国遍路の組織化、統制をはかろうと試みたのかもしれない。しかし同時に、職業的な「先達」と物乞いの間に広がる通常の遍路、すなわち農閑期を中心に四国や近辺から「心願」を抱いて遍路に訪れ、無事に目的を果たすと、もとの町や村に戻る人々が圧倒的に多く、「遍路」を安定的に把握することが不可能であった。このことが、仁和寺が恵信を介して四国遍路の支配をしようとした試みが不成功に終わった原因であろう。

おわりに

宗教者の組織・集団化については経済的な見返りを期待した寺院側の目論見とともに、遍路の多様化をうけて権威づけを必要とする宗教者側、あるいは遍路が増えたことで参拝作法の平準化を求める遍路側の要請があったことを指摘した。しかしながら、遍路については不特定な集団であり、安定的な組織として維持することは結局不可能であった。

なお、畿内民衆が仁和寺に集まった背景には「先祖」観と供養の問題があろう。当時、漠然とした「先祖」を想起することが困難で、むしろ身近な「先祖」の追憶に重点をおく「供養」が行われる場合、そのための装置はなるべく手近なものが求められた。と同時に不安定で流動的な都市住民においては寺院のサービスによる「永代供養」は魅力であった。それゆえ、身近な死者を「追憶」する施設への参詣は当然、明るいものになり、そこに行楽的要素の入り込む余地があった。むしろ近代になって、都市に人口が集中するなかで出現する公園のような明るい環境をもつ墓地、〝霊園〟の発想を先取りしたものということもできるかもしれない[20]。いずれにしても、近世においては現在以上に死者との接し方は明るい面があった。大坂の七墓めぐりが一種の娯楽として行われ、千日前の火葬場に茶屋があったり、そこで心中した三勝の供養塔が一種の「名所」として絵図に書き込まれていることからもわかる[21]。こうした「供養」としての宗教的面を維持しつつ、都市近郊の宗教施設が娯楽の場として発展していくという両面を捨象して、西山松之助がいう「行動文化[22]」なる概念に収斂させては化政期の行楽を把握し損なう。近世は仏神との結縁のために開帳に人々が殺到するかと思えば、それを戯画化した戯け開帳・とんだ霊宝といった見世物が流行する時代なのである。

新城が指摘するように多くの新四国がつくられたのも化政期以降であり、江戸では富士講が流行したのもその頃である。京都は御陰参《おかげまい》り流行前夜。こうした宗教を求める時代状況にあって御室八十八ヶ所が作られ、民間宗教者の恵信がそこに合流した。恵信が立願した宝篋印塔建立はなったが、既存の仁和寺に取り込まれたことで教団仏教の枠組みを出られなかった恵信は忘却され、仁和寺による遍路把握は失敗に終わった。ただ、行楽地と霊場を兼ねた御室八十八ヶ所だけは維持されたのである。霊場の代替機能や遊山の場として成功したことが、当該時期の都市における信仰のありようを象徴しているということができるだろう。

註

（1）新城常三『社寺参詣の社会経済史的研究』（塙書房、一九六四年）、同『新稿　社寺参詣の社会経済史的研究』（塙書房、一九八二年）

（2）前田卓『巡礼の社会学』（ミネルヴァ書房、一九七一年）
（3）この間の主要な論考は真野俊和編『講座　日本の巡礼』全三巻（雄山閣、一九九六年）にまとめられる。
（4）頼富本宏・白木利幸『日文研叢書23　四国遍路の研究』（国際日本文化研究センター、二〇〇一年）、佐藤久光『遍路と巡礼の社会学』（人文書院、二〇〇四年）、同『遍路と巡礼の民俗』（人文書院、二〇〇六年）、森正人『四国遍路の近現代』（創元社、二〇〇五年）、四国遍路と世界の巡礼研究会『四国遍路と世界の巡礼』（法藏館、二〇〇七年）、原淳一郎・中山和久・筒井裕・西海賢二『岩田書院ブックレット　歴史考古学系④　寺社参詣と庶民文化』（岩田書院、二〇〇九年）など。
（5）田中智彦『聖地を巡る人と道』（岩田書院、二〇〇四年）
（6）原淳一郎『近世寺社参詣の研究』（思文閣出版、二〇〇七年）
（7）岩本馨「札所」（『身分的周縁と近世社会』第六巻「寺社をささえる人びと」吉川弘文館、二〇〇七年）、同「秩父観音霊場をめぐる諸関係と空間」（『近世都市空間の関係構造』吉川弘文館、二〇〇八年）
（8）他に、大塚清史「四国遍路の地方移植とその変容」（『花園史学』第一〇号、一九八九年）などがある。
（9）森正康「西国遍路の聖　中務茂兵衛」（『仏教民俗学大系』第二巻「聖と民衆」名著出版、一九八六年）
（10）『筆満可勢』天保六年三月廿二日条（『庶民生活史料集成』第二巻、三一書房、一九六九年）
（11）「法金剛院文書」（『史料京都の歴史』一四巻「右京区」平凡社、一九九四年、二九二頁）
（12）市古夏生・鈴木健一校訂『新訂　都名所図会』第三巻（ちくま学芸文庫、一九九九年）三二一～三頁
（13）「渡海船一件留」（『和歌山県史』「近世史料一」和歌山県、一九七七年）
（14）「渡海船稼方につき願」（『和歌山市史』第六巻「近世史料Ⅱ」和歌山市、一九七六年、七七三頁）
（15）塚田孝「身分的周縁論――勧進の併存を手がかりとして」（『日本史講座』第六巻「近世社会論」、東京大学出版会、二〇〇五年）、同「勧進宗教者の併存と競合」（『近世大坂の非人と身分的周縁』部落問題研究所、二〇〇七年）、この茶所経営に対する規制が願人の組織の分解を促したことを、吉田伸之「鞍馬寺大蔵院と大坂の願人仲間」（『身分的周縁と社会＝文化構造』部落問題研究所、二〇〇三年）が指摘する。
（16）小嶋博巳「近世六部の組織性」（巡礼研究会編『巡礼論集二　六十六部廻国巡礼の諸相』、岩田書院、二〇〇三

年）
(17) 木下光生「近世畿内近国民衆の葬送文化と死生観」（『民衆史研究』七三号、二〇〇七年）
(18) 菊池武「茶所と社寺参詣」（『地方史研究』一五八号、一九七九年）
(19) 高取正男「常民の暮しと旅」（『高取正男著作集四　生活学のすすめ』法藏館、一九八二年）
(20) 近代の都市に公園と墓地を融合させて登場した霊園や細野雲外の「不滅の墳墓」などとも動機としては共通するものがあるといえるだろうか（橋爪紳也『増補　明治の迷宮都市』ちくま学芸文庫、二〇〇八年など）。
(21) 拙稿「近世　千日前の風景」（『大阪人権博物館紀要』第一三号、二〇一一年三月）
(22) 西山松之助「江戸の町名主斎藤月岑」（『江戸町人の研究』第四巻、吉川弘文館、一九七五年）

【史料翻刻】

「御室御所御山内宝篋印塔四十九院鳥居御建立四国徧礼無銭渡御供養一件帳」

法量　縦二二・八㎝×横一六・一㎝　全一七丁　墨付一四丁

〈凡例〉

一、字体は原則として現在通用の字体を使用したが、一般的な俗字や略字の類はそのまま用いた。

一、変体仮名は平仮名に改めたが、者・江・而・与・茂・ゟなどは旧体を残した。

一、読点、並列点を適宜施した。

一、概要と対照する際の便宜のため翻刻文上に該当部分をアルファベットで示した。

（表紙）

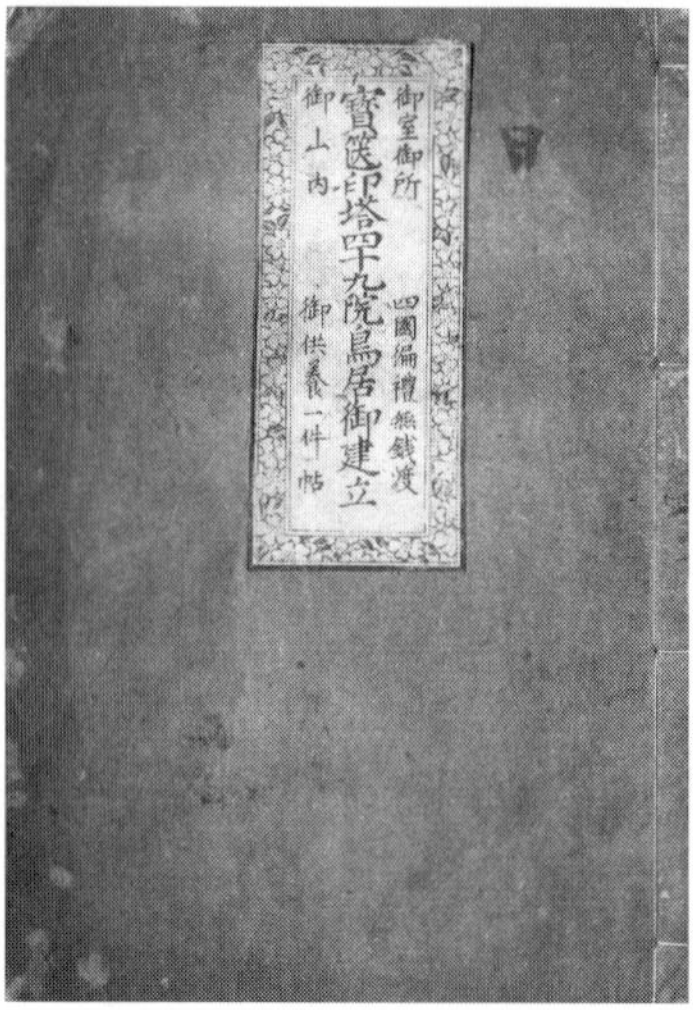

（扉）

（題箋）

御室御所　四国偏礼無銭渡
宝篋印塔四十九院鳥居御建立
御山内　御供養一件帖

遍照金剛
三密行所
当都卒天
内院管門

御室御所　四国偏礼無銭渡
宝篋印塔四十九院鳥居御建立
御山内　御供養一件帖

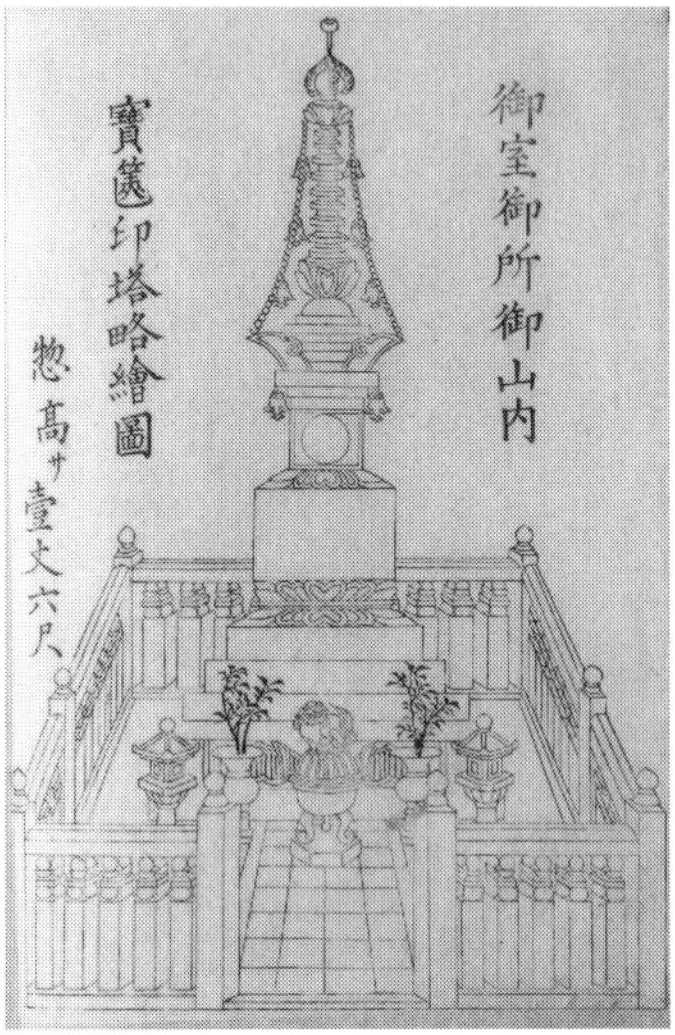

御室御所御山内
宝篋印塔略絵図
惣高サ壱丈六尺

a
竊以《ひそかにおもんミる》に凡夫《ぼんぶ》世界《せかい》のありさま一念無明《いちねんむミやう》の迷《まよひ》より種〻《しゆ〱》の業《ごう》を造《つく》り作《なし》て、さま〴〵乃悪趣《あくしゆ》の果報《くわほう》をうくる事無量《むりよう》無辺《むへん》なり厭《いと》ふとも猶《なを》いとふべく怖《をそれ》るもなをおそるべきものにぞ、夫人《それひと》の生《うま》れ来《く》るハ元《もと》より己《をのれ》が好《このむ》にもあらず、死《し、》さる事《こと》も亦他《またた》乃人悪故《ひとのにくむゆへ》にもあらず、死《し、》てハ生《うま》れ生《うま》れてハ死無始遠劫《し、むしをんごう》より以来《このかた》三途《さんづ》六道《ろくどう》を車輪《くるま》のごとく回転《めぐり》てやむ時《とき》なし、されバ諸仏大悲願力《しよぶつだいひぐわんりき》このありさまを見て算《いかん》ぞ黙止《もだし》たまわんや、種〻《さま〴〵》の応用身《をうようミ》を現《げん》じて種〻《さま〴〵》の方《ほう》便《べん》をされたまふや、其中《そのなか》ニ吾大師《わがだいし》遍照金剛《へんじやうこんがう》と称《しやう》し奉《たてまつ》るハ第三地《だいさんち》の薩埵《さつた》なれども仮《かり》に人師《じんし》のすがたと現《げん》じて此日《このにつ》本《ほん》に生《うま》れ早《はや》くも即身成仏《そくしんじやうぶつ》を往昔《むかし》に示《しめ》して末世《まつせ》乃我等《われら》を龍華《りやうけ》の暁《あかつき》に導引《ミちびき》たまわんとの大悲《だいひ》誓願《せいぐわん》千世《ちとせ》の今《いま》にいたりて神変不思議《じんべんふしぎ》日〻《ひゞ》弥《いよ〱》新《あらた》なること皆世《ミなよ》の人知《ひとし》る処《ところ》也、殊《こと》ニ慈悲《じひ》深重《じんぢう》なるハ四国《しこく》の辺土《へんど》に八十八ヶ所《しよ》の霊迹《れいせき》をとゞめて在俗火宅《ざいぞくくわたく》の善男善女《ぜんなんぜんによ》哀憐《あはれミ》玉ふ善巧方便心《ぜんけうほうべんこゝろ》言葉《ことば》の可及《をよぶべき》にあらず、熟《つら〱》其深意《そのしんい》を窺《うかゞ》ひ奉《たてまつ》るに凡《をよそ》在家《ざいけ》はかなき悲《かなし》きさまハ明《あけ》ぬ暮《くれ》ぬ妻子《さいし》の愛《あい》に繋《ほだ》され遠近《をちこち》に趨《はしりあふ》逐て衣食《いしよく》の獄《ひとや》を出《いづ》るに心《こころ》なし、是以《こゝをもつて》出家《しゆつけ》のこと戒定《かいぢやう》智恵《ちゑ》のめでたき修行《しゆぎやう》などハ夢《ゆめ》にもしらず何《なに》によりてか無始《むし》罪業《ざいごう》を滅《めつ》し三界《さんがい》を出《いづ》るの便《たより》あらんや、さるを偶《たま〳〵》大師《だい》無方《むほう》の霊験《れいげん》を聞《きゝ》て深《ふか》き縁由《よし》ハしらざれども一念発起《いちねんほつき》して身心《しん〳〵》を清浄《きよめ》勇猛精進《ゆうもうしやうじん》に三毒《さんどく》の焰火《ほのふ》消《け》し一月乃至《ないし》一年《ねん》も霊場《れいぢやう》を遍礼《へんれい》する輩《ともがら》ハ即此《すなハちこの》一月一年の間《あいだ》ハ真《しん》の出家人《しゆつけじん》にして菩提樹王《ぼだいじゆわう》その種《たね》をバ八識《はつしき》の心田《しんでん》に種植《うゆる》也、されバ一経《きやう》の中《なか》に一念相応《ねんそうをう》すれバ一念《ねん》の仏《ほとけ》一日相応《そうをう》すれバ一日仏《ほとけ》也と説《とき》玉ひし也、又出家《またしゆつけ》の功徳《くどく》を校量《けうりやう》して一日一夜《や》出家《しゆつけ》する功徳無辺《くどくむへん》にして四天下《してんか》の中《うち》に満《ミつる》羅《ら》漢《かん》を百歳《ひやくさい》の間《あいだ》供養《くやう》するよりも過《すぎ》たりと説《とき》、或《あるひ》ハ一日一夜《や》出家《しゆつけ》をする故《ゆへ》に二十劫《ごう》の間《あいだ》三悪道《さんあくどう》におちずとも説《とき》玉ふを思《おも》へバ、此《この》一月及《をよび》一年巡拝《じゆんはい》するの功徳豈広大無辺《くどくあにくわうだいむへん》無量《むりやう》ならずや、嗚呼《あゝ》誰人《たれひと》か信《しん》ぜざらんや貴《たつとま》ざらんや来世《らいよ》功徳《くどく》既《すで》ニこの如《こと》し、況《まし》て現在《げんざい》不思議《しぎ》掲焉《けちゑん》なる皆人見聞《みなひとけんもん》する所《ところ》なるおや

b

予《よ》前名矢柄与右衛門十五歳《さい》の頃《ころ》は寛政《くわんせい》弐庚《かのへ》戌五月四国偏礼始《しこくへんらうはじめ》而仕《つかまつり》今《いま》五十四歳《さい》に至《いた》るまで累年《としをかさね》無退転《たいてんなくつ》都合《がう》四拾ヶ年《ねん》修行之《しゆぎやうの》内去《うちさんぬ》ル文政五午十二月四国十二番札所阿刕焼山寺麓《ばんふだしよあしゆうしやうさんじふもと》四《し》国偏礼元祖《こくへんらうぐわんそ》右衛門三郎旧跡及焼失《さむろうきうせきしやうしつにおよぶ》ニ、翌年《よくねん》未《ひつじ》春庵室通夜堂《はるあんしつつやどう》高祖大師《かうそだいし》・右衛門三郎木像《もくざう》に至迄悉《いたるまでこと〴〵》く及再建《さいこんにおよぶ》且又順拝之内《かつまたじゆんぱいのうち》四国三十五番札所土州清瀧寺之《ふだしよとしゆうきよたきてらの》麓《ふもと》百性《ひやくしやう》直八宿《なをはちやど》にて同年《どうねん》三月十二日暁《あかつき》に古郷氏神夢《こきやううじかみゆめ》ニ告《つげ》テ曰《いわく》、汝《なんぢ》剃髪《ていはつ》致し順拝《じゆんぱい》いたさバ必《かなら》ず善因《せんゐん》と成《な》りて後世《ごせ》可得善果《ぜんくわをうべしと》を神託正《しんたくまさ》にまざ〳〵しくこハ有難《ありがた》しと存じ同年《どうねん》八月十二日浪華長堀菩提家《らうくわながほりぼたいけ》にて剃髪《ていはつ》し年四十八法《ほう》名《ミやうゑ》恵信《しん》と改益《あらためます〳〵》順拝《しゆんぱい》仕、則黒髪《すなわちくろかミ》を偏礼元祖《へんらうぐわんそ》右衛門三郎御木像《もくぞう》に植髪《うへがミ》して四国偏礼《しこくへんらう》弐十壱遍無滞成就《へんとゞこふりなくじやうじゆ》尚礼参《なをれいさん》十二度都合《つがう》三十三遍願中猶京都高野《べんぐわんちうなをきやうとかうや》山諸国順拝之内《さんしよこくじゆんはいの》所々《うちしよ〳〵》の堂塔再建仏像造立《どうとうさいけんぶつぞうぞうりう》し社《やしろ》を営《いとな》み殊《こと》に偏歴之道《へんれきのミち》

筋板橋《すじいたばし》数《す》ヶ所掛渡《しよかけわた》し道《みち》を造《つく》る道路《どうろ》人馬《じんば》往来難渋之《わうらいなんじうの》所《ところ》ゝハ石橋所ゝ《いしばししよ〲》に造《つく》リ自他《じた》倶《とも》に仏法善因《ぶつぽうぜんいん》結バしむる願《ねが》ひ

c

悉《こと〲》く成　就《じやうじゆ》する事誠《ことまこと》に

高祖《かうそ》大師《だいし》御加護《をんかご》大悲《だいひ》方便深《ほうべんふか》き御恵《めぐ》ミ真実心到《しんじつしんとう》に奉　感　悦《かんゑつしたてまつり》何国《いづく》にもあれ新四国《しんしこく》建立致《こんりういた》し度志願《たきしぐわん》も有之処《これあるところ》、幸《さいわ》ひ

なるかな今般《こんぱん》《このたび》

日本惣法務之《ひのもとそうほうむ》宮様《みやさま》御室《おむろ》御所《ごしよ》御山内《ごさんない》惣名《そうめい》大内山《お、うちやま》成　就山《じやうじゆさん》麓《ふもと》より一里《り》半之間に四国八十八ヶ所御再建《ごさいこん》之御催《をんもよふ》しハ実《げに》南海《なんかい》浄土《じやうど》両部《りやうぶ》大日《だいにち》五智《ごち》五仏《ごぶつ》凡夫《ぼんぶ》有縁《うゑん》の仏跡《ぶつせき》なり、かく尊《たつと》き四国霊場《れいじやう》なれども都《ミやこ》ゟハ札納《ふだをさ》め行戻《ゆきもど》り道数《どうす》《ミちのり》凡《をよそ》　五百里《り》向　垂《なん〲たり》、貴人《きにん》高家《かうけ》或者《ある》老人《らうじん》女子供《をんなこども》亦《また》ハ世《よ》之営《いとな》ミにつながれ参詣不成人《さんけいならざるひと》之為《ため》、辱《かたじけな》くも清境《せいきやう》　御土地《とち》に四国八十八ヶ所之遙拝所《ようはいしよ》を建給《たてたま》ひ都《ミやこ》ハ不及申《もふすにおよバず》　諸国《しよこく》有信《しん》之人ゝ《ひと〲》に九重《こゝのへ》の都《みやこ》の花見御室《をむろ》之浄　刹《じやうせつ》に令参詣《さんけいせしめむ》　無縁《ゑん》之人民《にんみん》《もろひと》も自然《しぜん》と善因《ぜんいん》を元《もと》ずかせ給《たま》ふ、　恐《をそれお、》　多くも

d

上様《うへさま》の御恵《めぐ》ミ御慈悲《じひ》貴《たつと》く有難《ありがた》き御事成《ことなら》ずや、　我人隙《われひとひま》を不厭《いとわずに》二世《せ》之奉値遇《ちぐをたてまつり》（知）を仰《あを》ぎ必ゝ《かならず〲》　致参詣《さんけいいたす》べきもの也

前書《ぜんしよ》之通《とふり》　予四国偏礼《へんらう》積年《せきねん》《としをつミ》　修行《しゆぎやう》　廿一度《ど》成　就《じやうじゆ》之上猶《うへなを》三十三度《ど》　願中《ぐわんちう》《ねがひのうち》なる事　辱《ことかたじけな》　くも

御上様《うへさま》達　御　聞《をんき、にたつし》、　当春《とうはる》御殿《ごてん》江被召被仰《めされをふせらる、》　にハ祖師《そし》旧跡《きうせき》四十ヶ年如法巡《ねんにょほうじゆん》　拝被致条神妙《ぱいいたさるでうしんべう》の至《いた》りと有《あつ》て

日本物法務宮様《ひのもとそうほうむのミやさま》ゟ日本四国偏礼《につぽんしこくへんらう》惣大先達《そうを、せんたち》可為開発旨《かいほつたるべきむね》御墨附致頂戴《すミつきてうだいいたし》　誠《まこと》に冥加《めうが》に余《あま》り　辱《かたじけなく》　何《なに》がな御恩奉《ごをんほうじ》報《たてまつり》　度《たく》　心願《しんぐわん》　仕る折節《をりふし》八十八ヶ所御再建《さいこん》御手伝或《てつたいある》ハ日掛加入《ひがけかにう》之為《の》人ゝ《ひと〲のため》右八十八ヶ所之内《しよのうち》江宝篋　印塔《ほうきやういんとう》御建立御《ごこんりつお》手伝願　主《てつだいぐわんしゆ》に為被仰付《をふせつけられ》今拙坊建立《いませつぽうこんりう》仕る、　そも宝篋　印塔《ほうきやういんとう》之其功徳広《そのくどくくわう》　大《だい》なる事九牛《きうぐ〲》が一毛《いちもう》爰《こゝ》に顕《あら》わす、　夫仏説《それぶつせつ》に曰《いわく》　若有《もし》　衆　生《しゆじやう》此塔之《あつてこのとうの》影《かげ》を踏風《ふミかぜ》に当《あた》る人必《かなら》ず善因《ぜんくわ》を結《むす》んで成　仏道縁《じやうぶつどうゑん》と成《なつ》て仏果《ぶつくわ》を得《ゑ》ると御経《をきやう》に説《とき》たまふ、　又《また》

鳥類《ちやうるい》彼塔《かのとう》に羽《は》を休《やす》め獣《け》もの身《み》を添《そ》へ辺《あた》りを通《とふ》る四足《しそく》悉《ことぐ〱》く畜生道之《ちくしやうとうの》苦《くる》しみをのがれ人界《にんがい》に生《しやう》を請《う》ると説《とき》、尚《なを》又人此宝塔《またひとこのほうとう》に一花一香一礼《いつくわいつかういちれい》す輩《ともがら》ハ往生極楽浄土《わうじやうごくらくじやうど》に行《ゆき》阿弥陀《あミだ》如来之《によらいの》前《まへ》に蓮花《れんげ》より化生《けしやう》していまし菩提《ぼだい》に至《いた》るまで更《さら》に堕落《だらく》せずと経《きやう》に広《ひろ》く説至《ときいたつ》て信心堅固《しん〴〵けんご》の人《ひと》ハ即身成仏《そくしんじやうぶつ》と説《とき》玉ふ、如斯《かくのごと》功徳《くどく》広大無辺《くわうだいむへん》なる宝篋印塔其《ほうきやういんとうその》上辱《うへかたじけな》くも王城御室御所《わうじやうおむろごしよ》八十八ヶ所之内《うち》に建《たて》たまひ春秋《しゆんじう》《はるとあき》二季《にき》之彼岸《のひがん》盆《ぼん》の間《あいだ》に常〻《つね〴〵》にも恐多《をそれを、》くも奉上様始《うへさまはじめたてまつり》大僧正様方御《だいそうじやうさまがたご》回向《ゑかう》被遊《あそバさる》宝篋印塔之《ほうきやういんとうの》無勿躰《もつたいなく》も台石之《だいいしの》内《うち》へ家名実名《かめうじつめう》記《しる》し殊《こと》に太切《たいせつ》なる両親《りやうしん》《ふたをや》夫妻《おつとつま》子等其外《ことうそのほか》志《こゝろざし》の精霊法界万霊《しやうりやうほうかいばんれい》に至迄《いたるまで》法名俗名《ほうめうぞくめう》納《をさ》め置《をか》バ先達《さきだち》し精霊実仏《しやうりやうげにほとけ》に誓願《せいぐわん》に不洩《もれず》大師《だいし》御加持《かぢ》御利益《りやく》にて成仏《しやうぶつ》する事夢〱《ゆめ》不可疑《うたがふべからず》、尚〻《なを〱》施《せ》主《しゆ》の銘々《めい〱》家内安全子孫長久福寿可得無量《かないあんぜんしそんちやうきうふくじゆむりやうをうべし》ヲ、且《かつ》菩提心《ぼだいしん》に至《いた》らん、斯我〻《かくわれ〱》施主家名実名末世《せしゆかめいじつめうまつせ》に至迄《いたるまで》うづみ納《をさ》め彫《ほ》リ付《つく》る事誠《まこと》に一度王城《ひとたびわうじやう》を踏《ふめ》ば極楽世界《ごくらくせかい》に生《うま》るゝと有言葉《あることば》もあり、殊《こと》に尊《たつと》き御室御所御山清浄《をむろごしよをんやましやう〴〵》の地《ち》に納置《をさめおか》バ此世《このよ》の思《をも》ひ出《で》とやいわん、御恵《めぐミ》の御因縁《いんゑん》之程尤《ほどもつとも》貴《たつと》ミ尊《とふと》むべき也、応分限《ぶんげんにおふじ》ニ心一《こころいつ》ぱい無上浄財《むしやうじやうざい》を擲打行者之《なげうちぎやうじやの》助志願《しぐわんをたすけ》ヲ尽未来際《じんみらいざい》を自利利他《じりりた》大功徳広大無辺無量《だいくどくくわうだいむへんむりやう》ならんや、勧化帳《くわんけちやう》如《くだんの》件《ことし》

e

文政十二年丑五月

御室御所大内山成就山八十八ヶ所之内

宝篋印塔　惣高サ壱丈六尺

御手伝願主

四国徧礼惣大先達開発

（挿図）

恵信行者
御世話人
銘〻中

a

紀州《きしう》加田浦《かだうら》ゟ四国偏礼《しこくへんらう》無銭渡《むせんわた》し一件《いちけん》

右加太浦《みぎかだうら》ゟ讃刕引田浦《さんしうひけたうら》迄海上《までかいしやう》十八里《り》逢坂越陸道《あふさかごへくがミち》三里余《よ》四国三番之札所《ふだしよ》阿刕金泉寺《あしうこんせんじ》迄《まで》三里余《よ》又阿《またあ》州撫養《しうむや》迄海 上《までかいしやう》
十三里陸道《くがミち》三里行《ゆき》て一番阿州霊山寺《あしうれうぜんじ》都《すべて》而阿《あ》波讃岐《わさぬき》船賃定《ふなちんさだ》まり四匁、然《しか》るに遠国修行《ゑんごくしゆぎやう》偏礼道《へんらうミち》にて纔《わづか》之《の》路《ろ》銀遣《ぎんつか》ひ
切《き》り不得渡事《わたることをゑず》ヲ、又高野山《かうやさん》ゟ加太浦《かだうら》へ出《いづ》る人猶西国順 礼《なをさいこくじゆんれい》一番紀三井寺《ばんきミゐでら》和哥《わか》の浦《うら》ゟ加田《かだ》へ出《で》る人其外諸国修行《そのほかしよこくしゆぎやう》
者加太浦粟嶋《じやかだうらあわしま》江参詣直様加太《さんけいすぐさまかだ》之渡《わた》しに乗《の》り四国《しこく》へ渡海《とかい》して偏礼致《へんらういた》し度志願《たきしくわん》之人〻《ひと〲》ありといへども右船賃貯《みきふなちんたくわ》へも
なき修行《しゆぎやう》斗《ばか》りの偏礼中〻《へんらうなか〱》右之渡《みきのわた》り銭《せん》なけれバ志《こゝろざし》ありといへ共渡《どもわた》る事を得《ゑ》ず、船頭《せんどう》もかよふな人〻を無銭《むせん》にて
渡《わた》さバ貯《たくわ》へあるも無《な》きも皆多《みなを、》く無《む》 銭《せん》《つかいきり》と相成《あいな》らバ親妻子《をやさいし》を養《やしな》ふ手便《てだて》なく打過《うちすぐ》る事尤《もつとも》なり、偏礼《へんらう》 志《こゝろざし》の人〻《ひと〲》も加《か》
太浦《だうら》より阿刕讃州初《あしうさんしうはじ》め四国之山々《やま〱》を見渡《ミわた》し只忙(茫)然《たゞぼうぜん》として歎《なげ》き悲《かな》しみ又〻心《また〱こゝろ》を取直《とりなを》し海端《うみバた》より流《なが》し札《ふだ》をして泣〻《なく〱》
伏拝《ふしをが》ミしほ〱として地方《ぢかた》の道《みち》江帰《かへ》る事殊勝《しゆしやう》共憐《ともあわ》れとも又ふり帰《かへ》り見て名残《なご》り惜《をし》げなる有様《ありさま》ハ実《げに》や御経《おんきやう》にも如《によ》
渡得船渡《どとくせんわた》りに船《ふね》を得《ゑ》たりといへ共財《どもざい》なくして渡《わた》られず御誓願《ごせいぐわん》の船《ふね》にも洩《もれ》たるかと海底《かいてい》に身《み》を沈《しづ》まん心持目《こころもちめ》も
当《あて》られずあるよし、斯《かく》而人を善根無銭船《ぜんごんむせんふね》に乗《の》せ救《すく》ひ助《たす》けずんバ高祖大師《かうそだいし》の御照覧《ごしやうらん》も恐有《をそれあ》り、予《よ》も毎年彼地《まいねんかのち》へ行《ゆき》

b

右躰之《ミきていの》四国偏礼《へんらう》これある時《とき》ハ船頭《せんどう》を頼《たのミ》船賃助力《ふなちんじよりき》して渡《わた》す事度〻《たび〱》なり、拙坊《せつぼう》も四国偏礼元祖《へんらうぐわんそ》右衛門三郎旧跡再《きうせきさい》
建其上所〻之《けんそのうへしよ〱の》取立数多致《とりたてあまたいた》し、殊《こと》に今般　忝《こんぱんかたじけなく》も
御上様《をんうへさま》ゟ日本《につぽん》四国偏礼惣大《へんらうそうを、》先達之《せんだちの》号《がう》可為開発《かいほつたる》旨《べきむね》難有《ありがた》くも被仰付《をふせつけられ》、是偏《これひとへ》に高祖大師《かうそだいし》之《の》御利益善業之因縁《りやくぜんごうのいんゑん》
不　浅　処《あさからざるところ》なりと存《ぞん》じ、右加太浦《ミぎかだうら》ゟ四国渡海偏礼衆中《とかいへんらうしゆぢう》を壱人成とも無銭《むせん》に渡《わた》し四国霊場《れいじやう》へ引導致《ミちびきいたし》度日頃《たくひごろ》の志願《しぐわん》
右加太浦船頭中《ミぎかだうらせんどうちう》へ相談致《そうだんいた》し新造船《しんぞうふね》二艘船道具《にそうふなどうぐ》相添《あいそ》へ尤《もつとも》　弐十壱石積右船《こくづミみぎふね》にて当秋《とうあき》より永代年分《ゑいたいねんぶん》一日に壱人偏礼《へんらう》

c

無銭渡《むせんわた》し、猶加太浦辻堂《なをかだうらつじどう》なる処《ところ》へ高祖大師様《かうそだいしさま》を安置《あんち》し此内《このうち》へ過去帳《くわこちやう》を納《をさ》め無銭渡《むせんわた》し各《おの〳〵》施主家《せしゆか》名実名記《めいじつめいしる》し家内《かない》安全子孫長《あんせんしそんちやう》久病気平愈福徳円満之御祈禱之為帳《きうびやうきへいゆふくとくゑんまんのごきとうのためちやう》 面《めん》に記《しる》し、又〻《また〳〵》 志《こころざ》し之精《のしやう》 霊正《れうしやう》 当之月日《とうのつきひ》三百六十日之間《あいだ》ニ祥《しやう》 月命日何月《つきめいにちなんぐわつ》 何日《いつか》と記《しる》し偏礼無銭渡《へんらうむせんわた》し一日壱人右供《ミぎく》養料《やうりやう》 金百疋《きんひやつぴき》と定《さだ》め永代致祠堂《ゑいたいしどういたし》 右過去帳《みぎくわこちやう》へ記《しる》し置《を》キ無《む》

d

銭渡《せんわた》し偏礼《へんらう》ハ不 及申《もふすにをよバず》 毎日渡海之《まいにちとかいの》偏礼衆札《へんらうしゆふだ》を納《をさ》めさせ右過去帳《ミぎくわこちやう》に回向致《ゑかういた》さバ施主《せしゆ》の銘〻《めい〳〵》現世《げんぜ》安穏後世《あんをんごせ》必《かなら》ず高祖《かうそ》大師之御誓願《だいしのごせいぐわん》に依《よつて》而発菩提心《ほつぼだいしん》を得《ゑ》て極楽浄土《ごくらくじやうど》へ生《しやう》を受《うく》る事不 可疑《ことうたがふへからず》 ○抑《そも〳〵》 過去帳之因縁《くわこちやうのいんゑん》ハ昔 天竺仏在世《むかしてんぢくぶつざいせ》に解脱《げだつ》精寺《しやうじ》に専学《せんがく》と云沙弥《いふしやミ》あり至《いたつて》而悪僧《あくそう》なり、生《いき》ながら火《ひ》の病《やま》ひを煩《わづら》ふて無間地獄《むけんぢごく》ニ落《をつ》る、右沙弥之《みぎしやミの》弟 弟子《をと、でし》成《な》る僧《そう》仏《ほとけ》に問《とふ》て曰《いわく》 我《わが》弟子《でし》兄 弟《きやうだい》無間地獄之罪《むけんぢごくのつみ》を請《うく》る彼苦《かのくるし》ミを助《たす》ける修法《しゆほう》ありやと尋《たづぬ》る、如来答《によらいこたへ》て曰《いわく》 三万六千九百九拾九人の精 霊《しやうれう》ヲ過去帳《くわこちやう》ニ記《し》シ菩提《ぼだい》を供養《くやう》しなバ依其功徳《そのくどくによつて》 右《みぎ》の沙門罪《しやもんつみ》を滅《めつ》すと宣《のたま》ふ、是《これ》に依《よつ》て彼僧仏《かのそうほとけの》 之教《をし》への通《とふ》リ三万六千九百九拾九人供養追善致《くやうついぜんいた》されけれバ右《ミぎ》三万六千九百九拾九人精 霊皆々浮《しやうれうミな〳〵うか》ミ出仏果《いでぶつくわ》を得《ゑ》て右悪僧《ミぎあくそう》を助《たすけ》んと皆〻《ミな〳〵》無間地獄《むけんぢごく》へ行《ゆき》て罪業之《ざいごうの》沙門《しやもん》を助《たす》く、これに依《よつて》而右之《ミぎの》無間地獄之《むけんぢごくの》苦《くるし》ミを遁《のが》れ天上《てんじやう》の果報《くわほう》を得《ゑ》たり、右過《ミぎくわ》

e

去帳之《こちやうの》因縁《いんゑん》斯《かく》の通《とふり》 也○拙院《せついん》も是《これ》に習《なら》ひ毎年《まいねん》三百六十日過去帳《くわこちやう》ニ一年《ねん》に一日祥 月命日 志 之精 霊帳 面《にちしやうつきめいにちこころざしのしやうれうちやうめん》に付《つ》け一年《ねん》三百六十人偏礼供養又〻《へんらうくやうまた〳〵》百廿八人是《これ》ハ加太浦切手《かだうらきつて》是《これ》も右施主御望之方《ミぎせしゆをんのぞみのかた》へハ進上 仕《しんじやうつかまつ》る御施《ほどこ》し可被成都合《なさるべくつがう》一年《ねん》四百八十八人、凡《をよそ》 七十年斗《ねんばか》りに三万六千九百九拾九人偏礼無銭渡《へんらうむせんわた》し供養仏在世仏之御教《くやうぶつざいせほとけのをんおしへ》の通《とふ》り是《これ》にて供養《くやう》致《いた》シ度《たく》、扨又《さてまた》 高祖大師宣《かうそだいしのたまハ》 く四国偏礼一度供養之輩《へんらうひとたびくやうのともがら》 我必《われかなら》ず其人《そのひと》の影身《かげミ》に添《そ》ひ守 護《まもりまもらん》 との御誓《をんちかひ》 也、されバ一《ひと》度《たび》四国偏礼之輩《へんらうのともから》 三悪道《さんあくどう》を遁《のが》れ現世安穏《げんせあんをん》を得《ゑ》さしめ彼人臨終之《かのひとりんしうの》砌《ミぎ》りにハ我必《われかなら》ず浄 土《じやうど》へ引導《ミちびき》せんとの御誓願《ごせいぐわん》なり、又《また》四国偏礼《へんらう》に一粒《いちりう》の物施《ものほどこ》し一紙《いつし》半銭道《はんせんミち》を教《をし》へ路《ミち》を作《つく》り一夜之宿《いちやのやど》を借《か》し一飯一菜《いつぱんいつさい》を供養《くやう》の輩《ともがら》 是又子孫繁《これまたしそんはん》

f

昌《しやう》福徳延命《ふくとくゑんめい》にして諸難《しよなん》をのがれ且《かつ》菩提心《ぼだいしん》を得《ゑ》て仏果《ぶつくわ》に至《いた》らしめんと又〻《また〳〵》御《ご》誓願《せいぐわん》立《たて》たまふ茲《こゝ》に過去帳一冊《くわこちやういつさつ》を調《とゝの》へ志之《こころざしの》面〻身《めん〳〵ミ》の祈禱之《きとうの》為《ため》家名実名殊《かめいじつめうこと》ニ太切成《たいせつな》る親夫妻子《をやをつとさいし》兄弟一家《きやうだいいつけ》精霊《しやうれう》有無《うむ》両縁《りやうゑん》に至迄是《いたるまでこれ》を書記《かきしる》し是又《これまた》今般《こんはん》御室《をむろ》御所《ごしよ》御建立之《ごこんりうの》宝篋印塔《ほうきやういんとう》御回向之《ごゑかうの》場所《ばしよ》に納《をさ》め台石《だいいし》に彫《ほ》リ付置《つけをか》バ恐《おそれをゝ》多くも御宮様奉始《をんミやさまはじめたてまつり》大僧正様方《だいそうじやうさまがた》其外《そのほか》御貴人之《ごきにんの》旁《かた〳〵》毎〻《まい〳〵》御回向《ごゑかう》ニ預《あづか》らバ今世之身《こんせのみ》の祈禱後世善所之《きとうこうせいぜんしよの》為《ため》なり、猶先達《なをさきだち》し精霊追善之《しやうれうついぜんの》為《ため》にハ実《まこと》に功徳圓満《くどくゑんまん》なる宝篋印塔《ほうきやういんとう》と申尊《たつと》き御旁《をんかた〴〵》の御回向《ごゑかう》といひ如斯之帳面《かくのごときのちやうめん》に我名《わがな》を記《しる》シ王《わう》城之御室御所御山内《じやうのおむろごしよごさんない》に納《をさ》め置事今生之思《をくことこんじやうのをも》ひ出此上《いでこのうへ》や有《あ》るべき、猶《なを》四国徧礼供養《へんらうくやう》と言《い》ひなど歟善因善業之《ぜんいんぜんごうの》種《たね》を植《うへ》置事返《をくことかへ》す〴〵も利之当然《りのとうぜん》に不有《あらず》や、此度行者之《このたびきやうじやの》志願《しぐわん》を助《たすけ》る為分限相応浄財《ためぶんげんそうをうじやうざい》を擲打心一盃助力致《なげうちこゝろいつぱいじよりきいた》され扶《たす》かり助《たす》け玉《たま》ハゞ実広大無辺之《げにくわうだいむへんの》功徳《くどく》ならん願《ねが》ひ奉《たてまつ》る、勧化帳如件《くわんけちやうくだんのごとし》

g

于時文政十二年
丑五月

日本四国徧礼惣大先達
開発
恵信行者

（以下白紙）

第Ⅲ部　勧進の変容と社会への浸透

第一章　近世桂女考

はじめに

第Ⅰ部・第Ⅱ部では近世の宗教者について見てきたが、第Ⅲ部では万歳《まんざい》などの芸能者や桂女《かつらめ》について検討したい。これまで桂女は一種の職人・呪能者として理解されることが多かったが、近世には後述するように勧化《かんげ》を行っており、その行為には寺社の勧化と相通じるものがある。万歳も単に芸能を披露してまわるだけではなく、回檀先では祈禱札を渡す宗教者でもあった。これまで論じてきたような「勧進」の視点を持ち込むことで、従来は職能民・芸能者として個々に論じられてきた存在に共通する面を見出すことができそうである。以下の論考では、そうした宗教者の周囲で行われていた「勧進」について見ることで、「勧進」という視点がもつ可能性を明らかにしてみたい。

応永二十三年（一四一六）、伏見宮貞成邸で酒宴が行われた。その時に「御肴ニ桂女召寄可被御覧」との趣向で新左衛門有善、御所侍善国がした仮装は次のようなものであった。

其姿美麗之小袖ニ帷ヲツホ折テ髪ヲ裹。如女房。作眉 桶ヲ頂。此桶角桶也。絵殊勝也。源氏心心 桶中ニ鮎等種々御肴納之。(1)

これを貞成が「桂女ニ不相変」と評していることからわかるように、これが当時の桂女と呼ばれた職能民の姿であった。本来は女性であるものをむくつけき男が仮装して現れたのだから笑の渦となったことであろう。この史料からは桂女が頭髪を包み鮎を入れた桶をもつという出で立ちであること、「御肴ニ桂女召寄」、とあるごとく時に酒席に侍るような存在であったことが窺える。実際、桂女は女系相続であり、そのような姿で年頭八朔に有力諸家に出入りし、婚礼・出産・家督相続などの際に祝言を述べていたことが知られている。また、近世には幕府の保護をうけ、庶民の祝事にも祝詞を述べ、桂飴《かつらあめ》売りをそのひとつの生業とするようになったといわれている。絵画史料を見れば、『東北院職人歌合』『三十二番職人歌合』をはじめとして、上杉本『洛中洛外図』の室町通り正月風景や『北野社参詣曼荼羅』(2)『月次風俗図屏風』(3)などに描かれており、京都の風景のなかでは比較的なじみ深い存在であったようである。

桂女についての研究は、まず民俗学・風俗史から行われた。柳田國男(4)、中山太郎(5)は呪術者としての側面と女系であることなどを史料に基づきながら考察を加えた。江馬務は朝鮮半島との関連性を主張するなどの限界はあるものの、史料に基づいてかなり詳細にその実体を明らかにした(6)。しかしながら、歴史の立場からの研究はそれほど多いとはいえない。滝川政次郎は遊女との関連で桂女に言及し、桂女は桂包みにちなんで「桂女」と称したとする中山太郎を批判して、桂は桂川と鴨川の合流する交通の要衝で、桂女は鎌倉期に御香宮の散所《さんじょ》に身を寄せた遊女・傀儡《くぐ》子《つ》で、御陣女郎として武家の合戦に参加したとした。また、神功皇后の伝承は御香宮の祭神が神功皇后であるためとし、岩田姫の伝承は産婆を副業とするようになってから岩田帯にちなんでいわれるようになったとした(7)。また、名取壌之助によって桂女に関する資料集が編纂され、史料に基づいた研究をする条件が整えられた(8)。

歴史学の立場から文献に基づいて議論を深化させたのは網野善彦であった。網野は桂女を鵜飼によって捕らえた鮎を天皇に献ずる供御人《くごにん》で、畿内周辺を自由に行き来する女性商人であると指摘した。そして南北朝の動乱を経た室町時代以降、天皇権威の低下に伴い供御人としての性格は変化し、畿内周辺の有力者を歴訪する「一種の「遊女」」となるとする。(9)

一方、森田恭二は中世後期の桂女の職能を整理し呪術者としての側面を抽出、供御人としての活動が途絶えた鮎売りから「中世後半には、祝福芸能者もしくは呪能者として、都の人々に迎え入れられた」とする見解を述べている。(10)

この他、女性史の視点から中世の女性商人の例として取り上げ、桂女と産婆との関係を指摘するとともに神功皇后との関連は遅れるとした脇田晴子(11)や、桂女の漂泊性を指摘した細川涼一の研究がある。(12)近年では蓮沼啓介が畠山氏救出に功のあった桂女が「和平と幸運を運ぶカリスマ」として地位を上昇させ「宴席のプロ」となるが、江戸幕府が開かれると権力者による保護を失い地位は低下、正徳の桂女刃傷事件でカリスマは一気に失われると論じた。(13)

この他にも、桂女については中世に諸国を広範に往還した職能民・女性商人のひとつとして、社会史、商業史、女性史などのいわゆる講座ものや通史などで若干言及されることはあるものの、先行研究を踏襲したものとなっている。(14)

これまでの研究は中世の職能民としての桂女像に集中しており、近世の由緒などは比較的詳細に読み込みがされているが、他の近世史料については充分活用されているとはいい難く、近世以降の実態についても殆ど言及がない。また、これらの研究では民俗学の研究を前提とし、その影響下に執筆されたものであるため、漂泊性、呪術性といった視点が殊更に強調される。しかしながら、呪術性に関しても網野が王権権威の低下に伴い「遊女」化するとした一方で、森田は中世後半以降の桂女に呪能者としての側面を強調するなど、その評価は必ずしも一致したものではない。かかる認識の相違は、近世の桂女の実体についてそれほど明らかにすることなく、中世の延長として見られていることによるのではないだろうか。

このように、職能民について呪術性を指標として議論すると、ややもすればその行為の呪的側面の抽出に終始することになり兼ねない。そこで、本稿では呪術性はひとまず措き、名取によって収集された桂女に関する資料から、まず近世の桂女の生業と実態について再検討し、近世の桂女が中世から継承していることと、近世的に変容してきていることを具体的に明らかにすることで中世と近世の桂女について見ていきたい。

一　中世の桂女

これまで中世の桂女については、その漂泊性・呪術性が強調されがちであったが、それは実態を反映したものだったのだろうか。桂女の遍歴・漂泊について最初に着目したのは柳田國男である。

柳田は、被差別部落の異民族起源説を否定して、中世以前に漂泊を主とする「漂泊人種」が存在し、彼らが漂泊から定住するなかで被差別部落や差別の発生があったと主張していた(15)。そして巫女についても、『巫女考』で「すなわち遠近の諸国を漂泊し廻っていた多くのミコたちが、機会を見付けてボツボツ土着し、次第にただの百姓に同化してしまったという事実だけは、どうかこうかほぼ推定をし得る」とし、「日本の巫女という階級は、社会組織のしからしむるところ、一時人為的にでき上った国民の一分派に過ぎない。その特権の職業を廃すれば再び百姓の中に混入してしまうのはむしろその当然の権利である」と考えていた。桂という集落に定住している一方で呪能をもち女系で継承するとされている桂女は、こうした漂泊の巫女の定住という考えをもつ柳田にとっては格好の題材であった。「以前、京都の初春を艶ならしめたものに、桂女と称する、一団の女性があった。類を同じくする、他の多くの部曲が、夙に漂遊の途にあり、果てを知らぬ旅を続けていたに反して、不思議な愛着をもって、故郷の土に親しみ、桂川の水の流れの、千年の変化をよそに眺めつつ、静かに伝統の生活を送っていた。しかし現代の物を忘れる力には、どうしてもかなわない。彼等もいつとなく、自分をただの百姓と考えるようになった。次第に遠ざかって行く、中世の後姿が、もう寸刻も我々のために彳んではくれぬのである」という印象的な書き出しで柳田は「桂女由来記」の筆を起こしているのである。「穢多」などが漂泊から定着した時期を中世後期と考えていた柳田は、桂女を漂泊生活からいち早く定住に移った巫女ととらえ、次第に巫女としての活動を後退させることで百姓と見られるようになっていったと考えていた。

桂女について、異民族起源説が主張されていたが、異民族起源説をとらず巫女ととらえた柳田は、「巫女考」において巫女を一時的に生まれた「国民の一分派」と見て、「百姓」への混入を示唆している。『郷土研究』での「巫女考」連載終了後、川村杳樹の筆名で「毛坊主考」を発表していた柳田は、これを「特殊部落問題の解明のつもり」（大正三年五月十六日　南方熊楠宛書簡）ととらえていた。このように見た時、柳田の脳裏に巫女の定着と地域への「混入」に、「中古伝説ノ忘却又ハ其ノ成立ニ関スル理解」によって解決を期待できると考えた部落問題（「所謂特殊部落ノ種類」）が重なって見えてきたのではないだろうか。

このような被差別民を異民族起源とする見方を否定する視点は、被差別部落を「同胞」として社会との「融和握手」を訴えた（大和同志会『明治之光』第一号、一九一二年）融和運動の主張に近いものである。柳田が「巫女考」など重要な論考を相次いで発表する『郷土研究』刊行の前年の一九一二年（大正元）には、奈良で融和団体の大和同志会が結成され、一九一四年（大正三）には融和団体の全国組織である帝国公道会が大江卓によって組織されるなど融和主義の主張が高まっていた時期である。当時官僚であった柳田國男もこうした動向と無関係ではなかったであろう。帝国公道会の機関誌『公道』第三巻第二号には、「社会融和の一種見」であるとして柳田の「所謂特殊部落ノ種類」が表記改変して一部を転載されている。また、一九二一年（大正十）に結成された融和団体「同愛会」会長の有馬頼寧とも柳田は、一九一〇年頃から新渡戸稲造宅で始められた談話会「郷土会」で旧知の仲でもあった。

とにかく柳田にとって自己のモデルを検証するとともに部落問題を解決する方向性を示唆するものとして、早くに漂泊から定着に移ったと見られていた桂女は格好の素材だった。それゆえ、一九二〇年（大正九）に京都松尾社の神職や橋川正を通じて資料を入手するなど事前に情報をもっていたにもかかわらず、「大正九年二月の現在で、上桂区の桂女の家は、存する者五戸である。いろいろの変化があって、古い言い伝えはもうなくなり、かえって我々の話を聴いて、案外とする事ばかりであろうが」と既に忘却された伝統であることを強調する。一方で、一九二二年（大正十一）、関西に講演旅行に来た際に桂に立ち寄った時のこととして、柳田は「大正十一年の紀元節の日に、私は西川の村を逍遥して、はからずこの家の前を過ぎたことがある。注連を引いた昔風の住居で、折から戸にたっていた老女の姿までが、多くの空想の種を私に与えた」という思わせぶりな感想を述べている[16]。こうした予断をもって桂女に取り組んだ柳田は、後年網野が重視した桂女が供御人であることについては認識しており、言及もするが、「漂泊人種」の定住という柳田の構想とは相容れないものであったためか、それを積極的に展開することはなかった。

では、その後大きく桂女研究を進めた網野はどうか。網野は一九七三年初出の「中世における鵜飼の存在形態[17]」において桂女が鵜飼をして捕えた鮎を天皇に献じる供御人であったこと、南北朝内乱期に「彼等の特権を保証していた天皇の支配権の決定的な弱化」により、「鵜飼の全分業体系内での位置の低下、それ自体のもつ呪術的意味の希薄化があ」り、「賤視される桂女をうみ出し」たとし、桂女研究を大きく進展させた。翌一九七四年には『蒙古襲来』で非農業民に着目するなかで桂女に言及し、一九七八年『無縁・公界・楽』でも〝公界〟〝無縁〟に属する存在として触れる。ここでは網野は無縁のものが世俗の関係性から離れ、敵味方をこえた存在であり、自由通行権をもっていたこと、貸借関係から自由であったことを指摘し、それゆえに経済活動も自由であったとする。これは、黒田俊雄・永原慶二らを「専ら封建領主による農民支配を基軸にして立論され」たものとして批判、土地に緊縛された農民による中世社会像に対するアンチテーゼとして非農業民に着目していた網野の視点から導き出されたものだ。網野はこの頃「御成敗式目」における「去留」の語の解釈をめぐり、安良城盛昭とも論争をしていた。網野は、中世に「去留」の自由があったことを主張し、中世社会の流動性を重要視するとともに、それを保証していた存在として天皇権威を重視していたのだ。そうしたなか、やはり供御人として王権とつながる桂女が遍歴していたという視点は魅力的であった。それゆえ、王権の弱体化と賤視を連動するものと見る網野は、近世の桂女についても「賤視」されていくとした。いずれにせよ、中世の桂女像を敷衍した仮説の域を出ない議論であった。

柳田國男は桂女を漂泊する呪術者から定住者へとし、網野善彦は供御人が天皇権威の低下に伴い鮎売りの商人として旅をするととらえ、定住と漂泊、賤視については両者は全く異なるとらえ方をしているが、いずれにせよ桂女の漂泊・遍歴は史料から導き出されたというよりも論者の論理的な枠組のなかから導き出されたものという側面を指摘できる。

こうした議論を相対化するためにも、まずは中世桂女の実態について確認しておこう。中世の桂女の史料については既に名取をはじめ先行研究でかなり紹介されている。ここでは煩瑣になるのですべてを挙げることはしないで、主要なものを見ていくことにしよう。最初に武家との関係を示す史料を挙げておく。

一侍雑用三千百地蔵参。湯漬点心。是も奥の番所にて相伴者成也。翌日ニ二百疋被下也。[18]
一桂両人、御縁ニ祗候、種々申事在之、千疋被遣之。云々。[19]
一桂。二百疋被遣之[20]

これらの記事は室町将軍の御成に伴って桂女が呼び寄せられたものであり、いわば臨時の出仕であるといえる。また、定期的に桂女が訪れていたことを示す史料もある。例えば、北野社には八朔・年末年始に地蔵という名の桂女が訪れていたようで、

一桂地蔵来、歳末ニ不来之間、兼帯而五十疋当年出之、但歳暮仁来而若出之者、年始可為参十疋者也、[21]

とある。北野では桂女の来訪が恒例となっていたため、通常なら年始には三十疋と手渡すべき銭も決まっていたようである。

また、これらは京都の事例であるが、永正元年（一五〇四）八月には「日暮比桂来姫夜叉、樽等持参了[22]」とあり、日根野庄下向中の政基のもとを「桂」（桂女）が訪れていたり、文明十年（一四七八）九月には、

一桂女来、榼一双・二種持参、百疋如例給之、母姫夜叉去年六月他界云々、息女当年初也、不便〳〵、吉野参詣之次立寄了、[23]

と、奈良の大乗院尋尊のもとを訪れていたことが知られる。ここからは他界した母の跡を継いで息女が参じるという女系相続の様子や、「吉野参詣」という広範な移動の一端が窺われるであろう。

しかしながら、遠方に桂女の姿が記載されるのは戦国期になってからなのである。また、武家との関係も臨時のもので公式の室町幕府の武家儀礼には見られないことも注意しておく必要がある。

恐らく、桂女は集団として武家と公的な儀礼のなかで関係を結んでいたわけではなく、むしろ特定の個人との私

的な関係だったのであろう。そのような関係を示唆する史料として、例えば先程の尋尊を訪れた「妹夜叉」と名乗る桂女について、「於畠山者号土用」とあり、畠山家では「土用」と名乗っていることが挙げられる。[24]これは、「畠山之桂女」とあることからも「土用」という呼称と畠山との関係、換言すれば権利が呼称と密接な関わりをもつということなのではないだろうか。また、公家との関係を示す事例であるが、『年中恒例記《ねんちゅうこうれいき》』に「千百は日野殿之掛(桂)也」[25]とあるのも、桂女個人（イエ）と個人（イエ）との結びつきを示唆するものであるといえるであろう。それゆえ、かかる関係は恒常的なものとはいえず、先の尋尊の場合のように桂女の世代が交代すると改めて挨拶に訪れ、関係の確認を繰り返す必要があったといえるであろう。

こうした旅を漂泊ととらえ、呪術性と関連させて理解するのが従来の視点であったが、桂女が鵜飼と関わるのであれば、こうした移動は呪術とは関係なく、鵜飼に欠かせないものだ。鵜飼は基本的に鵜を使って鮎をとる漁法であり、落ち鮎の季節を過ぎて鮎がいなくなると、鵜に餌をやるために鵜を連れて広く移動する必要がある。[26]桂女のイエが供御人（恐らく男性）として鵜飼をしていたのだとすれば、[27]秋から春にかけては桂女もまた一緒に移動をしていた可能性はある。そうすれば、大量の餌を必要とする鵜を連れ歩き、訪問先の漁業権を侵害するような行為を伴う以上、行った先々で桂女が王権の権威を強調したり、地域の権力と接触をもつことは考えられるだろう。こうして次第に地域の権力と関係を取り結んでいるうちに馴染みとなり、出入りの関係になっていったのではないだろうか。

桂女が武家をはじめとした権門と個人的な関係を強く結ぶようになった背景には、桂女を「勝浦女《かつらめ》」と読むことで縁起を担がれるようになったからだろう。[28]武家によって縁起がよいとして珍重されるようになり、在京していた守護と桂女がこのような個人的関係を結ぶと、戦国期に守護がそれぞれの領国に帰ってからも京中で身につけた習慣を在地でも継続すべく、懇意の桂女を慣例として呼び寄せたのではないかと思われる。そうして、もとは鵜の餌飼のために桂川に沿って移動しうる範囲に限られていたものが、戦国期には次第に京都以外にも招かれて広範に桂女が移動をするようになっていったのではないだろうか。そうすれば、従来のように呪術性とともに漂泊性を遡らせて強調し、桂女の特徴として評価するのは再検討する必要があると思われる。

二　桂女とは誰か

中世の桂女について見てきたが、本節では近世の桂女について検討する前に、ここまで特に議論してこなかった「桂女」とは誰を指すのかという一見自明に見えることについて確認しておくことにしたい。

「桂女」が桂の女性であることは間違いないが、すでに江馬務・柳田國男が明らかにしたように、桂に居住するすべての女性ではなく、上桂十軒、下桂二軒、上鳥羽一軒の女性に限られていた(29)。これらの十三軒の桂女は、それぞれ代々相続する名乗りをもち、家督を女系で相続していく。また、桂女の名乗りとともにそれぞれの家は苗字をもち、桂女の夫は武家・公家のもとへ参じる際は苗字を名乗ることと帯刀することを許されていたようである(30)。これらのイエは由緒に拠れば、神功皇后の「三韓征伐」に従軍した者の子孫であると称しており、神功皇后の霊を祀るといわれている(31)。その神功皇后以来の血統を由緒としている以上、桂の住人といえども他家が桂女として参入する余地はないといわざるをえない。すなわち、桂女とは、このような由緒をもち、女系で相続されるイエだけに限定されたものなのである。なお、桂女がいつから女系で相続するようになったかは明らかではないが、『大乗院寺《だいじょういんじ》社雑事記《しゃぞうじき》』には女系の系図が記載されており(32)、戦国期には既に確立していたことは疑いない。

また、桂女は「今は只百姓の女房なり(33)」とあるように通常は農業を行っており、正月や節季など特別な時だけ桂女としての活動をしていたようである。いずれにせよ、これらのイエは上下桂村の家全体のなかのごく一部(34)のイエに過ぎないことはここで確認しておきたい。

ここで注意しておきたいのは桂女が桂という土地ではなく、系譜を前提にした存在である以上、桂女といいながらも必ずしも桂という場所に縛られる必要はないということである。実際、『山州名跡志《さんしゅうめいせきし》』巻十一に「依縁、他所に住すといへども、号は則用之(35)」とあるように、上鳥羽にも桂女がいたのである。この上鳥羽の桂女については下桂の小寺家が幕府からの下問に対して「桂村より鳥羽村へ引越候訳（中略）一切相知れ不申候(36)」と答えていることからわかるように、桂女といいながら次第に桂の他の桂女との関係は絶えていったようである。また、この上鳥羽の桂女は一時江戸へ下女を抱えて借家住まいまでしているし(37)、六条や黒谷に仮住まいしていたこともある(38)。このように、他所に移転していても「号」を用い、桂女としての活動はできる。つまり、重要なのは桂という土地ではなくイエなのである。そして、この神功皇后との関わりを伝えるイエの由緒こそが、桂女の呪力を保証したものであったと思われる。

三　桂女の活動

ここで桂女の活動について対象別に検討していくことにしたい。

表1　嘉永3年正月収支

収入	所司代	3貫文
	小堀	金100疋
	日野西	200文
	三条西	400文
	唐橋	480文
	高辻	960文
	清水谷	300文
	他	100文
	〆　6貫940文	
支出	酒代	600文
	代や	184文
	代や	216文
	飯代	300文
	あめや払	922文
	飯代	300文
	（合計2貫602文）	

※原田文書6「嘉永三歳戌正月吉日桂姫諸入用覚帳」に拠る

1　諸権門への出仕

『菟藝泥赴《つぎねふ》』巻七に「桂女といふもの桂の里に有禁中がた都にてさるべき所に桂糖とて名物あるをもて来て桂が参りて候といひてさま〴〵いはひ事などいひておろく物とりてかへる事有うちけささうして白き綿にてかしらつゝみたる女也(39)」とあるように、桂女は年頭や八朔に寺社・権門へ飴などの献上をしていたことは従来から指摘されていたことである。しかしながら、これは後に『京都古習志』で「併しどの家でも呼ぶ事はせず西三条家では招くが中山家では呼入れぬと云ふ様に年々出入する家が定まつていた(40)」と書かれるように特定の家に限られていたようであり、桂女と公家・寺社の関係を一般化することはできない。以下、村・イエごとに寺社・権門との関係について見ていくことにしよう。

○上桂

上桂には、公家・寺社へ年頭・八朔の礼に参じた際の収支を記した算用帳が残されている(41)。ここで掲出（表1）したのは比較的詳細に記載のある嘉永三年（一八五〇）のものだが明治初年まで継続的に記されている。この算用帳などから年頭には所司代以下高辻家、三条西家、唐橋家、日野西家、清水谷家の公家と天神社を訪れて飴を献上していたこと、飴は飴屋から買い入れていたものであったことがわかる。なお、上桂の桂女は「正月二日に弓を行つた。早暁宮仲間が行ひ、畢ると其の的を「桂女」が櫃に容れ頭に戴き伴を一名連れて御所へ趣いた(42)」とあるように年頭の訪問に先立って村内の御霊社において行われた弓を射る神事で使われた的を櫃に入れて「御所」へ行っていたようである。なお、桂女がもつ「櫃の周囲には注連を張り、内には晒一反と御供（飯）を容れ」ており、「公卿の前では櫃を戴くと疱瘡にならぬとて之を敬ひ其の下へ這入つた」ということである。[43] この晒とあるのが、恐らく神功皇后が「御兒のかわりに召させられし御帽子綿幷御腹帯[44]」と伝えられる「御神宝」であろうが、その桶をめぐる疱瘡除けの信仰は桂女が配る疱瘡除けの札と無関係ではないであろう。

ところで、上桂の桂女と所司代、高辻家、三条西家、唐橋家、日野西家、清水谷家との関係についてであるが、所司代と天神を除く高辻家以下の公家はすべて上桂村の領主であった。[45] また、ここで注意しておきたいのは、桂女の年頭礼が村の行事と密接に関わっているということである。これまでの研究では桂女と権門のつながりが強調されてきたが、近世の史料を見る限りでは、公家を上桂の桂女が訪れるということは、近世の領主に対する在地の年頭の礼の域を出るものではなかったのである。

また、上桂の桂女である地蔵が提出した一札に、

差上ケ申一札

一桂姫之儀ニ付御尋被成候吟味仕候へハ当村之桂姫別家ニ御座候、往古ゟ中間拾人両度御礼三人ツ、かくはんニ相勤来り申候

一御江戸只今迄罷下り不申候

一大名衆へ御出入不申候

一聖護院様

東坊城様

御両御所様へ右之内桂姫おたけ壱人自分ニ往古ゟ年頭御礼相勤申候、由緒ハ帽子筋目御座候、八木鳥目拝

領仕候
一清水成就院
右之内桂姫とくわり自分ニ年頭御礼相勤来り候、鳥目拝領仕候
一由緒書本紙三拾弐年以前出火之節焼失仕候、只今ニ而指上ケ候者写ニ而御座候
右之通相違無御座候
享保七年
寅八月七日
上桂村桂姫地蔵
男粟津平右衛門　印
(以下九名略)
上桂村庄屋
伊兵衛　印
年寄
作右衛門　印
玉虫左兵衛様
右之通差上ケ申候(46)

とあることからわかるように、上桂の桂女は十軒のうち輪番で三人が領主のもとを訪問していたようで、大名衆や江戸へは行っていない。なお、年頭の拝領金は必要経費を差し引き、参勤した三人が分配しており、参勤しない他の桂女はもらえないようである。算用帳などを見る限り、一人あたりの取り分は支出が変動するので一定しないが、三〇〇文から五〇〇文程度で、それ程の収入ではなさそうである。この他、この史料から聖護院・東坊城、清水寺成就院には、おたけ・とくわりが個人的関係で年頭礼に訪れ、鳥目などを拝領していた。しかしながら、これはあくまでも個人的な関係であったため、関係も脆弱で、経済的な事情などにより関係の解消もありえたことが次の史

料からわかる。

覚

一清水浄寿（成就）院江礼年桂姫御礼相上り申候得共、天明四年辰正月十七日ニ名だい御礼、相勤申候所、進伝物わ桂あめ二拾本差上候ニ、其時の御役坊様御寺御はそんの事ゆい立被成候て、難義なぞ申被成、進伝物相返シ被成候、それ故当辰年ゟ御礼差ひかえ申候、若末々又御たずねの御使なと有之、又古来の通御礼つとめと申被成候ハヽ、なにかと不申候て桂あめ二拾本持参、院差上進上可申候、上る人ハ古来桂姫と侍と供一人と二而御座候、御寺より返礼ハ、鳥目弐百文、供え三拾文を出申候、上る御寺ハ浄寿院申御座候成

右之通御たずね御座候ハヽ、此書付之通ニ而御座候(47)

すなわち、とくわりが結んでいた清水寺成就院との関係は天明四年（一七八四）に「御寺はそん」を理由に切れてしまっていた。本資料は後年復活した時のために前例とすべく持参物と寺からの返礼を記しておいたものであろう。

○下桂

続いて下桂について見ていこう。下桂の桂女である孫夜叉について享保七年（一七二二）に提出した届けに拠れば、

一八幡三門跡様」

年頭歳末両度相勤申候」為祝義鳥目壱貫文宛」被成下尤御祝義之節」者外ニ拝領仕候」

一京極宮様」

年頭八朔両度相勤申候」為御祝義鳥目壱貫文」被成下候」

一日野様」吉田様」

年頭歳八朔両度相勤申候」為御祝義鳥目壱貫文」被成下候」

一所司代様」

年頭八朔両度相勤申候」為御祝義鳥目壱貫文つゝ」被成下候[48]」

とあり、年頭、歳末、八朔に所司代と八幡社、京極、日野、吉田を訪れていることがわかる。下桂は京極宮（桂宮領）領で、領主以外の公家との関係は次第に希薄になっていたようで、寛政四年（一七九二）の口上書に拠れば、所司代、八幡、日野、吉田は「前々相勤来候得共中古御断申上御礼等も相勤不申候、（中略）京極宮様御地頭之義ニ付于今年頭御礼申上候」とあり、果たして寛政期には領主の京極宮以外との関係は断絶していたようである[49]。

また、ここでは八幡宮との関係が書かれているが、『日次紀事《ひなみきじ》』十二月十三日条の石清水八幡宮への奉仕についての記載を見ると、石清水八幡宮安居当日「西郊桂里女子、孫夜叉以白布裹頭髪来捧桂飴、是称桂帽子今童謡所謂桂帽子是也[50]」とあり、あくまでも下桂の二軒の桂女のうち「孫夜叉」だけが勤めていることがわかる。すなわち、これは村の桂女としてではなく孫夜叉が個人として勤めるものであったようである。

○上鳥羽

上鳥羽では、「毎年正月関東へ下向、御守札献上御目見得仕る也[51]」とあり、三河時代の家康に御陣女郎として奉仕して以来の由緒であるとして、上鳥羽の桂女だけは毎年正月に江戸幕府に参じている。江戸逗留中は人数に応じて扶持が支給されていた[52]。登城してからは、神功皇后が三韓征伐の際に使用したと伝えられる綿帽子を上覧に入れた後、老中、若年寄、御三家などを歴訪する[53]。この他、代替わりの際も挨拶に出向いていたようで、享保六年（一七二一）六月には「十九日山城の国桂里かつら女。こたびみづから家つぎしをもて。江戸に参りて聞え上奉る。古例によりて人馬の御朱印を賜ふ」とある。[54] 江戸城登城のために「人馬の御朱印」を与えることは「古例」となっていたようである。また、『家伝史料』所引の板倉勝重判物では、[55] 軒役が免除されていたとも伝えられ、事実であるとすれば他の桂女にはないような特権が認められていたことが窺える。但し、上下桂の桂女とは対照的に、上鳥羽の桂女が京都の公家や武家のもとを訪れていたという史料は確認できない。

なお、他の桂女は代々の継承する名乗りをもっていたが、上鳥羽の桂女は一貫して署名を「桂姫」としていて名乗りは明らかではない。あるいは、後年の由緒書に「勝続良女」という名が家康から与えられたとしていることから、「桂姫」を固有名詞化し、幕府との特別な関係を強調していた可能性もある。

以上、三ヶ村の桂女について見てきた。これを整理したものが表2である。ここまで見てきたことから指摘できることは、桂女が権門などを訪れるには、村の桂女集団として訪れる場合と、個人で得意先を廻る場合があるということである。また、村の桂女として参じるのは、領主への年頭・八朔の礼という儀礼的側面が強く、領主以外との関係は比較的希薄であった。恐らく供御人につながる、ムラのなかでも特別な由緒をもつイエとしての行動であろう。[56] 随筆類には江戸に向かう桂女についてしばしば記されているが、これは実際には上鳥羽の桂女だけであった。

上述のように、桂女と権門の関係は中世後期に個人的に構築されたものが出発点であるようだが、公的な関係でない個人的関係は世代交代などで切れる可能性は少なくない。実際、中世後期から近世にかけて武家の断絶・所替えなど大きな変動を経て、中世以来の関係は大きく整理を余儀なくされたであろう。

このように公家との関係は、個々の桂女が個人的に関係を結び年始などに訪れる例などは中世以来の関係のあり方ともいえるが、上下桂の場合は、近世には概ね村の領主に年頭の礼として特産品の飴を献上するという形態に変

表２　上桂・下桂・鳥羽の桂女

	桂女名前	苗　字	訪問先	訪問時期	拝領銭	備　考
上桂	地蔵	粟津	所司代	年頭・八朔	３貫	３軒宛輪番
	孫	村	高辻	年頭？	不定？	
	東ひゃく	大八木	三条西	年頭？	不定？	
	ひゃく	大八木	唐橋	年頭？	不定？	
	ふくら	大八木	日野西	年頭？	不定？	
	こふくら	中村	清水谷	年頭？	不定？	
	東地蔵	大八木	天神神主	年頭？	不定？	
	いせまこ	大八木				
	おたけ	岡本				
	とくわり					
	おたけ※	岡本	聖護院	年頭	八木鳥目	いつからか不明
			東坊城	年頭	八木鳥目	３代以前より
	とくわり※		清水成就院	年頭	200文	天明４年まで
下桂	孫夜叉	小寺	八幡三社家	年頭・歳末	１貫文	寛政以前断絶
			京極宮	年頭・八朔	１貫文	
			日野	年頭・八朔	１貫文	寛政以前断絶
			吉田	年頭・八朔	１貫文	寛政以前断絶
			所司代	年頭・八朔	１貫文	寛政以前断絶
	不明	不明	不明	不明		
上鳥羽	桂姫	中澤	江戸	年頭		

※おたけ、とくわりは上桂村桂女全体で訪問する相手に加え、イエとしての訪問先をもつ

容を遂げているといえるであろう。中世的な関係は近世には早々に希薄化し、切れていったというべきだろうか。こうしてみた場合、上桂のように村の正月行事の一環として桂女の年頭礼が組み込まれていることも理解できるであろう。すなわち、上桂・下桂に関しては、中世の大名や権門と桂女のイエという私的な出入り関係から、上下桂村の領主のもとをムラを代表して住民の桂女が参じるという村落行事となり、訪問先と桂女の関係が公的な関係になったことが、近世的な特徴といえるだろう。領主ではないが京都を治める所司代との関係もその延長と見ることができる。

上桂は権門への奉仕は算用帳が

残っており、明治二年（一八六九）まで続いていたことは間違いない。[57]下桂も明治三年（一八七〇）までは年頭の礼は続き、[58]その家も大正期まで残っていた。領主との関係はまがりなりにも近代初頭までは存続するが、一方で、上鳥羽の桂女は京都の公家や寺社との関係をもたず、江戸の徳川家との関係に依存し、独自の動きを見せていた。

いずれにしても、近世の知行関係や幕府との関係を前提としたありようを、中世までそのまま遡及させることはできないであろう。

2　市中

続いて公家や寺社ではなく、市中の人々と桂女がいかに接していたかについて見ていくことにしよう。既に網野が指摘しているように、桂女は本来は供御人として鮎を朝廷に納めるのがその主要な仕事であった。事実、桂女といえば鮎を売る姿と考えられていたようで、『三十二番職人歌合』では器に鮎を入れて、販売している様子が描かれている。冒頭の『看聞日記』の風流でも桂女は手に桶をもち、鮎などをいれていた。しかし、実際近世の桂女が売っていたものは鮎だけではなく、後述するように専ら飴や守札などを売るようになっていたことが知られる。なお、飴売りについては、網野は近世後期からのこととしているが、既に『毛吹草』[59]『日次紀事』[60]等に記載があり、遅くとも近世初頭には販売されていたことは疑いない。また、『お湯殿上の日記』にも寛永二年（一六二五）に「女院の御所よりかつらあめ一ふたまいる」という記載がある。[61]
初期の風俗画にしばしば桂女の姿が描かれていることからもわかるように近世の京都の町では桂女は目にすることの多い存在であったようである。万治元年（一六五八）刊の『洛陽名所集』では、桂里の項に「祝言の家へは、この里の女、すくに、かつらと名つきて、たつね行、祝ひごとなといひて、しな〳〵の物、はらひけるとなり。なにとやらん、その女の、いはゐとのふる、ことば有。余が祖母、物かたりきかせたり[62]」とあり、桂女が祝い事のあった家に「推参[63]」し、祝言を言い、祓いをしていたことがわかる。しかし、一七世紀半ばには既に「祖母」の記憶によって辛うじて語られるようなこととなりつつあったようである。そして、延宝六年（一六七八）の『出来斎京土産』巻六には、「近頃ハ久しく絶侍り」として、婚礼の際に「桂の里の女うつくしくけハひ出立てわかなをかつらとつきて。その家にたづねゆき。かつらが参りて候とて。さま〳〵祝言いふて。祓しつゝ、ほど〳〵の賜物とりて帰り。いはゐとなふること葉。なにとやらんいひつゞけ伝へりとにや[64]」とあり、かかる桂女の祝言は京都では一七世紀末までには既に「絶え」ていたことが知られる。

それでは、次にこのような「推参」にかわって近世の桂女はいかなる活動のしかたをしていたのかが問題となってこよう。各家を個別に訪問し実際に行っていた祓いに代わり、一八世紀になると幕府の許可と保護のもとで桂女は安産の守りや疱瘡除けの守り札を配っていた。桂女による配札は、次のような町触が数度にわたり出され、洛中洛外に周知されていた。

桂女儀、前以弘候神功皇后安産疱瘡之守之守(衍カ)、尚又此度洛中洛外信仰之輩江弘度旨相願候付、願之通被仰付候、尤紛敷筋ニ者無之候間、右守信仰之輩者相対を以請可申候、勿論望無之もの江者押而請させ候筋ニ者無之、此旨申通置候様被仰渡候ニ付申達候、已上[65]

こうした触とともに配札を行っていた桂女について、京都の町触は明確にしないが、大坂・江戸の町触では、「上鳥羽」と記している[66]。

上下桂の桂女に東町奉行所から鳥羽の桂女との関係と「大仏馬町出張所いつ比よりと申儀」についての問い合わせがあった[67]。出張所の機能は明らかにできないが、このことから東山の馬町には、桂女が洛中で効率的な販売ができるような施設が設けられていたことが窺える。

桂村ならぬ上鳥羽村の「桂女」による積極的な活動に不審を抱いたのか、文政九年（一八二六）東町奉行所から下桂の桂女へ「桂村より鳥羽村江引越候訳」と「当時鳥羽村住宅有無」とした下問があったが、下桂の桂女は「一切相知れ不申候」[68]と素っ気なく回答していることから、こうした配札は上鳥羽の桂女だけが行っていたものであると見てよいだろう。上鳥羽の桂女が岡崎にいて勧化をしていた際も、公儀から関係を問われた下桂の桂女、小寺家では「岡崎村ニ罷在候姫之義ハ私家より由緒も無御座、仲ヶ間内と申義曾而無御座候」[69]と関係を否定しており、上鳥羽と上下桂の関係は既に切れていたと見てよい[70]。こうした近世的権力と結びつき、権力による触を伴う勧化として洛中・洛外で配札が可能であったのは、年頭・八朔の礼などを通じて構築された幕府との関係であり、家康以来の「由緒」であろう。

上鳥羽村の桂女による勧化は次章で詳述するが、一八世紀以降活発化し、そのための組織整備も行われた。

おわりに

以上、近世の桂女について見てきた。ここでは、桂女が広範な活動を始めたのは室町末からで、戦国期には広く武家・寺社のもとを個人的関係から訪れていたことなどを指摘することができた。

また、従来、権門への奉仕がいわれてきたが、桂女のイエごとに年頭・八朔の奉仕先を検討することで、中世の個人的な関係から、それぞれの桂女が属する村と領主との関係に重点がおかれているという近世的な特質を明らかにした。すなわち、これらの多くは領主への年頭礼以上のものではなく、あとは小規模な個人的な関係に過ぎないようである。そして庶民に対しては、一七世紀の京都では個別の祝い事があった家に推参するようなかたちであったが、こうした活動は次第に姿を消す一方で、上鳥羽の桂女は幕府による管理・保護のもとで配札していた。後の桂女についていえば、上桂・下桂は明治初年まで活動を継続するが、上鳥羽は江戸との関係を梃子に一八世紀以降は積極的な勧化を行うようになっていく。あるいは、桂女の「推参」が中世的な形態であるとすれば、領主への参勤や公儀からの勧化触を得て行われる勧化と配札は近世的なあり方であるといえるであろう。とりわけ、触を伴う配札は、公儀の認可をうけて行われた近世における寺社の勧化と相通じるところがある。(71)

こうして明らかになった近世における桂女の姿は、「公界の存在」などではなく、まさに近世権力のもとで活動する近世的な宗教者の姿であるといえる。そして、桂女が近世的な存在であったために、近代に到って所司代や公家が京都から姿を消すとともに、その活動の継続が困難になっていったのであろう。

註

(1)『看聞日記』応永二十三年三月七日条

(2)「北野社参詣曼荼羅」(大阪市立博物館編『社寺参詣曼荼羅』平凡社、一九八七年)多宝塔の前。

(3)五月の衣更えを描いた部分に鮎をもった女性とともに描かれている。

(4)柳田國男「桂女由来記」(『定本柳田國男集』第九巻、筑摩書房、一九六九年)。柳田が桂女の調査を行ったのは一九二二年(大正十一)二月十一日(上桂)、十二日(下桂)であった(『大正十一年日記』)。

(5)中山太郎『日本巫女史』

(6)江馬務「桂女の新研究」(『江馬務著作集』第六巻、中央公論社、一九七七年)

(7)滝川政次郎『遊女の歴史』(至文堂、一九六五年)

(8)名取壌之助編『桂女資料』(大岡山書店、一九三八年)

（9）網野善彦「鵜飼と桂女」（『日本中世の非農業民と天皇』岩波書店、一九八四年）、同『増補　無縁・公界・楽』（平凡社、一九八七年）
（10）森田恭二「中世桂女の存在形態と呪能」（『藝能史研究』第一三七号、一九九七年四月）、同「中世桂女の存在形態」（『大乗院寺社雑事記の研究』和泉書院、一九九七年）
（11）脇田晴子「「家」の成立と中世神話――神道集・能楽・縁起絵巻を中心に」（脇田晴子・S・B・ハンレー編『ジェンダーの日本史』上、東京大学出版会、一九九四年）
（12）細川涼一「旅をする女性」（『漂泊の日本中世』ちくま学芸文庫、二〇〇二年）
（13）蓮沼啓介「桂女考」（『神戸法学雑誌』第五一巻第二号、二〇〇一年九月）
（14）他に山本英二「甲斐国「浪人」の意識と行動」（『歴史学研究』六一三号、一九九〇年十一月）
（15）大正二年（一九一三）の「所謂特殊部落ノ種類」で「穢多」や「夙」、鉢叩きなどについて「此ノ輩ノ土着ハ思ウニ各町村最後ノ開発ヨリハ猶後ナリシナルベシ。東北ナドノ人口稀ナリシ地方ハ別トシテ、其ノ他ノ場合ニハ既ニ普通民ノ居住セル土地ニ後ヨリ来タリ、其ノ明示又ハ黙示ノ許容ノ下ニ土着セシモノナルベク、若シ公然荒野ノ開拓ニ従事セリトスレバ、到底斯ル不利益ノ条件ニ甘ンズベシトハ考エラレザルナリ」とし、「別ニ有力ナル傍証ヲ見ザルニ限ハ未ダ直ニ特殊部落ノ異人種ナルコトヲ断定シ難ク、要スルニ土地ト断絶シテ久シク諸国ヲ移動シツ、アル間ニ、偶然新移住者ヲ警戒シ処遇スル時節トナリ、主トシテ外部ノ原因ノ為ニ著シク社会上ノ地位ヲ低下セツモノト解シテ彼等ガ今ノ境涯ヲ憐マザルバカラズ」（傍点村上）とする。このように、当時において通説のようになっていた異民族起源説（藤野豊「被差別部落」『岩波講座日本通史』第一八巻「近代三」岩波書店、一九九四年）を明確に否定するものであった。
（16）柳田國男「桂女由来記」。「はからず」とあるが偶然通過したわけではなく、桂女についての関心から講演旅行の間に桂を訪れていた（田中宣一「解題――『桂女文書』と「桂女由来記」」成城大学民俗学研究所『諸国叢書』第一〇輯、二〇〇三年）。柳田が桂を訪れた「紀元節」は旧正月の時期にあたり、玄関先に注連縄を張ることは桂に限ったことではないだろうが、ここではイエの聖性を示唆するかのような表現を敢えてしている。
（17）前掲網野善彦註（9）書

(18)『大永四年細川亭御成記』(『続群書類従』第二三輯下)
(19)『三好筑前守義長朝臣亭江御成之記』(『群書類従』第二二輯)
(20)『三好亭御成記』(『続群書類従』第二三輯下)
(21)『北野社家日記』明応二年正月十一日条
(22)『政基公旅引付』永正元年八月九日条
(23)『大乗院寺社雑事記』文明十年九月十七日条
(24)『大乗院寺社雑事記』文明十二年二月十七日条
(25)『年中恒例記』(『続群書類従』第二三輯下)
(26)可児弘明『鵜飼』(中公新書、一九六六年)、伊東久之「河沼の漁労」(『講座日本の民俗学五　生業の民俗』雄山閣出版、一九九八年)。なお、当然ながら鮎漁のできる時期は限られており、鵜飼だけで生業を維持することは容易ではない。供御人として給免田が保障された背景には、そうした事情もあったと思われる。
(27)網野善彦は「鵜飼と桂女」において、「桂供御人――鵜飼集団の女性」と彼女たち自身が鵜飼をしていたと見るが、漁村では男性が漁をし、女性がそれを販ぐ例も多く、誰が鵜飼をしていたかは慎重に検討する必要がある。
(28)桂女を「勝浦女」「勝浦」と表記する事例は『天文日記』、『毛利家文書之一』四〇三号など戦国期の史料に見える。
(29)前掲註(6)江馬務・註(4)柳田國男論文参照。
(30)「右者我等身内ニ付帯刀之儀可為勝手者也」(名取壌之助編『桂女資料』所収「架蔵文書」一)とある。
(31)例えば『甲子夜話』に「京の里に桂姫と云者あり。言伝には、上古神宮皇后三韓を伐給ひしとき、妊身にて坐せば、御腹帯を上りし婦人の末とぞ。因て今に至て、其主は婦人にして家を保つことなれば、男子は還て妻妾の如く、入て其家を継ぐと云。斯くして其後今に連綿たりと。珍しきこと也。」とある(『史料　京都見聞記』第五巻)。
(32)『大乗院寺社雑事記』文明十二年二月十七日条
(33)『笈埃随筆』(『史料　京都見聞記』)
(34)元禄二年刊の『京羽二重織留』(『新修　京都叢書』第二巻)巻之一に拠れば、下桂には一〇二軒、上桂には五十八軒の家があった。

(35)『大日本地誌大系（三六）山州名跡志』第一巻（雄山閣、一九七一年）

(36)「小寺文書」九（名取壌之助編『桂女資料』所収。以下、同書所収文書の引用については文書群名と史料番号のみを記す）

(37)『祠曹雑識』巻二六（『桂女資料』所収）に「深川黒江町、市郎兵衛店ニ、致借宅罷在候」とある。

(38)『家伝史料』巻七（『桂女資料』所収）に「当時は、京都六条、御前通りに罷在候由。又云、当時は、此の春の大火に類焼して、黒谷に借宅して居るよし也」とある。

(39)『新修　京都叢書』第一二巻

(40)井上頼寿『京都古習志』（館友神職会、一九四〇年）

(41)「原田文書」一～一〇は宝暦十一年から明治二年にかけての算用帳である。なお、**表1**の「清水谷」は引用の史料には「清水」とあるが、「原田文書」二、一〇の記載により「清水谷」と改めた。

(42)『京都古習志』

(43)『京都古習志』

(44)「桂女譜書」（「原田文書」一一）

(45)『旧高旧領取調帳』山城国葛野郡（木村礎校訂『旧高旧領取調帳』近藤出版）に

下桂村	桂宮領	1131.0730	旧京都府
上桂村	元御料	153.4040	〃
〃	日野西家領	200.0000	〃
〃	三条西家領	200.0000	〃
〃	清水谷家領	100.0000	〃
〃	高辻家領	100.0000	〃
〃	唐橋家領	44.2600	〃
〃	小堀数馬支配	2.8780	〃

とある。

(46)「差上ケ申一札」（「中村文書」一、但し『桂女資料』口絵写真により読みを一部改めた）

(47)「原田文書」雑（本資料は『桂女資料』にも載るが、ここでは成城大学民俗学研究所『諸国叢書』第一〇輯の柳田國男筆写本影印に拠った）

(48)「乍恐口上ヲ以申上候云々」（「小寺文書」一）。なお改行を示す記号〝〟は『桂女資料』のままである。以下、同じ。

(49)「就御尋口上書（寛政四年）」（「小寺文書」七）

(50)『新修　京都叢書』第四巻

(51)『譚海』（『史料　京都見聞記』）。但し、『家伝史料』には「厳有院（徳川家綱）様御代マテハ、三年ニ一度、江府へ罷リ出」とある。

(52)『祠曹雑識』に「江戸表逗留仕候内者、町宅心マカセニ被　仰付、逗留中御扶持方、人数ニ応シ頂戴仕候」（『桂女資料』）とある。

(53)『祠曹雑識』『家伝史料』

(54)『徳川実記』享保六年六月十九日条

(55)『家伝史料』に

其村かつら姫棟役の」人足の事ゆるし候間」其分可心得者也」

戌正月廿三日　伊賀在判

上鳥羽村庄屋」

とある。

(56)領主と村・由緒の関係については、落合延孝『猫絵の殿様』（吉川弘文館、一九九六年）などを参照。

(57)「明治二年桂姫侍名前附并献上物控帳」（「原田文書」一〇）

(58)「拝領物包紙の写し（慶応二年以後）」（「小寺文書」一一）

(59)『毛吹草』巻四（『初印本毛吹草　影印篇』ゆまに書房、一九七八年）に「桂糖」とある。

(60)『新修　京都叢書』第四巻
(61)『お湯殿上の日記』寛永二年十二月二十五日条
(62)『桂女資料』一七九～八〇頁
(63)「推参」については、阿部泰郎「推参考」(『聖者の推参――中世の声とヲコなるもの』名古屋大学出版会、二〇〇一年)を参照。
(64)『近世文学資料類従　古板地誌編六　出来斎京土産』(勉誠社、一九七六年)
(65)寛政十年正月二十五日付触(『京都町触集成』第七巻　一五一四号)。桂女と勧化触については次章を参照。
(66)大阪市参事会編『大阪市史』第三巻、町触二一七七号、『江戸町触集成』八一三六号など。
(67)「桂女先祖書」(「小寺文書」八)
(68)「東御役所より就御尋口上書」(「小寺文書」九)
(69)「就御尋口上書(寛政四年)」(「小寺文書」七)
(70)拙稿初出時は、岡崎の桂女を偽物と判断したが誤りである。撤回しておきたい。
(71)近世の勧進については、高埜利彦「近世国家と本末体制」(『近世日本の国家権力と宗教』東京大学出版会、一九八九年)を参照。

第二章　近世桂女の配札・勧化と由緒

はじめに

第Ⅲ部第一章において、近世の「桂女」は上桂・下桂に十二軒にいたほか、上鳥羽村にも一軒あり、この十三軒だけに限られていたこと、個人的な関係から、それぞれの桂女が属する村と領主との関係に重点がおかれているという近世的な特質を指摘し、上鳥羽の桂女は個別の家に「推参」するかたちから、幕府による勧化触《かんげぶれ》を伴う配札をしていたことなどを不充分ながら明らかにし、公儀の認可をうけて行われた近世の勧進と相通じるところがあるとした。

なお、桂女と勧化については既に塚本明が京都・大坂の町触から、分析をしているが[1]、都市域以外については見通しを述べるにとどまっており、その全体像は充分解明されていない。そこで本章では可能な限り一次史料によりながら、前稿で関連性を指摘するにとどまった近世の勧進との関連について検討し、より具体的に「近世的な桂女」について明らかにしたい。ここでは上桂十軒、下桂二軒、上鳥羽一軒に限定される桂女のうち[2]、積極的な勧化を行い、江戸城に登城をし幕閣と密接な関係があったために史料が比較的残る上鳥羽の桂女を中心に見ていくことにしたい。

一　上鳥羽の桂女

最初に近世前期における上鳥羽の桂女の活動と経済状態について見ておこう。上鳥羽の桂女は徳川家康が三河にいたときに御陣女郎として従軍したと伝えられ、遅くとも中世末から近世には桂を離れて独自に活動していたと見られる。それゆえ、彼女たちは上桂・下桂の桂女のごとく領主と個人的なつながりのある権門を相手にしていたのではなく、近世においてはあくまでもイエ、個人として幕府との関係を密にもち、その関係を基盤とした活動をしていたと見られる。また、彼女たちは再三にわたり江戸下向を繰り返していたようで、

（上略）上鳥羽村ノ桂女ハ、大神君、三州御在城ノトキ、被召出、御陣女郎ノ御供ニ被召連候、由緒ニヨリテ、京都所司代、板倉伊賀守殿ヨリ、村棟役免許ノ御證文、頂戴シテ、于今所持スル由ナリ。其写シ左ノ如シ。

其村かつら姫棟役の人足の事ゆるし候間其分可心得者也

戌正月廿三日　伊賀在判(3)

とあるように、屋敷地の棟役を免除されるとともに、江戸下向のための伝馬や渡船についての便宜が図られていたようである。江戸下向の頻度については、後の史料ながら、「厳有院様代マテハ、三年ニ一度」(4)とあり、また「只今ハ御吉例を三年ニ一度ツヽ」(5)とあるように家綱の代までは三年ごとの江戸下向があったようである。しかしながら、同時に在所を長期にわたって離れるために所持する田畑の経営が思うようにいかなかったためか、彼女たちは「困窮」を理由に幕府から経済的な援助を得ることを試みていたようである。家綱代の寛文十年（一六七〇）には九貫(6)、そして綱吉代の元禄十年（一六九七）には五貫の銀を拝領していたが(7)、再三の「拝借」を繰り返していたた

[8]めに元禄十五年（一七〇二）には「銀五貫目」を渡されたものの「拝借其外願かましき儀申間敷旨」の証文をとられ、「江戸下り相止申候」と三年に一度の江戸下向がとめられてしまったのである。[9]その後も江戸へ下ったことは史料から見られるが、[10]恐らく綱吉の代からは一代につき一度程度となったとみられ、種々の負担に比して利益の薄いものとなり、彼女たちの経済状況は決して安定したものではなくなったと考えられる。

正徳五年（一七一五）にも上鳥羽の桂女は江戸下向をしているが、この時は「近年別而困窮」のため寺社奉行へ所持田畑五十一石の除地を願うためであった。[11]この江戸での滞在の際、当時四十七歳の桂女が亡夫の弟に殺されるという思いがけない事件が起こる。[12]事件で殺された桂女の娘（事件当時十九歳）と思われる桂女が家を継ぎ、[13]享保六年（一七二一）には「末々迄相続仕」るよう正徳の下向の際にかなわなかった所持田畑の除地などの「御救」を願った[14]が認められず、ついに享保十七年（一七三二）には田地・屋敷を売却し年貢に充当、「有縁方江たより罷在、難儀」という状態となる。[15]こうしたなかで、一七世紀までの公儀に経済援助を随時求めていく対症療法的な対応から抜本的な経済基盤の確保が求められ、そのための手段が模索されるようになったと考えられる。以下、次節では桂女が選択した新たな手段を見ていくこととしよう。

二　桂女による勧化

一八世紀半ば以降、桂女の活動について特筆すべき事柄といえば、桂女について再三の触が幕府から出されるようになったことである。表1のごとく宝暦二年（一七五二）以降、幕末まで何度も触が出されている。宝暦二年（一七五二）の桂女の勧化触初見に先立ち、寛延四年（＝宝暦元年〈一七五一〉）一月に桂女が江戸を訪れており、[16]時

表１　桂女関係勧化触一覧

年(西暦)月日	桂女所在・名称	対　象	典　拠
宝暦２(1752).12.-	桂姫	洛中洛外	京都町触集成③-1324
宝暦３(1753).5.5	紀伊郡上鳥羽村	三郷町中	大阪市史2177
宝暦13(1763).12.-	桂女	—	京都町触集成別巻2-補767
明和元(1764).11.13	紀伊郡上鳥羽村	三郷町中	大阪市史2526
明和５(1768).7.1	紀伊郡上鳥羽村	三郷町中	大阪市史2645
明和７(1770).12.16	京都上鳥羽村桂姫	御府内町方	江戸町触集成8236
安永５(1776).12.28	紀伊郡上鳥羽村	三郷町中	大阪市史2955
安永９(1780).11.21	知恩院新門前梅本町中澤庄右衛門同家	三郷町中	大阪市史3083
天明４(1784).11.-	桂女	洛中洛外	京都町触集成⑥-1054
天明５(1785).5.11	知恩院古門前元町藤井大進同居	三郷町中	大阪市史3288
寛政３(1791).3.27	加茂川東川端丸太町上ル所仮宅	三郷町中	大阪市史3602
寛政７(1795).5.29	京都猪熊通出水上町	三郷町中	大阪市史3734
寛政９(1797).12.-	桂女	山城在町	木津町史史料Ⅲ
寛政10(1798).1.25	桂女	洛中洛外	京都町触集成⑦-1514
寛政11(1799).4.25	城州愛宕郡下岡崎村桂女	三郷町中	大阪市史3865
享和元(1801).7.11	桂女	山城在町	京都町触集成⑧-528
享和３(1803).3.23	京上鳥羽村桂姫皆川典膳	御府内在町	江戸町触集成11172
文化元(1804).1.18	桂女	三郷町中	大阪市史4003
文化２(1805).10.-	桂女	山城在町	京都町触集成⑧-1206
文化２(1805).	植(桂)姫	山城丹波二ヶ国	綾部藩「役所日記抜書」
文化７(1810).7.8	桂女	山城在町	京都町触集成⑨-253
文化８(1811).5.24	祇園北門前松原町桂女	三郷町中	大阪市史4222
文化13(1816).7.13	大仏上馬町桂女	三郷町中	大阪市史4389
文化14(1817).7.-	桂女	山城在町	京都町触集成⑨-1136
文政３(1820).6.25	大仏上馬町桂女	—	大阪市史4535
文政４(1821).7.23	桂女	—	大阪市史1527
文政６(1823).4.13	京上鳥羽村桂姫代中村善右衛門	御府内在町	江戸町触集成12157
文政９(1826).6.23	上鳥羽村桂姫	三郷町中	大阪市史4753
天保３(1832).6.5	大仏上馬町桂女	三郷町中	大阪市史4993
天保６(1835).5.-	桂女	山城在町	京都町触集成⑪-19
天保７(1836).12.19	大仏東瓦町桂姫	三郷町中	大阪市史5208
天保10(1839).12.-	桂女	山城在町	京都町触集成⑪-353
天保15(1844).8	京都建仁寺新地星野町桂女	摂河播三ヶ国	枚方市「奥野家文書」
弘化元(1844).8.19	京都建仁寺新地星野町桂姫	三郷町中	大阪市史5631
嘉永元(1848).7.-	桂女	山城在町	京都町触集成⑫-27
嘉永６(1853).10.1	愛宕郡聖護院村桂女	三郷町中	大阪市史5985
安政元(1854).7.-	桂女	山城在町	京都町触集成⑫-519
万延元(1860).4.-	桂女	山城在町	京都町触集成⑫-1034
文久４(1864).2.3	桂女	洛外之村々	木津町史史料Ⅲ
元治元(1864).2.-	桂女	山城在町	京都町触集成⑬-6
慶応３(1867).11.-	七本松通一条清和院桂女	三郷町中	大阪市史6736
明治元(1868).2	桂女	山城在町	京都町触集成⑬-444
明治元(1868).3.-	桂姫（差支につき巡行差留）	山城在町	京都町触集成別巻2-補1412

典拠）京都町触研究会編『京都町触集成』全13巻　別巻２（巻数を丸数字で記し、触番号を付す）、大阪市参事会『大阪市史』第三巻、第四巻上下（触番号を記す）、近世史料研究会編『江戸町触集成』全19巻（触番号を記す）、木津町史編さん会編『木津町史』「史料編Ⅲ」、綾部藩「役所日記抜書」（綾部市史編さん委員会編『綾部市史』「史料編」）、枚方市「奥野家文書」（枚方市立中央図書館市史資料室寄託）

期から見て恐らくこの時に寺社方へ対して勧化が願い出られたものと見てよいであろう。勧化触について、こころみに一例を挙げると次のようなものである。

桂女儀、前以弘候神功皇后安産疱瘡之守之守（衍カ）、尚又此度洛中洛外信仰之輩江弘度旨相願候付、願之通被仰付候、尤紛敷筋ニ者無之候間、右守信仰之輩者相対を以請可申候、勿論望無之もの江者押而請させ候筋ニ者無之、此旨申通置候様被仰渡候ニ付申達候、已上(17)

つまり、それまでは江戸へ行って下賜される金銭と上鳥羽の所有する田畑からの収穫以外の収入としては、武家で婚礼の際に推参して供をしたりすること(18)によるものがあった程度であったが、これ以降は一層積極的な財源確保として公儀の触とともに「信仰之輩」へ「神功皇后安産疱瘡之守」を広めるという手法をとったのであった(19)。ここで注意を喚起しておきたいことはこの桂女の触は寺社の相対勧化の触に極めてよく似ているということである(20)。恐らく、上鳥羽の桂女の念頭には次第に整えられつつあった寺社の勧化があったことは間違いなかろう。

桂女の配札に関する触の初例は、先にも触れたように宝暦二年（一七五二）十二月に京都で出された次のような町代触であった。

右桂姫儀安産疱瘡守、洛中洛外信仰之ものへ相対を以弘メ申度相願ニ付、願之通被仰付候、疑敷筋ニ而ハ無之、尤望無之もの者押而請候筋ニ而ハ無之候間、此趣寄々無急度向々江可申聞置事

桂姫

申十二月

右之通被仰渡候間、信仰之面々ハ請可被申候、以上

町代某(21)

ここでは「相対」としているが、触が出された後の翌三月に再度「返答残候分、明後幾日迄ニ御申越可有之」との確認の触が、わざわざ町代から出されるなど手厚い保護がなされていることから[22]、会所などで初穂がとりまとめられていた可能性もあり、実際に桂女が直接町々を廻り「相対」で守札を広めたか否かは疑問であるといわざるをえない。

その後、時を措かず大坂三郷でも勧化がなされ、京都同様に宝暦三年（一七五三）の初見から慶応三年（一八六七）まで続けられる。大坂の町触は京都のものとさほど文言は変わらないが、なかには「御初尾惣会所ニ而取集候儀も、御聞済有之候、追而御影守札差出候ハヽ、相渡候間、此段承知可有之候」[23]とするものもあり、一括して惣会所などでとりまとめ、後日配札をするなどの手段も随時とられていたことが窺われる。

京都・大坂ばかりでなく、勧化が進められていたのは畿内近国でも同様であった。例えば丹波国の園部村では、

桂姫勧化御免ニ付廻村可有之処町方ニ而取計申付夫代高拾石ニ付壱分弐厘ツヽ、割を以左之通申付候間来ル十日迄持参可致候様此段村々致承知廻状早々順達留リ村ゟ田井御役所へ可差戻候以上

とあるように、「町方ニ而取計」を申し付けるので「高拾石」宛「壱分弐厘」の「夫代」を添えて「持参」する旨の廻状が嘉永三年（一八五〇）に出され、町方で集金し一括の「取計」をしている[24]。綾部藩役所でも文化二年（一八〇五）に「山城丹波二ヶ国順行」のため「役人相廻」旨の「触」を領分へ流すよう依頼するなど役人の廻村を「触」にて通達しており[25]、河内国でも「御領は代官・私領は地頭」へ申出るよう、

京都建仁寺新地星野町桂女儀御影幷安産瘡疱（ママ）之守、摂河播三ヶ国在々弘之義御願聞届、御料者御代官、私領者領主へ願出候様申渡候間、其旨通達可致事

という触[26]が出されている。

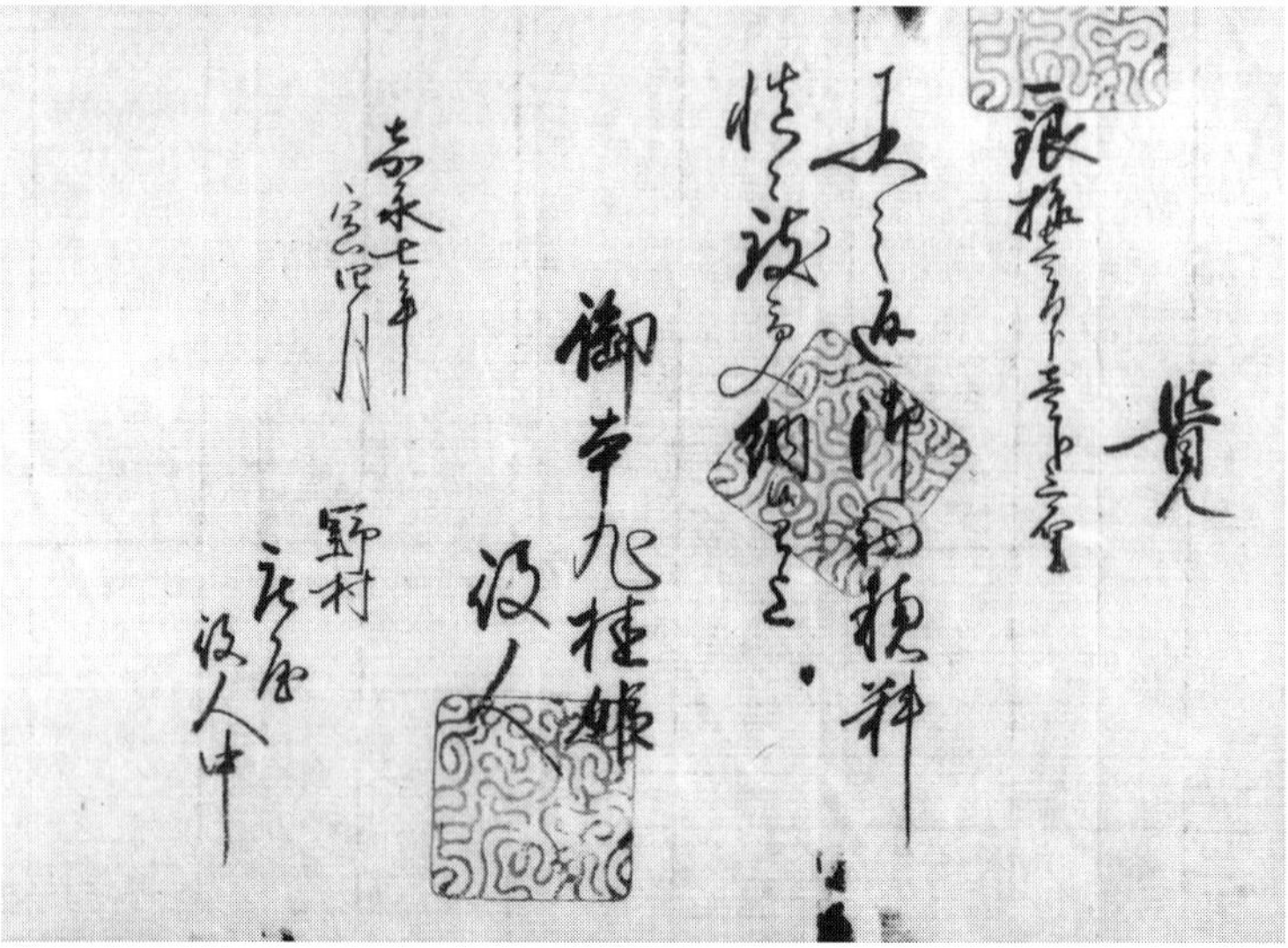

図１　桂姫役人初穂料受納覚

このような触が出された際、京都では宝暦二年（一七五二）から「相対」という相対勧化の形態をとりながらも「返答残」は「申越」ように触が出されていることから知られるように、桂女の勧化は、町・村にとってみれば強制的な負担として受け取られていたと考えて大過ないであろう[27]。

続いて桂女の勧化が具体的にどのように行われていたのかを見ていくことにしたい。幕末の事例であるが、京都は東塩小路村で書かれた日記には「桂姫勧化ニ参リ、去ル卯年ニ参リ、当年ニ而六ヶ年目ニ相成候、先例之通村高三厘七毛之割ヲ以、七匁八分四厘取斗候事」とあり、幕末の京都近郊村落では村高から一定の基準で算出された七匁八分四厘を納めることが「先例」になっていたようである[28]。このような村高に応じた定率の拠出は畿内近国でも同様で、河内国の交野郡野村では嘉永七年（一八五四）に「石ニ付六厘ツ、　銀拾壱匁壱分三厘」を出していた[29]。この時に桂女が発給した「初穂料」の受取状は次のごとくである（図１）。

覚

一銀拾壱匁壱分三厘

右之通御初穂料慥ニ致受納候、已上

嘉永七年
寅四月

御本丸桂姫
役人印

野村
庄屋
役人中(30)

桂姫の肩書きを「御本丸」とする記載は特に江戸城との関係を強調しており興味深いが、この受取状の宛所が個人名でなく村役人であることから知られるように、勧化といいつつも実際は村高から一定の割合で金額を算定し、恐らくは村入用から「初穂料」を拠出する形態をとっていたと見てよいであろう。つまり、桂女の勧化は実際においては公儀による触を利用した半ば強制的な集金の制度として整備されていったものと思われる。これは無論、勧化僧などが村に入ることを警戒する村側からの要請もあったであろうが、桂女にとっては確実に、しかも効率よく収入を確保することのできる手段として極めて有効であったと考えられる。

三　東国での勧化

桂女の勧化は西国にとどまらない。京都・大坂よりはやや遅れるものの、江戸でも明和七年（一七七〇）に勧化触が出されているのである。明和七年（一七七〇）の勧化に際して次のような史料が残されている。

樽屋ニ而小口年番名主江御尋ニ付、左之返答差出ス

京都上鳥羽桂姫、此度御府内町方江安産疱瘡之守札相弘メ、志次第之初穂を請申度旨、尤婦人之儀ニ有之候得は、巡行難致候ニ付、相対を以町々名主江相頼、守札相弘、割合等紛敷不致、志次第之初穂を受候義は勝手次第ニ可致候段、外社寺御府内相対勧化ニ準シ被仰渡候而も、相障候義ハ無之哉

右之通御尋ニ御座候処、是迄寺社ゟ守り札弘メ候義ハ、相対を以信心之者江遣候義は格別、名主江受取町々江相弘候儀は覚不申候、右之通名主江請取相弘メ、初穂等請取候様ニ相成候而は、自然と町役之様ニ相成、町々ニ而迷惑仕候儀御座候、其上例ニも相成不申候、近来諸寺社勧化数多有之候得は、右躰之義尚以町々ニ而難義可仕義ニ御座候

右御尋ニ付申上候、以上

十二月十六日　　南北小口年番名主共(31)

ここで注意しておきたいことは、江戸での勧化にあたり当初は「婦人」であるから相対は難しく、名主がとりまとめ、町の名主と相対で勧化をしたい旨を願い出ていることである。ここでは、そのような形態をとれば「自然と町役之様ニ相成、町々ニ而迷惑仕」ることを理由に却下されており、あくまでも江戸での勧化は相対で進められることが原則であったことがわかる。しかし、後述するように享和三年（一八〇三）の段階で「桂姫皆川典膳」という男性と思しき人物が勧化を行っており(32)、「婦人」ではなく男性による勧化代行で巡行の問題を解決していったと見られる。

なお、このような東国での勧化は江戸だけではなく、後述のように明和四年（一七六七）には甲斐・武蔵で勧化が行われている他、文政七年（一八二四）には武蔵国橘樹郡羽沢村でも行われていたことが知られ(33)、東国でも広範に勧化が行われていたことが窺える。

ところで、このような京都を遠く離れての勧化にあたってはいかなる手段で東国での移動がなされていたかが気にかかるところであろう。これについては、既に山本英二が甲斐の「浪人」身分について論じた際に言及した資料(34)が参考になる。

次に挙げる史料は、江戸勧化に先立ち明和四年（一七六七）に甲斐と武蔵で行われた桂女の勧化にあたって「綾小路御内鴨井貢」らによって甲斐国山梨郡下井尻村の「浪人」（郷士）、依田帯刀に宛てて出された文書である。

為取替證文之事

一此度京都桂姫御方関東御下向ニ付金五拾両無拠入用有之候ニ付、及御相談ニ申候所、其元様義兼而公卿方御家来之御望御座候、私共御セ話仕桂姫之御本家綾小路大納言様御家来ニ被仰付候様御取持可仕旨及御対談申所、弥右被仰付御目見之上御墨附頂戴相済其段地頭所迄綾小路様ゟ御届ケ相達シ候ハヽ、右金子私共へ御貸被下旨御承知ニ御座候上者此度上京被成諸雑用駄賃共私共ニ而出金仕、尤京都御逗留中諸入用相賄右一件相済申上一向御無心ヶ間敷義申間敷候御約速ニ而御先江上京仕度来ル九月十五日迄ニ京着可被成候、尤私上着次第其侭御願申置其元様御着之砌早速相済候様ニ可仕候、弥又右一件相済江戸御下向候節も道中私共方ニ而相賄可申候、江戸御逗留之内右金子五拾両急度返金可申候、尤右金子私共要用相達申ニ付、元金無相違御返金申道中幷京都江戸御逗留之入用相賄候分ハ御返金ニおよひ不申候、此度御一所ニ茂罷登□先江私共罷登申候へハ来九月上京之節、道中ニ而御遣ひ被成候入用ハ駕籠一挺幷御家来迄之□払御目録を以京都ニ而御勘定□候、右之通仕度御対談相極メ申候上者聊相違仕間敷候、若相違之義少も有之候ハヽ、何時御破談被成候共申分無之候、為念證文仍而如件

京都
綾小路御内
鴨井貢（印）

明和四年亥
八月

江戸通り油町
袋屋新兵衛御宅
奥田武右衛門（印）

甲府
依田帯刀殿(35)

ここでは、「兼而公卿方御家来之御望」の依田帯刀を「桂姫之御本家綾小路大納言様御家来ニ被仰付候様御取持」ことを約し、そのかわり桂姫の関東下向にかかる経費の五拾両を負担させようとしている(36)。最終的には、桂姫の関東下向支度金などを負担したのは八田村の要蔵であるが(37)、要蔵と桂女は次のように集めた守札の初穂料のうち三分の二を「諸雑用」分として要蔵が受け取る契約を交わしている。

一札之事

一此度武蔵壱ヶ国幷甲斐国右弐ヶ国江守弘相願申候ニ付、願之通被　仰付候上者其元万端之世話相願可申候、諸事可然取斗可給候、尤守料者致三ツ割、弐ツ分者諸雑用為給金相渡可申、残り壱ツ分者私方江差置依之約速證文如件

明和四年
亥壬九月十八日

桂姫（印）
中沢帯刀（印）
大井舎人（印）

甲州八田村
要蔵殿(38)

このような大がかりな金策をしているのは、明和四年（一七六七）の甲斐・武蔵巡行が桂女にとって初めての遠方での勧化であったらしいことも背景にはあろう。しかし、いずれにせよ馴染みの薄い遠方での勧化にあたっては、

その後も地域ごとの有力者の協力が不可欠であったことはいうまでもない。以後も関東での勧化の際は同様にそれぞれの地域の郷士や名主の「世話」を受けながら広範な勧化を進めていったと考えてよいであろう(39)。その際には先に見たような「本家」綾小路家や幕府との関係が力をもったことは想像に難くない。

これらのことから、遅くとも一八世紀半ば以降には桂女の勧化は極めて広範かつ組織的に行われ、触によって廻村が通達されると町・村が「先例」により村高に応じた一括支出、あるいは役所等への初穂料の持参、村役人宛受取状発給、そして配札といった流れが整備されていたものと考えられ、宝暦段階において江戸で望まれた名主単位の相対勧化が事実上完成していたものと見てよいであろう。

四　勧化の組織

このような徹底的で広範な勧化が、上鳥羽に居住する桂女一人に果たして可能であっただろうか。それについての手掛かりが、先に見た史料にいくつか見られる「代」「役人」という記述である。

例えば、江戸では文政六年（一八二三）の町触に次のようにある。

覚

一当未四月廿八日ゟ
同七月十八日まて
日数五十日之間

京上鳥羽村
桂　姫

代
中村善右衛門

右ハ神功皇后神宝守護助成、御府内在町とも安産疱瘡守弘メ、相対勧化願之通相済、無紛敷者ニ候条組合不洩

様可継候

四月十三日

右之通り喜多村彦右衛門殿ニ而被渡候間、尤御支配町々御申渡候ニ付、此段御達申候、以上

四月十三日　　　　　　　　　　　　　　神田年番

右之通可被心得候、以上

四月十四日　　　　　　　　　　　　　　名主(40)

ここでは、「桂姫」に代わり「中村善右衛門」が「桂姫代」として巡行を行っていたことが知られるのである。また、『武江年表《ぶこうねんぴょう》』にも「七月、京都上鳥羽桂姫名代何某、官許を得て勧化の為、武家町屋を巡行す(41)」とあり、「名代」による巡回が確認できる。

これは江戸に限らなかったようで、山城・丹波では次の史料から「役人」が廻っていたことがわかる。

一京都植（桂）姫ゟ安産疱瘡之御守相弘メ申度山城　丹波二ヶ国順行蒙御免候間、役人相廻申候間　此段御領分中へ
御触流被下候様頼来候(42)（傍線・村上）

また、大坂でも通常の疱瘡守りなどの配札から手を広げ、文政期に船勧化を試みたことが知られるが、そこでも「名代」が配札を行っていたのである(43)。この船勧化の対象であるが、「廻船共勿論、都而川内へ乗入候川船地船」とあり、ほぼすべての船であると思われ、「名代」によって広範で徹底した配札が実現したと考えられる。

では、この代理人たる「役人」「名代」とはいかなる存在であろうか。「役人」については、「桂女」が天明八年（一七八八）に「其親ニ而も夫ニ而も役人之内成居申候、尤唱候ニも役人と申候(44)」と語っており、親や夫を「役人」と称していたことがわかる。しかし「役人」の他にも、「被仰渡候節も（略）軽キ事ハ代僧又ハ後見等出ル事も有之候」

とも語っており、公儀からの通達を受けて「桂女」に代わり役所に出向く「代僧」という存在もいたようである。「代僧」は他にその名称を見ないが、「代僧」としている以上、俗体ではなく僧形であったと見てよいであろう。また、「桂女家来之者之内、何も公事等有之候へ者」としており、「家来」と呼ぶことができる存在もいたようである。つまり「桂女」は、「桂女」自身を中心として、親族からなる「役人」に加え、「代僧」や「家来」と呼ぶ存在を抱えた一定の組織をもっていたことがわかる。なお、「桂女」の初穂料受取などの署名やそこに捺された印影を見ると「桂姫役所」と見えており、この組織は「桂姫役所」を名乗っていたと思われる。「桂女」の居住地は火災により天明段階には上鳥羽を離れ、以降は再三転居をしていたようであり、「役所」としての実態をもっていたか否かは明らかではないが、居住していたところを「役所」と呼んでいたと思われる[45]。恐らく、当初はこうした「役所」に集っていた人々が勧化の際には「桂女」の「名代」として各地に派遣され、「桂女」に代わり配札・勧化を行うことで効率的かつ広範に廻ることができていたのであろう。宝暦十三年（一七六三）の京都における勧化触では宝暦二年（一七五二）の勧化に言及した上で、塚本も触れたように[46]「此度者桂女直ニ相廻り候筈」としており[47]、殊更にこうしたことが明記されている事実は初期の段階から「桂女」以外の代理人が廻っていたことを示唆している。江戸でも享和三年（一八〇三）の町触には「桂姫皆川典膳」が御府内勧化を行う旨が見えており[48]、こうした代理人による配札が一八世紀後半には行われていることから、この時期までには一定の組織整備も終わっていたと見てよい。

五　勧化と由緒書

続いて、こうした桂女のありようが、彼女たちの語る由緒にどのような影響を与えたのか見ていきたい。「桂女」

の由緒書については、神功皇后につかえ「三韓征伐」に従った女性「伊波多姫」の子孫とし、独特のかぶり物の由来を説明するものとして早くから着目されていた。網野善彦は中世職能民研究の視点から、神功皇后についての由緒は桂供御人として王権につかえていたことと関係があるとしたが、こうした中世の職人由緒書として「桂女」の由緒を見る網野に対し、小阪奈都子は近世における「桂女」の集団としての成熟と由緒の変容に着目し『桂女資料』所載由緒書を詳細に比較検討した。[49] 小阪は①上下桂と上鳥羽の「桂女」で由緒が異なっていること、②上鳥羽は勧化開始の宝暦年間に「伊波多姫」「伊派多帯」が登場、複雑化すること、③一八世紀中葉以降、由緒書に疱瘡除け、安産の性質が付加されることを指摘し、由緒書の変化は勧化触開始と一致、「生業」としての疱瘡除け・安産を社会に周知するとともに、進む困窮のなかで由緒を飾ることで存在価値の上昇をはかったとした。こうして「桂女」の由緒書は近世の社会状況のなかに位置づけられた。とりわけ、由緒が固定したものではなく「直面する現実社会と密接に関係」するとしたのは重要であり、以後は由緒書の変遷と「桂女」を取り巻く社会状況の両方を視野に入れて論じることが求められるようになった。また、神功皇后伝承について塚本明が論じるなかで祭礼や「桂女」の勧化などを通じて神功皇后の伝承が浸透し、朝鮮を下位に見る社会意識を醸成したとし、[50] それをうけて野村奈欧は近世史の由緒論[51]も踏まえて幕末期に「桂女」が神功皇后について語ることを御香宮などが忌避した事実を指摘した。[52] こうして「桂女」の由緒書は単に「桂女」の起源を語る物語にとどまらず、近世の社会意識や思想にも何らかの影響を与えた可能性が出てきたのである。

しかしながら、これらの先行研究で検討された「桂女」の由緒書は『桂女資料』所載の資料に限定され、勧化が本格化する一九世紀以降のものは未掲載のため検討対象外であった。そこで、一九世紀以降の由緒書が「桂女」の勧化といかなる関係をもち、具体的にどのような機能をもつことが期待されていたのかを、上鳥羽の桂女由緒書を対象として検討したい。上鳥羽村の桂女を取り上げるのは、再三江戸へ下向していたために、多くの人の目に触れ、京都以外の人には上下桂にいた「桂女」以上に「桂女」として見られる機会が多かったこと、積極的に勧化を行っていたことなどから、より多くの社会との接点をもったと思われるためである。

まず、現在知られている上鳥羽の「桂女」由緒書を確認することから始めたい。『桂女資料』では上鳥羽の「桂女」に関して六点の由緒書が掲載されているが、管見の限りでは下記の八点が挙げられる。

a寛文十年（一六七〇）十月　「乍恐奉言上候」（『桂女資料』「城州桂姫考」所引）
b正徳六年（一七一六）閏二月「乍恐口上書ヲ以奉願候事」（『桂女資料』『祠曹雑識』所引）
c享保十七年（一七三二）十月（無題）（『桂女資料』「桂姫由来」「城州桂姫考」所引）
d寛延二年（一七四九）　「桂女由緒　寛延四年書留写」（国立公文書館『桂女由緒書』[53]）
e寛延四年（一七五一）二月　「桂女江戸表出府由緒之事」（『桂女資料』「城州桂姫考」所引）
f宝暦元年（一七五一）　「由緒書」（『桂女資料』）
g安政四年（一八五七）　「桂姫略由緒」（香川大学附属図書館・神原文庫[54]）
h年未詳　「桂女謂書」（『桂女資料』原田家文書・京都市西京区大八木家文書[55]）

これらをすべて引用するのは煩瑣になるため、由緒書から先祖、「桂女」が伝える宝物、その利益、そして由緒書の文末表現を抽出し整理したものが次頁**表2**である。由緒書の内容については、小阪が既に指摘しているように、「桂女」の勧化が始まる宝暦年間後に由緒が複雑化し、一八世紀中葉以降に利益として疱瘡除け等が付加されるなど変遷をしていることが確認できる。また、こうして全体を通覧すると、由緒の成立年代に偏りがあることもわかる。すなわち、宝暦元年（一七五一）前後に集中的に作成された一群の由緒と、その前と後である。以上のことか

表2　由緒書記載対照表

	作成年	表題	先祖	神宝	利益	文末	備考	典拠
a	寛文十年十月（一六七〇）	乍恐奉言上候	根本ハ八幡宮の御袋様に神宮と申奉る御家より、相伝り申候	記載なし	記載なし	国元ニ而御扶持方拝領仕候ハ、……	老中宛願書・宝永五年奉行宛書上に引用	「城州桂姫考」（『桂女資料』）
b	正徳六年閏二月（一七一六）	乍恐口上書ヲ以奉願候事	神宮様異国ヲ御切敷被遊候、御吉例	記載なし	記載なし	田畑高五拾壱石余、御除地ニ被為仰付被下候者神宮様御供領ニ仕……	代々の御救金について詳細に記す	『祠曹雑識』（『桂女資料』）
c	享保十七年十月（一七三二）	（無題）	神功皇后宮臣家末流にて家筋相続仕、往古より上鳥羽村ニ住居仕	神功皇后御帽子、奉称神秘具、右御帽子と奉申者、桂姫家筋奉伝神秘ニ而、則其者は不奉存候	若君様姫君様御幼稚之御願円満御祈念御頂戴被為成、則御疱瘡茂、御軽ク被遊候様申候、	右之通御座候以上	代々の拝領物について詳細に記す。「御疱瘡も御軽ク被遊候様申候」	「桂姫由来」「城州桂姫考」（『桂女資料』）
d	寛延二年（一七四九）	桂女由緒 寛延四年書留写	先祖代々神宮皇后昵近之臣家末流	先祖より申伝候……御帽子と申候物、皇后御陣之節御産気付御兜之替リに被為召候古例ヲ以、用来候旨	記載なし	今度御継目為御礼下向仕候付、不相替御礼申上奉リ候、已上	寛延二年かつら姫、「右たて紙杉原ニ認出ス」	『桂女由緒書』
e	寛延四年二月（一七五一）	桂女江戸表出府由緒之事	神功皇后三韓退治之節、御甲之代、被為召候御綿帽子、代々所持仕置候	神功皇后三韓退治之節、御甲之代、被為召候御綿帽子	右御綿帽子頂戴之女は出産軽ク又者男女小児頂戴仕候得者疱瘡軽ク有之由ニ御座候	右御綿帽子頂戴之女は、出産軽ク、又者男女小児頂戴仕候得者、疱瘡軽ク有之由ニ御座候	拝領物について記す。十月二十七日宝暦に改元	「城州桂姫考」（『桂女資料』）

f	g	h
宝暦元年（一七五一）	安政四年（一八五七）	年未詳
由緒書	桂姫略由緒	「桂女謂書」
人皇十五代神功皇后昵近之臣伊波多姫と申候	桂姫遠祖之義ハ、右宿禰息女伊波多姫に候	人皇十五代帝神功皇后之臣伊波多姫と申すなり
皇后被為召御帽子……御大君様被為召候御帽子、幷御亀様被為召成候帽子……陣中御信心之八幡宮	御陣中被為　召候、御品幷御薄衣御白髪附之侭御預ケ神功皇后御神宝御同様永世守護可仕旨、且御兜之内江被籠置候、格別　御信仰之八幡宮御神像	御兜のかわりに召させられし御帽子綿幷御腹帯……御大君様召させられ候御帽子、
後世希ものあらハ武運長久、安産のため殊に疱瘡除の助共ならんか	先祖伝来極秘開運御守幷安産疱瘡之御守、	右之御神宝御影を御戴御信心之御方ハ天順朝日の出るがことき運を開き武運長久幷に船中有難をのかれ、又ハ疱瘡除のたすけとならん、
後世希ものあらハ武運長久、安産のため殊に疱瘡除の助共ならんか、是を受よとの御事に御座候……家督仕候者へ、口伝に申送り候意味、書記仕、若斯御座候	御神宝御鎮座所、今度致再興度志願に付、右御守尤不信仰之輩江押而相授候訳ニ者決而無之、信仰之向々計応対を以、御初穂料不多少寄受納、則記帳之性銘御神宝江相満開運之祈念朝夕可致勤行畢	（神宝御影を）後世にこひねかふものあらハ是を授よとの御託宣なり
寛政三年の上申書に引用されたもの。後半に代々の拝領物が掲載されるが天明八年以降の記事もあり、寛政時の加筆と思われる		宝暦の由緒書を増補したものか
『桂女資料』	香川大学附属図書館・神原文庫九八四	原田家文書（『桂女資料』・後欠）・大八木家文書（京都市歴史資料館架蔵写真）

ら、「桂女」の由緒はその内容・成立ともに勧化の始まる宝暦期を中心として便宜的に三つの群にまとめることが出来そうである。そこで、これらの由緒書を内容や成立年代から、宝暦前後のものを【Ⅱ期】とし、その前のものを【Ⅰ期】、宝暦期以後のものを【Ⅲ期】とし、少し詳しく見ていくことにしたい。

【Ⅰ期】a～c：一七世紀～一八世紀初

この時期の由緒書は表題や文末表現から、いずれも上申書の形式をとっていることが指摘できる。つまりこの段階の由緒書は、ともに「桂女」から公儀に対して何らかの目的をもって提出されたものであるといえる。ではその目的は何か。この時期の由緒書は、小阪が指摘するように【Ⅱ期】以降、重要視される神宝やその御利益については殆ど何も語っていない。一方で、家康との関係が強調され、文末には下賜金・御救金が詳細に記されている。このことから、これらの由緒書は基本的に家康との関係を強調し、幕府にとっての重要性を再確認することで、下賜金を確実に引き出そうというものであったと思われる。

それゆえ、当初想定されていた読み手は基本的に将軍家や幕閣など上申書を読むことのできる範囲に限定されていた[56]。神宝については詳細は語らず「神秘」としているのも、実際に登城した際に「桂女」自身が神宝について語ることができたからであろう。この由緒書は、「桂女」のイエを維持する必要性を幕府に対して主張していくことに主眼がおかれたものであり、徳川家と特別な関係にあった「桂女」の血統をひく「人」「イエ」の物語を前面に出したものであるといえる。なお、一七世紀の「桂女」は婚礼の際などに縁起のいい存在として同席しており、その上で民間においても何らかの由来譚が語られていた可能性はあるが、文字資料としては現在確認できていない。中世以来口承されていた〈由来〉が、近世のある段階で文字化されて〈由緒〉となるという流れを久野俊彦は指摘するが[57]、「桂女」においては、一七世紀に幕府との関係のなかで、〈由来〉の〈由緒〉化が始まったと見ることもできるであろう。

【Ⅱ期】　d〜f：一八世紀中葉

幕府の下賜金や御救銀に依存していた「桂女」は、一八世紀に安産や疱瘡除けの札を配り、広く金銭を集める勧化に乗り出した。表を一見すれば明白なように、「桂女」による勧化巡行開始にあわせたように、短期間に相次いで由緒書が作成されている。

この時期に作成された由緒書では、神功皇后や神宝、家康との関係が語られるとともに、小阪が指摘するごとくそれまで「神秘」とされていた神宝についても、「神功皇后帽子」「家康帽子・亀様帽子・陣中御信心之八幡宮」と詳細な記載が見えるようになり、さらに「出産軽ク、又者男女小児、頂戴仕候得者、疱瘡軽ク有之由ニ御座候」との利益が書かれるようになる。さらに「有之由ニ御座候」という伝聞から、「武運長久、安産のため殊に疱瘡除の助共ならんか、是を受よ」という積極的な発信に転換されていることに注目したい。ここから、「是を受よ」と呼びかけられた想定される読み手は、既に公儀から民衆へ変わってきていると考えられる。

「桂女」の経済基盤が下賜金から勧化に変化しているなかで、「桂女」は町や村と接点をもたざるをえなくなっていく。その結果、「桂女」の視線の先が幕府から民衆へ変わってくることは予想しうることである。これに同調するように勧化のため利益が具体性をもち強調される。神宝の利益が説得力をもつためには「神秘」とするのではなく、合理的な説明を加える必要が出てきたのであろう。つまり、それ以前に強調されていたのは「桂女」のイエの由来であったが、【Ⅱ期】からはイエに伝わった神宝の由来と利益に重点が移っている。いわばイエ・人からモノ（呪具）へ重心が変化したといえるだろう。神宝については、まずは「拝し候者ハ運命強ク安産」と見ることの利益を主張するが、その上で「外ニ御守」と神宝（呪具）の複製品としての札についても触れている。これは、ひとつしかない神宝の複製品として「御守」をつくり、呪力の源を「桂女」個人ではなくモノに移行することで、「桂女」自身によらずとも代理人による配札を可能にするための戦略と思われる。

【Ⅲ期】g（十h?）：一九世紀

「桂女」による配札が広範に行われるようになってからの由緒書では①「桂女」の血統についての新解釈（武内宿禰の子孫）が登場するとともに、②利益として従来の安産・疱瘡除けに加えて開運や船中安全（h）などが出て、一層多様化している。さらに③後半では祭祀施設の設置など勧進への奉加の呼びかけが行われている。

利益については、特定の利益ではなく一般的な「開運」が追加されていることが重要である。これは利益の機能化から広く多くの需要に応えるために統合へ向かったことを表しているといえる。[58] 天明期には「桂姫之持候鼻紙もらひ候へ者、運強成候之由」と開運を広く発信しているのである。

なお、文末には「右御守尤不信仰之輩江押而相授候訳ニ者決而無之、信仰之向々計応対を以、御初穂料不多少寄受納」とあり、守札の授与をうたっているが、表現については勧化触の定型文と類似したものとなっている。[59] これは、「桂女」の勧化が公儀による勧化触を伴うものとなったことをうけ、由緒書は札と勧化触が一体となって機能していたことを推測させる。なお、「桂女」の配布していたと思われる守札は「前以弘候神功皇后安産疱瘡之守」とあるが、[60] 現存する札は神功皇后の姿が描かれた御影である[61]（図2）。とすれば、由緒書は御影の略縁起（解説書）としての側面をもっていたと思われる。

ここまで見てきたことから、「桂女」の由緒書について以下のような傾向を指摘することができる。①徳川家との関係については一貫して言及するが、②対象として、一八世紀初頭迄は上申書として幕府に宛てていたが、一八世紀中葉以降は広く民衆へ発信している。その上で、③神宮皇后所縁の人・イエから神功皇后以来継承の神宝・家康所用の帽子へ比重が移る。こうして人からモノへ聖性の拠り所が移行することでモノの複製品として御影（札）を生産し、広く配ることが可能になる。また、④勧化・配札のために神宝・御利益に関する部分が次第に詳細になり豊富化するとともに、⑤御利益が特定の機能から開運という普遍的・一般的なものへ統合される。

では、こうした由緒書の変化がなぜ起きたのか、「桂女」の勧化と社会との関係について見ていくことにしよう。

六　一九世紀の勧化と地域社会

由緒書の【Ⅰ期】から【Ⅱ期】にかけての変化に勧化の開始があることは小阪も既に指摘するところであるが、【Ⅱ期】と【Ⅲ期】については【Ⅲ期】が分析対象外であったこともあり、特に論じられていない。そこで、本稿では【Ⅲ期】の由緒書を中心に「桂女」の勧化を受け入れた側の一九世紀の状況について検討してみたい。

図2　「神功皇后開運尊影」

まず【Ⅲ期】の由緒書gについて、もう少し詳細に見ることにしよう。ここでは、新たに武内宿禰の子孫とする系譜についての言及があり、後半では祭祀施設[62]再興のための勧化協力を訴え「右御守尤不信仰之輩江押而相授候訳ニ者決而無之、信仰之向々計応対を以、御初穂料不多少寄受納、則記帳之性銘御神宝江相満開運之祈念朝夕可致勤行畢」と結んでいるなど新たに加わった要素が目につく。特に注意を喚起したいのは祭祀施設である。由緒書には「桂姫家之内へ奉遷下間ニ上段を拵、右之内江神体ヲ安置致」とあり、「桂女」の「家内」に設置されていたようだが、由緒書の末尾で「御神宝御鎮座所、今度致再興度志願」と祭祀施設の再興のための「御初穂料」を求めており、「再興」が必要な状況であったことを示唆している。寄進者に対しては「記帳之性銘御神宝江相満開運之祈念朝夕可致勤行畢」としており、また「桂女」は「毎日朝塩行水ニ而御祈禱致し候、夕御祈禱も有之候」と記されており、神体・神宝に奉仕する宗教者となっている。つまり、この段階において喜捨の対象がそれまでの守札など神宝由来のモノから、「神体」施設とそこでの祈禱へ重心が変わっていることも特徴である。この由緒書では、霊験あらたかな札の授与とともに、その利益の拠り所たる「神体」を祀る宗教者として「桂女」を位置づけようとしているのである。

ところで、「桂女」が積極的に勧化を行った一九世紀は、「桂女」だけではなく様々な寺社による勧化が増加し、定例化した時期であった。任意で行われる筈であった勧化も既に半ば強制徴収となっていた。また、その他にも虚無僧や盲僧など村々を訪れる宗教者は跡を絶たなかった。個々の奉加金は小額であっても、その都度対応に追われる村落の住人にとっては負担になるため、宗教者の来訪は極めて煩わしいものと見られるようになり、複数村で郡中議定により窓口を決めて一括して対応したり、村が一括して村入用から拠出するようになっていく[63]。地域社会は勧化に対して次第に忌避意識をもつようになり、享保期から村掟などに「諸勧進ものもらい」などの入村を認めない旨の規定も見られるようにさえなる[64]。「桂女」が由緒書を作成して勧化を行っていたのはこうしたなかでのことであった。

では、この「桂女」に代わり村をめぐる「名代」「役人」はある程度固定していたのか。これについては次の資料をご覧いただきたい。

　一札之事」
一京都桂姫殿摂河泉播四ヶ国勧化之内泉州」播州弐ヶ国勧化取集メ為引当ト本紙証文之通り我等より」(a)金子三拾両貸置候処実正ニ御座候然ニ我等此度」無拠差支有之候ニ付右(b)証文幷ニ勧化帳壱冊其元殿へ」相譲り金子弐拾五両我等慎(慥)ニ請取預り申処明白也」(c)然ル上者右桂姫勧化相始り候節者我等早速罷出」対談仕本紙証文之通り其元殿江右取集メ相任セ」猶供々御世話いたし其元殿へ少も御難儀等決而」相掛ケ申間敷候且本紙証文ニ亀屋吉兵衛と申名前」書加江置候得共右吉兵衛ニ付毛頭差構無之候万一以後ニ」故障ケ間敷義申候ハ、我等引請一言之申分無之」急度埒明可申候猶外方より故障妨等申者一切無御座候」若彼是申者も有之候節者我等何方迄も罷出貴殿へ」少も御難相掛ケ申間敷候尤取集メ高過銀有之候共本人ハ」不申及我等無心ケ間敷義等一切申間敷候為後日」一札入置候所仍而如件」

　文政十一年戊子十月」　日原兵部（印）」

　松永直三郎殿[65]」

「桂女」が「漂泊」をしていたことを示す資料としてしばしば引用されていた比較的よく知られたものであるが、ここで注目すべきは勧化帳と金銭の関係である。本資料の作成者である日原兵部という人物は、「勧化取集メ」を「引当」として「桂女」に「金子三拾両」貸与していた（傍線a）が、その債権を松永直三郎に二十五両で売却し、借用証文と勧化帳を譲渡している（傍線b）。一方で松永直三郎は債権の三十両を「桂女」から回収するのかといえばそうではないようで、「其元殿江右取集メ相任セ」とあるように勧化帳を譲り受けた松永自身が集金に廻ることになっていたと見られる（傍線c）。こうすることで、「桂女」は、自身が勧化に廻ることなく、予想される勧化

図3　桂姫印鑑

金を担保に金銭を受け取ることができ、一方で債権者は譲渡された勧化帳をもとに貸与金以上の取り集めをすることで利益をあげることが出来るようになると思われる。また、金銭によって勧化帳が二重三重に譲渡されていたことから、「桂女」の「代」として勧化に廻る権利はいわば「金融商品」として投資の対象となり、売買・譲渡されるものとなっていたことが窺える。(66)

勧化金を納めた際には「桂姫役人」名義の受領覚が発行されているが、実際に勧化に廻っていたのは「桂姫」とは直接関係のない前金によって勧化の委託を受けた人や、その権利を買得した人だったのであろう。つまり天明八年（一七八八）には「役人」といえば親族であったが、文政十一年（一八二八）迄には既に「桂女」周辺の人物にとどまっていないのである。こうなってくると、「桂姫」に投資し実際の勧化をすることができたのは、一定の資金力をもつ商人や、既存の勧化組織を駆使して効率的に集金をすることができる宗教者であった可能性が高いが、いずれにせよ勧化帳が二重三重に売却されていけば、「桂女」自身にとっても誰が自身の代理人であるかを把握することが容易でない状況になっていたことは想像に難くない。

こうして「桂女」自身が廻村をしなくなることで、地域社会と「桂女」自身との接点は希薄になる。「桂女」が実際に町や村を訪れて配札をするわけではなくなり、地域社会と「桂女」が乖離した存在となれば、「桂女」はいずこかの屋内に設けられた祭祀施設で恒常的に祈願をする不可視化した宗教者となり、自身を神秘化せざるをえな

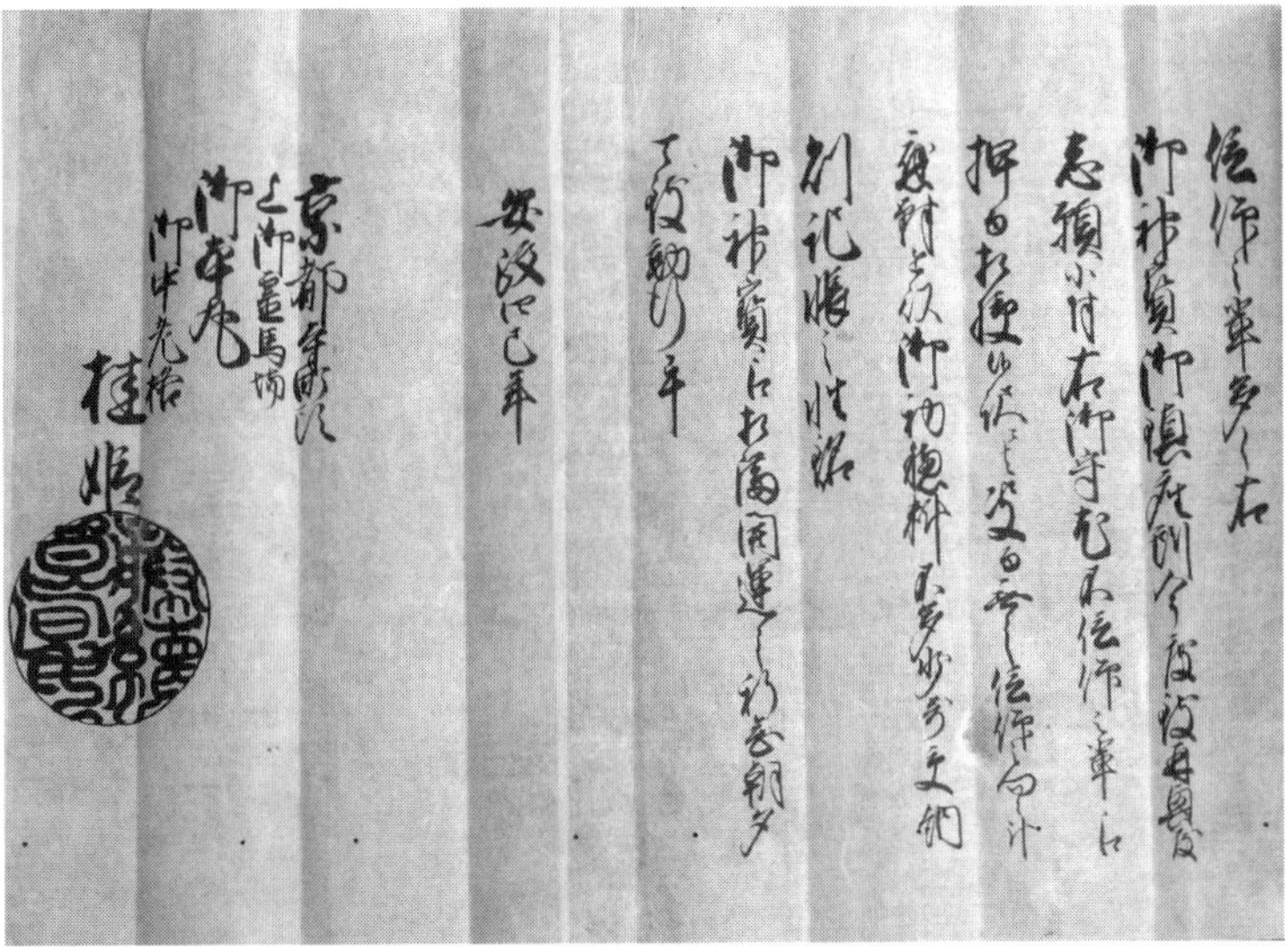

図4　「桂姫略由緒」奥書

い。それとともに、実際に勧化のために村を訪れる代理人の権利自体が金融商品のごとく売買されるとなれば、迎える地域社会の側も「代理人」が実際に「桂女」の代理人か、それとも偽りの者かはわからないことになろう。様々な宗教者が次々と出入りする地域社会においては、いくら勧化触で「疑敷筋二而ハ無之」[67]「尤紛敷筋ニ者無之候」[68]といわれたところで、それを確認することは容易ではなく、勧化に応じるにあたっては彼らの正当性を保証するものが必要となる。

　まず、勧化帳をもっていることは、債権の売買とともに譲渡されていたことから見て、「代理人」としての正当性を証明するものであったということは間違いない。さらに、町や村の文書のなかに「印鑑」と書かれて「勝続良姫」などとある桂女の印を捺してある札がある[69]（図3）。これは勧化に先立ちあらかじめ「桂女」の印影を捺した切り紙を配布し、廻村の際に照合することで真偽を確認できるようにしていたもののようである。とすると興味深いのが、gの由緒書に「桂女」の印影があることである。これは実際に押印されたものではなく、手書きで書かれたものであるが、いくつかある「印鑑」のひとつとかたちが一致する（図4）。とすれば、由緒書も勧化の際に持参され、地域社会において勧化に訪れた人物の真性を保証するものとしても機能したのではないだろうか。というのは、由緒書の文字と印鑑の文字を比較すると「姫」の字や「丸」の点の打ち方、筆勢などがよく似ており、同筆の可能性がある。もしその推測が認められるのであれば、勧化にあたって印影を捺した切り紙「印鑑」を作成し配布した人物が、由緒書作成に関与していたことになる。勧化に関わっていた人物が由緒書の作成にも関与していたとなれば、モノとしての由緒書は勧化にあたって、あらかじめ配布された「印鑑」と照合することで地域を訪れた人物の正当性を保証するものとして機能したとも思われる[70]。こうした由緒書を発行することで配下の存在（代理人）に正当性を与えるあり方は、関蟬丸神社などが説教師に由緒書を発行していたことにならったものであろうか。

つまり【Ⅲ期】の由緒書は一九世紀以降の「桂女」が勧化を代理人に委託し、地域社会と接点を失っていくなかで、代理人の真性を保証するとともに、不可視化した「桂女」を宗教者として再定義する必要性が生じたなかで作成されたものと考えられる。また、こうして勧化自体が変容したことによって生じた「桂女」と地域社会との乖離が、近代になり「桂女」の勧化が「旧弊」として否定されることにつながっていったと思われる[71]。

おわりに

以上、極めて断片的な資料により不充分ながら近世の「桂女」と勧化について見てきた。ここでは、上鳥羽の「桂女」が一八世紀半ば以降は積極的な勧化に乗り出したこと、その勧化については、公儀による認可を得たもので「名代」「役人」を組織し極めて広範に進められていたものであったことを明らかにすることができた。ここから見られる近世における上鳥羽の「桂女」は、従来の宗教性や「漂泊」という姿とは聊か異なり、幕府の制度の枠のなかで秩序だった行動をする極めて近世的な姿であったといえる。

また、「桂女」の由緒も一七〜一八世紀初めの【Ⅰ期】徳川家の下賜金を目論んだ由緒から、一八世紀中葉【Ⅱ期】以降、とりわけ【Ⅲ期】は効果的な勧化を目的とした由緒へ変化し、読まれることを目的としたものになってきているいることが明らかになった。この目的は、由緒書の多くが写本として伝来していることから、ある程度は流布し、その目的は達成されていたものと思われる。そうしたなかで、塚本や野村が指摘するように神功皇后に関する知識を流布させる媒体としての役割を果たした可能性は確かにある。なお、小阪は由緒書の変容について、困窮が進行する「桂女」が「生き抜く」という切実な欲求のために飾り立て、存在価値を上昇させるとともに、由緒書に「疱瘡除け・安産」を盛り込むことで、「桂女」といえば「疱瘡除け・安産」という社会認識を強化することを目論んだためであるとしている。由緒書が「直面する現実社会」に対応するために変容したとする指摘は首肯できるものであるが、ここまで見てきた「桂女」の姿からは果たして本当に彼女たちの「困窮が進行」していたのかどうかは疑問といわざるをえない。勧化触を伴って行われる勧化は多額の経費と人員が必要だが、最低限の勧化金は保証されていることからある程度の利益は充分期待できる。[72]「桂女」のいう「困窮」は譲歩を引き出す際に使う常套句に過ぎず、必ずしも額面通り受け取ることはできないのではないだろうか。[73]「生き抜く」ためではなく積極的な方針転換としてとらえる必要がある。いずれにせよ、こうして浮かび上がった姿は、しばしばいわれる漂泊の女性宗教者といった既存の「桂女」像とは大きく異なる姿であったといえる。

「桂女」は効率的な勧化を進めるが、一方で民衆からはその姿は見えなくなる。桂女の側も図3・4のように「御本丸桂姫」と象徴的にではあるが江戸城の奥深くに自分を置き「見えなくすること」でその権威を高めようとした。その結果として、桂女の勧化は次第に在地の認識としては経済的な負担としかうつらなくなったのではないだろうか[74]。

また、一方で呪的な権威と経済的特権を維持し「御本丸」の称をかたるために呪具の綿帽子を江戸城に持参し将軍に見せるという幕府との関係は維持することとなる。天明八年（一七八八）には薙刀持ちなどを従えた華美な行粧で江戸城を訪れた事実[75]もそのための努力を如実にあらわしているといえよう。換言すれば、このように公儀と深く関わる一方で勧化の対象の民衆から距離を生じさせたことこそが、近世後期における上鳥羽の「桂女」の特徴であるといえるかもしれない。

また、一九世紀以降【Ⅲ期】では、利益の見込める勧化を投機対象として第三者が参入し、権利を買得した者が代理人として町や村で勧化をするようになったため、近世後期の由緒書は、代理人の正当性、真性を保証するものとして機能する側面もあったと思われる。同時にこの時期になると由緒書の情報が豊富化するが、これは開帳・地誌出版など情報量が増える社会に対応し、「効果」の伝聞情報なども取り入れて積極的に発信するようになった結果と思われる。由緒の作成には一定程度の「歴史」に関する知識が必要であると思われ、その更新・増補には知識人等が関与していた可能性がある。まず考えられる「桂女」周辺の人物としては、綾小路家[76]や長崎屋源右衛門[77]が想定されるが今後の課題としておきたい。

註

（１）塚本明「神功皇后伝説と近世日本の朝鮮観」（『史林』第七九巻第六号、一九九六年）

（２）後掲する種々の資料に見るように上鳥羽の桂女は自ら筆をとった文書では「桂姫」と署名することが多い。上桂や下桂の桂女が地蔵・孫夜叉などと代々続く名乗りをもっていたように、上鳥羽の桂女が名乗りをもっていたことを示す史料を見出すことができず、あるいは「桂姫」という呼称こそが上鳥羽の桂女の自称であった可能性がある。そうすれば、上鳥羽村の「桂女」について論じる本稿では「桂姫」とする方が妥当であるかもしれない。しかしながら、上下桂の桂女についても「桂姫」とした資料も見られ、独自の称と断ずることが出来ないので、ここでは通例に従って史料上の文言を除き「桂女」とする。但し、名称については今後の課題としておきたい。

（3）『家伝史料』（名取壌之助編『桂女資料』大岡山書店、一九三八年）

（4）『家伝史料』（名取壌之助編『桂女資料』）

（5）『城州桂姫考』所引寛文十年桂女申状（名取壌之助編『桂女資料』）

（6）寛文十年十月、老中に宛てて「国元にて御扶持方を拝領不仕候故」、「しんめう暮し続不罷成、難義」のため、「国元ニ而、御扶持方拝領」を願い、銀子九貫を拝領している（『城州桂姫考』）。

（7）『京都御役所向大概覚書』、『祠曹雑識』（『内閣文庫所蔵史籍叢刊』第八巻、汲古書院、一九八一年）

（8）拝借の理由をいずれも「困窮」等としているが、『祠曹雑識』所載の正徳六年桂女殺害にかかる史料に拠れば、寛文十年（正徳六年四十七歳にて没『祠曹雑識』）、元禄十一年（正徳六年時十九歳）には桂女が生まれており、拝借願いの背景には出産があったと見られ、必ずしも額面通り受け取ることはできない。

（9）『京都御役所向大概覚書』巻三「御年礼ニ罷下候寺社方御触之事」（岩生成一監修『京都御役所向大概覚書』上巻、清文堂出版、一九七三年）

（10）宝永五年（宝永七年『徳川実記』に銀五十枚とある）、正徳五年と江戸へ下っており（『京都御役所向大概覚書』巻三、巻四）、重要な資金源であった以上、江戸下向は続けられていたようである。

（11）『祠曹雑識』（『内閣文庫所蔵史籍叢刊』第八巻、汲古書院、一九八一年）

（12）事件の詳細は『祠曹雑識』に掲載された関連文書から知ることができる。また、『京都御役所向大概覚書』巻三「御年礼ニ罷下候寺社方御触之事」等にも若干の言及がある。

（13）『有徳院殿実記』享保六年六月十九日条に「こたびみづから家をつぎしをもて。江戸に参りて聞え上奉る」とある。

(14)『桂姫由来』（名取壌之助編『桂女資料』）
(15)『桂姫由来』
(16)『城州桂姫考』所引「寛延四年未ノ二月、桂女江戸表江出府由緒之事」（名取壌之助編『桂女資料』）
(17)『京都町触集成』第七巻、一五一四号
(18)『貞丈雑記』（名取壌之助編『桂女資料』）
(19)村上忠喜「神性を帯びる山鉾」（日次記事研究会編『年中行事論叢』岩田書院、二〇一〇年）に拠ると、祇園会に出る鉾のひとつである船鉾が神功皇后の腹帯を禁裏に献上するようになったのは桂女の勧化開始に僅かに遅れる宝暦八年（一七五八）であった。船鉾が神功皇后の霊験を主張して朝廷と関係を取り結ぼうとする動きは桂女の勧化に触発された可能性もあるのではないだろうか。
(20)勧化触については枚挙に遑がないが、例えば明和七年十一月に京都で出された次の町触（『京都町触集成』巻五、三四二号）と比べても一見してその文言の類似には疑いのないところであろう。

口触

北野天満宮本社内廻り廻廊其外末社堂等為修復、勧化之儀松梅院相願候処、洛中洛外信仰之者幷参詣諸人江勧化之儀被仰付候間、松梅院為勧化可致巡行候条、此旨洛中洛外江可相触者也

(21)『京都町触集成』第三巻一三二四号、宝暦二年十二月
(22)『京都町触集成』第三巻一三五五号、宝暦三年三月
(23)大阪市参事会編『大阪市史』補達四五六、文政三年六月二十九日。以下『大阪市史』第三巻、第四巻上・下「御触及口達」所載資料については『大阪市史』と同書に付された史料番号を記載する。
(24)「園部村庄屋日記」嘉永三年十月廿四日（『園部市史』史料編Ⅳ、三二八頁）
(25)「役所日記抜書」文化二年（『綾部市史』史料編、四五四頁）。なお、『綾部市史』では「植姫」と翻刻してあるが内容から「桂」の字を似ている「植」と誤読したものと考えられる。
(26)天保十五年「御公儀様・御地頭様諸願旧記」（枚方市中央図書館市史資料室保管・奥野誠氏所蔵「奥野家文書」）
(27)相対勧化をはじめとした近世の勧化については、高埜利彦「近世国家と本末体制」（『近世日本の国家権力と宗

教』東京大学出版会、一九八九年）、鈴木良明『近世仏教と勧化』（岩田書院、一九九六年）。
(28)『若山要助日記』万延元年十月五日条
(29)「印鑑帳」（大阪人権博物館蔵）。「印鑑」、銀子受取状など約二十通を貼付した竪帳。貼付された資料から幕末頃のもので交野郡野村のものと見られる。
(30)「印鑑帳」
(31)『江戸町触集成』八二三六号、明和七年十二月十六日
(32)『江戸町触集成』一一一七二号、享和三年三月二十三日
(33)前掲註(27)鈴木良明書
(34)山本英二「甲斐国「浪人」の意識と行動」（『歴史学研究』六一三号、一九九〇年十一月）
(35)桂姫関東下向道中一件書類（国文学研究資料館史料館蔵「甲斐国山梨郡下井尻村依田家文書」二五三三）、以下、同文書については「依田家文書」とし国立国文学研究資料館史料館の整理番号を付す。文書名は国文学研究資料館史料館作成目録に拠るが、一括史料で個別の文書名が付けられていないものについては当該文書の原題を適宜使用する。
(36)公家の綾小路家を「桂姫之御本家」としていることについては、今のところ他の史料を見出しておらず、いつからどのような経緯で桂女と綾小路家とが結びついたか明らかにしえない。「本所」との関係については今後の課題としたい。
(37)最終的には依田家が仲介し、甲斐八田村の要蔵らが都合七十両を負担することになる。その間の経緯については煩瑣になるのでここでは省略する。また、経過は不分明ながら依田帯刀は綾小路家ではなく、園大納言家の家来となっている。
(38)桂姫関東下向道中一件書類（「依田家文書」二五三三）
(39)かつらひめニ金子証文幷ニ八田隼人書類（「依田家文書」二五三一）のうち明和七年二月十五日付八田隼人他「一札之事」から、明和七年に桂女が江戸勧化をする際にも甲斐の八田家が援助をしていたことが確認できる。
(40)『江戸町触集成』一二一五七号

(41)『武江年表』文化十一年（『定本武江年表』ちくま学芸文庫）
(42)「役所日記抜書」文化二年（『綾部市史』史料編）
(43) 煩雑なので経緯を略述すると以下の通り。(1)文政九年六月二十三日に戌五月より丑四月までの「船中安全之守札配、船勧化」が認められ触れられる。ここで、諸廻船・川船地船は「名代之者」が配札し、「最寄船宿等」では「相対可致配札」するようになっている。(2)文政十年十二月八日に「先達而触置」の「船勧化」につき「差支」のため「当分相休」となるが、(3)文政十一年四月に改めて「尚又此節から来丑四月迄勧化」との触が出されるのである。
(44)『桂女由緒書』（国立公文書館　請求番号一五七―二一二）のうち天明八年（一七八八）聞書部分。
(45)『守貞謾稿』第二〇編（『近世風俗志』文潮社、一九二八年）に「江戸本所にも第あり」としてあるが、江戸本所の「第」については不詳。
(46) 前掲註(1)塚本明論文
(47)『京都町触集成』別巻二―補七六七号
(48)『江戸町触集成』一一一七二号
(49) 小阪奈都子「近世における桂女の実像とその由緒」（『女性史学』第一四号、二〇〇四年七月）
(50) 塚本明「神功皇后伝説と近世日本の朝鮮観」（『史林』七九巻六号、一九九六年十一月）
(51) 吉田伸之・久留島浩編『近世の社会集団』（山川出版社、一九九五年）、井上攻『由緒書と近世の村社会』（大河書房、二〇〇三年）など。職人の由緒書については、久野俊彦「〈由来〉〈由緒〉と偽文書」（久野俊彦・時枝務編『偽文書学入門』柏書房、二〇〇四年）同「由来の物語から偽文書、職人巻物へ」（『歴史と民俗』第二四号、二〇〇八年）。なお近年の由緒論をめぐる研究動向については山本英二「日本中近世史における由緒論の総括と展望」（歴史学研究会編『由緒の比較史』青木書店、二〇一〇年）参照。
(52) 野村奈欧「近世畿内における神功皇后伝承の諸相」（京都大学提出卒業論文、二〇〇七年五月十七日に日本史研究会近世史部会において口頭報告され、その概要は『日本史研究』五四四号、二〇〇七年十二月の「部会ニュース」に掲載されている）

(53) 前掲註(44)『桂女由緒書』

(54) 「桂姫略由緒」（香川大学附属図書館　神原文庫、九八四号）

(55) 『桂女資料』所載の原田家文書「桂女謂書」は後欠であるが、「大八木家文書」（京都市歴史資料館架蔵写真帳）により後半部を補うことができる。なお、本資料について小阪は上鳥羽村のものとするが、内容から見て妥当と思われる。

(56) なお、正徳六年（一七一六）に桂女が江戸で殺害された際、「黒江町之町人共、桂姫ト申訣モ不存」としており、江戸町人は「桂姫」とはいかなる存在か知らなかったことは注意しておく必要がある。江戸においては桂女がまったく無名の存在に過ぎなかったのも、一七世紀段階の江戸においては、彼女たちは町人に対して殆ど接点をもたず、幕府との関係に重点を置いていたためではないだろうか。

(57) 前掲註(51)久野俊彦「〈由来〉〈由緒〉と偽文書」

(58) 宮田登『江戸のはやり神』（ちくま学芸文庫、一九九三年）

(59) 例えば、『京都町触集成』第七巻、一五一四号の町触（寛政十年）には「右守信仰之輩者相対を以請可申候、勿論望無之もの江者押而請させ候筋ニ者無之、此旨申通置候様被仰渡候ニ付申達候」とある。

(60) 前掲註(59)の町触等

(61) 東京都立中央図書館　加賀文庫一五二六号。「はりませ」と題した貼込帳に貼り込まれる。一七・二センチメートル×九・六センチメートルの紙中央に鎧を着て弓をもった女性の姿と「神功皇后開運尊影」「桂姫」の字があり、二・六センチメートル角の朱印を捺す。

(62) 桂女が管理する宗教施設について、『祠曹雑識』巻二六に、天明八年（一七八八）に江戸を訪れた桂女の談話として、家康が大坂へ出陣する際に桂女が「罷出」ると、家康から「屋鋪脇ノ小サキ社」について「何神ナル」と尋ねられて「ムカフノ明神」と返答したことが記されている。「ムカフノ明神ハ、向日明神ナルヤ、桂ヨリ近シ」と推測が述べられる。あくまでも桂女が伝える伝承に過ぎないが、あるいは祭祀施設のもとは桂女の屋敷脇に祀られていた屋敷神であったとも思われる。

(63) 藪田貫「近世後期における地域社会の諸相」（『近世大坂地域の史的研究』清文堂出版、二〇〇五年）

(64) 例えば明和五子八月廿三日「浪人取締ニ付郷中定書」(「和知町市場区有文書」)に「諸勧進猥りに諸浪人・諸寺・諸山勧化其外物貰・傀儡之類一切取斗不相成輩、和知郷内一統に致相談、此後出入致させ間鋪趣極申事也」と定められる(『和知町史』)。
(65) 名取壌之助「架蔵文書」六(名取壌之助編『桂女資料』)、傍線は村上。
(66) 代理人の権利売買は「桂女」の間で売買されているわけではなく、修験や芸能者など同業者間で「霞」などを売買するのとは異なっていることから、相違点を強調するために比喩的に投資対象としての「金融商品」と表現した。
(67) 『京都町触集成』第三巻、一三二四号
(68) 『京都町触集成』第七巻、一五一四号
(69) 「三条衣棚文書」(京都府立総合資料館)、「印鑑帳」(大阪人権博物館蔵)
(70) モノとしての由緒書(巻物)という視点については、前掲註(51)久野俊彦論文参照。
(71) 前掲註(52)野村奈欧論文参照。なお、勧化の権利を買得している代理人は利益をあげるために過剰な取立が行われた可能性がある(京都府庁文書)。
(72) 河内国交野郡野村では嘉永七年(一八五四)に「石ニ付六厘ツヽ」、京都の東塩小路村では幕末期に村高の三厘七毛が拠出されることが定例となっていた。
(73) 拙稿でも、近世後期に困窮することを強調したが撤回したい。
(74) 先に見た「印鑑帳」では初穂料の受取状などとともに猿舞や孫嫡子などの宗教者による多数の祈禱札が貼付されている。このことは受け取った側にとっては祈禱札は既に村として支出した初穂料の受取状と何らかわらないものという認識であったと考えられる。
(75) 『政隣記』(『加賀藩資料』天明八年八月十六日条)には「供廻行粧数多、薙刀等持之、勿論乗物に而参上」と将軍代替の挨拶の後、前田家へ桂女が参上の際の様子が記されている。
(76) 山本英二「甲斐国「浪人」の意識と行動」(『歴史学研究』六一三号、一九九〇年十一月)
(77) 桂女は江戸では長崎屋源右衛門宅を宿としていた。長崎屋は阿蘭陀宿として知られた薬種問屋で、最新の蘭学に関する情報発信地として知識人の出入りも頻繁であった。桂女の由緒書の増補改訂や流布には長崎屋周辺の知識人

が関与していたのかもしれない。長崎屋については、片桐一男『阿蘭陀宿　長崎屋の史料研究』（雄松堂出版、二〇〇七年）を参照。

第三章　万歳——その芸能と担い手

はじめに

角兵衛獅子《かくべえじし》や猿回《さるまわ》し、伊勢大神楽《いせだいかぐら》、節季候《せきぞろ》、大黒舞《だいこくまい》……。近世の史料や絵画を見ると、こうした様々な祝福芸が家々の門口を廻り、災いを祓い、一家の健康と幸福を祈るとともに芸能を演じていたことがわかる。扇を手に目出度い詞を述べる太夫《たゆう》と、鼓を手に間の手を入れて囃す才蔵《さいぞう》が、二人～数名で一組となって廻る万歳《まんざい》も代表的な祝福芸のひとつであり、近世に描かれた年中行事の史料や正月の様子を描いた絵画には、必ずといってもいいほどの頻度でその姿が描かれている。本章では、万歳の姿を詳しく見ていき、そこから見える芸能と社会について考えたい。

華やかな衣装を着けた太夫と才蔵が賑やかに春の町を歩く姿は、近世の人々には馴染み深い光景だったに違いない。化学染料が普及して実に多くの色彩に囲まれている現在と比して、近世の衣服は染色の技術的な制限に加え、鮮明なものを避けようとする人々の指向もあり、それほど多くの色彩を使っていなかった(1)。今のような商業施設の看板や様々な色彩を塗られた高層建築が町に溢れる以前の、町や村を歩く芸能者の姿は現在では想像もつかないほど目をひくものだった筈である。

こうした近世の万歳やその源流にあたる中世の千秋万歳については、身分制研究の視点と芸能史の視点から研究がなされてきており(2)、近世の万歳についてもそれぞれの地域で各地に伝わる万歳に関して詳細な研究が行われ、その具体像が明らかになってきた。こうした先行研究に拠りながら、万歳の歩んできた歴史を振り返ることにしよう。

一　万歳以前

万歳は、中世には千秋万歳《せんずまんざい》といわれ、散所《さんじょ》といわれる場所に居住する声聞師《しょうもじ》という被差別民が行っていた。地域によっては舞々《まいまい》と呼ばれることもあるが、彼らは寺社に仕え境内の清掃や土木工事に携わるとともに、普段は芸能や祈禱、占いなどを生業としていた。声聞師によって行われていた芸能の主要な物のひとつが千秋万歳だったのである。

千秋万歳の歴史は古く、永承七年（一〇五二）前後に成立したとされる藤原明衡の『新猿楽記』には「千秋万歳の酒禱」と見え、酒の醸造に関わる祝福芸が行われている。また、平安時代に書かれた『和漢朗詠集』の注釈書、『和漢朗詠注上』には「千秋万歳」について、「此ハ乞食法師ノスル事也」とあることから、既に「千秋万歳」が乞食と見なされるような人々によって行われていることなどがわかる。鎌倉期に書かれた辞書『名語記』にはもう少し詳しく千秋万歳について記載している。「千秋万歳トテ、コノゴロ正月ニハ、散所ノ乞食法師ガ、仙人ノ装束ヲマナビテ、小松ヲ手ニサ、ゲテ推参シテ、様々ノ祝言ヲイヒツヾケテ」と記されていることから、千秋万歳が散所の「乞食法師」によって行われていたことを示している。散所とは地子のかからない土地に居住し、寺社の境内の清掃を行っていた中世の被差別民である。

ここで注目しておきたいのは、手に松をもって仙人を真似た装束であったとする記載である。仙人を真似たというのがいかなる状態であるか明らかにはし難いが、一五世紀末頃に成立したとされる『三十二番職人歌合』では鳥兜という舞楽で使う被《かぶ》り物をかぶり扇をもって舞う太夫の姿が描かれており、こうした姿をいっているのではないだろうか。

戦国期の京を描いた上杉本『洛中洛外図』では、新年の町の風景として千秋万歳が描かれているが、ここでは既に鳥兜が使われず、太夫は通常の侍烏帽子をかぶった人物として描かれる。後の万歳では、こうした鳥兜が使われることはあまりないが、滋賀県の野洲市や水口町、奈良県の安堵町の万歳に関わっていたと思われる家に、鳥兜のような被り物が伝来しており、近世のある段階までは万歳をする際に鳥兜をかぶって行うことがあったのかもしれない。

中世も後期になると公家の日記や寺社の記録に千秋万歳に関する記載は頻出するようになる。例示すれば枚挙に遑がないが、例えば、『言継卿記』天文二年（一五三三）正月五日条には「八時分北畠之声聞師千秋万歳三人参候了、如例参儀定所御庭曲舞、盛長夢物語、頼朝都入等也七過時分退出候了」とあり、禁裏に北畠という散所の声聞師が千秋万歳を演じた後で余興として曲舞という芸能を演じたことがわかる。

こうした中世の史料では、京都以外の千秋万歳については殆ど知ることができないが、いくつかの史料に書かれた断片的な記録から現在の岡山県や愛知県、福井県などで千秋万歳が行われていたことを窺える資料がいくつか残されている。京都では、千秋万歳は散所の声聞師が演じているが、他の地域では舞々と呼ばれる芸能者が行っていた。舞々は曲舞《くせまい》や幸若舞《こうわかまい》をする芸能者で近江や越前、若狭、相模などにいたことが知られている。

いずれにせよ、中世において千秋万歳を行っていたのは散所の声聞師や舞々といった芸能者であったが、文禄二年（一五九三）に彼らの身に大きな変化が訪れる。豊臣秀次の祐筆である駒井重勝が書いた日記、『駒井日記』の文禄二年三月十一日条には秀吉の命をうけた前田玄以が、京都や大坂、堺の陰陽師を集めて、荒れ地を開墾させるために尾張に移住させたことが記されている。

三月十一日
（民部卿法印＝前田玄以）
一民法存ニ而、尾州江罷下陰陽之書立、従民法写
　一百九人　　京より
　一拾人　　堺南北より
　一八人　　大坂より
　　合百弐拾七人

ここでいう一〇〇名を超える陰陽師は、人数から見ても公家の土御門家に代表されるような宮廷に仕える官人としての陰陽師ではありえない。芸能とともに、民間で祈禱や占いをすることを生業のひとつとしていた声聞師であったと考えなければならないだろう。[3]この時に集められた陰陽師は京都が圧倒的に多く一〇九人。大坂では八人、堺で一〇人であった。一〇九人という人数が京都の声聞師のどの程度の割合を占めるのかは明らかではないが、大きな打撃であったことは想像に難くない。翌年の文禄四年（一五九五）には「けふのせんすまんさいはまいらす」[4]と日記に短く書かれているように内裏への千秋万歳の参勤はなかったようである。この時に移住させられなかった散所の陰陽師も、「太閤」（秀吉）の聞こえを憚って恒例行事であった千秋万歳の参勤をしなかったようだ。文禄五年（一五九六）正月に醍醐寺三宝院の義演によって書かれた日記に、「今日惣門千秋万歳、一典申之、従去々年唱

門師為太閤御聞□如何、今日不参」とあり、醍醐寺門前にあった西惣門散所から二年前の秀吉の意向により千秋万歳を不参とすることが告げられたことが記されている。(5) 義演のもとを再び千秋万歳が訪れたのは、秀吉没年の翌年、慶長四年（一五九九）正月のことだったのである。(6)

従来の研究では、近世の万歳について秀吉が陰陽師を尾張に強制的に移住させたことが重視されていたが、(7) 移住先は尾張だけではなかった。(8) 移住させられた陰陽師は畿内に限らなかったようだ。「日本国之陰陽師」はいったん京都に集められてから移住させられていたようで、吉川の領国に対しても妻子共々陰陽師を一人残らず集め、文禄二年（一五九三）に大友義統が秀吉によって改易されるなど混乱をしている豊後国（現・大分県）へ移住させることが秀吉の命をうけた前田玄以らによって伝えられている。

為御諚申入候、仍日本国之陰陽師京都へ被召集候、御領分之内一人も不残、妻子共ニ被仰付、急度被副御使者可被差上候、畢竟豊後国ニ居住候様に可被仰付之旨、不可有御由断候、恐々謹言

十一月七日　　民部卿法印
　　　　　　　　玄以（花押）
　　　　　　石田治部少輔
　　　　　　　　三成（花押）
　　　　　　浅野弾正少弼
　　　　　　　　長吉（花押）

羽柴吉川侍従殿
　　人々御中(9)

こうした状況について、『当代記』文禄二年（一五九三）条に「此比、諸国博士可有成敗之由曰間、山林江隠遁、

其子細は先年大閤召遣給青女、闕落して不相見ことあり、此度見物の事有ける処に、見出之搦捕、日来有様を被相尋に博士隠置之由令言上之間如此」とある。ここでいう「博士」とはハカセ、ハカショなどといい、民間陰陽師の通称であるが、当時の噂によると秀吉が召し使っていた女性が姿を消し、後に見つけ出された際に「博士」が隠していたことが露見したため、諸国の博士に対する「成敗」があるということなので、彼らが山林に逃げ込んだというのである。秀吉の陰陽師強制移住が翌年のことであるから、この噂と無関係ではあるまい。また、文禄二年（一五九三）に宣教師のルイス・フロイスが耳にした別の噂は次のようなものであった。

関白は名護屋に滞在中、運勢占いをする陰陽師たちが、大坂城の女たちから十本の金の棒を取り上げた事実を知ると激昂し、その地方にいるすべての陰陽師たちを召喚した。（中略）ところで関白は、豊後の国の住民が少ないと聞き、上記の人たちをすべて農民として働かせるべく同国に送り、今後彼らが占卜や魔術を行ってはならぬと命令し、そのようなことをした彼らは皆、大泥棒だと語った。(10)

真相は明らかではないが、このような風聞が巷間に流れていたことは間違いあるまい。いずれにせよ陰陽師をめぐる状況は予断を許さないものではあった。そのため、何らかの事情で移住を免れた散所であっても、正月にいつものように千秋万歳をすることは憚られるような雰囲気にあったのである。

二　万歳の時代

徹底した陰陽師の徴発と移住、活動停止は、それまで積み重ねてきた慣習など、中世における一定の秩序解体を促した。その間隙を縫って京で活動を始めたのが大和の万歳である。延宝四年（一六七六）に黒川道祐が京都の年中行事を日ごとに詳細に記した『日次紀事《ひなみきじ》』の正月元日条に「千寿万歳　大和国窪田、箸尾両村千寿万歳両座太夫、来所司庭来、為鼓舞」とあるように、京都所司代の屋敷を訪れていたのは大和の窪田、箸尾両村の万歳であった。正月五日条にも「凡千寿万歳出自窪田・箸尾両村、此両村在南都西南相去三里許、（中略）各参棗庭而舞」とあり、五日には禁裏を訪れ「棗庭」でも千秋万歳を演じていたことが知られる。

『一話一言』などの随筆には、京都にも「小泉豊後」という陰陽師がいて紫宸殿の庭で古式の万歳を行っていたとある。『京都御役所向大概覚書』巻一には「千秋万歳役」を勤める「小泉宮内」が「建仁寺門前薬師町」にいたことが記されるが、『一話一言』の記載から、山村雅史は小泉豊後も大和国出身で享保元年（一七一六）までに大和の小泉村から京都に住み万歳を勤めるようになったのではないかとする。[11]ただ、「小泉」という地名ならば、京都にもあり、名前だけをもって奈良からの移住と断じるには躊躇される。この小泉については史料がなく、殆どわかっていない。

いずれにせよ、小泉は『閑田耕筆《かんでんこうひつ》』に「禁裏、仙洞、后宮など計へ参りて、世にあまねくはしらず」とあり、広く庶民に知られた存在ではなかったようだ。実際、近世に書かれた地誌や随筆の万歳についての記載は大和万歳についてのものが圧倒的に多く、『大経師昔暦』『妹背山婦女庭訓』等の浄瑠璃に登場する万歳は大和万歳であり、京都において万歳といえば大抵の人が大和を連想するような状態であったと考えていいであろう。大和万歳は大和国の箸尾・窪田を根拠地とする万歳で、京都をはじめ大坂などを檀那場としていた。この大和万歳の実像については殆ど知られていなかったが、近年になり研究が進み次第にその姿が明らかになってきている。[12]

一方、江戸の町を訪れていたのは三河万歳である。三河万歳は徳川家康が三河（現在の愛知県）出身であったため、家康が江戸に移って後も毎年暮れに三河から江戸を訪れて万歳をするようになったという。『守貞謾稿《もりさだまんこう》』には

「江戸に来る者は、参河を第一とす（ゆえに三河万歳を唱す）。しかして遠江等もあり。尾張にも万歳あり。他国には出ざるか」とある。三河万歳は三河在国時代の家康と縁故があったと伝えられ、近世の江戸城門外で元日の朝「鍵いらず、閉ざさる御代の明けの春」と万歳が声をかけると門内から「思わず腰を伸ばす海老錠」と答えがあり、それを合図として城門が開かれて大名が年始の挨拶に登城していたといわれる。その出で立ちは『守貞謾稿』に拠れば、「太夫は折烏帽子に麻布の素襖を着し、大小二刀を帯ぶる。素襖色定めなく、紺を専らとし、記号また定めなし。袴あるひはくゝり袴、または常の袴をも着す者あり。侍烏帽子を用ひざることは、幕府無官の士これを着し、歩行にて登城する故に、これと混ぜざるためなり」というものであった。登城する武士と混同しないように烏帽子を折烏帽子としているが、それ以外は帯刀し素襖、袴という姿であったことがわかる。

才蔵は、「侍烏帽子に素襖を着して、無袴なり。あるひは素襖なし。これまた米袋を携ふ」という姿であった。この才蔵、『守貞謾稿』に「多くは総州の夫。年末、江戸日本橋四日市と云ふ所に集まる。太夫これを択りて雇ふ。これを才蔵市と云ふ。昔は大門通にてこれを行ふ由、ある人の話なり」とあり、三河の者ではなく「才蔵市」で太夫によって選ばれた者であったといわれている。『東都《とうと》歳時記《さいじき》』や『江戸名所図会』などの地誌類でも「才蔵市」について言及しており、江戸ではよく知られた話題であったことは間違いない。寛政九年（一七九七）刊行の『詞葉の花』という小咄集に載る作品に、才蔵市について「アノ万歳は三河から来る。才蔵は上総、房州の者が多い、それが四日市へ大晦日の晩に、いくらも列んでゐると、万歳の太夫どのが、才蔵におかしい事をしやべらして、よいのを見立てて抱へるといふ事じや」と説明する場面がある。これは江戸の歳末の雑談で、「才蔵市を見に行かふ」と誘った男の台詞。話を聞いた遊女が「そのお茶をひいた才蔵どんは、どひしんす」と才蔵に客がつかなかったらどうするのか心配させるオチがつく。[13] 才蔵市とは人を誘って大晦日にひやかしに行くほどのことと考えられていたようにも見える。

だが、森下村から江戸へ向かう「万歳」について記した西尾郡役所の「覚」を見ると、太夫と思われる「博士」三十一名とともにほぼ同数の三十二名が「供人」として三河から江戸へ向かっていることが知られる。人数が太夫とほぼ同数であることや「供人」という表現から才蔵のことであると思われ、「才蔵市」については検討の余地がある。小沢昭一・永井啓夫「才蔵市をめぐる往復書簡」において、小沢昭一は実際に万歳の太夫とコンビを組んで万歳をした経験から、急ごしらえで万歳をするのは難しく、明らかではないが、と留保をつけながらも才蔵市で雇った才蔵は芸の相方ではなく、祝儀としてもらったものを運ぶ荷物持ちのために雇われたに過ぎないのではないかと指摘している(14)。

いずれにせよ、こうした三河万歳が檀那場を廻って歩く様子は、新春の江戸の町ではお馴染みの光景だったようで、多くの絵画や地誌や歌舞伎・浄瑠璃のなかに描かれ、華やかな江戸の風景に花を添えている。

先の『守貞謾稿』に万歳について「遠江等もあり。尾張にも万歳あり」とあったように、万歳は三河、大和だけにいたわけではない。尾張（現在の愛知県）でも多くの万歳がいて、各地を廻っていたことが知られている(15)。尾張万歳について、山路興造は秀吉による徴用によって尾張に移住させられた京都の散所を源流とするというが(16)、尾張知多の土御門家による万歳支配について検討した林淳は集落の特定の家が担っていたわけではなく、むしろ担い手が特定できない状況であることから、三河万歳の影響をうけて後に多数の農民が行った出稼ぎ万歳であるとした(17)。

尾張万歳は、活動を続けるなかで祝言性の高い五種類の万歳に加えて、笑いを誘うような演目も次第に増やしていった。後述するように、後には歌舞伎の流行をうけ、歌舞伎や浄瑠璃などを題材にしたものや謎かけなどを鼓の他に三味線と胡弓も使って舞台上で賑やかに演じる「三曲万歳」も生まれた。

他にも、秋田、会津、加賀、越前、伊予など、全国各地に、それぞれ個性的な万歳がある。秋田は三河などから領主の移封に伴ってつれてきたという伝承や史料がある。加賀は越前から移ったという。近世は各地に万歳の花が開き、まさに百花繚乱の様相を呈したのである。

三　その日常

万歳が各地で受け入れられた背景には、万歳が必要とされていたという事実があったと考えられる。人々は万歳をはじめとした様々な祝福芸により、福を招き災いを祓い、一年の健康と幸福を期待した。

しかし、一方で近世は儒教的な民衆教化が浸透し、勤勉・倹約を第一とする考えが広まっていった時代でもあった。民間に広まった通俗的な道徳のなかでは、芸事に没頭するような存在は望ましい存在ではなく、禁欲的に家業に専念するような人物像を理想とした。このような意識のもとでは、芸能者を見る視線は自ずと厳しいものとなってくる。例えば、元禄期に成立した『人倫訓蒙図彙《じんりんきんもうずい》』の、種々の芸能を「人をたぶらかし偽をいひて施をとる」として「盗にひとし」いものと見なし、一切を「勧進餬《ものもらい》」の部にまとめるような発想はそうした意識のあらわれであるといっていいであろう。

また、惣村や町といった強固な地縁的共同体が公的な存在として位置づけられた近世社会では、共同体はその外部に対して強い警戒の目を向けた。例えば町では、家の売買にあたって、家屋の売却を拒否する職商を町独自の掟書きで定めることがあったが、そのなかで芸能者や宗教者の居住を認めないと明記している場合も少なくない。規制対象としては、材木屋や鍛冶屋といった職業や武士が含まれることもあり、職商規制のすべてが差別意識を反映したものではないが、元本能寺町の掟では「青屋」や「算置」とともに「舞々」の居住を忌避しており、京都においては「舞々」に対する中世以来の賤視と関わっている面もあったと考えてよいであろう(18)。

万歳はその芸能自体が祝福芸として災いを祓うことができるものでもあり、祈禱札などを檀家に手渡すこともあった。万歳は、そうした意味では宗教者としての側面をもっていたといえるのだが、近世の権力は次第に様々な宗教者や芸能者を統制の対象とする方針をとり、万歳もその対象となっていく。

幕府は宗教者の統制にあたり直接支配するのではなく、頭や本所を通じた間接的な支配をすることが多かった。多くの万歳の本所となったのは、陰陽道の本所として各地の陰陽師を支配する公家、土御門家であった。土御門家の支配をうける万歳に三河・尾張万歳がある。土御門家の陰陽師支配は天和三年（一六八三）の諸国陰陽道の支配を土御門家に命じる旨の霊元天皇綸旨が出されたことに始まるとされているが(19)、宗教者でもあった万歳も次第に管理と統制をうけ、万歳は土御門家から職札をうけ、定期的な貢納をする。また、土御門家による支配を契機として、万歳の間でも本所からの通達などを効率よく行きわたらせるために組織化が進むなど、一定の整理がなされていく。その際は既存の緩やかな組織(20)をもとに師弟関係、婚姻関係、本分家関係といった社会関係や技芸の巧拙などをもとに組織化が進められたと考えられる。

本所支配は万歳にとっても無意味なことではなかった。近世社会にあって、万歳が回檀や門付をした際に、地域社会の利害と衝突し、争論に発展することがあった。例えば、元禄九年（一六九六）に万歳師の長太夫が下野国を訪れた際、地元の百姓と舞太夫の弥右衛門に捕まり鼓を取り上げられる事件があった。舞太夫の弥右衛門は「万歳同様之せす舞」という芸能をしていたので、万歳の長太夫とは利害が対立したのであろう。この件は「舞太夫ノ家職書付ニ茂無御座」にもかかわらず「せす舞」をしていた弥右衛門が不届きであるということになった(21)。その後も寛延三年（一七五〇）に三河国西別所の万歳が加茂郡羽明村名主宅で万歳をした際に、「無届」で万歳をすることに非人番の宇太八が異議をとなえて訴訟となった[22]。ここでは万歳が土御門家からの職札を見せて認可をうけてのことだと主張するが、非人は「万歳は我等共手下」と反論して万歳に打擲を加えたという。この時に非人身分が万歳を「手下」とする論拠となったのは「廿八ヶ条」という文書であった。これは長吏・かわた身分に伝わる由緒書「河原巻物」に記載される源頼朝から長吏頭に支配を認められたとされる二十八種類の職人のことである。本件では、万歳師が土御門江戸役所の書簡を添えて寺社奉行所に届けると非人の宇太八らに非があるとの判断がなされ、宇太八や近隣の小屋頭は「廿八ヶ条」については心得違いであったとして万歳師に謝罪し、以後は「無礼」をはたらかないことを約束して内済となった。こうした地域社会との軋轢を生じることは決して少なくなかったであろう[23]。その際に万歳は本所を通じて寺社奉行へ出訴することが可能となる。本所をもつことは、回檀や門付に行った先で摩擦がおきた際に有力な後ろ盾を得ることができ、いわば保険としてそれなりに機能したのである。

なお、土御門家以外を本所とした万歳も少なくない。例えば、大和万歳は神祇伯家として神職を支配した白川家を本所としていたと見られている[24]。

こうした本所による統制が地域社会における万歳の実態に与えた影響については今後一層明らかにしていく必要があろう[25]。

四　万歳の周辺

早くから万歳としての活動が確認できる存在に加え、万歳はとりわけ農閑期の現金収入を期待できる出稼ぎとして行われていたため、近世後期には様々な人々が「万歳」という芸能をするようになっていった。そうした意味で、中世以来の散所が、一貫して近世の万歳に直結するという単線的な考えかたはできない。

例えば、『守貞謾稿』第六巻「雑業」には「当時無之」としながらも、「三河万歳のまねいたし年中物貰致候者」である「江戸万歳」がいたことを記している。守貞執筆時にはいなくなっていたとしても季節を問わず、「三河万歳のまね」をすることを生業とした「物貰」の存在は看過できない。最低限の決まり文句を覚え、鼓と扇を手に家々を廻るような万歳を真似た「物貰」も存在しえたのが近世の江戸という都市だったのである。

また、信州では「万歳楽」を渡世としていた者が近松寺配下とされていた。(26) 近松寺は園城寺末の寺院で、元禄二年（一六八九）以降は芸道の祖神とされる蟬丸を祀る関蟬丸神社を支配していた。近松寺配下ということは、蟬丸神社に組織されていた説教者として公的には把握されていたことになる。(27) 一例を挙げると近松寺から発給された許状は次のようなものである。

一従往古勧進為渡世万歳楽如前々諸国巡行可為随意事

関清水大明神蟬丸宮
別当三井寺
近松寺
執行㊞

享和三癸亥年
五月廿四日

信州山本村
説教者中江
斉藤杢太夫(28)

ここでは、「万歳楽」を「渡世」として諸国巡業することが「説教者」に対して認められているのである。この近松寺による許状は実際にある程度の効力をもっていた。次の資料は、文化六年（一八〇九）に信州下伊奈郡の「万歳衆」と三河の小坂井万歳が「過言」により摩擦を起こした時のものである。

誤り申一札之事

一三州小坂井村万歳得意違ニ而市田村万歳衆ニ過言仕候、重々誤り申所相違無御座候、右御断リニ当所御猿屋衆中御無心申、私シ共三人者共、信州下伊奈郡之内廻勤致間敷候ト御断申御済被下、忝ク奉存候、若又廻勤仕候ハ、其節何様共思召之通被遊可被下候、仍而為後日證文如件

文化六年
巳三月十一日

三州小坂井村
山内勘太夫
森下福太夫
森下彦太夫

信州下伊奈郡
御万歳楽御連衆中様へ(29)

三河国小坂井の万歳は、地元の「猿屋衆」の仲介により、「信州下伊奈郡之内廻勤致間敷」と以後は下伊那一円での回檀をしないことを約した一札を入れている。但し、「許状」のもつ権威が効力をもったとはいいながら、権力による一方的な裁定ではなく、「猿屋」が仲介し芸能者の間で問題解決がなされていることにも注意したい。信州の説教師は「往古」より万歳を「渡世」としていたが、「万歳狂言」をする説教師もいた。赤穂では文政二年（一八一九）に塩屋村の説教者が、生活「難渋」のために万歳狂言の興行を届け出て認められた(30)。塩屋村の説教者が行っていた「万歳狂言」であるが(31)、「狂言」とある以上、新年の門付万歳ではなく芝居仕立ての万歳であろう。

こうした動向に加えて、従来の万歳自体も多様化する。万歳芝居・三曲万歳といった、楽器を取り入れて賑やか

な伴奏をしながら謎かけなどをしたり、歌舞伎を題材とした喜劇を見せるなど新たな形態の万歳が登場し、人気を集めるようになる。

その頃の万歳の様子を少し覗いてみよう。寛政五年（一七九三）に刊行された『鳥羽絵三国志』では、万歳は葭簀張りの芝居小屋に設置された舞台の上で演じられており、鼓をもった男の頭を隣の人物が扇で叩く、既に現在の漫才に通じるような様子が描かれている。見ている観客のなかには裸同然の人物もおり、季節も新春というよりは夏と考えた方がいいだろう。京都でも寛政三年（一七九一）に北野下之森の小屋で「噺物まね小坊主万歳」の興行が願い出られており、[32]物真似や話芸とともに葭簀張りの小屋のなかで、舞台にあがって演じられる万歳も盛んに行われていたことがわかる。

こうなると万歳といっても、一見すると芝居などと区別がつかない場合もでてくる。天保の改革で質素倹約が命じられ、芝居興行が禁じられると、芝居同様と見なされて万歳をすることができなくなる場合もあったようである。天保十四年（一八四三）三月には前年播州加西郡東高室村の「万歳芸之者」が「近年衣服容体時風ニ応シ、不覚芝居狂言ニ似寄候場も有之」としながらも、「当村在来之万歳芸ハ、元来芝居狂言之態ニ而ハ無之候」として再開を願い出ている。[33]守屋毅によれば、尾張名古屋で一八世紀前期に活躍していた和泉屋座という歌舞伎芸団は、もと「江戸万歳」であったという。[34]こうした万歳から芝居に移行した芸能者集団は他にも少なくなかったであろう。

三河万歳でさえ、前述した寛延三年（一七五〇）の加茂郡羽明村「非人番」との争論後に改めて土御門家の江戸役所から出された法度のなかに「旦家ニ而祝言相済候故、生た亀なとを出シ品玉を取、又ハ座随ひ猿若同前之狂言を致シ候ものも有之由相聞江候」[35]とあり、以後はそうしたことはしないよう定めている。ここからは、「祝言」の後に曲芸・手妻や芝居をする万歳がいたという事実を示唆していよう。[36]

こうした芝居を伴う万歳は、農村芝居を見慣れた人々には受け入れやすいものだったようで、法花寺万歳など農村で万歳を学んで行う村も出てくる。(37)

このように説教者が万歳をしたり、万歳が芝居化した段物を演じるようになるなど、近世後期の万歳をめぐる状況は極めて複雑で、身分や集団論で一括できるものでは到底なさそうである。万歳そのものが、数名が一組となって掛け合いをするという祝福芸としての最低限必要な形態を崩さなければある程度自由に展開しうる融通性をもっており、そのため万歳自体も非常に多様化した。その結果、様々な芸能を生業としていた人々が、万歳に参入することが出来た。『守貞謾稿』のいう「三河万歳のまねいたし年中物貰致候者」の存在が象徴するように、質を問いさえしなければ比較的容易であったのだ。万歳をする母集団は非常に多く、芸能を生業とする多くの職能民が、新年の芸能のひとつとして行うこともあったであろうし、農村内の若者などが農村芝居などの一種として万歳を取り入れることがあってもおかしくない。こうした広範囲にわたる万歳の受容の背景には、なにより〝それがウケた〟〝それで食えた〟ということが大きかったのである。

それゆえ、万歳としての「歴史」が社会的にも認知されている三河や尾張、大和などを除外すれば、その外縁部は極めて曖昧になってくる。核となるような存在はあったにせよ、参入が比較的簡単だったために〝無断営業〟を排除するために職札が保険としての意味をもった面もあるだろうが、それは訴願なしには機能しない。職札の実効性については個々の事例についての議論が必要だろう。

また、万歳をする芸能者が実際に数多く町や村を歩いているような状況があったとすれば、いかに職札や本所が権威をもっていたとしても、芸そのものが拙いものであれば民衆はいつまでも迎えることはしないだろう。こうして芸が淘汰され、生き残ったものは一層磨き上げられ、洗練されたものになる。飽きっぽい世間の嗜好をいち早く察知し、需要に合わせて柔軟に様々な芸が取り入れられ、次々と新しいものが生み出されていく。芝居仕立ての段物出現はそうした行為の結果生まれたものであろう。

おわりに――近代化のなかで

近代になり、陰陽道が廃止されると、陰陽師の存在が否定される。これにより土御門家を本所として民間陰陽師としての側面ももっていた万歳はその存在が揺らがざるをえなくなる。それまで土御門家の庇護のもとで民間の宗教者として盛んに活動していた陰陽師や、近世には廏《うまや》の祓いとして広く存在していた猿回しが、近代以降ほぼ完全に解体し、姿を消した事実を考えれば、確実に近代以降も万歳が存続するという保証はまったくなかったのである。

大和万歳が他の万歳のように祈禱などをしていたかは明らかではないが、仮に万歳に加えてそうした宗教的な行為をしていたとすれば、「陰陽師、卜者など妄に病名を付、或者姦医と相狎れ方位を立、（中略）医師同様ニ相心得候もの」の禁止（明治二年奈良県庁布達）、あるいは「売卜並星運、人相」を差し止める（明治五年奈良県布達）とあるように暦の頒布、占いや医療活動等といった行為が禁止[38]されるなかで、苦境に立たされた可能性はあろう。同様な禁令は堺県でも出ており、こうした禁令は近代初頭の近代化政策のなかで広く出されているものである。また、京都では天皇が東京へ移ったことで大和万歳の禁裏への参勤も意味を失っていく[39]。

三河万歳は、回檀を続けるために近代に神道三河万歳として神職の鑑札をうけたという。現在、神道三河万歳として伝わる万歳が、神職風の衣装をつけ、手に扇ではなく笏をもって行うのは近代以降、神道化してからのことである。

一方で尾張万歳のなかには、近代になって遊芸稼人の鑑札をもって活動する者も登場する。そのなかから演芸的要素の強い万歳が生まれた。

こうした試行錯誤は、それまでの万歳で「食えた」状態が解体して以降の「食うため」の闘いであったといえる。

現在の上方漫才は、明治の中頃、玉子屋円辰や砂川捨丸ら、関西の上方漫才創始期の芸人が、尾張の万歳師の流れをくむ伊六万歳からこの音曲万歳を習ったのが始まりであるといわれている(40)。こうしたことからも万歳という芸能の裾野の広さを窺うことができるだろう。

註

（1）柳田國男『明治大正史　世相編』（『定本柳田國男集』第二四巻）

（2）千秋万歳と散所については、盛田嘉徳『中世賤民と雑芸能の研究』（雄山閣出版、一九七四年）、森末義彰『中世の社寺と芸術』（畝傍書房、一九四一年）。林屋辰三郎『中世藝能史の研究』（岩波書店、一九六〇年）、同『歌舞伎以前』（岩波書店、一九五四年）、山路興造『翁の座』（平凡社、一九九〇年）などは芸能史の視点からの研究である。畿内を中心とした散所については世界人権問題研究センター編『散所・声聞師・舞々の研究』（思文閣出版、二〇〇四年）により、ほぼ概観できるようになった。

（3）例えば水口町の声聞師といわれる家には万歳で使われたと思われる烏兜とともに、易占いで使う算木や筮竹が残されており、散所と陰陽師との近さを窺うことができる（福田晃『神道集説話の成立』三弥井書店、一九八四年）。

（4）『お湯殿上の日記』文禄四年正月四日条

（5）『義演准后日記』文禄五年正月六日条

（6）『義演准后日記』慶長四年正月六日条に「千秋万歳来、此五六ヶ年天下御制禁ニ付不来、今年ハ別而召寄了」とある。

(7)　三鬼清一郎「普請と作事」（『日本の社会史』第八巻「生活感覚と社会」岩波書店、一九八七年）
(8)　藤田恒春「解題」『増補　駒井日記』（文献出版、一九九二年）
(9)　『吉川家文書』八一六号
(10)　松田毅一・川崎桃太訳『完訳フロイス日本史5』（中公文庫、二〇〇〇年）
(11)　山村雅史「『大和万歳』に関する研究ノート」（奈良県立同和問題関係史料センター『研究紀要』第三号、一九九六年三月）
(12)　前掲註(11)山村雅史論文、吉田栄治郎「大和万歳祖神考」（奈良県立同和問題関係史料センター『研究紀要』第八号、二〇〇二年）、鹿谷勲「奈良県の万歳芸」（『秋篠文化』第三号、二〇〇五年）、福原敏男「大和万歳について（1）」（『コロス』一〇八号、二〇〇七年）、同「大和万歳音声資料と正月禁裏萬歳」（『館報池田文庫』第三五号、二〇〇九年）など。
(13)　武藤禎夫校注『化政期落語本集　近世笑話集（下）』（岩波文庫、一九八八年）
(14)　小沢昭一・永井啓夫「才蔵市をめぐる往復書簡」（『芸双書　第五巻　ことほぐ　萬歳の世界』白水社、一九八一年）
(15)　尾張知多万歳保存会『近世出かせぎの郷——尾張知多万歳』（知多町教育委員会、一九六六年）、岡田弘『尾張万歳たずねたずねて』前編・中編・後編（名古屋市教育委員会、一九七〇～七二年）
(16)　前掲註(2)山路興造書
(17)　林淳「知多の陰陽師と出稼ぎ万歳」（『近世陰陽道の研究』吉川弘文館、二〇〇五年）
(18)　その一方で規制対象となるほど、条件さえそろえば居住が可能な状況だったことにも留意しておきたい。
(19)　梅田千尋「陰陽道本所土御門家の組織展開」（『日本史研究』四八七号、二〇〇三年）、林淳『近世陰陽道の研究』（吉川弘文館、二〇〇五年）
(20)　各地で「万歳の始祖」を精神的紐帯とした講などの信仰組織を念頭においている。
(21)　「御万歳師長太夫庄太夫訴状差上争論」（西尾市資料館編『西尾の三河万歳』西尾市資料館発行、二〇〇一年）
(22)　「参河尾張遠江三ヶ国陰陽道神職末流年始万歳之輩江申渡候覚」（西尾市資料館編『西尾の三河万歳』西尾市資料

館発行、二〇〇一年）

（23）こうした地域社会との争論や摩擦は何も近世に限ったものではないが、自力救済の社会から訴訟による解決を指向する社会となったことが、有力な「後ろ盾」を必要とするようになっていったと思われる。本件でも万歳が鼓を押収されているが、これは山論の際に相手方の身柄を拘束すると、証拠として斧や鎌を押収するという村落間紛争の際の「作法」に類似したもので芸能者間の争論にあたってもこうした「作法」があった可能性がある。

（24）前掲註（11）山村雅史論文参照。

（25）本所をどこにするかは、その職掌によってではなく、恐らく様々な歴史的なあるいは偶発的な事情によっていくつかの選択肢のなかから選ばれるのであろう。全体を通して本所に所属していくことで宗教者が近世の体制のなかに組み込まれていったことは疑いないが、これはいわば自営業が大手の傘下に入っていくというような形態であり、個人商店の集合体に過ぎず、必ずしも横のつながりをもたないと思われる。そうすると、集団と呼びうるような実態をもっていたのか、聊か疑問となってくるのではないだろうか。

（26）吉田ゆり子「万歳と春田打――近世下伊那の身分的周縁」（『飯田市歴史研究所年報』一、二〇〇三年）

（27）近世の説教師については、前掲註（2）盛田嘉徳書、塚田孝「芸能者の社会的身分」（『近世身分制と周縁社会』東京大学出版会、一九九七年）など。

（28）飯田市立石「斉藤芳男氏文書」（飯田市歴史研究所架蔵写真帳に拠る）

（29）飯田市立石「斉藤芳男氏文書」（飯田市歴史研究所架蔵写真帳に拠る）

（30）「説教万歳狂言興行について触書」（赤穂部落文書編集委員会編『赤穂部落文書』赤穂市教育委員会、一九七四年、五七頁）。なお、文化二年の塩屋村一〇八〇人のうち、八十人（うち男四十三人、女三十七人）が説教師だった（『赤穂部落文書』七八〇頁）。

（31）「塩屋真光寺文書」（『赤穂部落文書』）

（32）「北野天満宮文書」三〇〇号（『北野天満宮史料』古文書）

（33）兵庫県立歴史博物館所蔵文書（『兵庫県史』史料編近世四、一〇三二頁）

（34）守屋毅『近世芸能興行史の研究』（弘文堂、一九八五年）

（35）　前掲註（22）「参河尾張遠江三ヶ国陰陽道神職末流年始万歳之輩江申渡候覚」
（36）　また、三河万歳の本拠地である西別所村・東別所村・小坂井村には万歳師と同じく土御門家の配下で大神楽を行う伊勢大神楽がいた。このように近世の伊勢大神楽と三河万歳が親近性をもっていたことが、北川央「関東における大神楽事情」（幡鎌一弘編『近世民衆宗教と旅』法藏館、二〇一〇年）で指摘されている。
（37）　法花寺万歳については『豊岡市史』、久下隆史「兵庫県下の民間芸能者」（園田学園女子大学編『漂泊の芸能者』岩田書院、二〇〇六年）を参照。
（38）　奈良県立同和問題関係史料センター編『奈良県同和問題関係史料集第二集　奈良県同和問題関係公文書集Ⅰ』（奈良県教育委員会、一九九六年）
（39）　高木博志『近代天皇制の文化的研究』（校倉書房、一九九七年）
（40）　前田勇『上方まんざい八百年史』（杉本書店、一九七五年）

補論　大江磯吉　以前

はじめに

島崎藤村は小諸にいた頃に隣人から「伊那の高遠辺から出た新平民」で「長野の師範校に教鞭を執つた」講師の話を聞いたことで、「新平民に興味を有し、新平民の――信州の新平民のことを調べてみようと思立つた」と「山国の新平民」で語っている。その後、藤村は取材のために信州の被差別部落を尋ね歩き、後に『破戒』として結実する。藤村が被差別部落に対する関心をもつきっかけとなった、ある「講師」については、既に小林孤燈によって大江磯吉という人物であることが指摘されている。大江磯吉は『破戒』の「モデル」(1)として注目され、多くの研究が積み重ねられた。その事績についても、荒木謙・東栄蔵らによって詳細に明らかにされている。

まず、先行研究に拠りながら、大江磯吉の生涯を略述しておこう(2)。長野県下伊那郡に周八、しのの二男として生まれ、一八八六年（明治十九）に長野県立尋常師範学校を卒業。九月から小学校に赴任するも差別により七日間で排斥され、一八八八年に東京高等師範学校に入学した。師範学校卒業後は長野師範学校、大阪府立尋常師範学校の教員を務めるが、再三にわたりその出自を理由に排斥をうけた。そして、鳥取県立尋常師範学校に六年間勤めるが、校長と学校の経営をめぐり対立し、休職を命じられたため、一九〇一年に兵庫県立柏原中学校（現・柏原高校）校長として赴任したが、一九〇二年（明治三十五）に死亡した。

この大江磯吉について、既に東栄蔵は「ささら（簓）と呼ばれた被差別民と考えられる」とし、「ささら」身分の出身であることを示唆している。(3)しかし、『破戒』の「モデル」であるという先入観からか、丑松と同じ近世の「長吏」身分を出自とするという記載も依然として少なくない。(4)

しかしながら、芸能民と「長吏」といった被差別部落とでは、大江の生まれたムラと大江のイエとの関係など地域社会における大江の位置づけは大きく変わらざるをえない。「解放令」以前に生まれ、前近代的な身分意識が依然として強く残存していた、大江磯吉が生きた時代において考えるとき、近世的な身分の問題を捨象しては、大江磯吉を取り巻く環境を正しく理解することは覚束ないであろう。

そこで、本稿では前近代的な身分制に目配りをし、大江磯吉が生まれたムラとイエを中心とした彼を取り巻く環境について明らかにすることを通じ、近世後期に定着するようになったと思われる芸能者と地域社会について考えたい。

一　故郷　下殿岡村

大江磯吉の生まれた長野県下伊那郡伊賀良村下殿岡（現・長野県飯田市）は、近世には下殿岡村といった。台地上にあり集落中央の道に沿って近世初期に完成した伊賀良用水が流れている。近代に養蚕が盛んだった頃には桑の葉を生産し各地へ出荷していたといい、現在は果樹園なども多く見られるが、近世における下殿岡の産業は基本的に稲作を中心としたものである。下殿岡には八幡社があり、近世の神職は田宮氏、現在は八月に夏祭りが行われ、獅子舞が奉納されている。大江磯吉の家は、この八幡社の境内に隣接してあった。

大江磯吉の生まれた近代初頭における当該地域の状況を把握するため、聊か迂遠ではあるが近世の下殿岡村について確認しておこう。

明治期に幕末の藩政村の領主と村高をまとめた『旧高旧領取調帳』に拠れば、飯田藩領分で村高は五〇一石余であった。村高は近世中期に増加するが、天正十九年（一五九一）の「伊那郡青表紙検地村高帳」では三〇七石五升五合、宝永三年（一七〇六）の「領内町村明細改留帳」には三〇七石余とし、屋敷は二十九軒であったとしている。(5)なお、他の村では「ゑびす」「穢多」「さゝら」などの軒数も記載されるが下殿岡村には記載されていないことから、この段階においては神職を除けばすべて百姓身分であったと見てよいだろう。

正保五年（一六四八）二月「下殿岡人数改帳」に拠ると、総人数は一一九人。但し本役は僅かに徳右衛門と庄九郎の二軒。他は殆どが半役である。庄九郎家は七人の下男下女を抱えるとともに、さらに被官を二軒従えている。(6)別に隠居与右衛門家もある。二軒のイエが下殿岡で突出した存在となっているのである。(7)

近世の南信濃には規模の大小はあれ、被官を抱えるイエは少なくなかった。このようなイエの場合、戦国期の郷士の系譜を引いていることが多いといわれている。恐らくこの二軒も中世における郷士の系譜を引く存在であったと思われ、強い求心力をもち規模の大きい経営をしていたと見てよいであろう。そして、彼らを中心として、その経営を支えつつ小規模な百姓が田畑を耕作する形態が近世前期の下殿岡村であったと思われる。(8)以降、近世の前期までは一軒のイエが庄屋を世襲していたが、近世中後期になると村落内の人口が増加するとともに世襲的なイエの勢力が弱まり、次第に庄屋を交替で務めるようになっていく。下殿岡における大江磯吉のイエについて考える上では、こうした村落内の動向をふまえた上でなければ不充分なものとなろう。この点を確認した上で、次に大江家に

図1　下殿岡八幡社

図2　下殿岡八幡社境内に建つ大江磯吉生家跡碑

ついて見ていくことにしよう。

二　生家　大江家

それでは、大江磯吉のイエについてはどうだろうか。下殿岡の「猿牽禅宗門改帳」に拠れば文化七年（一八一〇）には「猿牽」として、定平と女房のかね、倅仙之助と娘さとの名前が記載され、以降はそのイエが明治四年（一八七一）までほぼ毎年記載される。(9) 定平は磯吉の曾祖父である。文化七年以前の宗門改帳には、定平たちの記載はないが、それ以前は別帳にされていた可能性もあり、下殿岡来住が文化七年かそれ以前かは断定できない。いずれにせよ、文化七年までに「猿牽」の家族が下殿岡村に定着していたことは間違いないであろう。

天保四年（一八三三）には天保の飢饉が下殿岡を襲い、「御救籾」が支給された。その受給者について記録した冊子(10)を見ると、七月四日に壱斗を「下賤へ」渡していることが見える。後述するように宗門御改帳で定平らを「下賤」と記載した例もあり、「下賤」とは「猿牽」定平たちのことであろう。

その後、文政十一年（一八二八）の「猿牽禅宗門御改帳」に定平の息子「仙之助」が「領分御構」のため「壱人減」とあり、仙之助が下殿岡を離れたことがわかる。この領分払いの経緯については明らかではないが、嘉永五年（一八五二）の「下役禅宗門御改帳」には次のような下殿岡村役人による届書の写が記載されており、領分払いとなっていた「仙之助」が嘉永四年（一八五一）九月に赦免されて下殿岡村に帰参したことがわかる。

御届申上口上書之事

一下賤仙之助義先年　御領分払被　仰付置候処、去亥年九月　御赦免被成下候ニ付、当村江帰参仕候間、此段御届申上候以上、

嘉永五子年二月

下殿岡
役人共(11)

また、仙之助が領分払いとなっていた間、ひさは「千之介（仙之助）後家」と記載されていた。仙之助帰参後、ひさは再び仙之助の「女房」となっている。

宗門帳では大江家は他の村落構成員とは別に「下役禅宗門御改帳」や「筰禅宗門御改帳」「猿牽禅宗門御改帳」などの表題がつけられて記載されている。なお、宗門帳では仙之助について嘉永五年（一八五二）「下賤」としているが「下役」と訂正して提出した旨が記されている。なお、後に大江周八が書いた訴状では「元来私下役ト唱、村内番人ニ御座候」とあり、ここでいう「下役」とは村内における「番人」のことを指すと考えられる。

これらのことから、大江家は文化七年（一八一〇）以前、新たに下殿岡村に入った住人で、当初からの正規の村落構成員ではなく、「猿牽」「下役」「筰《ささら》」などと表現される身分であったことが知られる。しばしば誤解されるように「長吏」身分ではなかったことは疑いない。

近世の大江家は、下殿岡八幡社の境内のわきにわら葺きの掘っ立て小屋を建てて定住し、殿岡、名古熊、毛賀三ヶ村の警備などを行う「下役」に従事していたというが、宗門帳にあるように「下役」「ササラ」「猿牽」をすべて兼ねていたということは考え難い。それでは、大江家は実際にはいかなる存在だったのだろうか。そこで、興味をひかれるのは、大江家について「三河の方から来たらしい、その前には近江にいたそうだ」という地元の方の話である。また、小林孤燈が語ったという「大江磯吉は三河万歳さんみたいな人だ」という言葉も気にかかるところである。伝聞のため、聊か慎重にならねばならないだろうが、案外こうしたところに何らかの事実が隠されているものだ。

ここで、近世の信州の被差別民について検討していくことにしよう。南信州には東栄蔵がいうように確かに「ササラ」身分が非常に多く存在している。「ササラ」身分とは、本来は竹を束ねた摺りざさらという楽器を手に説経などの物語を語る芸能民だが、近世には地域によって「非人」身分のような警固役や牢番役なども務める場合もあった。

飯田藩についていえば、寛政十三年（一八〇一）の「領内家数・人馬数改帳」(12)に十七軒の谷川七左衛門、二軒の谷川「非人」、十五軒の「夷」、二軒の「竹羅《ささら》摺《すり》」、二十軒の猿牽、二軒の「癩」、そして十二軒の「穢多」がいたことを記しており、軒数でいえば必ずしも「ササラ」が他の諸身分に比べて特に多いというわけではない。それゆえ、東海地方における「ササラ」身分の多さだけを根拠として大江家の身分を確定することは難しい。そこで、今度はその生業に即して見ていくことにしよう。大江家は正月には春駒を行い、周辺三ヶ村の「番人」を務めていたという。

仙之助の息子で磯吉の父親にあたる周八の妻しのは、安政三年（一八五六）の宗門帳に「市田村猿牽甚四郎娘」とあり、市田村の猿牽であったことが知られる。南信州では猿牽が「村方より御用」を務めることを約して村に引っ越している例もあり、猿牽が村の「下役」となるとしても不思議ではない[13]。一方、「ササラ」についても近世の南信州では冠婚葬祭にあたって手伝いをしたり、警固役をするなどの「下役」を行っていたことも指摘されている[14]。

そこでもう一度、仙之助や周八の名を記載した宗門改帳の表題を見ることにしよう。表1のように年代順に並べてみると、嘉永四年（一八五一）までは一貫して「猿牽」とし、嘉永五年（一八五二）には表題の「猿牽」に傍線を引き、「右（下役）ニ直し本帳上ル」と注記している。そして安政三年（一八五六）以降、明治四年（一八七一）までは「筰禅宗門御改帳」としていることがわかる。理由は明らかではないが、嘉永五年（一八五二）、このイエの家督は「千之助後家ひさ」に替わり「仙之助」となっている。それから間もなく、仙之助は息子の周八に家督を譲っているようであるが、宗門帳の表題については仙之助が帰参した嘉永四年（一八五一）が画期となることは間違いなさそうである。

以上のことから、大江家は村の「下役」をすることで下殿岡村に入り定着した猿牽であったと思われる。文政十一年（一八二八）、仙之助は領分払いとなるが、嘉永四年（一八五一）に帰参する。この翌年から宗門帳の表題が「筰《ささら》」と変わったのであれば、仙之助自身が「猿牽」から「筰」に変わったとしか考えられないだろう。その契機として考えられるのは、領分払いになっている間に仙之助が「筰」を支配する近江の三井寺末近松寺支配をうける

表１　宗門帳記載一覧

表　題	記載内容
文化７年「猿牽禅宗門御改帳」	定平・女房かね・倅仙之助・娘さと
文化９年「猿牽禅宗門御改帳」	定平・女房かね・倅仙之助・娘さと
文化11年「下殿岡村猿牽禅宗門御改帳」	定平・女房かね・倅仙之助・娘さと・娘きの
文化15年「猿牽禅宗門御改帳」	同上
文政３年「猿牽禅宗門御改帳」	同上
文政５年「猿牽禅宗門御改帳」	同上
文政７年「猿牽禅宗門御改帳」	同上
文政９年「下殿岡村猿牽禅宗門御改帳」	同上
文政11年「猿牽禅宗門御改帳」	定平・仙之助女房ひさ*1・娘きの・孫かよ・同兼次郎
文政13年「猿牽禅宗門御改帳」	同上
天保２年「猿牽禅宗門御改帳」	同上
天保３年「猿牽禅宗門御改帳」	定平・千之助後家ひさ・娘きの・孫かよ・同兼次郎
天保４年「猿牽禅宗門御改帳」	同上
天保５年「猿牽禅宗門御改帳」	平太*2・千之助後家ひさ・娘きの・孫かよ・同兼次郎
天保６年「猿牽禅宗門御改帳」	同上
天保７年「猿牽禅宗門御改帳」	同上　平太昨年６月死去　きの５月死去
天保８年「猿牽禅宗門御改帳」	千之介後家ひさ・娘かよ・倅兼次郎
嘉永５年「下役禅宗門御改帳」*3	下賤（役）仙之助*4・女房ひさ・倅周八
安政３年「筰禅宗門御改帳」	下役周八・女房しの・父仙之介・母ひさ
安政４年「筰禅宗門御改帳」	同上
安政５年「筰禅宗門御改帳」	同上
安政６年「筰禅宗門御改帳」	同上
安政７年「筰禅宗門御改帳」	同上　明年より手下之者　喜介
万延２年「筰禅宗門御改帳」	下役周八・女房しの・父仙之助・母ひさ・手下召抱喜助・寅之助
文久３年「筰禅宗門御改帳」	同上
元治２年「筰禅宗門御改帳」	周八・女房しの・父仙之助・母ひさ・寅之助・亀之助・手下喜助
慶應３年「筰禅宗門御改帳」	同上
慶應４年「筰禅宗門御改帳」	同上
明治３年「筰禅宗門御改帳」	同上
明治４年「筰禅宗門御改帳」	周八・女房しの・父仙之助・母ひさ・寅之助・亀之助・手下喜助・磯吉

＊1 仙之助領分払
＊2 定平改名
＊3 猿牽を「右（下役）ニ直し本帳上ル」
＊4 去亥年九月、仙之助御領分払赦免につき帰参
※矢沢直人家文書（飯田市美術博物館寄託）・下殿岡区有文書（飯田市歴史研究所架蔵写真帳）に拠り作成

ようになったということである。嘉永五年の宗門帳で「下賤」を「下役」と書き改めているのも、近松寺配下になったことで「賤」という露骨な賤視を含んだ表現から「下役」と表記が改まったとも考えられよう。これが何らかのかたちで「近江から来たらしい」という地元の伝承になっていったのではないだろうか。「ササラ」は「ササラ」の本所である近松寺から万歳の諸国巡行を認める免許状を得ており、ここでは「ササラ」が万歳も行い、三河万歳と対抗関係にあったことが指摘されている[15]。そうしたなか、仙之助が信州において芸能民として活動するにあ

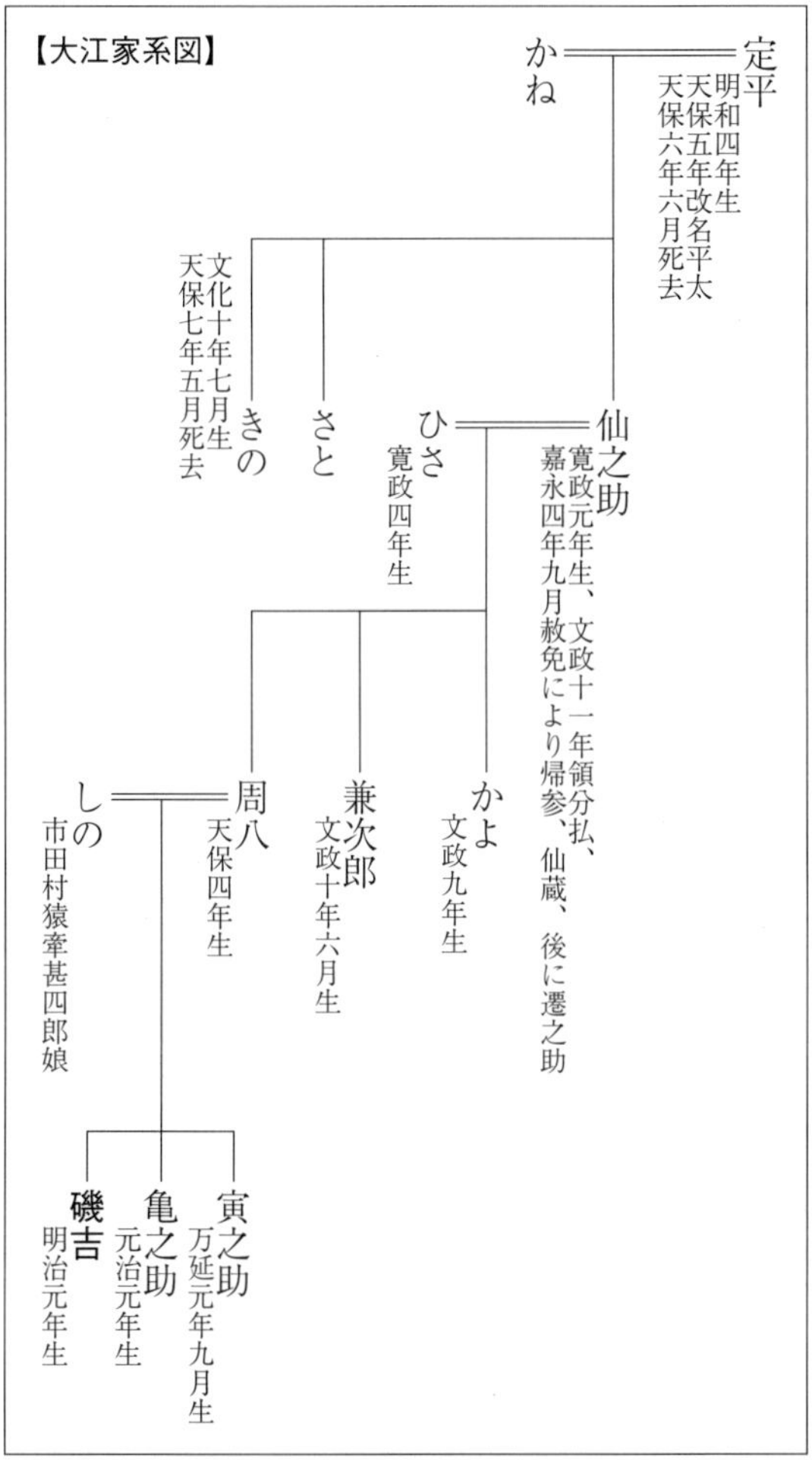

※矢沢直人家文書（飯田市美術博物館寄託）、飯田市下殿岡区有文書（飯田市歴史研究所架蔵写真帳）の「宗門改帳」に拠り作成

たり、本所をもたない猿牽きよりも三井寺を後ろ盾とする「ササラ」身分となることを選択することが有利に働くという判断があったのではないだろうか。信州においては説経にとどまらない、様々な芸能を行うことを本所の近松寺が認めていることから、春駒を彼らが行っていたとしても驚くにはあたらない。「ササラ」身分であるとすれば、春駒も行う、「三河万歳のような存在」というに相応しいといえよう。[16]

いずれにせよ「下役」として下殿岡に受け入れられた「ササラ」身分は、ムラで抱えられ村入用によって生活が保障される一方、様々なムラでの役を果たしていたと考えられる。そうすれば、大江家と下殿岡村との関係は当然ながら近代以降も再編されながらも継続することになるだろう。

三　大江磯吉の出生

大江磯吉の出生については、磯吉自身が書いた履歴書などから明治元年（一八六八）五月二十二日とされている。しかしながら、下殿岡村の「宗門御改帳」はまったく違ったことを伝えている。磯吉の名前が最初に見えるのは明治四年（一八七一）の「笮禅宗門御改帳」からである。[17]「去未□月出産当年加　磯吉　明年書入申候」とした付箋が貼られ、磯吉は寅之助・亀之助の弟、周八の三男として明治四年に生まれたが、宗門帳作成に間に合わなかったために付箋で注記され、翌年より宗門御改帳に記載されるようになったことがわかる。実際、明治六年（一八七三）に作成されたと見られる「下殿岡村戸籍帳」には磯吉として明治四年（一八七一）正月廿二日出生とされる。[18]しかし、明治九年（一八七六）作成と見られる『戸籍牒』には安政五年（一八五八）生まれの長男虎蔵（十七歳）の弟、次男磯吉として記載され、「明治元年戊辰五月二十二日」と朱書きされる（「下殿岡区有文書」）。「五」の字は何らかの文字の上からなぞって書き直したようにも見られ、あるいは「正」か「三」を訂正したとも考えられる。

ここで、注意したいのは、それまで寛政八年（一七九六）生とした仙蔵、天保十一年（一八四〇）生のしの、明治五年（一八七二）生の猪吉は生年に変化なく、天保四年（一八三三）生とした周八は天保三年と一年前になっている。一方、虎蔵（寅之助）は万延元年（一八六〇）から安政五年（一八五八）になっていることである。恐らく、実際には明治初年に生まれていた磯吉を四年（一八七一）まで宗門帳に記載せずにいたが、明治五年（一八七二）の壬申戸籍作成を期に明治元年（一八六八）生まれとして記載したのであろう。

四　近代の大江家

ここまで、近世の大江家と下殿岡村について見てきた。聊か回り道をしたようだが、このような状況を前提にして初めて近代以降の大江家の位置を明らかにできると思われる。下殿岡村に抱えられた芸能民一家は近代以降、どのような道を歩むのであろうか。

大江家が明治維新をいかなるかたちで迎えたかを直接語る資料は見つかっていない。しかし、近代の戸籍写に「平民　雑業」と記されていることから、恐らく「解放令」によって賤称が廃止されて以降、下殿岡では少なくとも戸籍の上では周囲の人々と同様に「平民」として位置づけられていた。制度上、等しく扱われることになった大江家は実際のムラの内部ではどのように扱われたのであろうか。

近代以降、大江家は差別のために貧困に苦しめられたといわれている。しかし、貧困の背景にあったのが差別だけであったのか否かの判断は慎重でないといけないだろう。大江の家は「矢澤吉平所持地」であり、自身の屋敷地

図3　大江磯吉の墓

を所有していなかった。明治七年（一八七四）に大江周八が土地の権利を書いた訴状によれば、安政元年（一八五四）に村内の「無税地」に「小家」を建てるとともに、周囲を開墾して僅かながら畑を作っていたようである[19]。しかし、明治五年（一八七二）になると同地に「二斗」の「貢米」がかかるようになる。しかも、同地は村が「番人給」として貸し与えたものなので、学校設立資金として村が引き上げ、売却のために入札をすることになった。その後、相当の代価で大江周八に当該地を譲渡することになり、土地の引き上げは見送られ以後も大江家が住み続けることができるようになった[20]。いずれにせよ「番人給」として無償で住むことのできた土地を買い上げることになり、しかも「無税」の土地に税がかかるようになったことは、大江家に少なからぬ経済的な負担を強いることになったであろう。また、大江周八は「解放令」によって「平民同様」となった際に「下賤番人相止」めており、それまで村から「番人給」として支給されていたであろう米銭も以後は見込めなくなったと思われる。すなわち、大江家の「貧困」は近代初頭に出された政府の諸政策の波を真っ正面からうけたことによるものだった。

このように大江家と下殿岡村は、近代という新しい時代のなかで摩擦も経験しながら手探りでお互いの関係を再構築していった。明治十九年（一八八六）、葬送や墓地に関して定めた墓地及埋葬取締細則が出され、「人家及飲用水路ニ接近」している墓地の使用が禁止されると、下殿岡では従来の墓地を継続して使用することが難しくなったために共同墓地を新設することにした。その際、区画の選択に際しては「共同墓地中各自請求ノ坪数ニ応シ抽籤ノ順序ニヨリ」決定することになった。[21] この共同墓地の抽籤に「小平磯吉」（大江磯吉）が参加し、弐坪を金弐拾銭で購入している。このことから、大江磯吉は下殿岡の共有財産である共同墓地を使用する権利があったこと、すなわちムラの正式な構成員として地域社会のなかで認められていたことが指摘できる。近世から近代にかけて、下殿岡における大江家の位置づけが変わったことの背景に何があったのか、詳細には明らかにできないが近世・近代移行期の身分的な位置づけの変化と、それをうけた下殿岡内部における共同体のあり方が再編されたことが指摘できるであろう。とはいえ、よく知られているように大江磯吉は再三にわたってその出自を理由に教職を追われており、地域社会で村落構成員として認められたことが、そのまま差別の解消といえないことは無論いうまでもない。

おわりに――いつ大江磯吉は「部落民」とされたか

ここまで見てきたように大江磯吉のイエは芸能民であったが、「長吏」身分ではなかった。そして、その事実は既に指摘されていた。にもかかわらず、大江磯吉を「部落民」とすることが少なくないのはなぜであろうか。既に藤村は噂で聞いた講師を「新平民」「部落民」と表記しているが、それは伝聞に過ぎない。

それでは、いつからこのような誤謬が広がったのだろう。実は既に大江磯吉の生徒であった与良松三郎が大正六年（一九一七）に書いた文章に「穢多の大江先生」とある。近世における被差別身分を厳密に区別することなく、混同されるのは当初からのことであった。信州の資料ではないが、『甲斐国志』巻四は「説経・簓・河原者・猿楽ト区別アルモ元来混一セルガ如シ」としているように、近世において支配する側にとってみれば、身分の違いは、本所の違いすなわち支配管轄の違いに他ならないが、地域社会においては訴訟など公の場面で相対しない限り、「長吏」（「穢多」）と「ササラ」の区別は意識されていなかったといっていいだろう。まして、近代以降ともなれば早くから混同されていたとしても不思議ではない。

藤村の『破戒』発表から間もない明治四十二年（一九〇九）に高野辰之が啞峰生の筆名で発表した『破戒』後日譚」では「長野の師範学校の教諭」の「大江某」について、寺院に宿泊した折に「此の人は穢多だ」という噂がたったという話を記し「猪子蓮太郎は全くこれをモデルにしたらしい」としている。その後、初めて本格的に大江磯吉について論じた小林孤燈の「小説『破戒』其まゝ」でも「穢多の師範学校長」としている。それ以降、『破戒』の「モデル」として評価されるようになると次第に誤って「部落民」として見られることが多くなったと考えられる。

こうして『破戒』の「モデル」として一人歩きしはじめた大江磯吉について、あらためてその時代と地域社会のなかに位置づけなおし、実態に即して再検討をすることも必要ではないだろうか。

註

（1）藤村自身は「眼醒めたものの悲しみ」において「あの小説の中に書いた丑松という人物の直接のモデルというものはなかったのです」と述べている通り、瀬川丑松や猪子蓮太郎を造形する上で、大江磯吉を直接のモデルとしたわけではない。本稿は徒に作品中の登場人物と共通点をもつ実在の人物を探す「モデル論」を意図したものではないので、文中では「これまでモデルといわれてきた」という意味で、括弧付きの「モデル」という語を使う。

（2）大江磯吉の研究は、『南信新聞』に一九一九年三月一日から二十三回にわたって連載された小林孤燈「小説『破戒』其まゝ」を嚆矢とする。以降、多くの研究があるが、荒木謙『大江礒吉の生涯』（自費出版、一九九六年）、東栄蔵『大江磯吉とその時代』（信濃毎日新聞社、二〇〇〇年）などが近年の大江磯吉研究の到達点を示すといえよう。なお、大江は「礒吉」と記す場合もあるが、本稿では広く使われている「磯吉」に統一した。

（3）東栄蔵「大江磯吉論」（『解放研究』一一号）。但し、宗門帳の記載は一定しないとし、「東海地方にはささら「簓」と呼ばれる人々が多かったので、大江一家はその系譜につながるものと推定した」と、ささら身分と推定した明確な根拠は示していない。

（4）灘本昌久「瀬川丑松、テキサスへ行かず（下）」（『こぺる』四一号、一九九六年八月）など。

（5）『長野県史　近世史料編』第四巻二「南信地方」

（6）南信地域の「被官」については多くの研究があるが、平沢清人『近世南信濃農村の研究』（日本評論社）を参照。

（7）『長野県史　近世史料編』第四巻二「南信地方」

（8）近世初頭における下殿岡村の村落構成については、平沢清人「近世初期信州伊奈郡下殿岡村の検地と村落構成についての一考察」（『信濃』一〇巻一二号、一九五八年十月）、鈴木将典「近世初期村落の形成過程――信州伊那郡下殿岡村を事例として」（『信濃』五七巻一〇号、二〇〇五年十月）がある。

（9）文化七年から天保四年までの宗門改帳は矢沢直人家文書（飯田市美術博物館寄託）、天保五年以降の宗門改帳は下殿岡区有文書（飯田市歴史研究所架蔵写真帳）に拠る。

（10）天保四年十二月「御救籾代米割帳」（矢沢直人家文書一五九六）

（11）嘉永五年三月「下役禅宗門御改帳」（下殿岡区有文書）

（12）『長野県史　近世史料編』第四巻二「南信地方」

（13）寛延二年三月「証文之事」（飯田市久米坂井善夫氏文書）。飯田市歴史研究所架蔵写真帳に拠る。

（14）平沢清人「ささら」（『伊那』三三四号、一九五四年）。

（15）吉田ゆり子「万歳と春田打――近世下伊那の身分的周縁」（『飯田市歴史研究所年報』一号、二〇〇三年）。西田かほる「近世の身分集団――信濃国における芸能的宗教者」（高埜利彦編『日本の時代史』第一五巻「元禄の社会と文化」吉川弘文館）

（16）隣国の甲斐では「猿引き」といいながらも、猿をもたず芝居などを行う者も多く（『山梨県史』資料編一一）、大江を「猿引き」とする史料があるとはいえ、必ずしも「猿飼い」であったと考える必要はないと思われる。
(17) 青木孝寿「『破戒』のモデル大江磯吉の新資料」(東栄蔵編『藤村文学への新しい視座』一九七九年)
(18)「下殿岡村戸籍帳」(下殿岡区有文書)
(19)「開発畑地争論訴状」(矢沢直人家文書二一九八)。本資料は矢沢尚氏のご教示による。
(20)「開発畑地争論之訴済口之答」(矢沢直人家文書二二〇一)
(21)「共同墓地契約書」(下殿岡区有文書)

終章

一

ここまで中世末から近世にかけての勧進と宗教者について、近世を中心にして論じてきた。第Ⅰ部で論じたように、嵯峨釈迦堂清凉寺や松尾社では中世に十穀聖などと呼ばれた僧が本願として勧進に携わっていたが、近世以降の動向は寺社の性格により一様ではなかった。寺院に定着するにしても清凉寺では宝永の再建までに一定の位置づけを得ていたが、松尾社は享保期に争論が起こっており、一七世紀末から一八世紀初頭までの間に寺社と本願の間の関係が模索されたように、その頃のありようが以後の本願の動向を占う分水嶺となっていたようである。同じ頃、清水寺では本願の僧が直接勧進を行わず、仏餉取が勧進の下請けをするようになっていった。また、一定の寺領や組織をもつ寺社に限らず、洛北の小町寺や南山城寺田村の水度社のような地域の神社や小堂においても、一七世紀末に寺社に身をよせていた宗教者と地域社会の関係が再編されていた。Ⅱ部で見た木食正禅は、一八世紀初頭までに廃寺を引きうけて寺院に入ることで「道心者」から公的に認められた寺院の住持となることができた。Ⅲ部で論じた上鳥羽村の桂女も同様に一七世紀までは私的な関係で武家や権門を訪れていたが、一八世紀以降は勧化という形態をとるようになっている。在地社会でも元禄期までに寺院改めから漏れた宗教施設が富士垢離として聖護院末となるなどの動きを見せる。その後、一九世紀には、独自の宗教活動をしていた仁和寺の恵信のごとき存在が寺院に吸引され、一方で宗教者自身も自らの宗教的な事業を実現するために寺院との関係を利用する相互依存の関係を結ぶような事例も生じるようになったことを指摘した。

僅かな事例から一般化することは慎重でなければならないが、一七世紀末から一八世紀初め、元禄から享保にかけての時期は、それまで一定の自立性をもっていた寺社と宗教者との関係が見直されるような様々な動きがあったということはできるのではないだろうか。そこで、最後に中世末から一七、八世紀にかけての寺社や宗教者をめぐる諸動向を見ることで、こうした動きの背景についての筆者なりの見通しを述べておくことでまとめにかえたい。

二

本書で対象とした中世と近世の移行期を意識した勧進聖や本願をめぐる宗教動向については、河内将芳の議論がある(1)。河内は寺院間社会と寺院内社会に着目し、統一権力が宗教を再編する経緯を明らかにした。本書で見たような一七世紀までの多様なありようは、河内が指摘したような中世から近世にかけての大きなうねりのなかで、宗教者自身が周囲との摩擦や試行錯誤を経て、近世社会に適応するために寺社や社会との関係を再構築する過程であったということもできるであろう。

なぜ中近世移行期という時期に河内が指摘するような動向があったのか。この時期に民衆と宗教の関係を考える上で考慮すべきは竹田聴洲の研究である(2)。竹田は一五世紀から一七世紀にかけて、集中的に寺院が建立されたことを『蓮門精舎旧詞』の分析から明らかにした。この時期、次第にイエが成立し、祖先信仰が広まっていき、その社会的な需要により、非正規僧（聖）が村落の惣堂などに定着し寺院を開創していったとする。実際、この時期に石塔墓地が発生することなども近年の石造物調査の研究から明らかになっており、村落共同体における仏教の広まりを窺うことができる。

その頃に盛んに制作された洛中洛外図や社寺参詣曼荼羅に少なからぬ巡礼や高野聖・山伏が描かれていることからもわかるように、中近世移行期には遊行の民間宗教者（竹田のいう「非正規僧」）が多数存在していたことは疑いない。謡曲のなかでも複式夢幻能と呼ばれるものにしばしば登場し、亡霊の物語を聞き出して最後に成仏させる「諸国一見の僧」なども、恐らく中世後期の社会において実際に諸国を旅する宗教者が珍しいものでなかったがゆえに創出されたものであろう。

竹田が指摘するように、彼らのうちのいくらかは仏教が広く普及しイエの成立による祖先崇拝の浸透した戦国期に様々な宗教的需要に応えるため、村落や都市共同体内へ定着し始めた。具体的に例を挙げれば、村落共同体への聖の定着は天文二十四年（一五五五）の「宗幸　是ハ旅僧ニて御座候、在所ニいろは字ニても候へ、みる者無御座候間、少々家を作置申候処ニ、是もはちをひらき堪忍仕候」[3]等として史料にあらわれる。あるいは承応二年（一六五三）、澄禅が四国遍路の途中に立ち寄った地蔵寺という寺院についていう「浅河ト云所ノ地蔵寺ニ一宿ス。寺主ハ無シテ吉祥院ト云山伏住持セリ。本山衆ナリ」[4]という記載などもその典型例といっていい。天文十四年（一五四五）の近江国蒲生郡の誓安寺では、「結縁」のために共同して田地などを寄進して一寺を新たに建立し、「永順十穀」という十穀断ちをする宗教者を「住持」としている。「一期之後は、各有御相談可然坊主可被相居事」としており、必ずしも住持の意志で後継者を決めることができたわけではないが、少なくとも永順自身の一代に限っては共同体内に位置を得ることができていたのだ。[5]

本書Ⅰ部で論じた小町寺の動向もそうした事例のひとつであろう。また、丹波国桑田郡田能村では元禄七年（一六九四）まで、村としての墓地をもたず、死者が出たときは各自の持林や親類などの墓地を借りて埋葬していたが、「西国三十三度致順順礼、其以後六十六部納経」の修行を終えて元禄頃に来村した「曹洞宗之導心者」が村から堂を借り、そこで書写した一字一石経を納めるにあたり、土地の寄進をうけて新たに「常墓」をつくり、そこに石経を埋めて塔婆を立てた(6)。このように六十六部のような宗教者の定着が村落内部の宗教施設を充実させる契機となる場合もあった。

竹田聴洲が『蓮門精舎旧詞』から見出した多くの事例や、奈良県山辺郡と磯城郡の会所と寺院が隣接していることが多いことから、村が管理する会所に仏像を安置したものが寺院化していくという原田敏明の指摘など(7)を見れば、こうした傾向が少数の例外でなく、一般化しうる傾向であったことを示しているといえる。近世になって流行した怪談に、荒れ寺を訪れた旅の僧が、現れる化け物や幽霊を鎮める話もこうしたなかで語りだされたものだろう(8)。

これは都市においては、裏店の寺院化、辻堂の寺院化としてあらわれた。その結果、京都においても天正から寛永という中近世の移行期に、寺院の開創が宗派を問わず集中することとなった(9)。そして、鞍馬寺・清水寺のような従来から庶民の信仰を集めていた寺社だけでなく、釘抜地蔵や焔魔堂のような町堂的な寺院本尊などの霊験が説かれ、信仰を集めるようになっていく(10)。さらに、都市域の拡大に伴い、それまで周縁部にあった小祠や石仏などが都市に取り込まれ、時に宗教施設や流行神となり、新たな神社や仏堂になったものもあった。例えば、今出川の石薬師は「家まハら」で「むぎはたけ」ばかりだった天正の頃には畠に埋まっていた「信おこす人もな」い石仏に過ぎなかったが、聚楽第建設時に話題に上り、「都しだいに、はんじやうして」周囲が町屋になるにつれて、小庵がかまえられると「人皆是を信じ。次第にはんじやう」したという(11)。都市化により、これらの辻堂や祠が人々の信仰を集め、次第に寺社としての景観を調えていく。すると、そこで施設や散銭の管理、宗教行為に従事する宗教者が常駐するようになった場合もあろうが、経済基盤が脆弱なこうした寺社において、彼らは散銭や喜捨、勧進などに依存する他なかっただろう。

一方、小庵などの信仰施設と接点をもちえなかった者の一部には、各地の霊場や既存の寺社をひとつの拠り所として選択する場合もあったと思われる。寺社の門前で参詣者をあてにした物乞いに埋没する場合もあるだろうが、伽藍を戦災や天災によって失い、再建のための資金を集めるために勧進を行う宗教者を必要とする寺社は少なくなかった。宗教者が一定規模をもつ寺院に入り込み、「勧進」を寺社から請け負うという活動形態をとれば、第Ⅰ部で見た清凉寺や松尾社など寺社内における本願の定着となろう。

永正元年（一五〇四）に戦火で焼失した但馬国出石郡の総持寺では、諸国をめぐり一宮に大乗妙典を奉納してまわる六十六部廻国行者のような宗教者「六十六部西林坊光盛」が、「本願十穀」として天文四年（一五三五）に一文の少額から守護山名祐豊の一千疋まで広く奉加を募って本尊造立を実現しているが[12]、民間の宗教者が寺社からの依頼や自らの主体的な動機により寺社再建などのために勧進を行うことは少なくなかった。

中世後期から戦国時代にかけては、著名な霊場寺院だけではなく、中小規模の地方寺社も盛んに勧進を行っていた[13]。勧進に応じて金銭を拠出する人々の範囲は、霊験で知られる著名な寺社を除けば、地理的に近い場合や水利を通じて深い関係があるなど、当該寺社を認知している場合に限られていた。当初は、所在地近郊の有力者を主たる対象としていたが、近江では一五世紀になると次第に勧進の対象地域や階層が広範囲にわたり、活動期間も長期間にわたるようになってきている[14]。広範な勧進を可能ならしめた背景として、中世後期から戦国時代にかけて、地域社会の寺社も経済活動などを通して、荘園や郷・村を越えた信仰圏を形成し、地域社会における「公共」的存在として確立していくようになることや、村落共同体の交際範囲や生活領域が拡大していったことにより、相互に経済的な協力をし合う関係の成立も指摘されている[15]。だが、同時に長期間にわたって広範囲に募財をする専属の実務者が存在していたことも忘れてはならないだろう。かかる勧進の担い手となったのは、村落に住む俗人によって行われる場合もあったようだが、多くの場合は社頭聖などの宗教者であった[16]。

このように各地で勧進が行われ、近隣の村落が相互に募財に応じ協力し合う関係が広がると、勧進を実際に担った宗教者の活動範囲の拡大や周辺地域で同様の活動をする宗教者や職能民などとの連携も必然的に生まれていったと思われる。広範な募財によって大規模な伽藍を建立するような勧進聖の登場も、こうした活動のなかで力をつけていたからではないだろうか。第Ⅰ部第二章で見た松尾社の本願は「豊臣秀吉将軍聚楽亭建立之節、西国ヨリ来罷有人足ノ中ニ如何思入ケン、下部一人、松尾社エ参籠シテ数日ヲ経トモ不帰、社司是ヲトカムレハ、彼下部、吾ハ西国ヨリ人足ニ被当、上京仕ソロ所、公用仕廻身イトマ申請、本国エ可帰身ニテソロエトモ、当社大明神ヲ奉仰、一生ヲクラシ度ソロ程ニ、社頭ノ辺之掃除ノ者ニ被成下度旨、（中略）楼門ノ北ノ方ニサシカケノアヤシキ庵ヲムスヒテサムライシカ、後ニ社司エ窺、今ノ本願居住ノ地ヲ申受、一寺ヲ建立ス[17]」とあるように、人足として上京し、帰国せずにそのまま京にとどまった者だったという。松尾社の初代本願の慶林は「十穀」を名乗っており、俗人ではなく既に十穀断ちなどの過酷な行を遂げた行者であり、この記事自体は額面通り受け止めかねるが、俗人が寺社において自発的に再建・再興を発起し、勧進を始める場合もあったであろう。こうして寺社に入り込み勧進を始めるとなると、一紙半銭の奉加で寺社を再建するには一定の時間が必要になり、その間に勧進を行っている宗教者の代表者のもとへ弟子や他の宗教者が身を寄せるようになったことで、次第に「同宿」などと呼ばれる勧進聖の集団を形成していったのではないだろうか。

このような勧進聖として寺社に入り込んだ宗教者が寺社内の組織に定着し、下坂守がいうような「近世的勧進」に変容を遂げる時期が、多くの寺社でほぼ一五世紀から一七世紀なのである。これは、竹田聴洲が指摘した聖による村落への定着と寺院開創と時期が一致している。つまり、民間宗教者の定着の場として求められたのが、寺院内か村落共同体であるかを別にすれば、民間宗教者の村落定着による寺院開創と本願の寺院内社会定着とはほぼ軌を一にしているのだ。寺院内とともに地域社会への民間宗教者の定着が背景を同じくする当該期の一般的な動向であるとすれば、中近世移行期の宗教動向を考えるには河内がいう①寺院間社会、②寺院内社会に加えて、③地域社会を見ることなしには、その全体像を具体的にとらえることができないのではないだろうか。

三

寺院内・地域社会に定着した宗教者の具体像については、本書の第Ⅰ部で論じ、その多様なありようを指摘したが、中世の漂泊から近世の定住という単純なとらえ方はできない。無論すべてが定住したわけではなく旅を続ける回国聖や六十六部も存在すると同時に、近世以降あらたに共同体を離れ、宗教者となった存在も少なくなかった。戦国期には藤木久志が指摘するように容易に村は退転したし、イエの没落も少なくない[18]。走り者[19]、戦場稼ぎから流れることもあったであろう。生産が安定しない状況では僅かな天候不順や環境の変化が再生産を破綻させる。あるいはムラにおいても後家ともなれば容易に「はちひらき」、すなわち物乞いによって生活せざるをえない状況になる[20]。そうしたなかから共同体を離れ、宗教者として旅に出たものも少なくなかったと考えられる。そして、『醒《せい》睡笑《すいしょう》』巻六に「関役所の難を遁れんに、つくり山伏に如くはあらじ[21]」とあるように偽山伏になることは非常に容易でもあった。

そもそも民間宗教者とは固定した集団（社会集団）ではなく、その性格から考えて流入・流出が極めて容易なもので、その出自は恐らく非常に多様であったと考える方が実態に近いだろう。近世初頭であれば、城下町の建設や普請により都市へ流入した者や、武家奉公人・改易大名の浪人を出自とした宗教者も多かった。本書第Ⅱ部で見た木食正禅ももとは浪人であった。

太田直之が指摘するように寺社の本願の多くは、十穀聖・木食聖などと呼ばれる十穀断ちなどの常人になしえない厳しい行を遂げた行者であり[22]、そうした存在が寺社の勧進をすることで、人々の信仰を集め、社会の信頼を得ることができたことは間違いない[23]。しかし一方で、元和四年（一六一八）には「下々奉公人共数多令浪人、在郷へ参もいや、奉公も六ヶ鋪存引込、則山伏等の弟子となり、祈禱も卜筮不存、伊勢之祭文一ツ、愛宕之祭文一ツ、いつれなりとも習候而勧進いたし[24]」という状況により、伊勢・愛宕の「真似勧進」を禁じる法令が出ているが、実際には一、二の祭文だけを覚えて「真似勧進」をする者が跡を絶たなかったのであろう。近世には「おろかなる者共をたぶらかし、銭を取たる咎」で召し捕られた吉野の「盗人の木食[25]」や、元禄元年（一六八八）五月「江戸中御払」となり、「コノ坊主ヲ見レハ、後世木食トテ必上人ニモアラシ心ユルスヘカラス」とされた木食[26]などもあらわれることになり、単に「木食」であるという理由だけで信頼を得ることはできなくなった。

中世末から近世初頭という時期は天候不順や戦災など生存を脅かす要素も多く、供養を必要とする死者も夥しく生じた事実は藤木久志の指摘する通りであり、「真似勧進」や「はちひらき」を含む民間宗教者を多く生み出す土壌があった。同時に霊場寺院の再建が進められ勧進の担い手の必要性が高まったり、葬送儀礼の整備によりムラの惣堂の寺院化とイエの成立による祖先供養の需要が増すなど、そうした宗教者が再び共同体内に戻るための受け皿が少なからずあった時代でもあった[27]。例えば、越前国江良では慶長年中に寺院が退転したために刀根が「坊主ヲよびよせ」て「畑ニ小庵ヲ結ひ置」かせており[28]、在地社会側の要請で「坊主」の招致がなされる場合もあれば、かつて寺院があったという伝承はあるが、正保年中までは「茫々と荒わたる草木」のなかに「石塚のやうなる物」があるばかりの場所へ、慶安元年（一六四八）に念清という「道心者」が薬師堂を造立するような、「道心者」による自発的な行為による場合もありえた[29]。

近年では、他者を排除する性格が強いと思われていた中世村落においても「浪人」「間人」のような流入者を受容し、一定の条件を満たせば村落構成員になることも可能であったという指摘[30]もあり、諸国をめぐり宗教者として活動していた者も不安定ながらも中世の農村内に定着する回路は存在していたと考えるべきであろう[31]。また、村落内部の寺庵の管理者として宗教者を受け入れ社頭聖とするなど、宗教者が村落に入り込む受け皿は存在していたのだ[32]。

つまり、共同体からの流出、宗教者としての活動、そして宗教者として共同体内への定着という回路が不充分ながらも存在し、周辺の経済困窮者を巻き込み絶えず流動しながらも、ある程度は再び定住することを可能にする力が比較的強くはたらいていたのがこの中世末から近世初頭の時期であったと思われる。

しかしながら、こうした出自が明らかでない者の存在と相次ぐ流入と定着は、当然ながら不穏なものと見られただろう。早くは天文二十四年（一五五五）の『相良氏法度』に「他方より来り候ずる祝・山伏・物しり、宿を貸すべからず候。祈念等あつらへべからず。一向宗基たるべく候[33]」という権力側の忌避観としてあらわれている。近世の早くから見られる宗教・寺院の統制もその一環と見ることも出来よう。近世になると、統一権力は元和元年（一六一五）七月の「浄土宗寺院法度」で霊仏霊地の修復を名目とした「諸国勧進」を禁じる。さらに新寺禁制や裏店の寺院化を次第に規制し、民間宗教者と僧（清僧）・百姓・町人との回路遮断、治安対策のために統制をはかり始める[34]。そこで出されたのが、新寺禁止令と「不存一宗法式之僧侶」を寺院の住持とすることを禁じる寛文五年（一六六五）の法令である。その結果が、①簇生する寺院の統制としての本末支配、②多様な民間宗教者・聖の統制となる本所統制である。そのため寺院内に本願として定着した場合や小庵を寺院化した場合は寺院の本末関係のなかに取り込まれ、民間の宗教者も次第に様々な本所から支配統制をうけるようになり、そこから外れた存在を認めないようになる。近世初頭の寺社と本願の訴訟において、しばしば本願が勝訴する背景には、かかる集団が再び社会に還流されることを権力が望まないという事情もあったとは考えられないだろうか。

また、地域社会も近世初頭には宗教者の受容を忌避するようになっていく。京都では、寛永十九年（一六四二）九月の下京菊屋町の町掟に「山伏・諸くわんしん之者」へ家を売ることを禁じていることが見え、権力側の意向もあるだろうが一八世紀にはいると各町の法度に「出家」や「山伏」への家屋売却を規制する文言が見えるようになる[35]。

つまり、中世の漂泊から近世の定住へという単純なものではなく、定住には一定の困難は伴ったであろうが、漂泊と定住の相互変換の可能性は中世に存在し、中世末には上述のような社会状況のなかで定住の機会が比較的多くなり、結果的に定住を促す傾向となる。しかし、近世以降は新規寺院の建立が困難になるなどの規制強化に加え、人口が増加から停滞に転じ社会が低成長期に入り[36]、外部からの流入を受け止めるだけの柔軟さを社会全体が失った。京都では、承応三年（一六五四）の「非人施行」を機に岡崎の悲田院が「非人」の支配を始め（『京都御役所向大概覚書』）、あらたに京中に流入して袖乞いをする「新非人」の排除を進めている。

その結果、定住の条件を著しく困難にし、定住状態から流出が多くなり、それまで存在していた共同体流出者が

「非人」身分とならずに宗教者となり、そして共同体内へ宗教者として定着するという途が狭められる。享保期には、もと浪人の木食正禅は廃寺を「移転」するかたちをとり、そこの住持となることで漸く定着することが可能となった。

そのなかで残された僅かな選択肢が、裏借屋などへ入り日用として生きるか、既存の寺社などの宗教施設によらない民間宗教者となるといったところであろう。(37)但し、それは宗教者の「自由」が権力に否定されたのではなく、彼らの存在は依然として社会が必要としており、宗教者が民間で活躍する余地を残した。中世以前の「遊行漂泊的」なものが近世には遊郭や芝居町といった「悪場所」に囲い込まれ、そうした空間においてその精神が受け継がれたといわれているが、(38)近世の宗教者においても木食正禅などの民間を舞台に活躍する宗教者に中世「聖」の精神が継承された側面はあったのではないだろうか。

四

近世初頭に一定程度、寺院内か共同体に民間宗教者の定着を見るようになったが、その後一七世紀末から一八世紀は民間宗教者の定住が困難な社会となったことは先に見た通りである。しかし、近世になっても、宗教的な理由や経済的困窮などにより、民間宗教者として勧進・托鉢によって生活する者はいなくなったわけではないだろう。様々な理由から進んで宗教者になる者もいれば、生活の手段として宗教者の姿をとることも少なくなかった。

万治三、四年（一六六〇、六一）刊と推定される浅井了意の仮名草子『東海道名所記』では、主人公の楽阿弥陀仏は「まづ今生の身過に、四国遍路、伊勢・熊野をめぐ」ることを企てて旅に出ると、「それより勧進聖になりてめぐる」という[39]。これは文学作品のことだが、身過の手段として勧進をする事例は少なくない。例えば、明暦三年（一六五七）大坂三津寺町借家では、「後家」になったことなどを契機に剃髪した数名が「はちをひらき」暮らしていた[40]し、享保三年（一七一八）大坂上安堂寺町の借家にいた鉄心も高齢のため歩行が困難になるまで「鉢ひらき」を「渡世」としていた[41]。

寛政五年（一七九三）執筆にかかる松平定信の自叙伝『宇下人言《うげのひとこと》』には天明の飢饉の際、諸国で一四〇万の人口減を見たが、この減少分は「みな死うせしにはあらず、只帳外となり、又は出家山伏となり、又は無宿となり、又は江戸へ出て人別にも入らずさまよいありく徒とは成りにける[42]」とあるように、飢饉などに見舞われた場合の選択肢として「出家・山伏」という宗教者となる途があったのだ。

そうなると、一八世紀に入り寺院内部に定着し本願となったもの、地域社会のなかに定着し寺檀制度の整備により檀家を抱え、宗門改めを行う寺院化したものと、その流れのなかから析出された民間宗教者との二極化が進むようになるのは自然な流れであった。社会の宗教者に対するまなざしも変わってくる。中世の「職人歌合」には様々な宗教者たちが描かれていたが、近世の職人尽絵には描かれなくなり、それまでのように職能民として意識されることはなくなったといわれる[43]。

浅井了意による寛文元年（一六六一）刊の仮名草子『浮世物語[44]』には、道心者には二通りあると述べる。すなわち、「其の身万に描く、博奕・傾城狂ひに一跡をほつきあげ、親の勘当を蒙り、主君に追ひ出され、奉公もならず、職は覚えず、商をせんにも元手は無し、身を過ぐる手段に事を欠き、飢えに望む事の物憂さに、髪を剃りて衣を着し、人の施物を受け命をつなぐ」ものと、「我身の無常を感じ後世の大事を思ひ知りて」出家した「誠の道心」である。ここに、巷の出家に対する視線が二極化しつつあったことが窺えよう。元禄期には『人倫訓蒙図彙』に見るごとく「いま時の勧進は己が身すぎ一種にして、人をたぶらかし、偽をいひて施をとる。是全盗にひとしき也」[45]と勧進を乞食同然とする表現が見られるようになり、元禄期に書き始められた天野信景の『塩尻』巻一七にも「勧進の字今は僧法師等銭を貪る名のこと、なれり」とされるようになる。[46]

こうした勧進を行う宗教者に対する社会意識の変化を後押ししたのが、東大寺の大仏再建ではないだろうか。井原西鶴の『世間胸算用』巻五では、「身の大事の地獄極楽の絵図を拝ませ、又は息の根の継ぐ程、流行唄を唱ひ、勧進を」しても「一升柄杓に一盃は貰ひ兼ね」る熊野比丘尼と対比するように、龍松院の大仏建立勧進を「信心なき人は勧め給はず、無言にて廻り給ひ、我が志あるばかりを請け給ふも、一升柄杓なるに一歩に一貫、十歩に十貫、或は金銀を投げ入れ」と記す。無論、多分に誇張はあるだろうが、幕府も協力して推進する一大事業を実現するために勧進を行う龍松院の公慶らに対して、巷間を行き交う宗教者に対する社会の視線は次第に冷たいものになっていったことは想像に難くない。

寺領からの収入のみで経営することが困難な寺社は講を組織するなど信仰集団の編成を試みるが、恒常的な運営可能な講集団を組織できない寺社などでは、勧進による広範な募縁活動を否定しては存続することが難しい。そこで、権力との協調のなかで寺院は、元禄から享保期にかけて物乞いとは異なることを明確にし、なおかつ勧化を行う手段として、公儀の認可をうけた御免勧化をするようになる。御免勧化は寺社の再建に際して、幕府が財政援助をやめ、自力による募財が基本となったために、行われるようになったものである。貞享から元禄にかけて行われた東大寺大仏殿再興のための勧化も幕府の援助をうけた事実上の御免勧化だが、御免勧化の初見は享保七年（一七二二）に熊野三山権現社修復のために行われた勧化であり、それ以降に行われた御免勧化は三四〇件を超えるという。[47]また、出開帳や居開帳もしばしば行われたが、開帳は勧化によって目的を達成しえなかった場合に公儀に申請することが多かったようで、開帳も勧化の延長線上にあったということもできる[48]。

勧進聖などを賤視する視線も次第に強まり、清水寺や熊野那智社などの寺社内では本願排斥が起こる[49]。祇園社では本殿前の小屋で「杓ふり」による勧進をしていたが延宝期を最後に姿を消し[50]、清水寺でも本願成就院が勧進自体を仏餉に委託するなど、寺社の勧進への関わり方が変わってくる。

倉地克直が近世的「勧化制」成立に伴い、「勧化」という語が使われ始めると、今度は「勧進」という言葉が使われなくなるとする[51]。倉地はこの変化を幕府の宗教政策の転換から評価し、いわば行政用語として「勧化」を見ているが、寺社側から見れば、公儀の認可を受けた募財として、他の宗教者の活動と差別化する意味で積極的に採用された可能性もあるのではないだろうか。御免勧化が行われ、こうして勧化を行う寺社を公儀が勧化触で保証するとともに、一定の強制力をもつようになる。こうしたなかで行われていた御免勧化について、化政期に書かれた『世事見聞録』では、「当世奢侈に構へて自身には巡行せず、役僧といへるを名代に出し、あるいは請負人・金主などいへるもの指し添へて、権威のみ高く見せて怖し取る仕懸けをな」すと記している。かかる御免勧化に対しては摂津では領主の用聞に村からとりまとめて渡し、そこから寺社の勧化所へ差し出すよう求める一方で、そこからもれた「勧進」は「諸勧進」として取締を求めたり、一九世紀には郡中が窓口を決めて一括で対応する地域的管理体制をとるなど、接し方に差がつくようになっていく[52]。

上鳥羽に拠点をおいていた桂女も、第Ⅲ部で見たように、この動きに同調するかのごとく、宝暦以降は触を伴う勧化と配札を行い、次第に効率的に配札を行うための機構を整え、後には勧化自体も他者に委託するようになった。その結果、桂女は地域社会との接点が希薄になったために、宗教性を維持するため由緒による荘厳を図っていくことになる。

そうしたなかで、宗教者の間にも変化が起こり始める。六十六部廻国行者は中世には既に存在していたが、一七世紀には史料に殆ど登場しなくなり、一八世紀初頭になり供養塔の造立が始まり、その由緒を記した『日本回国六十六部縁起』も同じ頃に姿を現している[53]。熊野那智阿弥配下であった西国巡礼三十三度行者も一七世紀末から一八世紀初頭に熊野の影響下から脱し、拠点を移すとともに公家の花山院家と結びついている[54]。関東から来た西国巡礼に対しても元禄五年（一六九二）には吉野山先達が「袈裟」や補任状を発給するようなこともしていたようだ[55]。これは急速に変わる社会の視線に対する宗教者側の対応ということもできるだろう。近世後期には、宗教者が自ら秩序形成擁護の意識を抱き、「偽の宗教者」を取り締まる姿勢をとり始めるとする林淳の指摘[56]もかかる動向のなかで理解する必要があろう。

そして、一九世紀半ば弘化四年（一八四七）脱稿の本居内遠『賤者考』「乞食」の項では、六十六部や西国巡礼・四国遍路・善光寺参などを「真の乞食も多けれども元来は平民よりなしはじめたる事にて、常に恥とせず、是を修行と心得あやまりたるさへあるは、仏意の悪習なり」とするようになる[57]。実際の宗教者たちは「恥」ととらえることなく「修行」であるとするが、社会は「仏意の悪習」と断じるような、意識の断層を生み出すに到るのである。

しかしながら、そうした存在が社会からは時に「悪習」と非難されたり、本所から許状をうけた宗教者からも「偽」として排除されたにもかかわらず、糊口をしのぐためだけに「勧進」を行う者が、確かに存在することができたのはなぜだろうか。

九州佐土原藩から諸国をめぐる旅に出た当山派の修験者である野田泉光院は、「托鉢人一人も入れ」ないという田辺藩領内で「内証にても修行の人へ手の内施したるを聞付けたらば、庄屋落度仰付けらる、」と説明する「下役の者」自身から、「白米一升五合、大豆五合」の施行をうけているような例[58]も見られ、喜捨に応じる側には法的規制を超えた意識が働いていることは疑いないようだ。問題は、その意識がどのようなものかである。

野田泉光院が、ある日に同行者の平四郎から配札を省略して托鉢をしてはどうかと提案されたらしく、実際に托鉢と配札で集まる米銭の多寡を比べた結果、配札が圧倒的に多かった（『日本九峰修行日記』文化十年十一月二十九日条）。この事実は、迎える側としては、札という宗教的な物の有無を大きな違いとして受けとめていたことを示している。つまり、宗教者を迎える社会の側は、宗教者に米や銭を渡す行為を財産をもたない者への寄付ではなく、祈禱や芸能のような宗教行為や札への謝礼として受けとめていたといえるだろう。とするならば、宗教者の行為や札や芸能がなぜ米や銭と交換しうるような価値をもちえたか、換言すれば社会が宗教者に何を期待してその勧進に応じたかである。

ひとつは諸国を旅して修行する宗教者の呪力に対する期待もあっただろう。再び野田泉光院の『日本九峰修行日記』を見ると、訪問先で守り札の授与や加持をしばしば依頼されている。例えば、丹波国氷上郡では弥兵衛という「藪医」から、妹が「永々病気」のため加持を頼まれている（文化十二年三月三日条）。加古川付近でも老女に「回国修行者と見請けたり」と呼び止められ、「野狐付の様」に見える隣家の「若き女」の治療を頼まれている（文化十二年四月晦日条）。諸国を旅する宗教者には、地域社会にある医療技術で治療が難しい病を改善する知識や技術をもっていることを期待されていたようだ。だが、町や村を訪れた宗教者は、泉光院のような呪力を期待できるような者ばかりではなかった筈だ。

宗教者への喜捨に応じたもうひとつの理由は、東島誠が論じたような公共負担としての意識であろう。東島は中世には勧進が公共負担を媒介してたが、近世には社会に還元する回路を喪失して施行の客体になり、出版物などが公共負担意識を喚起する機能を果たすようになったと指摘した。(59) しかし一方で、実際には近世においても中世ほどではないにしても、寺社建築や橋・道などの公共性の高い施設の建設や維持管理あたって宗教者による募財が行われている事実は、木食正禅の東海道改修事業など少なくない。社会資本の建設や貧窮民への経済支援、災害などによる死者の供養など公共性をもつ事業にあたっては、広く社会全体で経済的な負担をするという意識は近世にあっても存在し続けたと見てよいのではないだろうか。

そして三つめが、社会が喜捨などの作善の機会を欲していたということである。高取正男は、前近代社会の共同体では飢饉が起きた際に生き延びるためには、時に隣人であっても脱落する者を見殺しにせざるをえず、生きながらえた人は「生きているということ自体に罪障を感じ」るという。そうして迎える旅人には、村落社会から排除された犠牲者像を投影し、一種の「原罪感覚」「贖罪意識」から施しをせずにはいられないように人々に思わせるのだという。このように定住者の意識をとらえた上で、「この点に手をさしのべ、さまざまな芸とひきかえに、生活の資を獲得していた」のが漂泊の芸能民であったという。(60) 意識や感覚について史料に基づいて実証するのは容易ではないが、重要な指摘であると思われる。

また、京都のような都市部において、檀那寺をもたず子孫による死後の追善が期待できないような流入民は、現世における作善や仏神との結縁を可能な限り行い、現世において可能な範囲で善行を積もうとしたと思われる。頻繁に行われた寺社の開帳や、霊場への参詣の流行もこうした意識に支えられた部分もあろうが、日常的には都市を行き交う宗教者への喜捨という行動につながったのではないだろうか。

喜捨をうける宗教者は、こうしたささやかな善行を積みたいという社会の需要を背景に受け入れられていた面もあるのではないだろうか。(61) 無論、こうした行為は個人や共同体の生活を圧迫しない範囲に限って行われる。宗教者の侵入を望まず、厳しい態度で臨む共同体も少なくないが、一方でひとたび宗教者を受け入れ、喜捨に応じるとなった場合には共同体では横並びの意識がはたらき、なかば強制力をもち個人の判断で拒否することが容易ではない状況になる。まして勧化帳がまわされるような場合には、喜捨額の多寡が目に見えるようになる。共同体による規制や制限は、こうした環境にあって、時に加熱しかねない「善行」が、限度を超えないようにするための機構でもあったのではないか[62]と思われる。

こうした視点に立てば、近世を通じて「勧進」が身分や所有のあり方、その目的を問わず行われ、それが一定の成果を得ていたことも納得できるのではないだろうか。それゆえ、寺社の再建から個人の糊口を凌ぐための手段まで、その目的を問わず広く資金を集めるための選択肢たりえたのであろう。

「非人」身分などが「勧進」を標榜したことの意味も、こうした社会的背景をふまえて検討する必要がある。例えば、寛政十一年（一七九九）の乞胸身分による書上でも、「勧進と申候而ハ、仏道ニ拘り候」と過去に「家業」に加えることを寺社奉行から禁じられた「辻勧進」を「古来より書上来候」と追加している（『徳川禁令考』前集第五—三四三九）のも、そうした文脈で見なければならないだろう。このように見たとき、勧進という視点は近世の宗教のみならず、芸能や被差別民研究へも一定の有効性をもっているのではないかと思われる。

五

このように中近世移行期の民間宗教者は、様々な事情により共同体を脱した多くの人々の受け皿の一つでもあり、その活動の中心に勧進がある以上、勧進とは中近世移行期の宗教動向の焦点であったとさえいえるだろう。近世の統一権力は、一七世紀を通じてその活動を制限し、自らの統制下に置こうとしたことは近年の研究で明らかになってきたところである。では、それが末端まで貫徹したか否かである。第Ⅱ部ではそうした大きな動きのなかで翻弄されながらも自らの位置を確保するため試行錯誤する宗教者を取り上げた。

本書で見た一八世紀以降の事例は、距離感はそれぞれではあるが、いずれも権力と無関係ではなかった。権力側の姿勢が変化したことや、地域社会の意識が変わってきたことは宗教者が権力・権威と接触する必要性を喚起した。宗教者の側もそうした状況に適応した「勧化」や既存宗教への接近など活動のあり方を模索した。しかし、権力との関係は一元化されたものではなく、その関係は緩やかで、時に選択肢の一部に過ぎない場合もあった。むしろ、富士垢離のように施設存続の方便として聖護院との関係が選択される場合や、仏餉取のように宗教活動の選択肢を拡大するための手段として聖護院や清水寺など複数の権力と結ぶ場合もあった。あるいは第Ⅲ部補論で見たように信州の大江磯吉の父のように所払いのなかで本所を変え、別の名義でムラに戻ってくる場合すらあった。

こうした権力との柔軟な関係のとり結び方は、宗教者が宗教者として活動する現場を想起すれば決して不審なことではない。受け入れ側である地域社会の視線、意識がより厳しいものになっていくなかで、宗教者の側は地域社会の宗教的需要をくみ取り、積極的に自らの活動内容や範囲を充実させていく必要がある。民衆のなかで活動する宗教者は、多様な人々の宗教的欲求に応えることが望まれており、公儀や本所が規制するからといって、祈禱や配札を望まれれば断るわけにはいかない(63)。さらに近世は書物の出版が盛んに行われ、家相や占術・呪いなどの技法書も次第に入手可能となり、呪術・占考など宗教的技能も宗教者の独占物ではなくなった。場合によっては願人《がんにん》のように宗教行為とともに芸能などを積極的に行うようになり、そもそも勧進と興行は近い存在であったが、宗教者と芸能者との境界が一層曖昧になってくる場合もあった。

芸能も同様で第Ⅲ部で見たように近世の万歳師には、土御門家の支配をうけて万歳をしている者もいれば、関蝉丸神社の支配をうけて「説教者」として万歳をレパートリーにしている者もいる。地域社会で春に祝福芸を求められれば、説教者も万歳をする。一方で土御門家支配の万歳師も、だんだん万歳よりも芝居がウケるとなれば芝居を始めていく。こうした活動をする上で都合が悪ければ、所属を変えることもあるだろう。生活がかかっている以上は支配者から制限されてもウケることをやっていく必要がある。

むしろ、組織の間を渡り歩くことは芸で身を立てる人の間ではなかば常識であった。例えば「人間ポンプ」の見世物で知られた安田里美は、一座から無断で姿を消す「ドロン」を繰り返し、そのたびに新しいサーカス団などに潜り込み、新たなネタを仕入れては帰って行ったという[64]。このように組織に所属しながら、自身の芸だけをたよりに組織の間を自由に泳ぐことで芸そのものを磨く、これこそが芸能者・芸人の姿であり、組織に所属し一生を終えるような硬直したありようでは芸そのものが死んでしまう。組織（集団）に所属し、集団を媒介にした国家とのつながりが一生存在するなどというのは終身雇用の社会が生み出した幻想とさえいうことができるであろう。芸人の世界における現場（集団の内実）では、その集団間の境界は流動的で、組織や集団に見えるものもゆるやかな関係によって成り立っていた。

ここで想起されるのは序章でも触れた鈴木による宗教の「メーカーの論理」と「ユーザーの論理」である[65]。地域社会の多様な宗教的需要に応えるため、宗教者は「メーカーの論理」と「ユーザーの論理」の橋渡しをする。理念や教義に基づいた「メーカーの論理」だけでは融通が利かず対応しきれない。時に「ユーザーの論理」にあわせて折り合いをつけることなくして宗教者は受け入れられない。宗教者が地域社会で生きてゆくには、変化する社会の多様な要望に即応できる柔軟性なしには存在し続けることは難しい[66]。そのため「メーカーの論理」が使いにくければ「メーカー」を変えることもありうる。商品を選択するのは「ユーザー」なのだから需要を読んで売れる商品を揃えるのは当然である。

また受け入れる側にしても、宗教者に求めるものは供養であったり現世利益であったり、あるいは病気の治癒や予防など様々であろうが、いずれにしても受容の過程では民俗信仰とのすりあわせも行われる[67]。本書第Ⅰ部第一章で言及した、清涼寺の境内で本願の手で火葬が行われ、真言系の寺家に問題視された事例などは、既存の宗教の枠組みを超え、地域社会の宗教的欲求に本願が応えようとした試みであったということもできるだろう。こうして受容されたものは、「人々が仏教を求め要求した〈民衆化〉によって取捨選択され、変容され、再構成され」た「民衆仏教」ということもできるかもしれない[68]。

本稿で見た一七世紀の動向はいわば統一権力が成立し、そのなかで作り出された制度という枠組みと民衆の宗教的欲求に宗教者たちが試行錯誤をしながら適応しようとする過程といえ、一八世紀以降の動きは固まった制度のなかで宗教者が地域社会の需要に最大限対応するための模索の過程といえる。圭室諦成は、庶民が仏教に期待するものとして①葬祭②治病③招福を挙げ、こうした需要に対して、近世の寺院は葬祭に大きく比重を置いていたことを指摘している[69]。かかる時代のなかで、寺院が積極的に取り組まなくなった②治病③招福に対する欲求の受け皿となったのが、木食正禅・観正・円空などである。彼らは個性的な動きを見せ、活動を通じて庶民の宗教的需要に積極的に応えたのであった。近世後期には、そうした動きのなかから既存の宗教の枠組みを超え、民衆宗教としてあらたな潮流を作り出すことにもなった。このように、芸能・宗教ともに、民間にあって直接人々と接しながら柔軟に活動する「勧進」のなかから新しい動きが生み出されていったのである。

本書では権力との関係を桂女で若干言及したにとどまりあまり触れることが出来なかった。支配する側としての権力ではなく、勧進帳の冒頭に多額の寄付金を寄せることで宗教者の活動の正当性を保証するとともに権威づけする大檀越としての権力者の存在、あるいは由緒書のなかで言及される権威については論じ残した課題といわざるをえない。なお、近代になると民間宗教者による祈禱や占いなどの宗教活動が新政府によって規制されるとともに、彼らが担ってきた「治病」は西洋医学や新宗教が、「招福」は神社が担うようになり(70)、民間宗教者は新宗教などに吸収されたものの他は、「ものもらい」「乞食」として治安の対象になっていくと思われるが、近代以降の動向については今後の課題としたい。

註

（1）河内将芳「宗教勢力の運動方向」（歴史学研究会・日本史研究会編『日本史講座』第五巻「近世の形成」、東京大学出版会、二〇〇四年、後に『中世京都の都市と宗教』思文閣出版、二〇〇六年）
（2）竹田聴洲『民俗仏教と祖先信仰』（東京大学出版会、一九七一年、後に『竹田聴洲著作集』第一～三巻、国書刊行会、一九九三年）
（3）「刀根春次郎家文書」一三（『敦賀市史』史料編第四巻上、敦賀市役所、一九八二年）
（4）『四国遍路日記』承応二年（『伊予史談会双書第三集　四国遍路記集』伊予史談会、一九八一年）
（5）『近江蒲生郡志』第七巻（滋賀県蒲生郡役所、一九二二年）五四八頁
（6）「田能村宮座記録」（『高槻市史』第四巻（二）史料編Ⅲ、高槻市役所、一九七九年、七〇四頁）
（7）原田敏明『宗教と社会』（東海大学出版会、一九七二年）
（8）例えば延宝五年（一六七七）刊の『宿直草』「廃れし寺をとりたてし僧の事」（高田衛編『江戸怪談集』上巻、岩波書店、一九八九年）など。
（9）竹田聴洲「京都府現存諸宗寺院の伝承的成立時期」（『竹田聴洲著作集』第二巻「民俗仏教と祖先信仰（下）」国

書刊行会、一九九三年)
(10) 石田善人「都鄙民衆の生活と宗教」(『岩波講座日本歴史』第六巻「中世二」岩波書店、一九七五年、後に『中世村落と仏教』思文閣出版、一九九六年)
(11) 『為愚痴物語』巻之三「木石、仏神と現し給ふ事」(朝倉治彦編『仮名草子集成』第二巻、東京堂出版、一九八一年所収)。また京都の都市化と中世から近世にかけての小社については、拙稿「「繁昌神社」考——洛中小社研究序説」(東アジア恠異学会編『怪異学の技法』臨川書店、二〇〇三年)
(12) 「総持寺本尊胎内文書」(「総持寺文書」『兵庫県史』史料編中世三)
(13) 伊藤唯真「中世村落における勧進について」(『伊藤唯真著作集』第二巻「聖仏教史の研究　下」法藏館、一九九五年)
(14) 佐々木孝正『仏教民俗史の研究』(名著出版、一九八七年)、窪田涼子「勧進をめぐる荘と村——近江国奥嶋の資料から」(藤木久志・荒野泰典『荘園と村を歩くⅡ』校倉書房、二〇〇四年)
(15) 宮島敬一『戦国期社会の形成と展開——浅井・六角氏と地域社会』(吉川弘文館、一九九六年)
(16) 前掲註(13)伊藤唯真論文、同「村落寺社の堂庵と社頭聖」(『伊藤唯真著作集』第二巻「聖仏教史の研究　下」法藏館、一九九五年)
(17) 「重弘語記」(『松尾大社文書』一一五〇号)
(18) 藤木久志『戦国の村を行く』(朝日選書、一九九七年)、同『飢餓と戦争の戦国を行く』(朝日選書、二〇〇一年)など藤木久志の一連の研究参照。
(19) 近世初期に一種の社会現象となっていたという走り者については、宮崎克則『大名権力と走り者の研究』(校倉書房、一九九五年)、同『逃げる百姓、追う大名——江戸の農民獲得合戦』(中央公論新社、二〇〇二年)参照。
(20) 「安治区有文書」近江国安治村後家改(宮川満『太閤検地論』第三部、お茶の水書房、一九六三年、一七二頁)
(21) 『醒睡笑』下(岩波文庫、一九八六年)
(22) 一五六〇年六月二日の『耶蘇会士日本通信』に、播磨の僧のこととして「魚類又は肉類を食せざるのみならず、小麦、米、粟、又一切の豆類及び鳥を食せず、只野菜及び乾燥せる木の実を食ひ」(『異国叢書　耶蘇会士日本通信上』雄松堂、一九二八年、一四頁）とあるのは木食行者の姿であろう。
(23) 太田直之「中世後期の勧進と十穀聖」（『中世の社寺と信仰』弘文堂、二〇〇八年）
(24) 「元和年録」（『大日本史料』第一二編之二九、元和四年正月廿九日）
(25) 『河内屋可正旧記』巻六（『近世庶民史料』清文堂出版、一九五五年、八九頁）
(26) 『祠曹雑識』巻二六（『内閣文庫所蔵史籍叢刊』第八巻「祠曹雑識」一、汲古書院、一九八一年）。なお、追放の理由は同書に明記されておらず、評価が一方的である可能性もある。この木食浄雲は寛永寺において上野大仏を建立した人物である。
(27) 藤木久志「中世後期の村落間相論」（『豊臣平和令と戦国社会』東京大学出版会、一九八五年）で指摘されるように、村落間相論などで村を代表して「犠牲」となる時のために、村が「乞食」などを扶養する場合もあり、手放しで中世のこうした状況を評価することはできない。
(28) 元禄五年「福伝寺出入覚書」（「刀根春次郎文書」『敦賀市史』史料編第四巻上、敦賀市役所、一九八二年）。後に呼び寄せた「坊主」が禅宗であり、刀根家の宗旨である浄土宗と相違したために問題となっている。当初は「坊主」であれば宗旨さえ問われなかったという状況が窺える。
(29) 『河内屋可正旧記』巻一〇（『近世庶民史料』一六九頁）
(30) 川嶋將生「中世の村落と救済」（財団法人世界人権問題研究センター編『研究第2部前近代班共同研究「前近代における救済の研究」報告書　救済の社会史』世界人権問題研究センター、二〇一〇年）
(31) 柳田國男『日本農民史』（『定本柳田國男集』第一六巻、筑摩書房、一九六九年、一二二頁）・高取正男「遁世・漂泊者」（『高取正男著作集一　宗教民俗学』法藏館、一九八二年）に拠れば、村落は農業の集約化が進むと農繁期に大量の労働力が必要になるため、安価な労働力を確保するため、村落に貧農を敢えて配置していたという。定着の実態としては、こうした労働力をあてにした極めて不安定なかたちのものが少なくなかったであろう。
(32) 伊藤唯真『伊藤唯真著作集』第二巻「聖仏教史の研究　下」（法藏館、一九九五年）
(33) 石井進他編『日本思想大系　中世政治社会思想』上巻（岩波書店、一九七二年）
(34) 大桑斉「幕藩制国家の仏教統制――新寺禁止令をめぐって」（圭室文雄・大桑斉編『近世仏教の諸問題』雄山閣

出版、一九七九年）

(35)『叢書　京都の史料　三　京都町式目集成』（京都市歴史資料館、一九九九年）

(36) 鬼頭宏『日本の歴史一九　文明としての江戸システム』（講談社、二〇〇二年、後に講談社学術文庫、二〇一〇年）

(37) 江戸の事例ながら、『元禄世間咄風聞集』（岩波文庫、一九九四年）に「ぐわんにん坊主は雨ふりと夜は隙にて御座候故、隙日に日用に出申候由」（元禄十年閏二月二十三日）とあり、願人坊主のような宗教者と日用は極めて近い関係にあった。

(38) 広末保『辺界の悪所』（平凡社、一九七三年）、同『新編　悪場所の発想』（ちくま学芸文庫、二〇〇二年）

(39) 冨士昭雄校訂『叢書江戸文庫50　東海道名所記／東海道分間絵図』（国書刊行会、二〇〇二年）

(40)「町内居住僧取調書」『大阪市史史料第一七輯　御津八幡宮・三津家文書　上』（大阪市史編纂所、一九八六年）

(41)『道頓堀非人関係文書』上巻（清文堂出版、一九七四年、一四三頁）。なお、歩行困難により「渡世」としての「鉢ひらき」が継続できなくなった鉄心は「難波村乞食垣外」に引き取られている。つまり、「鉢ひらき」は「渡世」の手段であり、鉢ひらきが可能なうちは「乞食垣外」に引き取られることなく、借家で生活することが可能だったのである。一八世紀初頭までは、寺社再建など明確な目的をもった勧進に限らず、餬口を凌ぐ手段としての勧進（「鉢ひらき」）も「渡世」として容認されていたと思われる。木下光生「没落と敗者復活の社会史――近世の『物乞い』『家出』再考」（財団法人世界人権問題研究センター編『研究第2部前近代班共同研究「前近代における救済の研究」報告書　救済の社会史』世界人権問題研究センター、二〇一〇年）では、定住して仕事をしながらの「物乞い」などの事例を挙げ、物乞いが必ずしも「没落」「貧困」を意味しないこと、「生きる術」として社会的に認知されていたことなどを指摘している。

(42)『宇下人言・修行録』（岩波文庫、一九四二年）

(43) 松本郁代「中世における職人絵の表象」（『風俗絵画の文化学――都市をうつすメディア』思文閣出版、二〇〇九年）

(44) 前田金五郎・森田武校注『日本古典文学大系　仮名草子集』（岩波書店、一九六五年）

(45)『人倫訓蒙図彙』(平凡社、一九九〇年)
(46)『随筆珍本　塩尻　百巻本』上巻(帝国書院、一九〇七年)
(47)鈴木良明『近世仏教と勧化』(岩田書院、一九九六年)
(48)比留間尚「江戸の開帳」(西山松之助編『江戸町人の研究』第二巻、吉川弘文館、一九七三年)、同『江戸の開帳』(吉川弘文館、一九八〇年)
(49)菊池武「本願所の歴史」(『日本歴史』四六六号、一九八七年三月)、同「神仏習合——諸社における本願と社家の出入をめぐって」(『地方史研究』三七巻二号、一九八七年)、吉井敏幸「近世初期一山寺院の寺僧集団」(『日本史研究』二六六号、一九八四年十月)
(50)下坂守「中世京都・東山の風景」(『風俗絵画の文化学——都市をうつすメディア』思文閣出版、二〇〇九年)
(51)倉地克直「「勧化制」をめぐって」(『論集　近世史研究』京都大学近世史研究会、一九七六年)。倉地は幕府が寺檀制度により寺院と檀家の関係を限定し、それ以外の宗教と民衆をつなぐ回路として存在していた「勧進」を統制していたが、幕府財政の窮乏によって試行錯誤の後、享保七年以降に「勧化制」が開始されると見る。
(52)藪田貫『国訴と百姓一揆の研究』(校倉書房、一九九二年)、同『近世大坂地域の史的研究』(清文堂出版、二〇〇五年)
(53)小嶋博巳「近世六部の組織性」(巡礼研究会編『巡礼論集二　六十六部廻国巡礼の諸相』岩田書院、二〇〇三年)
(54)小嶋博巳「行者集団の形成」(小嶋博巳編『西国巡礼三十三度行者の研究』岩田書院、一九九三年)
(55)「本山諸先達衆議状写」(首藤善樹編『金峯山寺史料集成』総本山金峯山寺発行、国書刊行会発売、二〇〇〇年、四七七頁)
(56)林淳「幕府寺社奉行と勧進の宗教者——山伏・虚無僧・陰陽師」(『新アジア仏教史一三　日本Ⅲ　民衆仏教の定着』佼成出版社、二〇一〇年)
(57)『日本庶民生活史料集成』第一四巻「部落」(三一書房、一九七一年)
(58)『日本九峰修行日記』(『日本庶民生活史料集成』第二巻、三一書房、一九六九年、以下『日本九峰修行日記』からの引用は同書による)

（59）東島誠『公共圏の歴史的創造――江湖の思想へ』（東京大学出版会、二〇〇〇年）
（60）高取正男「常民の暮らしと旅」（『高取正男著作集四　生活学のすすめ』法藏館、一九八二年）、同「マレビト論再考」（『日本的思考の原型――民俗学の視角』平凡社ライブラリー、一九九五年）
（61）自己の「贖罪」のために施しを行うための対象として地域社会が「乞食」の存在を肯定することは、貧困の根本的な問題解決にはつながるものではなく、このような地域社会のありようを美化することは決してできない。本書第Ⅰ部補論で見た地域と神社組織の再編の過程で夜叉観音の巫女を排除したような、「加害者としての地域」という側面とも向き合う必要がある。
（62）時代が異なるので安易な比較はできないが、河内将芳「戦国期京都における勧進と法華教団」（財団法人世界人権問題研究センター編『研究第2部前近代版共同研究「前近代における救済の研究」報告書　救済の社会史』二〇一〇年）が指摘している、戦国期の法華宗がもとめた勧進免除も、こうした共同体内で孤立を招きかねない宗教上の理由による勧進拒否を合法化する機能もあったのではないだろうか。泉光院の『日本九峰修行日記』文化十年五月二日条には、法華宗ばかりの集落で念仏者を宿泊させないことになっていたが、ある日「回国躰の者」が難儀しているのを見かねた人物が宿を貸したところ、檀中が「掟を背き念仏者を宿せし」ことを檀那寺住持に訴え、住持から「念仏一遍申せば御題目千遍申さねば念仏の穢れ消へぬ」といわれたため、宗旨替えをしたという事件があったことを伝えている。これは法華宗が多数を占める地域でのできごとだが、他所でも法華宗と他宗との摩擦は少なくなかったであろう。
（63）北川央が『神と旅する太夫さん――国指定重要無形民俗文化財「伊勢大神楽」』（岩田書院、二〇〇八年）、同「伊勢大神楽にみる「霊性」「聖性」の付与――信仰が地域をこえる理由」（『宗教民俗研究』第一九号、二〇〇九年）で伊勢大神楽について指摘したように、薬事法により薬の売買が禁じられて以降も、薬をもたらすことを期待される地域へ、神楽の太夫たちは自費で購入した薬を持参する。
（64）鵜飼正樹「昭和大衆芸能史の一断面」（『日本の民俗』第一〇巻「都市の生活」吉川弘文館、二〇〇九年）
（65）鈴木岩弓「宗教的職能者と民俗信仰」（宮本袈裟雄・谷口貢編『日本の民俗信仰』八千代出版、二〇〇九年）
（66）伊勢大神楽は、総舞各曲の意味や村落行事との関係などは「村人たちの思いと風習に任せ、自分たちの方から強要することは一切しない」といい、それゆえに「広く受け入れられたし、だから迎え方や村落行事との関係は、ほんとうにさまざまである」という（北川央『神と旅する太夫さん――国指定重要無形民俗文化財「伊勢大神楽」』岩田書院、二〇〇八年）。

(67) 例えば、親鸞伝の絵解きについて、久野俊彦は「『親鸞聖人絵伝』の絵解きの書」（『絵解きと縁起のフォークロア』森話社、二〇〇九年）において、教団側が『御伝鈔』を親鸞伝の「正統」とし、異伝を「偽造」と否定しているにもかかわらず、地方末寺では多くの異伝を含んだ『御伝鈔』を大幅に増補したものに、寺の由緒を織り込んだ「さまざまな親鸞」が語られていたことを指摘している。こうした教団の規定する「正統」な親鸞伝は、身近な寺の由来と結びついたことでようやく受容されたのではないだろうか。

(68) 大桑斉「仏教土着論」（大桑斉編『論集　仏教土着』法藏館、二〇〇三年）

(69) 圭室諦成『葬式仏教』（大法輪閣、一九六三年）

(70) 圭室諦成編『日本仏教史』第三巻「近世・近代」（法藏館、一九六七年）

初出一覧

序章（新稿）

第Ⅰ部　近世前期寺社の周辺――勧進と語り

第一章　中近世の一山寺院と本願――嵯峨釈迦堂清凉寺をめぐって

「中近世の一山寺院と本願――嵯峨釈迦堂清凉寺をめぐって」（『新しい歴史学のために』二四九号、二〇〇三年）を加筆訂正。

第二章　近世における松尾社の本願

「近世における松尾社の本願について」（『祭祀研究』第五号、二〇〇九年）を加筆訂正。

第三章　洛北小町寺と地域社会――惣墓・三昧聖・小町伝説

「小町寺考」（『世界人権問題研究センター研究紀要』八号、二〇〇三年）を加筆訂正。

補論　夜叉観音と「市」（新稿）

第Ⅱ部　宗教者のいる風景――近世中期社会と勧進

第一章　近世京都の宗教者と社会――木食正禅から見る

「近世京都の宗教者と救済――木食正禅から見る――」（世界人権問題研究センター編『研究第2部前近代班共同研究「前近代における救済の研究」報告書　救済の社会史』、二〇一〇年）を加筆訂正。

第二章　洛中洛外の富士垢離と富士講

「洛中洛外の富士垢離と富士講」（『芸能史研究』一八五号、二〇〇九年）

第三章　近世寺社と「勧進」に関する覚書――仏餉取を中心に（新稿）

補論　御室八十八ヶ所と恵信（新稿）

第Ⅲ部　勧進の変容と社会への浸透

第一章　近世桂女考

「近世桂女考」（『芸能史研究』一六〇号、二〇〇三年）を大幅に加筆訂正。

第二章　近世桂女の配札・勧化と由緒

「近世における桂女と配札・勧化」（『芸能史研究』一七〇号、二〇〇五年）と「近世の『桂女』と由緒」（『説話文学研究』四四号、二〇〇九年）をもとに改稿、加筆。

第三章　万歳——その芸能と担い手

「祝い込みます御万歳」（『万歳——まことにめでとうそうらいける——』展示図録、大阪人権博物館、二〇〇七年）をもとに改稿し、註を追加。

補論　大江磯吉　以前

「大江磯吉　以前」（『島崎藤村「破戒」一〇〇年』展示図録、大阪人権博物館、二〇〇六年）

終章（新稿）

図版一覧

（特に明記なきものは著者撮影）

図版一覧

補　論
図1　恵信建立の宝篋印塔
図2　同裏面
図3　同「恵信」銘

第Ⅲ部
第二章
図1　桂姫役人初穂料受納覚（大阪人権博物館蔵）
図2　「神功皇后開運尊影」（東京都立中央図書館加賀文庫蔵）
図3　桂姫印鑑（大阪人権博物館蔵）
図4　「桂姫略由緒」奥書（香川大学図書館神原文庫所蔵）

補　論
図1　下殿岡八幡社
図2　下殿岡八幡社境内に建つ大江磯吉生家跡碑
図3　大江磯吉の墓

表紙カバー
「洛中風俗図屛風（舟木本）」（東京国立博物館蔵、Image：TNM Image Archives）
「おふつしやう」（国会図書館蔵『人倫訓蒙図彙』〈東洋文庫、平凡社〉より転載）

あとがき

中学生の頃、松山の叔母が癌で他界した。しばらくして、祖母が「お四国さんにいきたい」というようになった。以後、祖母は私の両親とともに死んだ叔母（祖母の娘）の供養のために四国遍路をするようになった。遍路といっても一気に八十八ヶ所を廻るというものではなく、週末や連休を利用して一番から少しずつ数度に分けて廻っていくものだ。父の運転する車で祖母が「お四国さん」に行く時は、私たち家族も一緒について行ったものだ。札所では本堂と大師堂へ参拝し、札を納め、集印帳と装束に朱印をもらう。ただ、私自身は祖母と一緒に旅が出来ることが嬉しかったということと、日和佐の民宿に祖母と家族で泊まったことくらいしか覚えていない。満願の後、祖母は一度高野山に行きたいといっていた筈だが、数年後に自転車事故で大腿骨を骨折し、足を悪くしたこともあり、高野山には行けないままになった。二〇〇四年暮れ、八十一歳で逝った祖母は、経帷子の上に四国遍路の際に朱印をうけた装束をかけてもらい、叔母のもとに旅立った。私の父の車には、四国遍路の際に使った鈴がお守り代わりに今もさがっている。

本書はここ数年、関心をもっていた近世の民間宗教者についての小文をまとめたものだ。拙いものながらも、執筆の原動力になっていたのは、かつて触れた「信仰」と近年の宗教者研究との間に感じる違和感であった。この違和感が何か、それを解消するにはどうすればいいか、手探りで右往左往した記録が本書ということになる。

高取正男は『仏教土着』のなかで、七歳前の子どもが死亡すると、そのまま「成仏」し十万億土に旅立ってしまわず、もう一度この世に生まれ変わって来るように、敢えて生臭物のコノシロを遺体に添えて葬送をするという民俗を紹介していた。高取が推測したように「経典の功徳を消す」ためになされたのだとしたら、こうした「信仰」は、仏教教義の理解のなかからは生まれてこない。だが、こうした行為は近世の寺檀制度の枠からは見えない、「信仰」そのものではないだろうか。普遍宗教たる仏教と在地信仰の間によこたわる矛盾を排除せず、ゆるやかな共存関係をつくっていったのは、恐らく経典や教学の解釈に生きた学僧などではなく、地域の「ものしり」や民間を主たる活動の場とする宗教者だろう。そうした視点で宗教を見るとき、本書で取り上げた民間宗教者が、四国で聞く「弘法大師」のイメージ、すなわち歴史的存在としての空海ではなく抽象化された旅の宗教者としての「お大師さん」の姿にも重なってきた。祖母が「お四国さん」を思い立ったのは、仏教徒としての修行をするためではなく、叔母への供養の気持ちからくるものであった筈だ。

そんなことを漠然と考えているうちに、信仰や宗教をイデオロギーとして見るのではなく、なぜ人が宗教を必要としてきたかを明らかにしたいと思うようになった。しかし、筆者の力量では、快刀乱麻を断つごとき明晰な論理は望むべくもない。そのため、自分で歩いて見聞きして感じた実感をもとに自分なりに史料を読んで考えるという迂遠な方法をとってきた。極めて狭い地域で生きた、僅かな人物だけを考察対象としているのもそのためだ。研究対象としたのは、生活空間に近く、ある程度の実感をもって史料解釈ができそうな京都が殆どであった。「信仰」

という目に見えないものについて迫るにはそうするより他はないと思ったからだ。ただ、「信仰」というものの姿をつかみ取るために、可能な限りそこに生きた人物の具体的な姿に迫ること、そして古文書などの文献資料に加えて、絵画や石造物、時には地域に残る伝承も含めて何とか史料として活かしてみることを意識してきた。

とはいえ、最初から明確な問題意識があって研究してきたわけではない。むしろ、自分自身の興味関心の赴くままに調べては、わかったことをやみくもに発表してきただけに過ぎない。最近になって、自分自身がひっかかっていたことが何であったのか、朧気ながらもやっと見えてきたような気がし始めたというのが正直なところだ。

こうしてしばらくの間、京都を対象として勉強をしてきた。本来、なまけもので飽きっぽい私が、思いがけず勉強を続けることが出来たのは、ひとえに京都という空間がもっている魅力にひかれてのものであったと思う。ところが、最近になって思いがけず居を滋賀に移し、これまでこだわっていた筈の京都という場を、良くも悪くも一歩離れた位置から見られるようになってくると、このあたりで今まで自分が見てきた京都について立ち止まって振り返りたい、とも思うようになった。

そんな折、法藏館の戸城三千代さんから有り難くもお声をかけていただき、今まで考えてきたことについて、自分なりに道筋をつけてみようという気になった。とはいうものの、もとから一書とすることを考えて書いたものでもなく、あらためて自分の書いてきたものを見直してみると、不統一も多い。できるかぎり手を入れて体裁を整えてはみたが、内容の不充分なところ、首尾一貫しないところの多いものになってしまった。現段階ではこれが精一杯のところだが、本書をまとめる作業のなかで少し、今まで見えなかったものが見えてきたような気がしている。今後、これを足がかりとして、新しい課題にも取り組んでみたい。

非常に拙いものには違いないが、浅学の筆者が、こうしたものを何とかまとめることができたのも、学生の頃からお世話になっている川嶋將生氏をはじめ、研究会や仕事を通じて多くの方からの暖かいご指導、ご教示があってのことで、感謝の念に堪えない。

本書刊行を一番喜んでくれているのは恐らく泉下の祖母であろう。もし元気でいたなら、誰よりも先に報告したかった。そうしたら、そこら中を持ち歩いてあちこちに宣伝していたのではないかと思う。祖母へは、墓前に供えて報告することにしたい。今は、歴史の勉強を続けることを許してくれた愛媛の両親と、常に傍らで応援してくれている妻に真っ先に本書の刊行を報告し、感謝を伝えたい。

二〇一一年九月

村上紀夫

〔付記〕本書の刊行にあたっては、独立行政法人日本学術振興会平成二三年度科学研究費助成事業（科学研究費補助金〈研究成果公開促進費〉）の交付を受けている。

索　引

あ行

か行

さ行

た行

な行

は行

ま行

や行

ら行

わ行

村上紀夫（むらかみのりお）

1970年愛媛県生まれ。1993年立命館大学文学部卒業、1998年大谷大学大学院文学研究科博士後期課程中退。現在、大阪人権博物館学芸員。主な著書・論文に『散所・声聞師・舞々の研究』（共著、思文閣出版）、「近世畿内における飛礫について」（『朱』第48号）、「渡辺村の構造について」（『国立歴史民俗博物館研究報告』140号）などがある。

近世《きんせい》勧進《かんじん》の研究《けんきゅう》――京都の民間宗教者

二〇一一年一〇月一七日　初版第一刷発行

著　者　村上紀夫
発行者　西村明高
発行所　株式会社法藏館
京都市下京区正面通烏丸東入
郵便番号　六〇〇-八一五三
電話　〇七五-三四三-〇〇三〇（編集）
〇七五-三四三-五六五六（営業）

印刷・製本　亜細亜印刷株式会社

ISBN978-4-8318-6220-4 C3021